Friedrich-Wilhelm Wentzlaff-Eggebert

Der triumphierende und der besiegte Tod
in der Wort- und Bildkunst des Barock

Friedrich-Wilhelm Wentzlaff-Eggebert

Der triumphierende und der besiegte Tod in der Wort- und Bildkunst des Barock

Walter de Gruyter · Berlin · New York
1975

CIP-Kurztitelaufnahme der Deutschen Bibliothek

Wentzlaff-Eggebert, Friedrich-Wilhelm
Der triumphierende und der besiegte Tod in der Wort- und Bildkunst des Barock.
ISBN 3-11-005821-9

©

Copyright 1975 by Walter de Gruyter & Co., vormals G. J. Göschen'sche Verlagshandlung · J. Guttentag, Verlagsbuchhandlung · Georg Reimer · Karl J. Trübner. Veit & Comp., 1 Berlin 30
Alle Rechte, insbesondere das der Übersetzung in fremde Sprachen, vorbehalten. Ohne ausdrückliche Genehmigung des Verlages ist es auch nicht gestattet, dieses Buch oder Teile daraus auf photomechanischem Wege (Photokopie, Mikrokopie, Xerokopie) zu vervielfältigen.
Satz und Druck: Markert & Co Druck, Berlin
Bindearbeiten: Lüderitz & Bauer, Berlin
Printed in Germany

Vorbemerkung

Die gegenwärtigen Forschungen zum sogenannten Literatur-Barock zielen in drei Richtungen: Emblematik, Rhetorik und Patristik. Ihre Ergebnisse verbinden sich mehr und mehr zu einer genaueren Bestimmung des literarischen Traditionalismus. Die von E. R. Curtius in seinen Veröffentlichungen gestellten Forderungen einer konsequent traditionsgebundenen Betrachtung der europäischen Literatur sind heute soweit erfüllt, daß nahezu jede neue Arbeit zum Barockzeitalter davon mitbestimmt wird. Auch die hier vorgelegten Studien gehen davon aus. Aber in der Akzentuierung ihrer Forschungsaufgabe unterscheiden sie sich deutlich von einer einseitig hohen Bewertung der Tradition in der Literaturwissenschaft.

Ich habe mir zwei Ziele gesetzt: Erstens den Hinweis auf mögliche Einwirkungen *zeitgenössischer* Wort- und Bildkunst auf die Poesie eines sonst traditionsbestimmten Dichters des 17. Jahrhunderts: Andreas Gryphius. Zweitens die Freilegung individueller Aussagen und persönlicher Stilmittel dieses Dichters.

Dabei bleibt ein Einzelthema im Vordergrund: das memento mori. Selbst wenn sich von dem Wortfeld mors – so ist es von mir verstanden – andere ebenso wichtige Begriffe wie vanitas kaum trennen lassen, so ist das Schwergewicht der Text- und Bildanalysen auf dieses eine Motiv konzentriert, auf die Bild- und Wortwiedergabe des Todes. Dieses Thema sollte im 17. Jh. allerdings nicht einseitig verstanden werden. Dem Triumph des Todes wird der Triumph des Glaubens an ein ewiges Leben entgegengesetzt. Auch die Ironie auf das Sterben gehört in diesen Rahmen genauso wie der Hymnus auf die mystikähnliche Geistunio mit Christus im connubium spirituale. Dem Bild des sensenschwingenden Triumphators (mors triumphans) steht das des zusammengesunkenen, endgültig besiegten Todes (mors devicta) gegenüber.

Dieses Miteinander und Nebeneinander einer kontrastierenden Todesthematik bleibt im Strom der europäischen Kunsttradition, erfährt aber im 17. Jh. eine durch die Individualität des Künstlers bedingte, gesteigerte Ausgestaltung, die mit dem in der Kunstgeschichte verwendeten Schlagwort »Manierismus« nur recht ungenau erfaßt wird.

Schon um 1710 zeichnet sich eine Distanzierung zum Barockzeitalter in der Todesbewertung und ihrer Ausgestaltung in Wort und Bild deutlich ab: Die Poetisierung des memento mori verflacht in der Wiederholung von allgemeinen Lebens- oder Glaubenslehren. Das in der Barockdichtung geformte Emblem verliert seine Pointierung im Verzicht auf inscriptio und subscriptio. Das tiefgefurchte Wortfeld »Tod« wird durch Vernunftdenken oder durch pietistische Gebrauchsfrömmigkeit eingeebnet und verliert viele seiner bildlichen Kontraste.

Für die Methodik der Darstellung ist von mir das dichterische Werk des Andreas Gryphius in den Vordergrund gerückt worden, allerdings nur mit den Texten, die das Thema des memento mori in deutlicher Parallele zur zeitgenössischen bildenden Kunst oder zu zeitgleicher Dichtung mit dem gleichen Thema erkennbar werden lassen. Dazu gehört außer der Jesuitendichtung vor allem Jacob Cats. Über die Zusammenhänge zwischen Andreas Gryphius' und Jacob Cats' Werken gibt es keine Spezialforschung. Nachgewiesen ist nur, daß Cats' Schriften Gryphius bekannt waren. Gryphius hat Jacob Cats wohl deswegen nicht mit Namen zitiert, weil er – wie Vondel und die gleichaltrigen, hochgelehrten Dichter der Niederlande – Cats wegen seiner Überbetonung der Moralia nicht als gleichrangig ansah. Von mir wird Cats mehr als ein Gegenbild zu Gryphius gebraucht. Cats bekannte sich offen zu seiner pädagogischen Aufgabe in seiner Zeit. Mit seinem Gesamtwerk wollte er einer gesteigerten christlichen Frömmigkeitsvertiefung im täglichen Dasein dienen. Cats' schriftstellerische Tätigkeit ist als moralisierende Erbauung für den Alltag zu verstehen, und so erklärt sich auch die ungewöhnliche Verbreitung seines Werkes, zu der die Kunst des Kupferstechers Adrian van de Venne viel beigetragen hat.

Die Dichtung der Jesuiten, vor allem Jacob Baldes, mußte deswegen häufiger herangezogen werden, weil in dieser Lyrik die Todesthematik zu mystischen unio-Vorstellungen geführt und zu starker emblematischer Bildwirkung gebracht wurde. Gryphius hatte sich anfangs diesen Vorstellungen gegenüber weniger aufgeschlossen gezeigt, später aber nahm er sie in seine Leichabdankungen auf und steigerte sie schließlich in seinen eigenen emblematischen Entwürfen für die Leichenfeier der Mariane von Popschitz zur einheitlichen Wiedergabe in Bild, Lyrik und Prosa. Bei Cats und Balde lassen sich Einwirkungen der zeitgenössischen Malerei und Zeichenkunst auf die Emblematik nachweisen, die im dichterischen Werk des Andreas Gryphius eine Steigerung der Poetisierung des Todes-Thema bewirkt haben. Texte des Andreas Gryphius zum Todesproblem wurden in dieser Arbeit nur dann genauer interpretiert, wenn sie Fragestellungen enthielten, die in der Gryphiusforschung bisher kaum berücksichtigt wurden.

Zu danken habe ich der Deutschen Forschungsgemeinschaft für die Ermöglichung eines Forschungsfreisemesters, sowie der Geschwister-Böhringer-Stiftung (Ingelheim/Rh.), die einen Zuschuß für die Herstellung der Abbildungen gewährte. Herr Professor Dr. George Schulz-Behrend überließ mir aus seiner reichen Bibliothek der Erstdrucke des Barock während einer Gastprofessur an der Universität Austin/Texas das ganz seltene Exemplar des deutschen »English Memorial« von 1649 zur Auswertung, das bisher nicht bekannte Quellen-Texte und Stiche zum »Carolus Stuardus« enthält. Das gleiche Entgegenkommen erwies mir Frau Professor Dr. Maria Fürstenwald, die mir aus Vancouver (Canada) die Kopien des seltenen Einzeldrucks zur Leichenfeier für Mariane von Popschitz sandte, für die Gryphius die emblematischen Bildbeigaben mit eigenen Über- und Unterschriften versah. Ohne diese großzügige Hilfe wäre die vorliegende Untersuchung kaum durchführbar gewesen. Nur die treue Mitarbeit meiner Frau hat den Abschluß ermöglicht.

Für vielfache Hinweise möchte ich den Mitgliedern meiner Mainzer Oberseminare danken, vor allem meinen Doktoranden, den Herren Dr. Gottfried Kirchner, Dr. Thomas Bleicher, Dr. Dieter Kafitz, sowie Frau Dr. Jenifer G. Stackhouse, Frau R. Petrovich und Frau Rita Fichtner. Herr Eichmann (M. A.) und Herr Michael Terber sorgten für wichtige Textabschriften sowie für Bibliographie und Register. Allen Genannten sowie allen Bibliotheken, Museen und Verlagen, die die Erlaubnis zur Reproduktion der Abbildungen gaben, danke ich aufrichtig.

F.-W. Wentzlaff-Eggebert

Inhalt

Vorbemerkung V

ERSTER TEIL
Kunstgeschichtliche und dichtungsgeschichtliche Voraussetzungen für das Verständnis von »mors triumphans« und »mors devicta« 1
Kapitel 1 Der Triumph des Todes als traditionelles Motiv 3
Kapitel 2 Parallelen zu Petrarcas »Trionfo della Morte« in der bildenden Kunst Italiens 9
Kapitel 3 Der Triumph des Todes in der Malerei der Niederlande 20

ZWEITER TEIL
Textbeispiele für mors triumphans und mors devicta bei Jacob Cats, Andreas Gryphius, Jacob Balde und Schönborn 29
Kapitel 1 Jacob Cats' illustrierte Lehrdichtung vom Tode 31
  1. Cats' Beitrag zur Emblematik der Niederlande 31
  2. Todesbilder als Denkbilder bei Cats 37
  3. Moralisierende Todesthematik in Cats' »Doot-Kiste voor de Levendige« und »Das hohe doch süße Alterthum« 49
  4. Der Tod in den emblematischen Bilderzählungen des Jacob Cats' »Die Hochzeit« S. 55, »Von der Eitelkeit der Welt« S. 58, »Das Gespräch des Alten mit dem Tod« S. 62, »Das Gespräch zwischen der Seele und dem Leibe« S. 65, »Die Gott suchende Seele« S. 68
Kapitel 2 Das Sinnbild des Todes als Denkbild bei Andreas Gryphius .. 70
  1. Mors ultima linea rerum – Mors ultima spes 70
  2. Emblematische Ornamentierung des Todesgedanken in der Übersetzung des A. Gryphius von Jacob Baldes Ode »Jamne ergo manes« (Sylv. lib. VII, Ode VII) 81
  3. Die Kontrastierung von mors triumphans und mors devicta in den »Kirchhoffs-Gedancken« 91
  4. Die Verwertung traditioneller Emblemata in den »Kirchhoffs-Gedancken« 93
  5. Andreas Gryphius' Rezeption von Jacob Baldes »Genovefa«-Ode in Schönborns Übersetzung 96
Kapitel 3 Die Poetisierung des Todes im »Carolus Stuardus« 107
  1. Die Vergebung der Schuld im Abschiedsmonolog des Königs 107
  2. Die »Todes-Gedancken« König Carls im Kerker im Zusammenhang mit seinem Abschiedsmonolog 111

Inhalt

    3. Die Erklärungen in Gedichtform zu den Emblemata des Titelblattes 114
    4. Die lateinische Fassung der »Todes-Gedancken« des Königs 117
       Die Widmung S. 117, Der Text S. 119

Kapitel 4 Die von Andreas Gryphius bei der Trauerfeier für Mariane von Popschitz verwendeten Emblemata 122
    1. Die Emblemata in der Prosa-Leichabdankung 122
    2. Die fünf Sinnbilder auf dem Sarg 131
    3. Die acht Sinnbilder auf dem Leichentuch 135
    4. Die Emblemata in dem lyrischen Nachruf 142

SCHLUSS
Die Poetisierung des Glaubens 147

ANHANG
Anmerkungen 155
Anhang-Texte 180
Bibliographie 196
Namenregister für die Darstellungsteile 202

ABBILDUNGEN
Tafel 1–66

ERSTER TEIL

Kunstgeschichtliche und dichtungsgeschichtliche
Voraussetzungen für das Verständnis von
»mors triumphans« und »mors devicta«

Kapitel 1
Der Triumph des Todes als traditionelles Motiv

Aus der Fülle von Texten zum Todes-Thema[1] können hier nur einge Hinweise auf Darstellungsvarianten gegeben werden, die für spätere Einzelanalysen aus dem 17. Jh. erforderlich erscheinen, um die Einzelglieder einer festen Traditionskette erkennbar werden zu lassen. Sie sind so ausgewählt, daß der Tod darin als Sieger oder als Besiegter bezeichnet wird. Die in der Dichtung häufig gestalteten Szenen des letzten Gerichts über die Toten, in denen der Triumph des Todes und seine Macht über den Menschen deutlich wird, stehen im Vordergrund. In unserem Zusammenhang kann es sich nur um Hinweise auf *Vorformen* zu einem literarischen Monument des triumphierenden Todes im Barockzeitalter handeln.

»Mors certa – hora incerta«, so lautete über Jahrhunderte die knappste Formulierung für eine Urweisheit vom Tode. Sie wurde zu allen Zeiten in allen Sprachen wiederholt, von der Antike ausgehend über das europäische Mittelalter bis zum Barock.

»Bedenkt, daß Ihr alle sterben müßt!«, so sprach es im Mittelalter von den Wänden der Kirchen und Kirchhöfe in Bildern und Spruchbändern, die sich um kostbare Grabmonumente oder um einfache Holzsärge wanden. Die mahnende Belehrung überwog, aber an einer versteckten Stelle der Wort- oder Bildwiedergabe begann gleichzeitig die Verkündigung des anderen Lebens, des Triumphes über den Tod in der Ewigkeit. Der »Christus triumphans« wird im Mittelalter für den Gläubigen zum Sieger über den Tod.

Eine verfeinernde Poetisierung dieser Todesgedanken kann man im Schrifttum des Mittelalters allerdings noch nicht entdecken. Seit Heinrichs von Melk »von des tôdes gehügede« überwiegt im literarischen Bereich ein betonter Realismus bei der Beschreibung des triumphierenden Todes, der alles Lebende niederwirft und damit das Jüngste Gericht vorbereitet. Gleichzeitig dringen aus der Reflexion gewonnene Argumente, die den Tod als besiegbar erscheinen lassen, in die Dichtung ein. Moralische und humanistische Gedanken erhalten ihre Funktion in der Stärkung des christlichen Glaubens. Wort- und Bildkunst bieten zunehmend differenzierte Ausdrucksformen für den Tod als Sieger, aber auch als Besiegten. So findet sich auf einem Buchdeckel des 11. Jahrhunderts zu dem Bild des Gekreuzigten folgende Umschrift: »Mors Christi Mors Mortis erat tuus Infere Morsus« (Christi Tod, unseres Todes Tod, traf dich, Satan, zu Tode). Alle Todesgedanken des Mittelalters bewegen sich in diesem Kreise.

Zu solchen Lehr- und Warndichtungen mit der Betonung des Erbsündenmotivs und dem Hinweis auf Schuld und Strafe gehören die Weltgerichtsspiele.

Der Todestriumph verbindet sich darin mit der Aufzählung der Schrecken des Weltgerichts. Erst durch diese Schilderungen wird für eine spätere Generation der Weg frei zu hochgesteigerter realistischer Wortfindung und grausiger Bildhäufung. So erfüllt sich in einem »Spiel vom Weltgericht«[2] der in allen mittelalterlichen Zeugnissen über das Weltgericht vorausgesagte Zustand der zusammenstürzenden Welt im Sterben aller Menschen und in dem Ruf der Engel an die Verstorbenen, deren Begräbnisstätten nun offen daliegen und ihnen das Aufstehen aus den Gräbern ermöglichen:

»Stand uff, ir totten lüte!« ... (232)
»Nement wider üwern lib,« ... (235)
»Was meinet anders das grülich horn« ... (246)
»Wann des grimmen gottes zorn« ... (247)

Dreimal wiederholen Engel diesen Todesruf. »Nu stand die gütten und bösen uss den grebern« (ebd. S. 17), und Gott der Herr überantwortet sie dem Luzifer:

»Lucifer, ich gebüt dir hüte,
Das du fachest dise lüte« ... (648–649)
»Nu füret sy in der helle grunt,
Das gebüt ich üch an dise stund.« (656-657)

Luzifer, der mit seinen »Gsellen« nur auf diese Stunde gewartet hat, nimmt die Verurteilten an ein Seil und zieht sie in die Hölle hinab. Höchst realistisch und dramatisch spielt sich das Wechselspiel des Bittens und Schreiens der gnadenlos Verdammten auf der Gerichtsbühne ab. Die wenigen lichten Szenen der Begnadigung vermögen nicht, dem Spiel die Dunkelheit des Todesgeschehens zu nehmen.

Im Wortlaut der europäischen »Jedermann«-Dichtungen[3] tritt die doppelte Thematik des triumphierenden und des besiegten Todes deutlicher hervor. Der Tod ruft Jedermann zum Grabe. Unerwartet, im Höhepunkt der Lebenskraft und der Diesseitsfreude hört Jedermann seine Stimme bei einem Gastmahl mit seinen Freuden. Die anderen hören diese Stimme zunächst nicht, als sie sie aber vernehmen, verstummen sie erschrocken, fliehen oder greifen zum Schwert. Von den Freunden der Lebenszeit ist niemand bereit, Jedermann auf dem Weg zum Gericht zu begleiten, nicht einmal die Geliebte. Alle Kräfte der Welt versagen vor dem Tod: Reichtum, Macht, Freundschaft, Sinnenliebe. Nur die personifizierten »ewigen« Werte bestehen die Todesangst und besiegen so den Tod: Mutterliebe, gute Werke und Glaube. Sie begleiten den Sterbenden in das Grab und treten beim Gericht für ihn ein.

Im deutschen Bereich wird diese Thematik noch im 16. Jh. hart und realistisch geformt. Das zeigen deutsche und lateinische Fassungen der Weltgerichtsspiele und des Jedermann-Stoffes, bei denen der Tod niemals als milder Bruder des Schlafes, sondern immer als Skelet erscheint und seinen Triumph auskostet. Auch im »Spiel vom Sterben des reichen Mannes« von Hans Sachs entsteht dieser Eindruck, weitaus konsequenter aber später in der Barockdichtung Hollands und Deutschlands.

Neben diesen in der Bildersprache des Barock weiterlebenden Schilderungen des triumphierenden Todes steht eine zu dem Gedankenkreis von Renaissance und Humanismus gehörige Dichtung, in der der Tod seinen ebenbürtigen Gegner in einem Einzelmenschen findet: das »Streitgespräch zwischen dem Ackermann und dem Tod«[4] (um 1400). Der Tod nimmt dem Ackermann seinen höchsten Lebenswert, seine junge Frau. Aber der Ackermann nimmt diesen Triumph des Todes über das Leben nicht unwidersprochen hin. Mit Argumenten, die von einer neuen Bewertung des Menschen ausgehen, wagt er es, den Tod bei Gott zu verklagen. Er kämpft so lange, bis Gott neben dem Recht des Todes auch die Worte des Anklägers als gerecht anerkennt. Tod und Leben sind von Gott geschaffen, beide haben ihren Platz in der Ordnung des Seins. Die alte Wahrheit vom Triumph des Todes und die neue Lehre vom Wert des Lebens gehören zusammen.

Für diese Änderung der Todes- und Lebensbewertung war wohl Petrarcas Dichtung entscheidend gewesen[5]. Sie hat nicht nur auf seine Zeitgenossen gewirkt, sondern über Jahrhunderte hinaus die Phantasie aller Künstler beeinflußt. Für die deutsche Dichtung des 17. Jahrhunderts läßt sich in diesem Zusammenhang nicht allein die von Hans Pyritz an Paul Flemings Lyrik nachgewiesene Stilrichtung des »Petrarcismus« anführen[6]. Man muß auch auf die bisher wenig beachtete Petrarca-Übersetzung »Sechs Triumphi oder Siegesprachten« verweisen, die »mit belieben und gutheissen der Fruchtbringenden Gesellschaft« 1643 zu Cöthen (Anhalt) anonym erschien und keinen anderen als den Begründer der Fruchtbringenden Gesellschaft, den Fürsten Ludwig von Anhalt-Cöthen zum Autor hat[7]. Diese Übersetzung bietet besonders von der sprachlichen Seite her für die Wirkungsgeschichte der Triumphe Petrarcas wichtige Erkenntnisse. Wenn Andreas Gryphius auch zur Zeit der Veröffentlichung dieser Übersetzung nicht in Deutschland weilte, so wird er nach der Rückkehr von seiner großen Studienreise durch Italien (1644–1646) sicherlich diese Petrarca-Übersetzung nicht übersehen haben, zumal er selbst ja 1664 in den Palmenorden mit dem Beinamen »Der Unsterbliche« aufgenommen wurde.

Für die in unserem Zusammenhang wichtigen Textproben aus Petrarcas Todestriumph habe ich deswegen diese Übersetzung gewählt, weil sie das damals gebräuchliche Vokabular für die Todesthematik am klarsten widerspiegelt[8]. Der in den Visions- und Reflektionsabschnitten gebrauchte emblematische Ornatus bleibt als Stilmittel in der Barockfassung erhalten. Auch werden in der Übersetzung des Fürsten Ludwig durch die Thema-Angaben am Rand und die namentliche Hervorhebung der sprechenden Personen wichtige Gedanken markiert und zusätzlich in Anmerkungen erläutert.

Von besonderer Wirkung auf die bildende Kunst in Europa waren der Thematik nach aus den »Trionfi« Petrarcas
1. die Vision vom Feld der Toten (Kap. I, Z. 90 ff.),
2. die Aufzählung der vom Tode gefällten Stände (Kap. I, Z. 98 ff.),
3. die Beschreibung des Todes selbst (Kap. I, Z. 90 ff.).

Alle diese Themen werden in der Malerei, in Fresken und Tapisserien bis ins frühe 18. Jh. wiederholt behandelt, wobei höchstens Unterschiede in der stärker realistischen und manieristischen Ausführung hervortreten[9].

Ähnliche stilistische Unterschiede bieten die poetischen Bearbeitungen der Todestriumph-Thematik, die bei Petrarca durch einige besonders eindringlich ausgeführte Gedankengänge gekennzeichnet sind. Dazu gehören
1. die wiederholten Mahnungen zur rechtzeitigen Besinnung auf den Tod,
2. die Bekenntnisse der Ergebenheit in den Willen Gottes,
3. die verschiedenen Szenen der Klage um die Verstorbene,
4. die Bewertung des menschlichen Sterbens als Eingang in das ewige Leben.

Auffällig ist es, daß sich für einige höchst poetische Dialoge, die nur auf die persönliche Situation Petrarca – Laura zutreffen, keine Parallelen in den Rezeptionen des 17. Jahrhunderts wiederfinden lassen. So fehlt überall **Lauras Vorwurf**, der Dichter habe schon zuviel von seiner Liebe zu ihr in seinen Liedern der Öffentlichkeit preisgegeben (Kap. II, 168, »das du hettst geschwiegen«). Dafür werden in den Übersetzungen alle Erhöhungen der Schönheit und Reinheit des Mädchens aus dem Originaltext übernommen.

Die für die Barockdichtung kennzeichnende Stilform der Antithetik bietet sich in diesem »Triumph« Petrarcas dem Übersetzer geradezu an. Der Tod zerstört die Schönheit des Mädchens in ihrer ersten Blüte, aber er vermag ihre reine Seele nicht auf dem Weg in das ewige Leben aufzuhalten. Bei Petrarca findet sich kein Wort von dem im 17. Jh. recht häufigen Bild der unio mystica. Als Renaissancedichter lenkt er das Thema in eine andere Bahn: Die Vereinigung der Liebenden nach dem Tode ist Gewißheit, aber sie kann sich erst vollenden, nachdem der Dichter seine Aufgaben auf Erden erfüllt hat.

Formal gesehen zeigt Petrarcas Todes-Triumph seine über Jahrhunderte wirkende Vorbildlichkeit besonders in dem zweiteilig gebauten Dialog, den der Tod im ersten Teil mit Laura als Lebender, im zweiten Teil die Verstorbene mit dem Dichter führt. Der Dichter ist Partner des Gespräches zwischen dem Tod und seiner Gegnerin. Man sollte die Form solcher Todesdialoge nicht immer nur – wie zu oft beim Ackermann aus Böhmen – mit der Gerichtsrhetorik der Zeit in Verbindung bringen. Petrarcas Todes-Triumph vom Jahre 1348 beweist, daß ein disputatorischer Aufbau durchaus künstlerisch gewählt sein kann, zumal Laura, das Opfer des triumphierenden Todes, geradezu als Siegerin über diesen erscheint, und ihr Sterben »en leggiadria e bellezza« (II, 145) alle Schrecken des Sterbens und der Todeslarve vergessen läßt.

In der Übersetzung des Fürsten Ludwig von Anhalt wird diesem Triumph Lauras über den Tod weit mehr Raum gegeben als im Original. Die erste Voraussetzung dafür ist der bereits errungene Sieg über die »libido« im Wachsen einer reinen Liebe zu dem Dichter. Ihre »castitas« erhebt sie zum Idealbild ihres Geliebten[10].

Dis schöne Weibesbild / gantz herlich in gestalt /
Ist nur ein blosser geist / und wenig erd die kalt.   (III, 1–2)

Quella leggiadria e gloriosa donna
Ch'è oggi nudo spirto e poca terra.   (Appel, S. 236, 1–2)

Nicht menschlich / götlich war ihr gang und lautrer wandel /
Und ihre keusche Wort / die stillen allen handel /

> Auf erden selig ist / den Gott bestimmet hat
> Zu solchen wercken her von seiner wiegen stat. (II 27–30)

> Non human veramente, ma divino
> Lor andare era e lor sante parole:
> Beato sè qual nasce a tal destino! (Appel, S. 237, 22–24)

Mit solchen Ruhmesworten, die sich über mehr als dreißig Zeilen ausbreiten, erhöht der Übersetzer die Gestalt der Laura, der dann dem Tod in der Larve einer Frau (wie in der Abbildung des Todestriumphes des Campo Santo in Pisa) gegenübergestellt wird:

> Ich bin des Todes Frau / bin grausam auch genannt /
> Tyrannisch / ungestüm / der gantzen Welt bekant:
> Der blinden tauben Heerd / die auch nicht eins verstehet /
> Wie einer finstern Nacht der Abend vor auch gehet: (III, 45–48)

> Io son colei che si importuna e fera
> Chiamata son da voi e sorda e cieca,
> Gente a cui si fa notte innançi sera. (Appel, S. 237, 22–24)

Die Macht des Todes, sein Aussehen, seine unwiderstehliche Gewalt, seine unaufhaltsame Plötzlichkeit, seine Bitternis erschrecken Laura nicht. Ihre Antwort, furchtlos und siegessicher, lautet:

> Einst aufgelöst zu seyn / zum Himmel zu gelangen /
> Das ist mir lauter gnad / die ich längst hab begehrt: (III, 64/65)

> A me fia grazia che di qui mi scioglia. (Appel, S. 238, 54)

Laura steigert sich in einer zweiten Antwort auf die unmittelbare Todesankündigung:

> ... wies Gott gefelt / der in dem himmel wont /
> Den umkreis auch beherrscht / das gute wol belohnt:
> Also wirst du mit mir gleich andern auch verfaren /
> Sein Wille der gescheh' / an mir magst du nichts sparen. (III, 85–89)

> Come piace al Signor che 'n cielo stassi,
> Ed indi regge e tempra l'universo,
> Farai di me quel che degli altri fassi: (Appel, S. 238, 70–73)

Auch hier antwortet Laura fast mit den gleichen Worten, wie sie im 17. Jh. bei Balde und Gryphius stehen, nur daß dort die Poetisierung durch Emblemata und mystisches Bildmaterial stärker aufgeschwellt ist.

Bei Petrarca finden sich nur an einer Stelle traditionelle Emblemata, die im Barockzeitalter genau so übernommen werden: in der Vision von dem Totenfeld. Sie kontrastiert stark zu den vorhergehenden Partien, in denen von dem äußeren und inneren Bild Lauras ein heller Glanz der Reinheit ausgeht. In Anlehnung an die Apokalypse soll die Gewalt des Todes durch den Hinweis auf die seit Jahrhunderten angehäuften unzählbaren Opfer des Sensenmannes, die die tiefsten Schluchten der Welt ausfüllen, deutlich gemacht werden. Petrarca endet seine knappe Reihung mit dem Ausruf:

> Per molti tempi quella turba magna. (Appel, S. 239, 78)

Darauf folgen bei Petrarca die traditionellen Totentanz-Bilder von den gleichmäßig niedergemähten Ständen und deren emblematischen Attributen. Kaiser, König, Kardinal und Bischof sind unter den Opfern[11]. Entsprechend liegen die Symbole der verlorenen Macht, Szepter, Reichsapfel und Bischofshut am Boden.

> Da Keyser / König /Pabst / die glücklich hier auf erden /
> Jetzt blos und bettelarm zu eitel asche werden.
> Wo ist ihr Reichtum nun / wo ist die grössest' ehr /
> Hier Scepter / Apfel / kron' / und was sie zierte sehr?
> Der dreyfach Bischofshut / und der von Purpurfarben?
> Es ihnen gar nichts half / sie eben so wol starben: (III, 99–104)

> Ivi eran quei che fur detti felici:
> Pontefici, regnanti, imperadori;
> Or sono ignudi, miseri e mendici.
> U' sono or richeççe? U' son gli honori?
> E le gemme, e gli sceptri e le corone,
> E le mitre e li purpurei colori?
> Miser chi speme in cosa mortal pone! (Appel, S. 239, 79–85)

Daran knüpfen sich allgemeingültige Ermahnungen, aus diesem Untergang eine Lehre für das Leben zu ziehen. Sie variieren das Thema von der Vanitas. Der Übersetzer folgt genau seinem Vorbild, auch er endet in einer Klage über die unerkannte Vanitas.

> Zu statten dir nicht komt dein lauffen / dein bemühen /
> Es kan doch niemand nicht des todes ziel entfliehen:
> Zur ältsten Mutter ihr doch alle wiederkehrt /
> Und euer nahmen kaum auf erden bleibt erwehrt.
> Von tausend arbeit nur man eine nutzbar findet /
> Die eitelkeit erkant und sich mit Gott verbindet. (III, 111–116)

> O ciechi, e'l tanto affaticar che giova?
> Tutti tornate a la gran madre antica,
> E'l vostro nome a pena si ritrova.
> Pur de le mill' è un' utile fatica,
> Che non sian tutte vanità palesi?
> Chi intende a' vostri studii, sì mel dica. (Appel 93)

Fürst Ludwig bringt an dieser Stelle den Vermerk an: »Schöne Lehren.« Dazu gehören bei ihm alle Moralia, die sich sonst in den sogenannten Fürstenspiegeln finden und im Original weit kürzer gefaßt sind: Nur das Vertrauen des Volkes zu seinem Fürsten, nur Bescheidenheit und Genügsamkeit bringen im Irdischen die erwünschte Ruhe.

Formal überraschen die Anklänge des deutschen Textes an spätere Dichtungen. Die Frageketten sind bei Fürst Ludwig ähnlich gesteigert wie bei Balde und Gryphius. Ebenso gleichen sich die Bilder und Embleme für den himmlischen Tod, für Reichtum und Armut. Es gibt nichts an Rhetorik und Ornatus, was nicht seine Entsprechung in Baldes Enthusiasmen, Gryphius' »Kirchhoffs-Gedancken«, in den Emblembüchern oder Tapisserien der Zeit fände[12].

Kapitel 2
Parallelen zu Petrarcas »Trionfo della Morte« in der bildenden Kunst Italiens

Bildlichen Ausdruck gewinnt die Vorstellung vom »triumphierenden« Tod erst durch christliche Vorstellungen. Dabei spielt das beschreibende oder prophetische Wort der Bibel eine entscheidende Rolle. Die Wortgebung der Heiligen Schrift ist von bedeutenden Einfluß auf die Dichtung, da diese den personifizierten Tod als Triumphator über den Menschen »sprechend« macht. Während der Dichter dem Toten und dem Tod die Sprache gibt, verleiht der bildende Künstler zunehmend allegorische Attribute und verwendet seine Gestalt als Sinnbild für das verlöschende Leben[1]. Die auf antiken Grabsteinen abgebildeten skelettähnlichen Überreste von Menschen stellen zwar Verstorbene dar, aber noch nicht den Tod in persona. Die neuere Forschung hat darauf hingewiesen, daß ein Totenkopf oder ein Skelett auf Trinkgefäßen zwar eine Mahnung an die Vergänglichkeit bedeute[2], das gleiche konnte aber auch durch Abbildungen eines zerbrechlichen Gefäßes (Amphora), eines Schmetterlings, einer Blume, einer brennenden Fackel zum Ausdruck kommen.

Auch im frühen Christentum zeigt die Abbildung des Todes noch keinen personifizierten Tod. Die ersten Christen folgen in ihrer Todesdarstellung der Heiligen Schrift, verbinden damit aber auch zugleich antike Vorstellungen. So erscheint Merkur noch als Seelenführer, wandelt sich jedoch bald in die Gestalt Christi in gleicher Funktion, in die des guten Hirten, der sein Schäflein nach Hause trägt.

Um das Jahr 1000 nach Christi Geburt beginnt die künstlerische Darstellung des personifizierten und des besiegten Todes[3]. Das Gebein des Toten wird, zumindest im Norden Deutschlands, als Skelett, als abgezehrte Menschengestalt zum Sinnbild der Todesmacht, weil es den Menschen wiedergibt, wie er als Leichnam erscheint. Alle Toten sind sich in diesem Zustand der Verwesung gleich. Das Skelett erhält Attribute, die die Gewalt des Todes beweisen sollen. Der Tod wird zum Feind des Menschen, der ihn mit übermenschlicher Gewalt, mit seinen Waffen, zu Boden wirft. Er erscheint als Jäger mit Pfeil und Bogen, als Krieger mit Beil und Lanze, als Schnitter mit geschwungener Sense. Eine verfeinerte Darstellung des personifizierten Todes verlangt neue Attribute, die die Geschwindigkeit seines Kommens, seine Allgegenwart ausdrücken sollen. Immer ist der Zusammenhang mit biblischen Visionen, vor allem mit der Apokalypse zu bemerken[4].

Zu Beginn der italienischen Renaissance erfährt der als Gerippe und damit in persona dargestellte Tod vielfache Variationen durch Dantes »Inferno«-Darstellung, in der christliche Ideen und antike Tradition sich ergänzen (Vergil führt Dante). Das Wort des Dichters bereichert die bildliche Darstellung. Um 1348 entsteht Petrarcas »Trionfo della Morte«. In der gleichen Generation soll der »Trionfo della Morte« im Camposanto zu Pisa (von Francesco Traini oder Andrea Orcagna) geschaffen sein[5]. In beiden Darstellungen erscheint der Tod als altes Weib mit geschwungener Sense und schwarzen Flügeln. Seit dieser Zeit ist ein triumphierender Tod auch als weibliche Gestalt für die bildende Kunst exemplarisch konzipiert.[6] Der Triumphzug des Todes entsteht in unmittelbarer Nachfolge dieser verschieden personifizierten Todesgestalt, die als Reigenführer aus den Totentänzen bekannt war[7].

Selbst wenn in der kunstgeschichtlichen Forschung darüber gestritten wird, ob Petrarcas »Trionfo della Morte« für das große Pisaner Fresko den Namen hergegeben habe (Oertel – Gronau)[8], die Thematik und deren realistische Wiedergabe wurde sicherlich durch die große Pest von 1348 ausgelöst. Die Pestjahre würden auch für die Datierung des Todestriumphs im Camposanto von Bedeutung sein, wenn diese heute nicht früher als 1350 angesetzt wird. Robert Oertels These, daß in Pisa zum ersten Mal in der Geschichte der bildenden Kunst das Bild des triumphierenden Todes zum Schwerpunkt »einer monumentalen vielfigurigen Darstellung« wurde, bedarf der Ergänzung durch einen nachdrücklichen Hinweis auf die Bedeutung der im Fresko wiedergegebenen Inschriften, die im Kern Gedanken der Texte von Dante und Petrarca enthalten. Leider geht auch Gronau nicht genauer darauf ein. Schon die Betonung des Eremiten, der dort das breiteste Pergament entrollt, und sein Anruf an die Lebenden ist von exemplarischer Bedeutung, denn bis zum Ende des 17. Jahrhunderts nimmt stets der Eremit in Prosadarstellungen als beispielhafte Figur diese Belehrung über die vanitas mundi vor. (J. Cats – Grimmelshausen – Abraham a Santa Clara und deren Illustratoren.) Ein Eremit weist mit dem Finger auf die Zeilen, die wie eine Inscriptio über den drei geöffneten Gräbern und den drei höfischen Besuchern stehen:

> Schaut her und haltet eure Sinne offen,
> Versuchet nicht, dem Anblick auszuweichen!
> Was ihr hier seht, läßt euern Stolz erbleichen
> Und euer Hochmut wird zu Tod getroffen!
> Nichts anderes habt auch ihr zuletzt zu hoffen,
> Euch ist bestimmt, einst diesen hier zu gleichen! (Oertel S. 13)

> Se vostra mente serrà bene accorta
> Tenendo qui la vostra vista fitta,
> La vanagloria ci sarà sconficta
> Et la superbia vederete morta.
> Et voi serrete ancor di questa sorta
> Or observate la lege che v' è scripta.

Hier wiederholt sich die seit dem 11. Jahrhundert verbreitete Mahnung: »Quod fuimus, estis, quod sumus, eritis« (Was ihr seid, das waren wir, was wir sind, das werdet ihr). Sicherlich ist in der bildlichen Darstellung dieser Anruf als eine alte Weisheit nicht unabsichtlich dem Eremiten auf dem Spruchband (cartello) beigegeben; über dieser Szenerie mit den drei aufgedeckten Särgen wird ein zweiter Eremit in einem Folianten lesend dargestellt. Die Legende von den drei Lebenden und den drei Toten, die als Parabel bis ins 13. Jahrhundert in französischer Fassung überliefert ist, wirkt hier weiter. Dem Sinnspruch haftet kein christliches Morale an. Nur die Gestalten der Eremiten erinnern an christliche Tradition. Sonst bleibt die adhortatio auf das memento mori gerichtet, auf das – wieder ohne Anspielung auf biblische Weisheit – auch die zweite große Schriftrolle zielt, die ein Engel in dem Medaillon (unterhalb der zwei Jagdknechte) freigibt:

Was trägst die Stirne du, die Braue hoch erhoben?
Blick um dich, Tor, und wende deinen Sinn
Zu dem, was dich bedroht, zum Ende hin!
Gefahr umgibt bei Nacht dich und bei Tage,
Daß jählings dich des Todes Kralle schlage!
Drum beuge dich, bedenke deinen Stand:
Dein Leib ist nichts, wenn ihm das Leben schwand!   (Oertel S. 18)

O tu che porti la fronte e' l ciglio
Alto levato, mirandoti intorno,
Pon cura et pou(i) mente a che periglio
Tu stai sempre di nocte et di giorno,
Che Morte non ti porga il suo artiglio;
Dunque t' haumilia et pensa chi tu se,
Ché via piu vale uno sol granel de miglio
Che 'l corpo tuo quando vita non v' è.

Für die von irdischem Glück Begünstigten bedeutet die Mahnung an den Tod in den Sinnsprüchen eine Warnung und Bedrohung. Zu den Erniedrigten und Beleidigten, den Bettlern, kommt der Tod als Erlöser. Auf ihrer Schriftenrolle ist der flehentliche Anruf zu lesen:

Dieweil das Glück sich von uns abgewendet,
O Tod, Arznei du gegen jede Qual,
Ach komm' und reich' uns unser letztes Mahl!   (Oertel S. 18)

Poi che prosperitade ci à llasciati,
O Morte, medicina d' ongi pena,
Dè vienci a dare omai l' ultima cena!

R. Oertel weist nachdrücklich darauf hin, daß hier antiker Geist (»Philoktet« des Aischylos in der Sophokles-Fassung, Senecas »Troerinnen«) aus dem Anruf der »poveri«, der Bettler spricht, da nur der Tod die »medicina d'ogni pena« bringen könne.

Dieser Tod ist als Frauengestalt mit mächtigen Fledermausflügeln dargestellt, mit flatternden blonden Haaren und Krallenzehen, eine überdimensionale Sense schwingend, als eine furchterregende Erscheinung, deren Kommen wohl nur von den armseligsten unter den Bettlern erfleht werden kann. Für alle anderen Lebenden soll diese Gestalt als triumphierende Rachegöttin erscheinen.[9] Deswegen tragen fliegende Genien ihr das erklärende Spruchband nach, das den Sinn des ganzen Fresko wiedergibt:

Nicht Wissens Macht noch irdischer Gewinn,
Nicht Adelsstand noch hochgemuter Sinn
Vermögen ihre Hiebe abzuwehren,
Darum, o Leser, lasse dich belehren:
Du stehst vor ihr ohn' allen Schirm und Schild!
Halt wach den Geist, rein deiner Seele Bild,
Auf daß nicht einstens, wenn ihr Streich dich fällt,
Todsünde dich in ihren Banden hält. (Oertel S. 20)

Schermo di sapere o de richeça
Di nobilta et ancor gentileça
Vaglian niente a' colpi di costei.
Dè, che non trovi dumque contra lei,
O tu lector, niuno argomento?
Or non haver il tuo intellecto spento
Di starci sempre (si) apparecchiato
Che non ti giunga nel mortal peccato.

Die Summe dieser Inschriften zeigt deutlich, daß der Todestriumph im Camposanto von Pisa ein weltliches Morale und zugleich ein Warnbild im Sinne der Renaissance bieten will. Die Vorstellung vom »besiegten Tod«, die auf Petrarcas Idee vom Triumph der Zeit beruht, fehlt hier ebenso wie die vom Sieger Christus, der durch seinen Opfertod auch dem Tode den Siegerkranz entwindet. Mit dieser realistischen Darstellung des Todes im Camposanto ist zugleich eine neue Bewertung des Lebens entworfen, wie sie die Inschriften der »cartelli« deutlich machen.

Aber mit dem Thema vom triumphierenden Tod ist in Pisa erst ein Teil dieses großflächigen Wandgemäldes näher bestimmt. Unmittelbar rechts anschließend bietet sich dem Betrachter die noch wildere Darstellung des letzten Gerichts und der Hölle. Nur im obersten Bildabschnitt gibt es noch Andeutungen von Schriftrollen. Hier spricht allein das Bild und kommentiert abbildlich die bekannten Höllenbeschreibungen Dantes aus dem »Inferno«. Der Höllenfürst thront in der Mitte als Herrscher über die ihm zugewiesenen Knechte und über die in sein Reich hinabgestürzten Opfer. Sie sind ihm zugetrieben durch die Gerichtshelfer, die als Engelsgestalten die Abgeurteilten dem himmlischen oder höllischen Bezirk zuweisen. Auch die den Anbruch des Weltgerichtes ankündigenden, posaunierenden Engel fehlen nicht. Die Richtergestalt Christi tritt zurück. Maria ist dargestellt, ebenso die Apostel und der Erzengel Michael. Aber die Aufmerksamkeit des Malers galt nicht so sehr den Auserwählten als den zur Hölle Verurteilten. Außerdem bieten diese Darstellungen des dritten Teils des Gesamtbildes kurze Hinweise auf das »Leben der Anachoreten«. Wie die Eremiten in der Landschaftsdarstellung innerhalb der Todestriumphdarstellung, spiegeln sie ein Leben in Bergschluchten und Einöde, das erfüllt ist von gottgefälliger Einkehr. So ist ihr Weg, als ein Aufsteigen in der Richtung zu Gott gesehen, wieder nur eine bildliche Andeutung für einen Weg durch die Zeit in die Ewigkeit: ein Ausblick höchstens, der den Betrachter aber nicht von dem Anblick des triumphierenden Todes und der Hölle abzulenken vermag.

Die Wirkung des Pisaner Freskos kann kaum überschätzt werden. Sie reicht weit in die Wort- und Bildkunst der europäischen Kulturen hinein. Am deutlichsten ist diese Wirkung in Italien nachzuweisen, besonders in der Variation der Hauptgestalt des sensenschwingenden Todes. So ist von *Piero della Francesca* ein Triumphzug-Gemälde erhalten, das heute im Museum von Siena hängt und ins 15. Jahrhundert datiert wird.[10] Das Bild trägt den Titel »Trionfo della morte«. Es muß in unserem Zusammenhang ausführlicher besprochen werden, weil es eine stark realistische Darstellung des triumphierenden Todes und zugleich eine streng renaissancehafte Stilisierung zeigt, die zu der Ausführung des gleichen Themas in den Niederlanden in schärfstem Gegensatz steht. Man könnte auf den ersten Blick auf eine zeittypische Konzeption des Themas schließen, wenn man nur den Triumphwagen und sein Gefolge ins Auge fassen würde. Auch die Landschaftsdarstellung in ihrer geordneten und ungestörten Ruhe bestätigt diesen ersten Eindruck. Ein fast genrehafter Zug kommt durch die genaue Wiedergabe eines bürgerlichen Leichenzuges mit großem Gefolge in das Bild hinein (im Mittelfeld links), der zu dem im Vordergrund dargestellten Triumphzug des Todes kontrastieren soll. Aber die Realität steht hier hinter der Allegorie zurück, in der Einzelmotive den furchterregenden Machtanspruch des Todes unterstreichen sollen.

Vor allem ist es die Gestalt des Todes, die das Warnbild eindrucksvoll macht. Mit weitausholender Geste schwingt er die breite Sense. Langes Haar weht vom bleckenden Schädel rückwärts und verstärkt den Ausdruck der Bewegung des Rumpfes. Breitbeinig steht der Tod auf einer von dichten Kränzen geschmückten Urne, deren untere Platte mit vielen Totenköpfen geziert ist. Hinter und unter ihm ist seine Ernte zu Boden gesunken; der Kaiser neben dem Papst, der Edelmann neben dem Geistlichen. Nicht angstvoller, sondern friedlicher Ausdruck des Schlafes breitet sich über die Gesichtszüge. Das übliche Motiv des Totentanzes mit seiner Aufzählung der Stände hat seinen bildlichen Ausdruck in besonderer Schönheitsbetonung erfahren. Petrarcas »morire in belleza« liegt als Ausdruck der Ruhe über diesem Abbild der Todesernte. Fast widerspruchsvoll wirkt dazu das zweirädrige, von schwarzen Stieren teilnahmslos gezogene Gefährt, auf dem ein schön gezierter, sarkophagähnlicher Aufsatz die wappengeschmückte Urne trägt.

Der sensenschwingende Tod – wohl absichtsvoll bis zum oberen Wolkenhorizont aufragend – wirkt so erhöht und zugleich entfernt, daß die nach der Renaissancemode gekleidete höfische Gesellschaft schöner Damen und prunkvoll gekleideter Fürsten, die zur Falkenbeize ausreitet, von seiner Nähe nichts zu bemerken scheint. Die stolze, unbekümmerte Haltung aller dargestellten Personen und Tiere wirkt auf diese Weies besonders zeittypisch. Die tägliche Bedrohung der menschlichen Gesellschaft durch den Tod, die sich so sicher in eigener und großem Reichtum fühlt, kommt besonders eindrucksvoll zum Ausdruck. Ruhe und Bewegung kontrastieren auffällig. Die hügelige, von weiten Straßen mit stillen Bäumen durchflochtene Landschaft nimmt den wirklichen und allegorischen Todestriumph wie eine Erscheinung auf, die aber schnell verschwindet. Der Schauplatz bleibt der des Lebens in Schönheit, der nur für Stunden von der Wolke des Todes verdunkelt wird. Es fehlt jeder Hinweis auf das Christentum, außer der Priesterschar, die dem im Hintergrund dargestellten Leichenzug voranschreitet.

Durch dieses, zum diesseitigen Leben dazugehörig wirkende kirchliche Ornament ohne allegorische Vertiefung des christlichen Themas unterscheidet sich Piero della Francescas Todestriumph von anderen Darstellungen, die kurz erwähnt werden müssen, weil sich typische, renaissancehafte Züge darin bei der Gestaltung des Todestriumphs erkennen lassen.

Diente die Darstellung der Macht des Todes, die besonders im Verwesungsbild des Verstorbenen ausgeprägt wird, im Mittelalter als Verstärkung des memento-mori-Gedankens und zur Steigerung des Morale, so mehren sich bereits vor 1500 in Europa die Darstellungen auf Sarkophagen, durch die der Betrachter an Macht und Glanz des Lebens und den Verfall der Körperlichkeit gemahnt und zugleich getröstet werden soll. So findet sich – wenn ich die Abbildung richtig verstehe – der triumphierende Tod in Jacopo Bellinis Skizzenbuch[11] als wartender Zuhörer unter dem Katheder eines Gelehrten, der vor voll besetztem Auditorium eine Vorlesung hält. Dieser Teil der Skizze kontrastiert in Thema und Formwiedergabe zu dem harten Realismus der nackten Kadaverdarstellung auf der Grabplatte, bei der der Totenschädel mit geöffnetem, durch Zahnlücken gekennzeichneten Mund auf einem Buch zu ruhen scheint. (Nach 1475.) An einer solchen Darstellung bleibt das Nebeneinander von Abbildungen aus dem Leben und nach dem Tode bemerkenswert.

In den italienischen Renaissanceplastiken gibt es Beispiele, durch die der Triumph des menschlichen Geistes über den Tod sichtbar gemacht wird. Panofsky (Grabplastik) weiß überzeugend darzulegen, daß besonders der Typus des Gelehrten mit den Sinnbildern humanistischer Wissenschaft als geistiger Sieger über den Tod hervorgehoben und dadurch ein Beweis für die Unsterblichkeit des Ruhmes geboten wird. Nicht so sehr die Unsterblichkeit der Seele, sondern die des unermüdlich tätigen Geistes besiegt in der Renaissanceplastik den Tod, der nur noch über den Körper triumphiert. Apollo, die Musen oder Pegasus treten dabei an die Stelle Christi und der Heiligen. Höhepunkt einer solchen Darstellung bleibt das auch im Anhang wiedergegebene Abbild eines bronzenen Grabreliefs von Andrea Riccio, auf dem die Todesemblematik besonders reich ausgeführt ist.[12]

Von diesen Vorstellungen beeindruckt, entwickelt Gian Lorenzo Bernini eine Bildgestaltung, bei der eine einzige Person zum Thema gewählt und durch ein Prunkgrabmahl verherrlicht wird. Seine Gedächtnistafel für Alessandro Voltrini (S. Lorenzo in Damaso, Rom) zeigt das Bild des Toten, das statt von Engeln vom geflügelten Tod emporgetragen wird. In Berninis Welt verleiht dieselbe Macht, die dem Leben ein Ende setzt, die Unsterblichkeit, und zwar nicht nur im geistlichen, sondern auch im zeitlichen Sinn.[13] Deutlicher noch versinnbildlichen Einzelheiten auf den großen Papstgräbern (im Petersdom) diesen Gedanken der Unsterblichkeit. Er tritt in einer selbständigen Zutat Berninis am Grabmal Urbans VIII. hervor (1628 begonnen, 1647 vollendet), die wieder eine eigenartige Todesthematik spiegelt. Zwischen den hellen Statuen der Gerechtigkeit (iustitia) und der christlichen Barmherzigkeit (caritas) schreibt der geflügelte Tod als Skelett den Namen des großen Papstes in heller Schrift auf ein dunkles Blatt, das über ein gerahmtes anderes Buch (nach Panofsky) oder Bild befestigt wird und den Namen des großen Verstorbenen verewigen soll. Der Tod dient also der »fama gloriae«, zumindest beugt er sich der »aeternitas nominis« und wird so zum »Bürgen der Unsterblichkeit«.[14]

In diesen Einzelgestaltungen des Todes auf Prunkgräbern Berninis kommt die in der Renaissance geborene humanistische Tendenz zum Durchbruch, der »Wahrheit« über die Lebensleistung und damit der Unsterblichkeit durch den dienenden Tod zum Siege zu verhelfen.

An dieser Stelle möchte ich noch auf meine Darstellung der »Langsam Sterbenden« von Bernini verweisen (Das Problem des Todes ... a.a.O. S. 25), weil hier der Übertritt vom Leben im Diesseits zum Leben im Jenseits in einer mystischen unio-Vorstellung wiedergegeben wird. Eine Frauengestalt – die heilige Therese – erwartet in sehnsuchtsvoller, liebender Gebärde den von einem Engel auf ihre Brust gerichteten goldenen Pfeil, der als Geschoß des Todes oder auch der himmlischen Liebe zu verstehen ist. Keinerlei Todesangst spricht aus dieser Darstellung, eher die ungeduldige Erwartung einer Liebeserfüllung, wenn die Frauengestalt als Allegorie der Seele verstanden wird, die sich nach der unio mit Christus sehnt. Die Engelsgestalt mit dem goldenen Pfeil ist dann als himmlische Liebe zu verstehen, die in der unio mystica mit Christus den Tod besiegt und im Sterben der Seele den Weg zur Geisteinung im Jenseits freimacht.

Auch hier muß man wieder auf Petrarcas Einfluß verweisen, denn die Plastiken auf den Prunkgräbern der Renaissance zeigen deutlich die Verbindung von Macht und Grenze des Todes im Ruhmgedanken. Die Huldigung, die der Fama dargebracht wird, vereinigt antike und renaissancehafte Todesauffassung, die im Mittelalter verdeckt blieb durch das Überwiegen christlicher Todesvorstellungen. Der triumphierende Tod diente im Mittelalter vor allem der moralischen Unterweisung, besonders durch die aus den Totentänzen abgeleitete kirchliche Allegorese. Für einen persönlichen Nachruhm war im Mittelalter wenig Raum. Erst in der Renaissance wurde der antike Kult des Ruhmes erneuert. Humanistische Quellenforschung ermöglicht historische Treue in der Wiedergabe römischer Triumphzüge zu Ehren der Verstorbenen. Als Vorbild für die Lebenden wird bis ins 15. und 16. Jahrhundert meist ein Held der Antike gewählt und in das Milieu der Zeit versetzt.

Viele Einzelheiten solcher Kompositionsgesetzlichkeit erhalten sich bei der Umformung in christliche Ruhmesvorstellungen. Die Literatur erweitert die Ausschmückung. Mit Petrarcas »Trionfi« hat eine Variationsbreite begonnen, die sich von der Malerei über die Tapisserie bis zur Münzkunst ausweitet. Dabei entsteht eine Stufenfolge der Wertungen.[15]

Die aus der Antike übernommenen vier Kardinaltugenden Iustitia, Prudentia, Fortitudo und Temperantia gewinnen die Oberhand über die christlichen

Tugenden fides, spes, caritas. Die Todesbewertung nimmt dabei eine Sonderstellung ein, auf die noch ausführlich einzugehen ist. Wenn Dante in der Erhöhung der Beatrice eine Verschmelzung von antiker und mittelalterlicher Triumphidee verwirklicht, so geht Petrarca in seinen Trionfi auf dem Wege der Säkularisierung christlicher Tugendwerte viel weiter: Die Keuschheit (pudicitia) siegt über die Liebe (amor), der Tod (mors) aber über die Keuschheit. Die Zeit (tempus) besiegt wiederum den Tod, der irdische Ruhm (fama) beide, Zeit und Tod. Eine Überflügelung aller gelingt der »Divinità«, die sich auch die »Fama« unterwirft.

Trotz einer derartig schematischen Bilder- und Wertfolge versuchen die einzelnen Künstler besondere, ins Gedankliche weisende Zutaten zu erfinden und zu gestalten. So schmückt 1490 Lorenzo Costa »eine Wand der Bentivogli-Kapelle von S. Giacomo Maggiore in Bologna mit zwei großen Gemälden von Trionfi nach Petrarca: Trionfo della Fama und Trionfo della Morte. Der Trionfo della Morte zeigt über dem Tod die Glorie im Himmel (Anspielung auf Petrarcas Trionfo della Divinità). In der linken Ecke die keuschen Jungfrauen mit ihrem Symbol, dem Hermelinbanner, die unter Führung Lauras dem Todeszug begegnen (Anspielung auf Petrarcas Trionfo della Pudicizia). Der Todeswagen mit einem sarkophagartigen Aufsatz, auf dem ein Gerippe mit einer Sense im Arm sitzt, wird von zwei Stieren gezogen, auf denen Gerippe reiten. Angehörige der verschiedensten Stände bilden das Gefolge. Die Glorie im Himmel besteht aus Engeln und Heiligengestalten, in der höchsten Region Gott Vater, der seine Hände segnend über Christus und Maria ausbreitet. Zu ihm schwebt eine nackte Seele mit gefalteten Händen, über der zwei Engel beten. Diese im Kreisbild gebotene Himmelsglorie nimmt so die dem Tode übergeordnete Position ein. Auf dem Triumphbild des Ruhms wird auf dem Wagen die Fama, in ihr Horn blasend, erhöht. Ein Elefant zieht den Wagen, die Stände folgen. Der obere Teil des Bildes zeigt eine runde Scheibe mit Szenen aus der Genesis und der antiken Geschichte mit Anspielungen auf die Wechselfälle des Glücks (= Erdenrund). Die Zusammenstellung mit dem Trionfo della Morte besagt im Sinne Petrarcas, daß der irdische Ruhm über den Tod triumphiert.[16]

Kennzeichnend für beide Triumphszenen bleibt bei Costa der Hinweis auf die Stufenfolge der geistigen und geistlichen Werte, die der jeweils triumphierenden Macht übergeordnet sind. Die Todesreflexion endet nirgends im Pessimismus oder in der Vorstellung vom Tode als letzter Grenze (ultima mors linea). Der Tod wird als naturgegebene, in einem Zeitpunkt sogar siegreiche Macht dargestellt, aber er behält nicht den Sieg. Ein Jahrhundert später wird das große Thema vom Todestriumph bereits zum Ornament auf großen Porträtstudien. »Ein florentinischer Maler (Bacchiacca) am Anfang des 16. Jh. sucht auf zwei Bildnissen durch Anbringung von Trionfi den Sinn der Darstellung zu akzentuieren. Das Bild eines Jünglings und das eines Greises symbolisieren Jugend und Alter. Der Jüngling schlägt die Laute. Neben ihm Blumenvase und Sanduhr, deren oberer Teil noch gefüllt ist. Hinten zieht durch eine Berglandschaft der Triumph Amors, rechts umfaßt Apoll die in den Lorbeer sich verwandelnde Daphne. Das alles soll das der Liebe geweihte Alter symbolisieren. Der Alte hält einen Totenschädel, im Hintergrund der Triumphwagen des Todes, ähnlich dem bei Piero della Francesca in Siena. Symbolisierung der Vergänglichkeit des Irdischen. Der obere Teil der Sanduhr ist leer.«[17] Auf beiden Bildern benutzt der italienische Maler das damals gängige Motiv des triumphierenden Todes für seine vordergründige Thematik von Alter und Jugend. Der Sinnbildcharakter eines solchen Details ist nicht zu übersehen. Auch ohne Motto, ohne Inschrift kann der Maler des Verständnisses in seiner Zeit sicher sein. Der Betrachter ordnet selbständig die Bildbeigabe dem Bildthema zu und erreicht damit die Vertiefung seiner gedanklichen Konzeption des Ganzen. Die Dichtung und Literatur der Zeit hat dem allgemeinen Verständnis soweit vorgearbeitet, daß Einzelbild (Porträt) und motivisch gefaßte Bilderzählung sich zu einer Einheit ergänzen.

In Deutschland – so hat es Werner Weisbach betont[18] – überwiegt bei der Rezeption des Todestriumph-Themas weit stärker als in Italien die Didaxe. Die Gestalt Maximilians gibt genauso wie die Reuchlins Anlaß zu ähnlichen Triumphzuggestaltungen, meist aber sind es Holzschnittfolgen, denen ein erklärender Text beigegeben ist (Dürer, Holbein d. J.). Holbeins Totentanzfolge führt das Thema aus dem Bereich der Triumphwagen-Vorstellung auf seinen eigentlichen Warnbildcharakter zurück. Flämische und französische Maler und Webkünstler entwickeln das Triumphzug-Thema zu Zyklen, die ihre Motive meistens den Petrarca-Triumphen entnehmen. Der Tod erscheint darin von der Fama gefesselt, in sitzender Haltung, ähnlich wie in der Verherrlichung eines großen Arztes, der über die Krankheit triumphiert und zu dessen Füßen der Tod als Gefesselter und Besiegter kauert.[19] Es fehlt aber häufig an gedanklicher Vertiefung und an dem verstärkten sinnbildlichen Grundton des Gesamtthemas.[20] Hier wäre auf Tapisserien zu verweisen, die das Thema des triumphierenden Todes in der Nachfolge Petrarcas zu lehrreichen Bilderzählungen formen. Sie sind in Frankreich oder Flandern entstanden. Es handelt sich um den Triumph des »Ruhms« und der »Zeit«. Die Gesetze der Komposition entsprechen denen der italienischen Renaissance genau. Mir liegen zwei Reproduktionen vor, die ich aus dem Metropolitan Museum mitbringen konnte:[21] Die beiden Gestalten des Ruhms und der Zeit sind Mittelpunktfiguren und wirken bewußt erhöht, sie ragen über die Horizontlinie heraus; der kostbar ausgeschmückte Wagen wird von zwei weißen, gehörnten Hirschen bzw. zwei weißen Elefanten gezogen. Unter den Rädern sind am Boden liegende Gestalten zu erkennen, über die der Wagen hinwegrollt. Mehrere Ganzfiguren begleiten den Wagen. Sie sind als geschichtliche oder mythologische Figuren genau benannt. In ihren Gebärden drückt sich deutlich Verbundenheit mit der Hauptfigur aus. So lenkt zurückblickend Platon, vorweisend Aristoteles die haltende, Posaune blasende Fama mit einer Handbewegung in der Richtung nach vorne, während Alexander unschlüssig zwischen beiden steht. Von den zwei im Vordergrunde liegenden Frauengestalten scheint Atropos (mit Spindel) unversehrt zu bleiben, weil das Elefantenpaar an ihr vorbeizieht. Die anderen Figuren sind namentlich nicht bezeichnet. Auf dem zweiten Teppich wird der Gott der Zeit, gekrönt mit den Zeichen des Tierkreises, begleitet von greisen Gestalten des Alten Testaments (Noah), der Antike (Nestor), der Sage (Methusalem), während der Triumphwagen bereits die geflügelte Göttin des Ruhmes (Renommée) überrollt hat. Leider fehlt aus dieser Serie von sechs Teppichen – die wohl den sechs Themen Petrarcas entsprachen – der Triumph des Todes.[22]

Das große Thema der Totentänze gehört nur als Variation in diesen Zusammenhang. Den Glauben an tanzende Tote gab es bereits in der Antike (Ode IV des Anakreon). Seit dem kleinen Baseler Totentanz weitet sich das Motiv aus. Krieg, Pest und Hunger rufen immer neue Darstellungsvariationen hervor.[23] Dem Tod werden Musikinstrumente beigegeben. Tänzer folgen bekleidet und unbekleidet seiner Melodie. Sicherlich ist hier auch wieder das Wort des Dichters und Predigers als Anregung für neue bildliche Darstellungen anzunehmen. Abgesehen von mittelalterlichen Vorstellungen wäre für Deutschland vor allem auf Hartmann Schedels Weltchronik zu verweisen, in der ein Tod als Flötenbläser zwei Skelette tanzen läßt, denen sich eine dritte, halbverweste Gestalt zugesellt, während eine vierte aus dem Grabe die Hand erhebt, um sich dem Reigen anzuschließen.[24] Diese Bildwiedergabe zeigt nicht nur die magische Kraft der Todesflöte, sie verweist zugleich auf den Zusammenhang mit den Tänzerbewegungen. Beide Skelette zeigen die lebhafte Bewegung von Mann und Frau beim Maientanz. Es fehlt trotz der realistischen Wiedergabe der tiefe Ernst wie in Hans Holbeins bekannten Totentanzdarstellungen (Tod und Ritter, Tod und Kärrner). Eher spricht aus dieser Abbildung die Freude an so unverhüllt diesseitiger Szenenwahl. Vielleicht haben wir hier den Ansatz zu einer Art Satyrspiel auf die Tragödie des menschlichen Seins vor Augen, die vom Tode inszeniert ist.

Der spielerische Zug in der Todesdarstellung klingt weit stärker in der Schachspielwiedergabe an, die versteckt den triumphierenden Tod spiegelt. Diese soll hier erwähnt werden, weil Gedichte bei Cats und A. Gryphius darauf verweisen. Wessely macht darauf aufmerksam, daß ein anonymer Kupferstich eine Kopie oder eine Wiederholung des aus dem Kreuzgang des Straßburger Münsters verschwundenen Bildes ist, auf dem der Tod vor dem Angesicht des Engels einen Kaiser schachmatt setzt.[25] Viele wichtige Züge der Todesauffassung lassen sich hieraus ablesen. Das Spiel findet im Angesicht des Engels (mit Sanduhr), also eines Gottesboten, statt. Der Tod siegt mit seinen vier schwarzen Figuren. Die Vertreter der Kirche, repräsentiert durch Papst, Kardinal, Bischof und Priester sehen der Niederlage weltlicher Macht zu, die entsprechend durch Kaiser, König, Fürst und Edelmann wiedergegeben ist. Der Mensch als Spielfigur der Zeit und des Todes wirkt wie ausgeliefert an die Macht des von Gott eingesetzten Todes. Der Tod triumphiert im königlichen Spiel über die Gesamtheit von Welt und Kirche. Er hat von Gott das Amt, der Macht, Schönheit und Jugendkraft ein Ende zu setzen. Das ist das Zeitthema seit dem Mittelalter, vor allem seit dem Dialog des Ackermanns mit dem

Tod um 1400, seit den kontrastreichen Darstellungen Holbeins, Hans Baldung Griens, Hans Seb. Beha(i)ms und anderer Maler und Holzschnittmeister. In Deutschland ist um 1540 eine feste Vorstellung vom triumphierenden Tode, allerdings als Einzelgestalt und in Zusammenhang mit Renaissance-Vorstellungen, als weit verbreitet und reich variiert festzustellen. Auch die zyklische Reihung der zum gleichen Thema gehörigen Motive kann vor allem bei Holbein und Dürer angenommen werden.

Kapitel 3
Der Triumph des Todes in der Malerei der Niederlande

In den Niederlanden breitet sich das in der europäischen Dichtung und Malerei weit verbreitete Thema der Triumphzüge erst spät aus. Die kunstgeschichtliche Darstellung von Weisbach[1] weist vor allem auf Rubens hin, der nach dem Vorbild von Mantegnas Caesar-Triumph (1629) den Einzug König Heinrichs IV. in Paris nach der Schlacht von Ivry malte. Auch in einem religiösen Zyklus von Rubens, der unter dem Namen »Der Triumph und die Figuren des heiligen Sakramentes« (1625–27) bekannt wurde, sind drei der fünfzehn Stücke reine »Trionfi«: »1. Der Triumph des Sakraments über die weltliche Philosophie, die Wissenschaft und die Natur, 2. Der Triumph des Sakraments über Unwissenheit und Verblendung, 3. Der Triumph der göttlichen Liebe.«[2]

Mit derartigen knappen Angaben ist zwar ein Zusammenhang zwischen Italien und den Niederlanden in der Verwendung des Triumph-Themas wenigstens angedeutet; es fehlt aber die deutliche Betonung des Gegensatzes beider Auffassungen.

Bereits im 16. Jahrhundert setzt sich eine völlig andere, im Gesamtstil der Darstellung mit der italienischen kontrastierende Kunstauffassung in Holland durch, die sich nicht nur in der Malerei, sondern noch stärker in der Kunst des Kupferstichs bis ins 17. Jahrhundert verfolgen läßt. Die Gründe für die Andersartigkeit liegen in der Realität der Leidensjahre im 16. Jahrhundert unter der spanischen Herrschaft, besonders unter Herzog Alba, und in dem bekannten Märtyrerschicksal der neuen protestantischen Glaubensgemeinschaft. Das Motiv des Todes-Triumphes erhält aus dieser Leidenswirklichkeit für ein volles Jahrhundert (1550–1650) ein thematisches Übergewicht, das nicht nur mit dem Hinweis auf die Vorliebe der Flämischen Schule für Kontraste abgetan werden kann. In diesem Zusammenhang ist auf Hieronymus Bosch und Pieter Breughel zu verweisen, bei denen die Leben-Tod-Antithetik das Gesamtwerk beherrscht.

Die Zusammenhänge zwischen der Symbolik Boschs und der Breughels sind in den neuesten Forschungen immer wieder betont worden. Bei Clément A. Wertheim-Aymés[3] findet sich der Hinweis, daß für Hieronymus Bosch »die Pforte des Todes zugleich ... das Tor zu einem neuen Leben«[4] bedeutet habe. Auf zwei Gemälden Boschs findet sich das Motiv der »Klappe«, die bei ihm zugleich Ausgang und Eingang bedeuten kann (Im »Garten der himmlischen Freuden« und im »Heuwagen-Triptychon«). Dieses Motiv der Klappe, das bei Breughel d. Ä. im »Triumph des Todes« den Weg zur Hölle symbolisiert, bedeutet bei Bosch beides: den Eintritt in die irdische Welt (Inkarnation) und den Übertritt in die geistige Welt (Exkarnation). Besondere Aufmerksamkeit widmet

Wetheim-Aymés dem Heuwagen-Triptychon[5] und den dort gebotenen Symbolen. Der Heuwagen gleicht der Vergänglichkeit im Sinne der Bibelstelle Jes. 40, 6–7. Bei Bosch ist »Heu das Symbol für eine Welt und eine Menschheit, deren (aetherische) Lebenskräfte von ihrem geistigen Ursprungsort ›abgeschnitten‹ sind und der Verdorrung anheimfallen«.[6] »Der Heuwagen symbolisiert buchstäblich ›das Leben‹ im allgemeinen Verstande des Wortes: als das Treiben, wie es aus den Sitten und Gewohnheiten der Menschen resultiert.«[7]

Der Wagen geht über eine Gestalt hinweg, deren Gesichtsausdruck dem von Christus gleicht. Dämonen ziehen den Wagen; Papst und Kaiser mit Gefolge bleiben in seiner Spur. Streit, Raufen, Mord bestimmen die Umwelt, in der die Stände dieses unsinnige Spiel mitspielen. Nur eine Gruppe auf dem Heuwagen (in Distanz zu seiner näheren Umgebung) erinnert an Harmonie und Liebe; sie ist gelagert zwischen Engel und Teufel; über ihr schwebt Christus. Begrenzt ist das Bild durch den linken Flügel, der die Geburt der Eva, den Sündenfall und die Vertreibung aus dem Paradies erzählt – Dämonen stürzen aus dem Himmel unter Schwertstreichen der Engel – und durch den rechten Flügel, der (ähnlich wie im »Garten der himmlischen Freuden«) oben ein brennendes Gebäude zeigt. Dämonen bauen den neuen Turm für das Ich des Menschen, das gerade erst (blind) darin einzieht, geführt und gezogen von Dämonen (Meerkatzen, »Feststeckteufel« u. a.). Die Seele hält mühsam den Kelch Christi in der Hand. Die Sonne ist ein Abbild der stets (durch Dämonen) gefährdeten christlichen Welt. Bei Bosch überwiegt Skepsis die Glaubenssicherheit. Breughel d. Ä. fügt die satirische Deutung hinzu. Bei Hieronymus Bosch sind die Höllenvorstellungen erschreckend realistisch ausgeführt, bei Breughel d. Ä. sind es die Todesvorstellungen. Wilhelm Fraenger sieht in Boschs »Millennium« eine ars moriendi, bei der das Sterben als Übertritt in das Reich des ewigen Geistes in milder Darstellung erscheint.[8] Die befreite Seele ist von den hellen Farben des Schmetterlings begleitet. Die Todsünden dagegen ziehen den Höllensturz der Seele nach sich. (Wer die Erkenntnis Gottes besitze, habe das Paradies in der eigenen Brust.)[9] Besonders bei der Darstellung der Todsünden wird die Verwandtschaft zwischen Bosch und Breughel d. Ä. sichtbar. Von seinem Vorgänger hat Breughel nicht nur einen großen Teil der Einzeldarstellungen, sondern auch die tragenden Gestaltungsgrundsätze übernommen, die scheinbare Planlosigkeit in der Komposition, sowie die für Bosch typische makabre und diabolische Höllenatmosphäre.[10]

Entscheidend ist die thematische Verarbeitung des Triumphthemas. Wenig beachtet wurde bisher ein 1550 entstandenes Gemälde, das jetzt in Utrecht im Zentralmuseum aufbewahrt und Herman tom Ring zugeschrieben wird. Es handelt sich bei diesem Altarflügelbild um die Darstellung eines Weltgerichts, in der den Mittelteil das Thema des triumphierenden Todes beherrscht. In der Bildbeschreibung, die Riewerts-Pieper[11] in ihrer Monographie über die Brüder tom Ring gegeben haben, tritt dieses Thema nicht genug hervor. Wohl wird auf den Tod als Hauptfigur hingewiesen, aber dabei müßte doch wohl die dem Tod gegebene unausweichliche Gewalt stärker betont werden. Die Bewegung dieses

Skeletts und der Ausdruck des treffsicheren und siegesgewissen Schützen, der seinen Pfeil unmittelbar auf den Betrachter des Bildes abschießt, verstärken den Eindruck einer als unüberwindbar dargestellten Macht, der sich jeder Mensch zu beugen hat. Hier überwiegt die Realistik des Ausdrucks jeden Sinnbildgehalt. Höchstens die beiden Flügel des Altarbildes mildern (zusammen mit der alles überwölbenden Himmelsdarstellung des richtenden Christus) diesen Todestriumph. Auf ihnen ist eine Memento-mori-Warnung in der Wiedergabe der klugen und törichten Jungfrauen dargestellt. Das Gemälde kann durchaus als Beispiel für die Verbreitung des Vanitas- und Todesgedankens vor der großen Bilderzählung Pieter Breughels vom Triumph des Todes gesehen werden, selbst wenn von der Kunstwissenschaft auf Einflüsse Hans Holbeins oder auch Lukas' von Leyden hingewiesen wird. Der Hinweis auf Holbein ist wohl nur auf die zwei Zeichnungen des Herman tom Ring zu beziehen (1550), die sich in Dresden befinden, die aber genaue Vorarbeiten zu dem Weltgerichtsgemälde darstellen. Auf einer dieser Zeichnungen (Abb. N⁰ 98) ist bereits der Tod als Bogenschütze in den Konturen und in der Bewegung genauso ausgeführt wie auf dem Flügelaltarbild in Utrecht (Abb. N⁰ 41–46).

Zur Bildbeschreibung, die sich bei Riewerts-Pieper findet (S. 32/33, Text im Anhang S. 181), müßten kleinere Zusätze gemacht werden, die sich mir aus der neuerlichen Betrachtung dieses Gemäldes ergaben. Der Maler hat mit Sicherheit den Mittelteil des Bildes, also den bogenschießenden Tod, hervortreten lassen wollen. Wenn die Farbgebung des ganzen Altarbildes zurückgedämpft erscheint, so ist das durch diese Zielsetzung genug erklärt. Hier von »trüben« und »matten« Farben zu sprechen, erklärt sich wohl aus dem ersten Eindruck des ganzen Altarbildes. Bei längerer Betrachtung gewinnt diese Todesdarstellung gerade durch die in das Zentrum des Bildes gesetzten Farben, das grelle Weiß und das blutige Rot erhöhte Eindruckskraft. Auch das von den Verfassern betonte »unschöne Grün« als Grundfarbe des Bildes sollte genauer verstanden werden. Es ist der Ausdruck jenes Zwielichts, das so eindrucksvoll von vielen Malern, auch von Breughel, für den anbrechenden Gerichtstag gewählt wird, bei dem ja Sonne und Mond ihre Leuchtkraft verlieren. Gerade vor diesem Grün hebt sich das Weiß des Todesgewandes wirkungsvoll ab. Eine Bestätigung bietet die Schwarz-Weiß-Zeichnung des Dresdener Blattes, wie überhaupt dieses Gemälde durch eine partielle Reproduktion in Schwarz-Weiß-Technik stärker wirkt als durch eine Farbwiedergabe im ganzen.

»Der Triumphierende Tod« des Pieter Breughel d. Ä.

Bei der Analyse des Bildtitels darf man sich nicht mit dem allgemeinen Hinweis auf die Erweiterung und Vertiefung von mittelalterlichen oder renaissancehaften Kennzeichen der Totentanzthematik bei Breughel begnügen. Hier wirken andere Zielsetzungen mit, die genauer zu betrachten sind, zumal die Benennung des Bildes durch Breughel selbst keineswegs gesichert ist. In der Epoche zwischen 1562 und 1643 hatte sich diese Bezeichnung durchgesetzt. Geht man auf die von Breughel betonten Motive ein, so fügt sich jedes von ihnen zu einer reichen Variation des Grundthemas. Einmal ist es die im Vordergrund ablaufende Bilderzählung vom Tod als Anführer des letzten Reigentanzes, an dem – von links nach rechts – der sterbende König, der Kardinal, der Pilger und die jungen Ritter und Edelleute beteiligt sind. In der zweiten Ebene darüber ist es der triumphierende Tod selbst, der den Blick auf sich zieht. Auch hier eine kontrastreiche Darstellung (von links nach rechts): Auf müdem Pferd leiten die Todesdiener den Wagen mit seiner Beute, den unzähligen Totenschädeln, in die Richtung der Höllenöffnung, begleitet von den Klängen der Drehleier. Dieses Bild der Erschöpfung nach so reicher Ernte erhält Bewegung durch das Motiv der mit dem Fangnetz arbeitenden Skelette und geht über in die turbulente Szene der mit Gewalt in den Höllenrachen getriebenen oder von dem Trommelklang suggestiv angelockten Lebenden, wobei die erstarrten Haufen der Auferstandenen hinter ihren aufgerichteten Sargdeckeln kein Ausweichen zulassen. Die Gestalt des triumphierenden Todes mit der weitausholenden Sense scheint über die angreifenden Skelette und die fliehenden Menschen durch die Bewegung des ausgreifenden bleichen Rosses mit wehender Mähne zu steigen.

Die dritte Darstellungsebene ist thematisch bestimmt von den Anzeichen des letzten Gerichts. Die Posaunen werden von den mit weißen Laken verhüllten Skeletten von dem Vorbau einer loggiaähnlichen Ruine geblasen, über denen eine weithin sichtbare Toten- oder Lebensuhr auf die letzte Stunde gestellt wird. Aus einer anderen Ruine leuchtet bereits hell der offene Brand, an dessen Flammen die Totenheere ihre eigenen Brandfackeln entzündet haben. Der Klang der Posaunen wird von dem Trommelwirbel des zwei Pauken zugleich bedienenden Gerippes verstärkt, das über der weit aufgeklappten Höllentür diesen Dienst versieht.

Die vierte Ebene ist erfüllt von weiteren Vorzeichen für den Anbruch des letzten Gerichts, die sich über alle vier Elemente ausbreiten: Erde, Luft, Wasser und Feuer sind erfüllt von den Ankündigungen des letzten Tages, an dem der Tod seinen Triumph über die Menschen und das diesseitige Leben feiert. Zwei Skelette läuten unaufhörlich die Todesglocke, Brände erleuchten den rauchgeschwärzten Himmel. Unübersehbare Totenheere durchziehen die bergige Landschaft. Schiffe versinken, verdorrte Bäume dienen als Galgen oder als Träger der Radkränze, auf die Menschen geflochten sind. Die Schergen des Todes vollziehen sichtbare Einzelgerichte an Menschen, die vergeblich in ausgehöhlten Bäumen oder auf Felsen ihre Zuflucht nehmen.

Allein in diesen vier Längsrichtungen der Bildebenen sind vier große Themen angedeutet, die in der Gesamtheit und in ihrer Zuordnung die Vision vom triumphierenden Tod miteinander verbinden: Totentanz, Ernte des Todes und die Auferstehung der Verstorbenen, Vorzeichen des letzten Gerichts und Ausbreitung der Todesgewalt über die Elemente.

Die Komposition des Bildes ist auf den triumphierenden Tod konzentriert. Ort und Zeit spiegeln im Nacheinander und Nebeneinander das Zerbrechen aller irdischen und kosmischen Ordnungen. Bestimmend allerdings bleibt die apokalyptische Schau, die in rücksichtsloser Realistik von Breughel auf das Todesthema gelenkt ist. Dabei ist nicht nur der achte Vers des sechsten Kapitels von Wichtigkeit: »Ich sah ein fahles Pferd und der darauf saß, des Name hieß ›Tod‹. Und die Hölle folgte ihm nach. Und ihnen ward Macht gegeben zu töten...« Der Maler nimmt andere Motive hinein, die seiner Thematik Leben, Bewegung und Realistik geben: Erdbeben, Verfinsterung der Sonne, Flucht aller Menschen: der Könige, der Großen, der Reichen, Gewaltigen und der Armen in die Klüfte und Felsen der Berge (Apokalypsis 6, 12–17) mit dem Höhepunkt: »Denn es ist kommen der große Tag seines Zorns und wer kann bestehen.«

Die Übereinstimmung einzelner Motive aus der weiteren Schilderung des letzten Gerichts mit der Apokalypse drängt sich geradezu auf. Es sind: die Windstille, die das Meer und die Bäume stille stehen läßt (Apok. 7, 1), das Feuer vom Himmel, das Bäume und Gras verbrennt (Apok. 8, 7), Tiersterben und Schiffsuntergang (Apok. 8, 9), das Sterben der Menschen durch das bitter gewordene Wasser (Apok. 8, 11). Selbst die Öffnung des Abgrunds im Rauch »eines großen Ofens« (Apok. 9, 2) übernimmt Breughel, und um diesen und in seinem Rauch läßt er dämonische Tiere erkennbar werden, während die eine Gestalt des reitenden Todes wohl die apokalyptischen Reiter zu repräsentieren hat, die ein Drittel der Menschen töten sollen (Apok. 9, 7). Die Summe aller Erscheinungen, die auf den letzten Gerichtstag hindeuten, ist die Auferstehung der Toten selbst (Apok. 20), die hier aber – nicht in Übereinstimmung mit dem Bibeltext – als ein Vorgang gesehen wird, der den Triumph des Todes erst als vollkommen erscheinen läßt. Die auferstandenen Toten bei Breughel ziehen nicht zum Gericht vor Gottes Stuhl – sie dienen dem Tod als seine Werkzeuge, bewaffnet wie er mit Sensen, Lanzen und Pfeilen. Einige sind bereits im Angriff, die meisten erwarten seinen Befehl, bleiben beobachtend, aber noch nicht in Bewegung hinter ihren mit großen Kreuzen geschmückten Sargdeckeln: ein unübersehbares, für Menschen unbesiegliches Heer, das nur auf den Wink seines Herrn wartet.

Bei der Ausgestaltung dieser apokalyptischen Motive bleibt Breughel seiner realistischen Expression treu. Aber dieser Realismus wirkt nicht abstoßend, weil er von Stilmerkmalen durchzogen ist, die Breughel von Hieronymus Bosch übernimmt und die dort wie hier exaktes Detail in das Geheimnis eines dunklen Ursprungs zurückführen. Wie in Pieter Breughels Bild von der »Dulle Greet«, in dessen Gesamtkonzeption wohl am meisten von Boschs änigmatischen Bildern eingegangen ist, tauchen auch im »Triumph des Todes« viele Einzelzüge aus Boschs Bildhieroglyphen auf. Am auffälligsten ist wohl die Drehleier, die Gurda, die ein Skelett, das den hochgehäuften Wagen mit Totenschädeln begleitet, bedient. Das Motiv des durch eine Klappe (bei Breughel mit mächtigem Kreuz verziert) weit geöffneten Abgrundes erscheint geradezu als bestimmendes Kennzeichen, die gleichen Dämonen beleben den Rauch des Höllenofens und umtanzen seine Glut. Zu erwähnen sind ferner der »Heft-Teufel«, der Lebende und Tote durchbohrt und an Bäumen festnagelt, die auf dem Wasser treibenden gedunsenen Leiber der Ertrunkenen ebenso wie die aus der Luft herabgestürzten und im Flug erstarrten Vögel.

Unterstützt wird dieser Mischstil aus übergenauer Gegenständlichkeit und geheimnisvoller Allegorie durch die emblematischen Einzelbeigaben, die in wohlüberlegter Anordnung die einzelnen Phasen der Bilderzählung oder der szenischen Auschnitte in ihrer Bedeutung vertiefen. Ich meine damit nicht nur Sense, Spieß oder Pfeil als Waffen des Todes, auch nicht die Unzahl der dekorativ verwendeten Totenköpfe, wenn auch alle diese Embleme die damals bekannten Sammelwerke anfüllen. Breughel verwertet zur Verstärkung der Variationsbreite seines Hauptthemas Einzelszenen, die seit dem 16. Jahrhundert bekannt waren und bei den Kupferstechern des 17. Jahrhunderts geläufig bleiben. Diese szenischen Bilder werden kompositorisch oft in antithetischer Anordnung eingefügt. So kontrastiert in der linken unteren Ecke die Todesszene mit dem sterbenden Kaiser zu der Liebesszene in der rechten unteren Ecke, die den lautenspielenden Edelmann im Schloß der reich geschmückten, singenden jungen Frau zeigt. Dieselbe Liebesszene ergänzt das größere Bildgeviert auf der gleichen Seite des Gemäldes, das die Tafelszene des Jedermann-Spiels (als »Elckerlijk« in Holland damals sehr verbreitet) ergänzt. Zu spät wehren sich die beiden jungen Männer mit Speer und Schwert gegen das Gerippe; umsonst versuchen die jungen Frauen hinter dem runden Tisch den Umarmungen der Skelette zu entfliehen. Auch der Narr versteckt sich umsonst unter dem Tischtuch. Die Gerippe haben bereits alles umstellt, auch hinter dem musizierenden Liebespaar schlägt der Tod sein Instrument. Den starren Abschluß dieser lebensvollen, beweglichen Szenerie bilden die hinter den Sargdeckeln wartenden Heere der Auferstandenen.

Entsprechend ist die Mittelszene des Vordergrundes angeordnet. Die Leichen des Pilgers, des erschlagenen Ritters und der vornüber zusammengestürzten Frau (rechts und links von diesen) kontrastieren zu der lebhaften Bewegung, die durch das von mehreren Skeletten ausgeworfene Fangnetz (oft auch als Fischreuse wiedergegeben) ausgelöst wird, aus dem sich Flüchtende bereits nicht mehr befreien können. Emblematische Grundmotive wie die hier genannten: das Fangnetz, der das junge Mädchen umarmende Tod, der musizierende Tod, die Tafel mit dem Totenschädel und der Sanduhr in der Mitte, der gegen den Tod streitende Jüngling bleiben nur Einzelzüge einer großen, kontrastreich angelegten Szenenfolge, die das Grundthema des triumphierenden Todes zugleich in das Gegenthema menschlichen Lebens verwandelt.

Das Bild könnte durch seinen Reichtum an Einzel- und Sammelemblemen die Unterschrift tragen: »Vitae sub ipso nomine Mors latet.« Der Triumph des Todes erscheint hier als Ausdruck seiner Macht am letzten Tage der Welt. Von Breughel ist der Tod als »ultima linea« menschlichen Daseins am Tage des Gerichts gesehen. Die apokalyptischen Vorzeichen erfüllen sich, und das dreifache »Wehe, Wehe, Wehe« (Apok. 8, 13) ist bereits erklungen. Breughels harter Realismus trägt alle Anzeichen einer fast unchristlichen Konsequenz. Wohl ragen zwei kleine Kreuze auf: an der Seitenwand der Loggia, von der aus die Skelette die letzte Stunde anblasen, und am Ufer des stillen Sees, auf dem die Leichen der Ertrunkenen treiben. Unmittelbar am Sockel dieses Kreuzes ist ein Toter mit weit ausgebreiteten Armen in das Wasser gestürzt. In der gleichen Richtung darüber ein einsames Kreuz, zu dem niemand seine Zuflucht nimmt. Dieser Todestriumph vollzielt sich zwar unter dem Kreuz, aber es scheint seine Heilsbedeutung in dieser Stunde verloren zu haben. Denn die Kreuze, die auf der rechten Bildhälfte sichtbar werden, auf den Sargdeckeln und auf der Riesenklappe zum Abgrund, wirken nicht als Gnadenzeichen. Eindrucksvoll, aber ebenfalls nicht als Gnadensymbol wirkt das Kreuz in den Händen des Knienden (auf der obersten Bergkuppe rechts), der den Todesstreich von einem weitausholenden Gerippe erhält.

Des Todes Triumph ist von Breughel in dieser Darstellung in seiner ganzen Größe und Grausamkeit gezeichnet. Es ist müßig zu fragen, ob dieser gnadenlose Realismus auf die damals in den Niederlanden erlaubten, unchristlichen Blutgerichte Albas gegen Andersgläubige zurückzuführen ist, bei denen an einem Tage Tausende von Menschen enthauptet worden sein sollen. Unabhängig davon aber sollte jeder Betrachter dieses Gemäldes seinen Blick abschließend auf eine Szene lenken, in der der Tod als über sich selbst nachdenkend dargestellt ist. Die Haltung ist die aus den mittelalterlichen Miniaturen bekannte. Der rechte Arm des sitzenden Skeletts ist auf das rechte Knie gestützt, und es hält den Kopf in nachdenklicher, vor sich hinsinnender Stellung. Das linke Bein ist ausgestreckt. Dieses Skelett, ohne weißes Laken, bläst keine Posaune wie die weiß verhüllten, über ihm aufgerichteten Totengerippe.

Dieser »Todestriumph« des älteren Pieter Breughel, der heute im Prado in Madrid hängt, ist mindestens zweimal kopiert worden: In den Jahren nach 1562 in den Niederlanden von Pieter Breughel d. J. (1597), dem sogenannten »Höllenbreughel«, und wohl auch von seinem älteren Bruder Jan Breughel d. Ä. Es wurde zu einem bekannten Bild; 1614 wird es im Nachlaß des Philip van Valckenisse erwähnt: »De triumphe van de Dood, van den fluweelen Brueghel naer den ouden Brueghel.«[12] Auch die neuesten Forschungen von Jedlicka und Tolnay bestätigen das Entstehungsjahr 1561/62 und verweisen wiederholt auf den Einfluß des Hieronymus Bosch auf die Konzeption dieses Werkes des alten Breughel.[13]

Vergleicht man das Original im Prado mit dem Bild in der früheren Liechtenstein-Galerie in Wien (jetzt in Vaduz, Liechtenstein), dessen Fotokopie mir vorliegt, so ist festzustellen, daß diese Nachbildung des Originals keine exakte Kopie ist, sondern in einzelnen Motiven wichtige Abänderungen aufweist.

Der reflektierende, über den Todestriumph nachdenkende Tod auf dem Bild Breughels des Älteren ist von einer späteren Generation nicht mehr verstanden worden, nicht einmal von dessen Söhnen. Auf einer Kopie des »Höllenbreughel« vom Bild des Vaters[14] erscheint dieser »nachdenkende Tod« als eines der vielen Gerippe, das in ein Horn stößt, so wie die posaunierenden Skelette über ihm. Das Unerklärliche am Bild des Vaters wird in der nächsten Generation ins Verständliche aufgelöst. Entsprechend zeigt in der über dieser Szene angebrachten Totenuhr ein Skelett auf römische Uhrziffern und auf die XII der Mitternachtsstunde, während im Gemälde des Vaters auf eine nicht sicher erkennbare Ziffer hingewiesen wird. Auch auf die verschiedenartig wiedergegebene Horizont- und Wolkendarstellung sollte man achten. Im Bild des Vaters bricht der letzte Abend erst an, nur die linke Bildseite ist verdunkelt durch Rauchwolken, während die rechte Seite des Himmelsbogens im späten Tageslicht bleibt, aus dessen Grund das Himmelsblau noch durchschimmert. Das Licht des letzten Erdentages ist erst im Verscheiden, während bei der Kopie des Sohnes die Verfinsterung des Kosmos bereits eingetreten ist und nur ein heller Lichtstrahl durch das grünlich-blaue Nachtgewölk dem Ganzen ein fahles Licht gibt, aus dem das bleiche Geisterpferd des Todes seine Helligkeit nimmt.

ZWEITER TEIL

Textbeispiele für mors triumphans und mors devicta
bei Jacob Cats, Andreas Gryphius, Jacob Balde und Schönborn

Kapitel 1
Jacob Cats' illustrierte Lehrdichtung vom Tode

1. Cats Beitrag zur Emblematik der Niederlande

Den Begegnungen niederländischer Dichter mit deutschen Poeten in der Hälfte des 17. Jahrhunderts ist in allen literaturgeschichtlichen Darstellungen der Niederlande Raum gegeben.[1] Stets erscheinen dort die Namen Vondel, Heinsius und der Jesuiten. Auch W. Flemming hat bereits in seinen ersten Barockstudien Vondels Einfluß auf Andreas Gryphius festgestellt. G. Dérudders Arbeiten verweisen nachdrücklich auf diese Wirkungen von niederländischen Autoren, besonders von Jacob Cats.[2] Alle Arbeiten bleiben jedoch in der Linie der a l l g e m e i n e n Einflußnahme holländischer Dichter auf die jungen deutschen Poeten, die damals meistens als Flüchtlinge der Glaubenskriege oder als Teilnehmer an einer studentischen »Cavalierstour« in Amsterdam oder Leyden Aufenthalt nahmen.

Die Wirkung der niederländischen Emblematik auf deutsche Dichtung ist noch nicht genug erforscht worden. Außer den ersten Hinweisen bei Erich Trunz[3] auf Hudemann und andere sind erst in den letzten Jahren einige kleinere Beiträge zu diesem Thema erschienen. Wenn Jöns sich mit der Formulierung begnügt: »Es ist gut möglich, daß zur Entstehung vom ›Sinnenbild‹ niederländischer Einfluß beigetragen hat«, so kann diese Bemerkung erweitert und genauer bestimmt werden.[4]

In der neuesten deutschen wissenschaftlichen Literatur zum 17. Jahrhundert ist das Werk des Niederländers Jacob Cats bis heute kaum berücksichtigt.[5]. Lediglich das Handbuch zur Emblematik bietet einige bildliche Wiedergaben von Einzelthemen, bei denen aber leider nicht immer der von J. Cats beigegebene Text vollständig abgedruckt werden konnte. Vor allem fehlen die Texte der Prosaauslegungen einzelner Emblemata, die keineswegs nur für die Deutung der Sinnbilder durch den Autor von Bedeutung sind. Mit dem Blick auf die Emblemverwertung in Andreas Gryphius' Alterswerk erscheinen mir diese Prosatexte wichtig, zumal A. Gryphius bei der Leichenfeier auf den Tod der Mariane von Popschitz ähnliche Prosaerklärungen für notwendig hielt. Damit soll von mir keine Abhängigkeit von Cats für Gryphius gefolgert werden. Mir erscheint die Gesamtsituation in den Niederlanden für die von mir gewählte Todesthematik als Hintergrundbild und auch als Gegenbild eines einzelnen Autors wie Jacob Cats zu Andreas Gryphius von besonderer Bedeutung. Dieser Abschnitt soll die Voraussetzungen für ein leichteres Verständnis schaffen.

Unter den neuesten Veröffentlichungen finden sich bei Robert J. Clements, Picta Poesis (Rom 1960) zu unserer Thematik reiche Literaturangaben. Außerdem wird im ersten Kapitel (S. 13 ff.) eine Übersicht über den Beitrag der »Emblem Writers« zur Literaturtheorie der Renaissance gegeben. Clements erbringt den Nachweis, daß Rubens die Emblem-Bücher des Jacob Cats und des Otto van Veen besessen habe und daurch beeinflußt sei (S. 18). Er verweist (S. 27) nachdrücklich auf Jacob Cats, von dessen Vorliebe für Sprichwörter bereits Mario Praz (Studies I, 77) gesagt habe, »Cats' emblems are frequently nothing more than proverbs«. Auch bei Erasmus' Sprichwörter-Sammlung wird herausgehoben, daß dessen »Stultitiae laus« (in der Ausgabe von 1676) 81 Kupfer beigegeben worden seien, und daß es allgemein als Emblem-Buch bezeichnet wurde (S. 28). Das Sprichwort verlangt geradezu nach Illustration, so heißt es bei Clements; es wird dadurch zum Emblem. Literarische und zeichnerische Darstellung vereinigen sich zu einer neuen Gattung, in der sich Erkenntnisfortschritt und Alltagsweisheit verbinden. Gerade das Werk von Cats erhält damit seine treffendste Charakteristik, wie sie auch Daniel Heinsius unter Hinweis auf Alciati so formuliert hat, daß durch seine Kunst dem Spiel das Ernste und Weisheitsvolle zugesellt worden sei (zitiert ebbda., S. 43):

»Vidit et ingentem mirata est Itala tellus
Alciatum, tanti mente superba viri:
Seu tonat, et leges facundo ediscerit ore,
Seu Themidis dignum numine condit opus
Hunc quoque ludentem, sed seria vidit, et illi
De lusu palmam, sed sapiente. dedit.
Alciati curas et seria viverat ante
Catius: ad lusus nunc et amoena venit.«

Für diese Verbindung von nützlicher Lebenslehre mit der schönen Anschaulichkeit wird Cats gelobt (S. 63). Seinen »Proteus ofte Minne-Beelden verändert in Sinne-Beelden« bewundert der Übersetzer von Du Bartas (Joshua Sylvester) deswegen, weil die von Cats dort gebotenen Emblemata »si bien meslant avec le doux l'utile«. (Jacob Cats, Proteus. Rotterdam 1627, S. 27.) Heranzuziehen wäre in dem gleichen Werk (S. 98) Joshua Sylvesters Lob und J. Cats:

»Tel, tel es tu, mon doux – docte – divin de Cats
Qui, enfin medecin, sucrant, dorant tes doses
Fais avaller aux tiens saines et sainctes choses.«

Die Vorzüge von Cats' Dichtung, nach Clements (S. 118) »the harmony between preachment and practice is the final test of wisdom as well of virtue«, lassen sein Werk als zeitgemäß im besonderen Sinne erscheinen. Er versteht sein Werk selbst als eine glückliche Verbindung von Weisheitsvermittlung und praktischer Lebenslehre (Proteus, ebd. p. 156). Clements weist nach (S. 124), daß »Seventeen of the ›Emblemata saecularia‹ of the De Brys' 1611 edition are based on prints by the Elder Brueghel. The intrecciatura of metaphor, poetic or prosaic imagery, woodcuts and copperplates, statuary, painting, heraldic, pageantry, and all the final manifestations of the emblematic mentality makes the study of imitation in this field an inexhaustible question.«

Wichtig bleibt auch das Lob des Heinsius auf J. Cats, dieser habe seinen »Silenus« in Französisch, Deutsch und Latein erscheinen lassen und damit sein Vorbild Alciati übertroffen, der nur in einer Sprache geschrieben habe:

»Hic quoque, sed triplici palmam sermone meretur,
Ut ter sit victor, qui semel ante fuit.«
(J. Cats, Silenus Alcibiadis sive Proteus, a.a.O. p. IV).

Nicht nur mit seinem »Proteus«, mit seinem Gesamtwerk fügt sich Cats in die Tradition der niederländischen Emblem-Dichtung ein. Die Dichter, die Gelehrten, die Maler und Zeichner haben das 17. Jahrhundert zu einem »goldenen Zeitalter« der Niederlande und zu einem geistigen Mittelpunkt Europas gemacht. Einen Schwerpunkt bildet dabei die niederländische Emblematik. Folgt man der Bibliographie von Mario Praz, so erschienen in Europa vom 16. bis zum 18. Jahrhundert – ohne die Übersetzungen – 806 Emblembücher. Eine zeitliche und räumliche Ordnung dieser Titel zeigt, daß zwischen 1600 und 1700 in den Niederlanden 168 Emblemsammlungen herausgekommen sind, während für die gleiche Zeit 150 deutsche, 95 italienische, 75 französische, 26 spanische und 20 englische Werke verzeichnet werden.[6] Diese Freude am Emblem hatte 1567 begonnen mit de Dene's »De warachtighe fabulen der dieren«[7]. Sie währte bis hin zu Jan Luyken, dessen »Des menschen begin, midden en einde«[8] im zweiten Jahrzehnt des 18. Jahrhunderts die Reihe beschloß. Wohl die meisten niederländischen Barockdichter wählten wenigstens einmal während der Zeit ihres Schaffens das Emblem als Ausdrucksmittel, unter ihnen auch die »Großen« des 17. Jahrhunderts: Hooft[9] und Vondel[10].

Jacob Cats fügt sich mit seinem Gesamtwerk harmonisch in die Tradition der niederländischen Emblemdichter ein. Es ist anzunehmen, daß er, der belesene und gelehrte Dichter-Jurist, die Emblematiker seiner Zeit gekannt hat. Er beschreitet, gemeinsam mit seinem Illustrator Adrian van de Venne, keine neuen Wege. Die Form bleibt die alte, doch verändert sich bei Cats die Thematik zum Volkstümlichen hin, wie es sich schon 1614 mit Roemer Visschers »Sinnepoppen«[11] andeutet. Sie erhält nun ausgesprochen niederländische Züge. Mit Cats und van de Venne kommt ein realistisches, in der Zustandsschilderung sich eng auf den niederländischen Alltag beziehendes Moment in die Emblemkunst. Diese Nähe zum Alltäglichen, der volkstümliche Ton, in dem Cats humanistisches Gedankengut auch breitesten Schichten nahezubringen versteht, hat viel zu Ruhm und Verbreitung des Dichters beigetragen.

Jacob Cats ist d e r Erfolgsdichter seines Jahrhunderts geworden. Kein holländischer Autor, weder vorher noch später, hat je eine solche Popularität erreicht.[12] Neue Ausgaben und Auflagen erscheinen in ungewöhnlich schneller sich überstürzender Aufeinanderfolge. Sie sollen deswegen auch an dieser Stelle als Beispiel für die Verbreitung solcher Emblembücher genannt sein. Für 1618, das Erscheinungsjahr des ersten Werkes »Silenus Alcibiadis, sive Proteus...«[13], einer ersten Fassung der »Sinne – en Minnebeelden«, werden schon zwei verschiedene Drucke verzeichnet.[14] 1619, 1620, 1622 und 1624 kommen weitere heraus, so daß man für die erste Fassung dieses ersten Werkes nicht weniger als elf – zum Teil undatierte Ausgaben zählt.[15] Ebenso erfolgreich wird die zweite Fassung »Proteus ofte Minne-beelden verandert in Sinnebeelden«.[16] Der Amsterdamer Verleger Jan Jacobszoon Schipper, der 1655 – fünf Jahre vor dem Tode des Dichters – die erste Gesamtausgabe herausbrachte, macht in seiner Vorrede zu dieser Ausgabe folgende Angaben:[17] Für »Houwelijck« (Die Heirat)[18], eine Anleitung zum glücklichen Ehestand und des Dichters beliebtestes Werk, nimmt Schipper 50 000 Exemplare an. Die Auflagenhöhe der Emblembücher »Sinne en Minnebeelden« und »Maechden-plicht«[19] schätzt der Verleger kaum geringer ein, während er für das dritte Emblembuch »Spiegel von den ouden ende nieuwen tijdt«[20] und für den erzählenden Zyklus »'s Werelts begin, midden, eynde, besloten in den trouringh, met den proefsteen van den selven«[21] je nur 25 000 Exemplare angibt.

Es ist eine Fülle von Cats-Drucken, die sich – ausgehend von Seeland – über die Niederlande ergießt und Eingang in die Häuser aller Stände findet »Vader Cats« ist für länger als ein Jahrhundert der moralisierende Lehrer seines Volkes geworden, sein Werk eine zweite Bibel der Niederländer.[22]

In den Nachbarstaaten, vor allem in Deutschland, bleibt Cats nicht unbeachtet. Harsdörffer rühmt ihn und nennt ihn mit Petrarca in einem Atem.[23] Im »Register etlicher Scribenten, welcher sich der Verfasser zu Behuff der Gesprächspiel betienet«, verzeichnet Harsdörffer »Joh. Cast (!)« – »Spiegel van der ouden ende nieuwen Tyt. Mennebilde. Selfstryt«.[24] Um die gleiche Zeit legt Ernst Christoph Homburg der Fruchtbringenden Gesellschaft seine Übersetzung des »Selfstrijt« vor[25] und begründet damit die eigentliche Wertschätzung des Niederländers in deutschen Dichterkreisen. Titz[26], Neumark[27], Dedekind[28], um nur einige zu nennen[29], versuchen sich an Übersetzungen einzelner Cats-Dichtungen. Die umfangreiche Hamburger Ausgabe der sämtlichen Werke in deutscher Sprache[30] ist eine Gemeinschaftsarbeit von Homburg, Raessfeldt und Feind. In der »Vorrede des Uebersetzers« im ersten Band der deutschen Ausgabe heißt es: »Gegenwärtige Emblemata, die den ersten Anfang machen, nebst dem darauff folgenden Selbst-Streit Josephs und dem Alterthum und Landleben, sind von einem Nahmens Herrn Christoph Homburg, und einem andern Herrn E. A. von Raeßfeldt benahmt, verteutschet worden. An die übrigen Stücke hat sich eine andre Feder gemacht...«[31] Diese »andere Feder«, die mehr als dreiviertel der deutschen Ausgabe übersetzt hat, ist nach den »Hamburgischen Berichten von den neuesten Gelehrten Sachen« der Hamburger Advokat Barthold Feind (1678–1721).[32]

Das Werk von Cats ist gelobt, hoch verehrt und doch auch geschmäht worden. Dieses Nebeneinander, dieses Auf und Ab von Würdigung und Geringschätzung in ihrer Abhängigkeit von den wechselnden Strömungen des Literaturgeschmacks bildet ein eigenes Kapitel in der Geschichte der niederländischen Literaturkritik. Ein Beginn dieser Mißachtung liegt schon im schweigenden Übergehen von seiten eines Hooft und Vondel. Sie nennen Cats kaum, dessen Auflagen ein Vielfaches der ihren ausmachen. Scharfe und heftige Kritik wird im 18. Jahrhundert laut, obwohl des Dichters Popularität andauert und er noch immer viel gelesen wird.³³ Um die Wende zum 19. Jahrhundert scheint sich der Leserkreis auf »het plompe gemeen«³⁴ beschränkt zu haben.

Es ist bezeichnend, daß gerade eine auf das Allgemeinwohl bedachte Gesellschaft, wie die »Maatschappij tot nut van't Algemeen« dem Dichter 1829 in seinem Geburtsort Brouwershaven ein Denkmal errichtete. Die Lager derer, die ihm die Treue halten und jener, die – mit höhnendem Achselzucken – »honend schouderophalen« von ihm sprechen, halten einander ungefähr die Waage.³⁵ Es kann jedoch die Zahl derer, die auch während des 19. Jahrhunderts noch ihren Cats lesen, nicht unbeträchtlich gewesen sein, denn zwischen 1810 und 1865 erscheinen nicht weniger als acht Gesamtausgaben, dazu zwischen 1834 und 1889 neun Teilsammlungen.³⁶ Jonckbloet, der die erste wissenschaftliche Literaturgeschichte der Niederlande schrieb, die zwischen 1868 und 1872 herauskam, schätzt zwar des Dichters gute Absichten, belächelt aber zugleich jeden, der Cats noch als »Großen« betrachtet wissen will.³⁷ Im letzten Jahrhundertdrittel wird der Einfluß der Literaturkritik deutlich spürbar und der 300. Geburtstag von Cats fand 1877 kaum mehr Beachtung.³⁸ Die maßgeblichen Handbücher, wie die von Kalff und Te Winkel³⁹ haben spürbar Mühe, im Für und Wider einen Mittelweg zu finden.

Abwägende und aufwertende Gerechtigkeit ist dem Andenken Cats' erst durch den Groninger Literaturprofessor G. A. van Es widerfahren.⁴⁰ Für ihn ist es nicht angängig, des Dichters Werk nach Maßstäben zu messen, die für ihn nicht passen. Er sollte im Rahmen seiner Zeit gesehen werden und im Rahmen dessen, was er selbst erstrebte. Cats ist kein Vondel. Cats dichtet nicht, weil er sich zum Dichter, sondern weil er sich zum verantwortungsbewußten Moralisten berufen fühlt. Die gebundene Sprache ist ihm ein natürliches Mittel, seine Gedanken mitzuteilen. Erst 1960 hat van Es in einer kleinen Festschrift⁴¹, in einem Gedenkvortrag vor der Gesellschaft für niederländische Literatur⁴² und in der Zusammenstellung eines bibliophilen Sammelbandes⁴³ zur Besinnung darauf geführt, was Jacob Cats den Niederländern von heute noch bedeuten kann.

Exkurs:

Jacob Cats wurde am 10. November 1577 im seeländischen Brouwershaven geboren.⁴⁴ Sein Vater, Adrian Corneliszoon Cats, bekleidete im Rat des Städtchens allerlei Ämter: Er ist als Schöffe, Schatzmeister, Kirchenvorsteher, Steuereinnehmer, Waisenhausaufseher, Deichgraf und schließlich auch als Bürgermeister von Brouwershaven nachgewiesen. Jacob, der jüngste von vier Geschwistern, wurde von Verwandten mütterlicherseits erzogen. Sie ließen ihm eine gute Ausbildung zuteil werden. Nach dem vierjährigen Besuch der Lateinschule in Zierikzee bezog er, fünfzehn- oder sechszehnjährig, die Universität Leiden. Er studierte »Letteren«, also die alten Sprachen und Philosophie, dazu Jura. Einen Teil seiner Studienzeiten verbrachte Cats in Frankreich. Hier schloß er mit einer Promotion über Römisches Recht an der Universität Orléans im Jahre 1598 seine Studien ab. Nach seiner Rückkehr in die Heimat arbeitete er einige Zeit als Advokat in Den Haag. Eine Reise führte ihn nach England.

Sie war insofern wichtig für ihn, als er hier in enge Verbindung zu pietistischen Kreisen kam.

Man weiß aus dieser Zeit kaum etwas über des Dichters Haltung gegenüber religiösen Fragen, die später sein Werk so entscheidend prägen sollten. Es ist nicht deutlich erkennbar, welchem Glaubensbekenntnis er von Hause aus angehört haben mag. Einundsiebzig Jahre von den dreiundachtzig Lebensjahren des Jacob Cats haben die niederländischen Befreiungskriege als geschichtlichen Hintergrund. Zwei Jahre nach seiner Geburt hatten sich die sieben nördlichen Provinzen unter der Führung Hollands und Seelands zusammengeschlossen. Sie fielen 1581 von Spanien ab. Im Jahr 1588 rief man die protestantische Republik der Niederlande aus. Bekannt ist, daß sein Geburtsort Brouwershaven noch kurz vor des Dichters Geburt auf spanischer Seite stand. Die Reformation gewann hier, vor allem unter den begüterten Ständen, nur langsam an Boden. Man weiß nichts über das Bekenntnis des Vaters, noch über die Haltung der Zieheltern, doch hat ein Onkel väterlicherseits als Provinzial des Franziskanerordens in Löwen gewirkt.

Nach der Rückkehr aus England ließ Cats sich als Stadtadvokat in Middelburg, der Hauptstadt Seelands, nieder. Hier schloß er sich 1607 als bekennendes Mitglied offiziell den Reformierten an. Die Advokatentätigkeit gab er 1611 wieder auf, um gemeinsam mit seinem Bruder Cornelis durch das Trockenlegen – »inpoldern« – von neuen, der See abgewonnenen Landstrichen in seeländisch Flandern, ein beträchtliches Vermögen zu erwerben, das ihm gestattete, 1614 einen Hof in Groede zu bauen. Zugleich hielt er weiter Haus in Middelburg. Mit Vorliebe lebte Cats in den folgenden Jahren freilich auf seinem Landgut »Munnikenhof« bei Grijpskerke, in dessen ländlicher Ruhe er sich mit dem Dichten beschäftigte –anknüpfend an dichterische Versuche aus seiner frühen Jugendzeit: Es erschien 1618 »Silenus Alcibiadis« als erste Gedichtsammlung. Das Ende des Waffenstillstandes, der von 1609–1621 gewährt hatte, und der Wiederbeginn des Krieges mit Spanien brachte auch für Cats' Leben große Veränderungen. Ein Teil seiner Ländereien wurde aufs Neue unter Wasser gesetzt, wegen anderer verwickelte man ihn in kostspielige Prozesse mit dem Staat. Als ihm in dieser Lage eine juristische Professur in Leiden geboten wurde und zur gleichen Zeit auch das Amt des Pensionaris in Middelburg, das etwa dem Aufgabenbereich eines Stadtsyndikus gleichzusetzen wäre, wählte er Middelburg, und da er ein ausgezeichneter Pensionaris war, berief man ihn 1623 nach Dordrecht in Holland, wo er bis 1636 die gleiche Stellung innehatte.

Cats wirkte auch als Politiker und Staatsmann. Noch während seiner Dordrechter Zeit wurde er nach England gesandt, um für eine Verbesserung der Handelsbeziehungen einzutreten. Karl I. schlug ihn zum Ritter. In der Folgezeit betraute man ihn mit einem der höchsten Staatsämter: von 1629 bis 1631 verwaltete er den Posten des Raadpensionaris, des Staatssekretärs der Stände für ganz Holland. 1636 wurde er zum Raadpensionaris von Holland und Friesland ernannt. Er lebte nun in den Den Haag, seit 1645 auch Großsiegelbewahrer von Holland, bis man ihn 1651 wiederum in wichtiger Mission nach

England schickte. Es galt, den drohenden Krieg zu verhindern. Freilich war dem Bemühen des Vierundsiebzigjährigen, der lateinische Reden vor dem Parlament in London hielt, kein Erfolg beschieden. Er vermochte nicht, den so notwendigen Frieden zu erhalten – bei seiner Rückkehr in die Heimat im Jahre 1652 hatte der englisch-niederländische Krieg bereits begonnen.

Der Dichter zog sich von den Staatsgeschäften zurück. Bis zu seinem Tode 1660 lebte er nun auf seinem Alterssitz Sorgvliet bei s'Gravenhage, beschäftigt mit der Rückbesinnung auf sein tätiges und erfülltes Leben. Als Frucht dieser letzten Jahre blieb der Nachwelt sein Erinnerungswerk: »Twee-en-tachtigjarig leven«, eine Autobiographie, in der er kritisch und schonungslos mit sich selbst ins Gericht geht, die aber deswegen als gültiges Zeitdokument und Hintergrundbild dieser Epoche stärkere Beachtung verdiente. Ich habe dem Gesamtwerk des Jacob Cats in dieser Arbeit größeren Raum gewährt, weil sein Einfluß auf die Emblematik des 17. Jahrhunderts bisher nahezu unbeachtet blieb.

2. Todesbilder als Denkbilder bei Cats

Für Cats vollendet sich das irdische Dasein des Menschen in drei Abschnitten: »Jonckheyt« – der Jugend, »Manheyt« – den Mannesjahren und »Ouderdom« – dem Alter[45], die charakterisiert sind durch des Menschen Verhalten zum anderen Geschlecht, zur menschlichen Gesellschaft und zu Gott. In ihrem Nacheinander bilden sie gleichsam die Stufenleiter, auf der der Mensch aus seinem irdischen Dasein zum Himmel aufsteigt. Der Junge, noch Unfertige, sucht vor allem sich selbst, sucht seine Bestätigung in der Liebe. Der reife Mensch ist sich seiner Verantwortung gegenüber der Umwelt bewußt geworden. Jedoch erst dann, wenn die Seele sich wieder ihrem Ursprung zugewandt hat, wenn sie sich ganz wieder an Gott verlieren will, kann der Kreis des Lebens als geschlossen betrachtet werden. Dieser dreifachen Zuständlichkeit des Lebens hat der Dichter sichtbaren Ausdruck zu verleihen gesucht. Er ließ »Silenus Alcibiadis«, die Erstfassung der »Sinne en Minnebeelden«, in drei Teilen erscheinen. In jedem dieser Teile werden alle 51 Illustrationen, die gleichen, die auch die Zweitfassung »Proteus« schmücken, abgedruckt. Der Leser soll die pictura stets vor Augen haben. Der erste Teil, 120 Seiten stark, enthält die Minnegedichte, die ja nach Cats' Aussage in seiner Jugendzeit entstanden waren – »Jonckheyt« drückt sich in ihnen aus, die Jugend soll durch sie angesprochen werden. An die »Manheyt« wendet sich der zweite, 111 Seiten zählende Teil. In ihm sind der pictura diejenigen Gedichte und Kommentare beigegeben, die die deutsche Übersetzung als »Sinn-Bildes zweyte Erklärung« gekennzeichnet hat. Im dritten, dem »Ouderdom« zugedachten, 107 Seiten umfassenden Teil schließlich folgen der pictura als »Sinn-Bildes dritte Erklärung« diejenigen Gedichte und Prosa-Kommentare, die als dritte Auslegung den, einem Emblem gewidmeten, Abschnitt beschließen. In der Originalausgabe des »Silenus Alcibiadis« ist jedem der drei Teile ein Kupfer- und ein Verlegertitel vorangestellt. Diese Kupfertitel sind nun der näheren Betrachtung wert, denn Cats selbst lenkt in seiner Vorrede die besondere Aufmerksamkeit des Lesers auf sie und gibt Erläuterungen zu ihnen. Sie fassen für jeden Teil die Ziele des Dichters bildhaft zusammen.

Das von Frans Schillemans nach einer Zeichnung Adrian van de Vennes gestochene Titelkupfer des ersten Teils zeigt Cupido mit Bogen und Pfeil, die Weltkugel tragend (Tafel 13). Den Liebesgott umschweben Putti, Rosen streuend, in den Händen Rosenkränze als Zeichen der irdischen Liebe haltend. Allerlei junges Volk umgibt ihn, Paare, die ihm huldigen. Die Titel-Tafel trägt die Aufschrift: »Sinne-en Minne-Beelden. Emblemata, Amores Moresque spectantia. Emblemes, Touchants les Amours et les Moeurs.«

Vor allem auf die, in die unteren Bildecken gesetzten Gegenstände lenkt der Dichter unser besonderes Augenmerk: Links eine verschlossene Apothekerbüchse[46], rechts ein Mörser, in dem Pfeffer gestoßen wird. Wer nun die Büchse öffnet, die äußerlich nichts von ihrem Inhalt ahnen läßt, der wird sie angefüllt finden mit allerlei duftenden Kräutern und heilsamer Arznei – »Meliora Latent«[47], die besseren Dinge halten sich verborgen, lautet die Unterschrift. Der Pfeffer nun, erklärt Cats, »ob er woll von aussen gantz schwartz / übel gestaltet / und höckricht / nicht gar unänlich unsern Wiecken / und indem sie das schlechteste von allem Geträyde / dennoch / wenn sie zermalmt und gestossen / die Umstehende mit einem angenehmen Geruch erfüllet. Damit ich / wie bereits gesagt / zu erkennen geben will / daß / ob wohl gegenwärtiges Tractätgen sich anfangs ansehen läst / als ob es keine andre Waare / als eitlen Schaum und Schatten / führte / und / ich weis nicht was / für eine Grundsuppe durch die Hitze der schwermenden Jugend ausgedämpft / und für eine Frucht ausgebrühet / daß eben woll solches / (nachdem es von dem auffrichtigen Leser in gebührende Obacht genommen worden /) gantz anders / als man vermuhtet / werde befunden werden. Worzu denn auch dient die Lateinische Uberschrifft auff dem ersten Blade dieses Buchs: Silenus Alcibiadis, nemlich / wie diejenige / so diese Manier zu sprechen verstehn / Uhrsachen davon geben können.[48]

Bei dem Bild des Mörsers, in den Würzkörner hineinspringen, um zerstoßen zu werden, hatte Cats hinzugesetzt »Tundatur olebit« – es wird gestoßen, damit es duften wird.[49] Es scheint, daß sich von diesem Mörser auf dem Titelkupfer zum ersten Teil des »Silenus Alcibiadis« eine direkte Textverbindung zu Gryphius herleiten läßt. Bei ihm heißt es in den »Dissertationes Funebres«: »Jener gelehrte Mann stellte in einem Mörser allerhand Gewürtze unter dem Stempffel vor / mit dieser Uberschrifft: Tundatur, olebit; Es wird riechen / wenn es zustossen wird. Die Presse der Trübsal bringet hervor / was in diesem oder jenem Hertzen verborgen.«[50] (Auf einen zweiten Beleg für Gryphius' Kenntnis von Cats' Emblemata ist in der gleichen Anmerkung hingewiesen.)

Cats beendet seine Erklärung des ersten Titelkupfers mit einer Begründung für die Wahl seines Titels – gemeint ist hier nur der Verlegertitel – doch hat er auf eine nähere Erläuterung verzichtet. Leser, »so diese Manier (zu) verstehen«, mag es genug gegeben haben, so daß es keiner Ausführung bedurfte. Pieter Jacobus Meertens, der im Rahmen seiner Untersuchung über das literarische Leben im Seeland des 16. und 17. Jahrhunderts, Cats Middelburger Periode gründlich verfolgt hat, führt »Silenus Alcibiadis, sive Proteus« auf eine mögliche Entlehnung aus Erasmus von Rotterdam zurück.[51]

Auf das Kupfertitelblatt des zweiten Teils des »Silenus Alcibiadis« brauchen wir in unserem Zusammenhang nicht einzugehen, weil nichts Besonderes zur Todesthematik oder zu einem direkten Textbezug von Cats zu Gryphius in Emblem-Formen wiedergegeben ist. Dieser zweite Teil ist von der Gestalt der »Justitia« beherrscht, der Cats als Jurist starkes Interesse entgegenbringt. Dagegen verlangt das Titelbild des dritten Teils des »Silenus Alcibiadis« besondere Aufmerksamkeit, die sich vor allem wieder auf die kleinen unteren Eckfiguren richten sollte. Zur Zeit seines Entstehens wird dieses Blatt für sich selbst gesprochen haben und ohne Frage verständlich gewesen sein. Die mittlere, beherrschende Titelfigur ist hier »Religio«, mit Flügeln, entblößtem Oberkörper, das Haupt von einem Strahlenkranz umgeben. In den Händen hält sie die Weltkugel, dazu die Bibel und Zaumzeug.[52] Sich kaum auf das Kreuz stützend, setzt sie den rechten Fuß auf den niedergesunkenen Tod – mors devicta –, mit dem linken ist sie schon über ihn hinweggeschritten.

Als Vorläufer dieser Titelfigur bei Cats könnte man die »Religio« in den 1580 erschienenen »Icones« des Théodore de Bèze ansehen (vgl. Abb. 5a): Sie ist ohne Weltkugel dargestellt, auch wird ihre schlechte und zerrissene Kleidung besonders hervorgehoben, doch die eigentlichen Attribute stimmen genau mit den bei Cats gegebenen überein.[53] Ihre Bedeutung wird in der Subscriptio bei de Bèze in reizvollem Wechsel von Frage und Antwort deutlich gemacht. Sie mag auch hier zum Verständnis für Cats dienen:

»Wer bist du, daß du mit einem so zerrissenen Mantel bekleidet einhergehst? Religio, die echte Tochter des höchsten Vaters. Warum hast du ein so dürftiges Kleid? Ich verachte vergängliche Güter. Was ist das für ein Buch? Das verehrungswürdige Gesetz meines Vaters. Warum ist deine Brust bloß? Das ziemt der Freundin der Aufrichtigkeit. Warum lehnst du dich auf das Kreuz? Das Kreuz ist mein einziger Ruheplatz. Warum hast du Flügel? Ich lehre die Menschen, über die Sterne hinauszufliegen. Warum hast du einen Strahlenkranz? Ich vertreibe die Finsternis des Geistes. Was lehrt dieser Zaum? Die Leidenschaft zu zügeln. Warum trittst du auf den Tod? Weil ich der Tod des Todes bin.«[54]

Das Thema vom besiegten Tod verbirgt sich auf den ersten Blick. Auf Cats' Titelkupfer schweben Putten in den Wolken, sie tragen Krone und Palmzweig als Zeichen der himmlischen Ehre. Aufschlußreich sind der Hinter- und Vordergrund der rechten und der linken Bildhälfte. Im Hintergrund links hat der Illustrator Adriaen van de Venne die Arche Noah auf dem Ararat abgebildet, überwölbt vom Regenbogen, als Sinnbilder der Errettung, des göttlichen Segens göttlicher Verheißung. Die geretteten Bewohner der Arche schreiten im Vordergrund auf den Betrachter zu: »Noah ... mit Sem, Ham und Japheth, seinen Söhnen, und mit seinem Weibe und seiner Söhne drei Weibern.«[55]

Der Errettung der Frommen ist auf der rechten Bildhälfte die Vernichtung gegenübergestellt: Das brennende Sodom im Hintergrund, von Blitzen umzuckt. Lots Frau, zur Salzsäule erstarrt, ist deutlich erkennbar. Im Vordergrund führt der Engel Lot mit seinen Töchtern aus der in Trümmer gesunkenen Stadt.[56] Die Titelaufschrift umreißt den Inhalt des dritten Teiles: »Sinne-Beelden, eer tijts Minne-beelden, nu ghetogen tot Stichtelijcke bedinckingen. Emblemata, ante quidem Amatoria, nunc vero in Sacras Meditationes transfusa. Emblemes, des Vanités Amoureuses, traduits aux Meditations Christiens.«

Dieser Zielsetzung der praktischen christlichen Belehrung und Erbauung fügt sich auch die eigentliche Definition der Emblemata ein, die Cats im Anfang der Vorrede gibt. »Es syn stumme Bilder / die dennoch reden: Geringe Sachen / und gleichvoll von grosser Wichtigkeit: Belachenswürdige Dinge / und nichts desto weniger voller Weissheit: in welchen man auff gute Sitten mit Fingern weiset / sag' ich / man allezeit mehr liest / als da steht: und noch mehr denckt / als man sieht. Kein unbequemes Mittel meines Bedünckens nach / jeden lehrsamen Verstand / vermittelst einer gewissen Belustigung / hinein zu führen / und gleichsam zu locken zu vielerley gute Betrachtungen / jeden nach seiner Art.«[57] (Maer soo my yemandt vraeght wat Emblemata in der daet zijn? dien sal ick antwoorden, dattet zijn stomme beelden, ende nochtans sprekende: geringe saecken, ende niet te min van gewichte: belachelijcke dinghen, ende nochtans sprekende: geringe saecken, ende niet te min van gewichte: belachelijcke dinghen, ende nochtans niet sonder wijsheyt: In dewelcke men de goede zeden als mit vinghers wijsen, ende met handen tasten kan, in dewelcke (segg' ick) men gemeenlijck altijt meer leest, alsser staet: ende noch meer denckt, alsmen siet: geen onbequaem middel [naer ons gevoelen] om alle leersame verstanden, met een sekere vermakelijckheyt, in te leyden, ende alsuyt te locken tot veelderley goede bedenckingen, yeder na sijn gelegentheyt; . . .) Es fällt auf, wie stark das sprechende Abbild der stummen Dinge betont und wie nachdrücklich die dadurch erforderliche D e n k a r b e i t unterstrichen wird. Man könnte die Gegensatzpaare innerhalb dieser Definition antithetisch geordnet wiedergeben, wenn man nicht dadurch den charakteristischen Definitionsstil zerstören würde. Die »stummen Bilder« dieser Emblemkunst sind und bleiben Ausgangsbasis der Deutung des Autors, aber auch des Lesenden oder Betrachtenden, der mehr zu d e n k e n als eigentlich zu s e h e n hat. Es geht hier um »Denckbilder«, um bildlich festgehaltene Situationen aus dem Natur- und Menschenleben. Nur durch das Nachdenken über die in der pictura dargestellten Dinge (res) »und derselben kurtzen Erklärung« vollzieht sich die »geheime Krafft einer behenden Bestraffung der innerlichen Gebrechen eines jeden Menschen«. Das Motto des Bildes weist nur die Richtung solcher Gedanken für den Betrachter, der aber »schweigt / und in seiner Einsamkeit nur darüber erröhtet / daß seine innerliche Fehler äusserlich abgemahlet werden«.[58] Nicht auf die bloße Wahrnehmung des in der pictura Abgebildeten, sondern auf »Sinn und Verstand« des Bildes kommt es an. Deswegen wendet Cats die bis ins frühe Mittelalter zurückreichende dreifache Auslegung an. Zum Sinnbild gehört für ihn die Auslegung ›spiritualiter et mystice‹ durch den Leser, die durch Verstandes- und Glaubenskräfte zu erfolgen hat. Dann erst gewinnt die dem Bild beigegebene ausführliche poetische Zutat, selbst wenn sie oft kunstlos im Sinne des ›moraliter‹ geformt erscheint, ihre Berechtigung.

Diesem dreifachen Sinn ist ohne die Kenntnis der Titelkupfer schwer nachzuspüren, und die Vorrede wird ohne bildliche Anschauung nicht immer verständlich. Überliefert sind die Titel-Illustrationen nur in den wenigen erhaltenen Exemplaren der Erstausgabe des »Silenus«. In der Festschrift »Aandacht vor Cats« zum 300. Todestag wurde nur das Titelbild zum ersten Teil der Erstfassung reproduziert, jedoch ohne einen Hinweis auf seine Bedeutung (Cupido; Apothekerbüchse; Mörser).[59] Ursprünglich sollte die Dreiheit der Auslegung die drei Lebensabschnitte symbolisieren, in denen Cats menschliches Dasein beschlossen sah. Wenn die Zweitfassung der »Sinne-Beelden« nun die drei Auslegungen zu einem Emblem in der Weise zusammenrückte, daß die Spanne vom jugendlichen Leben zum Tode hin an jedem Bild durchmessen werden konnte und wenn versucht wurde, Werden und Vergehen des Menschen in seiner Entwicklung an einer pictura sichtbar zu machen, so hatte der Dichter einen Leserkreis aller Altersstufen ansprechen wollen.[60] Ausgehend von einem Bild der Liebe zeigt Cats die Begrenzung alles Irdischen, dessen Vergehen im Tode unausweichlich ist. Nicht Cupido allein trägt Köcher und Pfeil, ist Beweger des Menschengeschicks, wie er, die Weltkugel tragend, dem »Silenus« voransteht: Auch sein Gegenspieler Tod ist allezeit auf dem Plan, den tödlichen Pfeil zu schärfen, jedem Leben ein Ende zu setzen.

Als Beispiel für die vielfältige Auslegung eines Einzelemblems bei Cats sei an dieser Stelle auf das Emblem Nr. XLVI hingewiesen. Cats sieht darin den Tod nicht nur vom christlichen Standort. Er tritt zugleich als Humanist vor unser Auge, der seine Kenntnisse als Polyhistor erweist und anfangs nur in dieser gelehrten und nicht in der christlichen Manier belehren will.

Unter der Überschrift »Nescit habere modum« wird ein Krokodil in einer kahlen Gebirgslandschaft abgebildet, auf dem der Tod reitet. Er hält seinen Pfeil in der Hand und kehrt den Blick dem Leser zu. In der Ausgabe von 1658 erscheint das kreisförmige Emblem in einem kunstvoll skulpierten Rahmen.[61] Unter dem Rahmen sind zwei Alexandriner-Gedichte in niederländischer Sprache mit je einer Überschrift wiedergegeben. Eine Pliniusstelle (Plin. lib. 8, cap. 25) folgt als Quellenangabe. Außerdem werden andere Quellen genannt: Ovid (10. Metam.), Seneca (Oct. Act I) und Ausonius. Die dazu abgedruckten lateinischen Texte enthalten Grundgedanken dieser Stellen in einer Zeile. Überprüft man den Inhalt dieser Quellenzitate, so ergibt sich daraus der Inhalt der beiden niederländischen Alexandrinergedichte, wobei sofort eine zweifache Verwertung der pictura auffällt. In der ersten Auslegung des Emblems unter der Überschrift »Von groot tot grooter« wird das stetige Wachstum des Krokodils betont, das bis zum Tode andauert. So sollte es auch um die Liebe stehen bis in die Stunde des Todes. Das Todesmotiv erscheint in diesem Zusammenhang lediglich als Hinweis auf die menschliche Lebensgrenze hin verarbeitet. Im zweiten niederländischen Alexandriner-Gedicht wird durch die Änderung der Überschrift eine leichte Thema-Variation angedeutet. Dort heißt es: »Noyt groot genoech.« Gedanklich erscheint hier bereits der nachdrückliche Hinweis auf die Unersättlichkeit des Tieres, dessen Körperwuchs aus seiner Freßgier erklärt wird.

>»Man sagt vom Crocodil / so lang er lebt auff Erden /
So soll er wachsen auch und immer grösser werden.«[62]

Auch der Tod, der auf der pictura dem Krokodil die Lenden eindrückt, hindert es nicht am Wachstum. Soweit wird die pictura verwertet. Danach setzt erst die tiefere, spiritualisierte Sinngebung ein, die das Motto im Gedanken an das Maßhalten der Macht nutzt: Wer bereits große Macht hat, will noch mehr Geld und Gut dazugewinnen, selbst wenn ihm der Tod im Nacken sitzt.

Blickt man auf die beiden darunter abgedruckten lateinischen Fassungen, so zeigen sie gedankliche Wiederholungen des niederländischen Worlauts. Das unendliche Wachstum (»crescit in immensum« zu Beginn des ersten lateinischen Gedichtes), das Gestalt, Macht und Liebe entwickelt, wird vor allem in der Schlußzeile des zweiten lateinischen Gedichtes deutlich:

>»Scilicet augendi nescit uterque modum.«[63]

Die zum Abschluß eingefügten französischen Vierzeiler geben lediglich den Inhalt der Gedichte im oben besprochenen Sinne wieder. Wie im dritten niederländischen Gedicht steht dort die Aufforderung zur Nachfolge Christi im Vordergrund. Davids Stern soll dem Menschen voranleuchten. Die letzten zwei Zeilen des französischen Textes zeigen das am deutlichsten:

>»Le corps du crocodil, & du Chrestien l'esprit,
S'augmente, si long temps, que l'un & l'autre vit.«[64]

An dieser Stelle ist ein nachdrücklicher Hinweis auf die Übertragung des niederländischen Textes ins Deutsche unerläßlich. Die deutsche Übertragung des niederländischen Textes verrät die kennzeichnenden Merkmale eines anderen Epochenstils. Schon aus der Vorrede des Übersetzers geht hervor, daß dieser (Chr. Fr. Homburg) unter ganz anderen Aspekten als der Autor arbeitete. Ihm lag wenig an der Wiedergabe der Emblemata in ihrer künstlerischen Eigenart. Er wollte vor allem den moralischen und christlichen Lehrgehalt der gedankenreichen Sinnbilder des großen Gelehrten und Dichters Jacob Cats herausstellen. Die Begründung für diese Verbreitung und Beliebtheit der Werke von Cats wird vom Übersetzer als Gegenwert zu einer Literaturentwicklung gesehen, die – mit Ausnahme des hier namentlich erwähnten Christian Gryphius – sich mehr und mehr auf jene neueren Poeten stütze, die »ihre Grillen durch nichts / als thörichte / und offt gar ärgerlich Liebes-Fratzen / in den Läden feil bieten lassen«. Außerdem treibe »böse Gewinnsucht« diese Art der Literaten. Cats' Werke dagegen, besonders seine »Sinnbilder«, könnten gerade in einer solchen Epoche besonders stark wirken, in der das Alamode-Wesen die Achtung vor der Muttersprache und vor dem ernsten dichterischen Kunstwerk zu zerstören drohe. Deswegen übersetzt der Editor auch die Vorrede zu diesen Emblemata, die für Cats' und Andreas Gryphius' Wertung dieser Kunstgattung gleich wichtig ist. (Wenn A. Gryphius auch Cats nie ausdrücklich erwähnt, so läßt sich nicht nur wegen der Wiederholung bestimmter Motive wie »Doot-kiste« und anderer, auf die bereits Manheimer in seiner Analyse von A. Gryphius' Lyrik hingewiesen hat (S. 157), sondern auch aufgrund der Übernahme von Cats' Vokabular und der Auswertung der bei Cats eingebundenen Emblemata und Kupferstiche mindestens eine Gleichgestimmtheit in der Weltanschauung und der Todesbewertung annehmen, auf die Dérudder bereits gelegentlich hingewiesen hat.[65]) Außerdem sollte durch die Übersetzung von 1710 die deutsche Sprache weiterhin als gleichrangig und für Übertragungen geeignet erwiesen werden. Dieser Eindruck wird besonders dadurch vermittelt, daß das Emblem in der oben genannten Ausgabe (1710) zurücktritt. Schon die Wiedergabe der Krokodil-pictura wirkt im Vergleich zu der 1658 bei Schipper besorgten Ausgabe in der serienmäßigen Verkleinerung (acht Bilder auf einem Blatt) lieblos und unsorgfältig. Man erkennt deutlich, daß nach 1700 die große Zeit der Emblematik vorüber ist, in der die bildliche Wiedergabe einer Lebensweisheit eine eigene künstlerische Aufgabe darstellte. Vor allem fehlt das Motto als Bildüberschrift. Die Embleme erscheinen nicht mehr im Kreisformat, auch nicht im kunstvollen Rahmen. Sie sind neu hergestellt (keine öde Gebirgslandschaft, sondern mit Bäumen bestanden; kein Blattgewächs im Vordergrund), rasch als Skizze hingeworfen und mehr Illustration als selbständiges Signet. Dafür erscheint in der Übersetzung jetzt (bei gleicher Zählung) eine gereimte Überschrift, die das lateinische Motto (»nescit habere modum«) außer acht läßt und dadurch bereits den Charakter des Emblems abschwächt. Die Überschrift lautet:

»Vor diesem lieblich sehr /
Doch jetzund noch viel mehr.«   (Deutsche Übers. v. 1710, a.a.O. S. 91)

Im auslegenden Text tritt das Thema der Liebe sofort unmittelbar in den Vordergrund. Die simplifizierende Aussage im Leitspruch:

»Die treue Liebe wächst auch immer für und für /
Und bildet demnach sich wohl ab durch dieses Thier«

endet im Hinweis auf die immer höher sich steigernde Liebe. Das für das 17. Jahrhundert wichtige Todesbild ist ausgelöscht in dieser Erklärung. Damit erscheint aber auch das innere Gesetz des Emblems als zerstört. Eine sehr vereinfachte Lebenslehre vom Wachsen der Liebe ist mit dem Bild vom stetig größer werdenden Krokodil zur Übereinstimmung gebracht. Man erkennt deutlich, daß der tiefere Sinn von Cats' Emblemkunst nicht mehr genau verstanden wird. Weil das ursprüngliche Motto fehlt, und damit der Gedanke des Maßhaltens, bleibt nur das Abbild des Tieres, das realiter verwertet, aber nicht mehr spiritualiter begriffen wird. Das Sinnbild der reitenden Todesfigur ist soweit ausgeschaltet, daß der Gedanke der Notwendigkeit des Maßhaltens in der stets vom Tode bedrohten Kreatur unkenntlich wurde.

Mag dieser Verlust des tieferen Sinngehalts in der ersten Erklärung noch angängig sein, so tritt in der Übersetzung der zweiten Erklärung die Aufsplitterung des Emblemkerns noch deutlicher und gefährlicher für das Verständnis im Sinne des Originaltexts in Erscheinung. Zwar löst noch die Überschrift »Unvergnügt / Biß man im Grabe liegt« eine Erinnerung an den Tod aus, aber diese Überschrift zielt zu kurzschlüssig auf ein allgemeines Morale: Diese Überschrift ist keine Übersetzung mehr. Sie gibt dem Emblem einen weltanschaulichen Inhalt, der ihm ursprünglich nicht mitgegeben war. Es fehlt alles, was anfangs bei Cats im Abbild des Tieres deutlich herausgearbeitet war: die leidenschaftliche Gier nach Fraß oder im übertragenen Sinne nach Macht und Besitz, wie sie in dem Ausdruck des Auges und des zähnebewehrten, aufgerissenen Rachens liegt – unbekümmert um die Last des reitenden Todes. Geradezu philisterhaft klingt der farblose Schluß der zweiten Deutung, bei der sich Cats noch spiritualistisch auf Tierisches und Menschliches bezog, die jetzt aber nur noch von Menschen spricht.

»Ein Mensch / der offtermahls gar schlecht nur angefangen /
Will immerdar noch mehr / ob er schon groß / erlangen:
Er sucht an jedem Orth noch Vortheil und Gewinn /
Biß der ergrimmte Todt ihn reißt zur Erden hin.« (Deutsche Übers. v. 1710, S. 91)

Auffällig erscheint mir an den späteren Prosakommentaren von Cats, daß er die lateinischen Überschriften der Sinnsprüche im lateinischen Text für die Prosaerklärungen als Columnen-Überschrift benutzt. So wird aus der lateinischen Gedichtüberschrift: »Non modus augendi« die Columnen-Überschrift: »Augendi modus omnis abest.« Gelehrtes Wissen verbindet sich in jeder Prosaerklärung zum Crocodil-Sinnbild mit einer handfesten moralischen Auslegung, bei der häufig ein antiker Autor (hier Thukydides) oder auch einer der Kirchenväter (S. 277 Hieronymus) als Quelle angegeben wird. Bei der dritten Prosaerklärung wiederholt sich diese Anordnung genau, nur wird eine Bibelstelle (Gal. 6, 9) zugrundegelegt und lateinisch und niederländisch kommentiert.

Der angefügte Prosakommentar erweitert nur durch Hinweise auf Erziehungsmethoden in der Art eines Fürstenspiegels die allgemeinen Gedanken; er vertieft sie nicht. Letztlich endet er in der Ermahnung zur Bescheidenheit.

Der dritte Kommentar, der im Sinne christlicher Auslegung als Cats' Eigentum erscheint, bietet in der deutschen Übertragung die getreue Wiedergabe der Schriftauslegung von Gal. 6, 9 und deren Simplifikation im üblichen christlichen Frömmigkeits-Morale. Das Todesbild ist völlig ausgelöscht, es schimmert nicht einmal in dem Hinweis auf die beschränkte Lebenszeit des Menschen durch, der in der ersten Zeile zu beachten wäre. Auch das reale Bild des Krokodils bleibt auf den Gedanken des stetigen Wachstums beschränkt. Die dingliche Bildbezogenheit, die der Emblemkunst den eigentlichen Stempel aufdrückte, bleibt unberücksichtigt. Hier scheint der Übersetzer mehr hinzugefügt zu haben, als der Autor Cats bot. Das Ganze bleibt im christlichen Lehrspruch gefangen und ist auch durch ein angefügtes Gedichtchen im Prosakommentar nicht daraus zu befreien, zumal als letzter Satz die gebetartige Bitte um den Beistand Gottes so formuliert wird:

»Gott wolle uns aber die Gnade verleihen / daß wir nimmer schlimmer /
sondern immer frömmer werden.« (Deutsche Übers. v. 1710, a.a.O. S. 92)

Diese Eindeutschungen der Sinnbilddichtung des Jacob Cats tragen deutlich die Kennzeichen einer neuen Epoche.

Pädagogische und pietistisch anmutende, christliche Sinngebung setzen sich zu Beginn des 18. Jahrhunderts über Gehalt und Formgesetz des dichterischen Emblems hinweg zugunsten einer rein christlichen Homiletik im Erbauungsstil, wobei nicht das wörtliche Vorbild des moralisierenden Dichters Cats allein als Begründung anzusehen ist, sondern das Mißverstehen einer die Dichtung bereichernden Bildkunst, die im Barockjahrhundert selbst keineswegs immer sittliche Belehrung wie bei Jacob Cats, sondern religiöse Verheißung im eigenen Dichtungsstil – wie bei Andreas Gryphius – hervorrief.

In welchem Maße ein Emblem, das in seiner ersten Fassung bei Cats mit pictura und Über- und Unterschriften eine rein weltliche Liebeslehre bietet, in eine christliche Lebens- und Todeslehre umgewandelt werden kann, zeigt auch zu Beginn des »Silenus« (Silenus I. Emblem) das Bild eines entflammten Holzscheites für das rechte Verhalten in der Liebe: »Qua non nocet« lautet das in den Originalausgaben abgedruckte lateinische Motto. Da, wo es nicht schadet, nämlich am nicht brennenden Ende, kann das Holz angefaßt werden. »Grijpjet wel, soo ist maer spel«, greif es wohl vernünftig an, dann ist es nicht gefährlich, will die Überschrift des zugehörigen niederländischen Gedichtes sagen. Die zweite Auslegung – man hat sie sich im »Silenus« hinter dem Titelblatt des zweiten Teils zu denken – weist auf den notwendigen rechten Zugriff im tätigen männlichen Leben hin, verbunden mit der Mahnung, geduldig das zu ertragen, was der Himmel schickt: »Sijt willigh, datje zijt en datje wesen moet« – Seid das, was Ihr seid und sein müßt, willig!«

Die dritte Auslegung, im »Silenus« hinter dem dritten Titelbild abgedruckt, nimmt im Hinweis auf Jeremias 21. 8 »Siet ick legghe u voo een wegh ten leven ende een wech ten dooden« – Siehe, ich lege euch vor den Weg zum Leben und zum Tode – die Illustration dieses dritten Titelblattes unmittelbar auf, wenn es in den letzten Zeilen heißt:

»De zeghen met den vloeck, de dood, en oock het leven
Di zijn u, weerde ziel, van Gode voorgeschreven,
Wel neemt dan, lieve, neemt het goede by der hant,
En vlucht nae Zoar toe ter wijlen Sodom brant.«

Ohne das voranstehende Bild des erretteten Lot vor Augen, der vom Engel aus dem brennenden Sodom herausgeführt worden ist, wirkt die Textstelle gewaltsam hergeholt und unverständlich. Im anschließenden Prosakommentar zeigt Cats, wie der rechte Weg des Menschen zur Seligkeit erst durch Gottes Gnade erreichbar wird. Er beschließt die Auslegungen mit diesen Versen:

»Wy zijn te vooren dood en stil,
Godt geeft ons 'troeren en den wil.«

Ein geschlosseneres Beispiel für das Vorgehen des Dichters stellt das XI. Emblem dar. Ausgehend vom Bild eines Baumes, von dem reife Früchte herabfallen, weist die »Minne-Auslegung« darauf hin, daß es vernünftig sei, ein reifes Mädchen für den Ehestand zu gewinnen. »Mite pyrum vel sponte fluit«, pflücke die Birne, oder sie fällt von selbst herab, lautet die lateinische subscriptio picturae – »Volwassen Appel en rijpe Peer, sicht licht ter neer«[66]

überschreibt Cats die erste Auslegung. Das Menschenleben nun, so bedeutet die zweite Auslegung, ist in seiner Entwicklung der Frucht am Baum ganz ähnlich: »Homo pomo similis.« Ist sie nicht reif, so bedarf es einer Anstrengung, sie zu pflücken. Auf den Tod bezogen: der junge Mensch stirbt schwer. Sein Ende ähnelt dem gewaltsamen Auslöschen eines Feuers, wenn es mit Wasser übergossen wird. Das Alter hingegen fällt dem Tod von selbst zu, das Feuer verglüht unter der Asche, es vergeht. Der alte Mensch geht willig dahin, er sehnt sich nach dem Ende. Cats belegt das mit Vers I. 23 aus dem Brief des Paulus an die Philipper: »Ich begheere te verscheyden vanden lichame, ende met Christo te zijn; want dat is verre het beste.« Ich habe Lust abzuscheiden und bei Christus zu sein, was auch viel besser wäre (Phil. I. 23). Cats setzt das Pauluswort als Überschrift über seine dritte Auslegung:

> »Wanneer de bleecke doot comt trecken aende menschen,
> En datse strevigh zijn, en om te leven wenschen.
> Dat is van stonden aen, dat is ghenoegh gheseyt,
> Dat haer noch wranghe sucht ontrent den boesen leyt.«

Die Weltbezogenheit im Alter kann Cats nicht billigen. Sein anschließender Prosakommentar erinnert an den Zustand, in dem sich ein wilder Vogel in Gefangenschaft befindet: Öffnet man seinen Käfig, so braucht man ihn nicht daraus zu verscheuchen, er fliegt von selbst davon. So ist es mit den Menschen. Sie sind gefangen im Gehäuse ihres Körpers. Den Tod hat Gott ihnen als »een ontsluyter van desen kercker« bestimmt, als denjenigen, der den Kerker öffnet. Müssen wir erschrecken, wenn der »verlosser«, der Tod, als Erretter, Erlöser zu uns kommt? Wir sehen doch die Sonne Tag um Tag aufsteigen und untergehen, ohne daß uns dieses Bild ängstigt. Wir wissen um den Lauf der Natur. Warum betrachten wir unser Leben und Sterben nicht ebenso? Cats meint: Laßt uns doch mit Paulus sagen: Ich will erlöst werden, um mit Christus zu sein. Der Körper wird uns genommen, auf daß wir einen besseren erhalten – »Onsen gheest wert niet uytgheblust, maer herstelt« – unser Geist wird nicht ausgelöscht, sondern »hergestellt«, zum Leben erweckt.

Dieses Bild vom gefangenen Vogel nimmt das XXI. Emblem wieder auf. Die pictura zeigt ein Mädchen, das neugierig eine Schachtel öffnet. Aus ihr fliegt ein Vogel davon.[67] Der Dichter hatte die erste und zweite Auslegung zum Anlaß für eine Mahnung an junge Mädchen genommen, ihre Jungfräulichkeit zu bewahren und eine Warnung an diejenigen ausgesprochen, die ihr Herz auf der Zunge zu tragen pflegen. In einer zweiten Version der dritten Auslegung »Anders, op het selve beelt« wird der eingeschlossene Vogel wieder zum Gleichnis für die im Körper gefangene Seele, der erst der Tod Befreiung bringt:

> »Het lichaem is de koy, die houdt de ziel ghevangen;
> De doot die maecktse los, die maechtse vrye ganghen;
> Waerom, ô christen hert, waerom doch hier ghevreest?
> Al velt de doot het lijf, sy maeckt een vryen gheest.«

Cats will den Tod als etwas Natürliches, Vertrautes darstellen, als den großen Erlöser, der zwar Ende, doch auch zugleich einen neuen Anfang bringt.

Er möchte die Furcht vor dem Tod bannen, ihm seinen Schrecken nehmen. Das XXVII. Emblem beschäftigt sich vor allem mit dieser Todesangst, die Cats für unnötig und übertrieben hält. Die pictura zeigt spielende Kinder, die erschrocken vor einer Maske davon laufen. »Inverte, et avertes«[68], kehre es um und Du wirst es abwenden, lautet die lateinische subscriptio – hier, in der ersten Erklärung auf die Liebe bezogen, denn »Tis maer een niet, die't wil besiet« – für den, der es recht besieht, ist es (die Liebe) nur ein Nichts. Die zweite Auslegung wendet sich gegen alle Furchtsamkeit überhaupt: sieht man näher zu, so stellt sich die Ursache für gewöhnlich als ein Mummenschanz heraus. Die dritte Auslegung stellt der Dichter unter das Wort: »Doot waer is u prickel?« Tod, wo ist Dein Stachel? (1. Corinth. 15. 55).

»War schroomje voor de door, ô rechte pimpel-meesen?
Tis maer een bite-bau dat niet en is te vreesen
Voor die haer wesen kent. Hoe leelick datse schijnt
Doorgront haer rechten aert, en alle quaet verdwijnt.«

Den besten Teil der Weisheit sieht Cats gerade in der Auseinandersetzung des Menschen mit dem Phänomen des Todes heranreifen. »De bedenckighe des doots«, das Bedenken des Todes als des Boten, der kommende Glückseligkeit verheißt, bei seinen Mitmenschen wachzurufen – so, wie es stets in ihm selbst wach ist – fühlt sich Cats verpflichtet. Das Wissen um die eigene Nichtigkeit (die Welt hat genug der Bewohner), die Erwartung künftiger Herrlichkeit, soll dem Menschen bewußt sein; so wird ihm der Abschied von aller diesseitigen »ellendicheyt« nicht schwer.

»Al war de werelt spint en zijn maer broose netten« – die Welt spinnt nur flüchtige Netze, in denen man sich jedoch nicht verfangen darf, heißt es in der dritten Erläuterung zum XL. Emblem, dessen pictura ein Spinnennetz und in ihm hängengebliebene Insekten zeigt. Das Leben des Christen ist nur »Durchgang«, nur eine Station auf dem Wege, die der Reisende eilig passiert. Auch den Tod bezeichnet Cats als »doorganck« in der dritten Auslegung des XLVIII. Emblems; er ist höchstens ein Haltepunkt auf der Fahrt in ein besseres Leben, in dem Streit und Elend vor Gottes Urteil ein Ende finden werden.

Einer ausführlichen Interpretation bedürfen die umfangreichen, der Epik nahen Todesdichtungen des Jacob Cats, zumal sie in der Gesamtausgabe von 1658 mit vielen ganzseitigen, in Groß-Folio wiedergegebenen Todesdarstellungen bereichert sind. Cats hat über Ausführung und Anordnung dieser Kupferstiche mit den Künstlern selbst gesprochen.[69] Diese müssen von dem Aufbau seiner Dichtungen Kenntnis gehabt haben; denn eine Übereinstimmung von Motivreihung und Anordnung läßt sich zwischen Abbildung und Text feststellen, wenn auch der Betrachter des B i l d e s oft weit mehr Allegorisches erkennt als der Leser des T e x t e s. In der Kunst der Komposition und in der des Details zeigen sich die als »Breughel-Groep« bezeichneten Kupferstecher den Dichtern, die sie illustrieren, oft überlegen.[70] Cats verliert sich schnell in die Verallgemeinerung, während der bildende Künstler sehr überlegt die einzelnen

Variationen des gestellten Themas zueinander ordnet und dadurch Vielfalt der Gesichtspunkte mit Wirkungsintensität verbindet.

Dabei weiß Cats das Thema des streitenden und triumphierenden Todes durchaus zu variieren. Mehrere Abschnitte in seinem »Alterthumb« verlocken den Zeichner zu wirkungsstarker Anschaulichkeit. Als ein Beispiel wäre das große Titelkupfer zu: Alter und Landleben, Teil I, zu erwähnen.[71]

Das hohe Kupfer der Schipperschen Ausgabe hat in der senkrechten, auf Großformat angelegten Anordnung sein Wirkungsgesetz. Der Stufenbau der Komposition kommt nur in dieser Nutzung der Senkrechten zur vollen Wirkung.[72]

Der Kupferstecher will durch die Komposition seiner Bilderzählung fesseln und sinnbildliche Deutung entstehen lassen. Der Betrachter des Bildes gesellt sich zu den ebenfalls dargestellten Zuschauern, die das geordnete Leben auf »Zorgvliet«, dem Alterssitz des Dichters, beobachten. Staunen, Bewunderung, Zustimmung liegt auf ihren Gesichtern. Über den sichtbaren Wohlstand, den das große Landhaus mit vierspänniger Kutsche davor ausdrückt, schlingt sich das Motto-Spruchband aus Hebräer 9, 27:

»Es ist den Menschen einmahl zu Sterben und darnach das Gerichte.«

Dieses Band schlingt sich um die Hüftknochen der beiden hohen Skelette, von denen das männliche die Waage, das weibliche (mit sehr langen Haaren) die Sanduhr hält. Beide halten zusammen das aufgeschlagene Buch des Gerichts, das die Zeit (Ewigkeit) hinabreicht. Noch erhellt die strahlende Sonne von links das Landhaus, während von rechts dunkle Wolken den Sichelmond verhüllen. Säulen (Wände) mit Totenköpfen und Gebeinknochen als Schmuck umrahmen das Ganze.

Hier hat der bildende Künstler das Thema des Buches genau erfaßt. In der Stille des Landlebens, dessen dingliche Welt im Wachsen und Vergehen ein tägliches memento mori darbietet, kann die Alterserfahrung des Dichters jene Weisheit von dem nach dem Tode einsetzenden Gericht in Worte fassen und den Mitmenschen darbieten. Cats hat zu diesem Kupfer keine genauere Deutung gegeben. Hier hat der bildende Künstler mehr und selbständiger geschaffen als der Dichter, der sich mit ihm über das Leitmotiv des Buches besprach.[73]

Man wundert sich manchmal, daß einzelne Themen bei Cats keine bildliche Ausgestaltung durch einen Illustrator erfuhren. So wählt Cats im »Altertum« ein wirkungsvolles kriegerisches Bild, das den Menschen als F e l d h e r r n zeigt, der den Angriff des Todes zu erwarten und sich darauf vorzubereiten hat:

»Der Tod steht fertig, um zu lieffern eine Schlacht.«[74] Ausführlich werden die Aufstellung des eigenen »Volckes«, der »Stücke« (Kanonen), die Beobachtung des »Windes«, das rechtzeitige Erkennen des herannahenden Feindes als Gegenmaßnahme geschildert. Nur dann sind nach Cats' Worten Sieg und Triumph des Menschen über den Tod zu realisieren, wenn alle Mittel des Wissens und des Glaubens gegen den Tod ins Feld geführt werden.

»All was man gutts hat gelesen und gehöret /
Dient uns dann wann der Todt sich nun zu uns gekehret.«

Aber diese im Text geschlossene Bildfolge (S. 185), die jeden Illustrator inspirieren mußte, wird sogleich abgelöst von Predigtworten. Christi Tod als Sühnopfer für die sündige Menschheit beherrscht zu rasch die wortreiche über Seiten hin ausgedehnte Beschreibung der Gnadenmittel, kaum, daß die eingeschobene realistische Wiedergabe des Sterbens selbst und die weitläufige Verwesungsschilderung eine Kontrastwirkung hervorruft. Bei solchen Partien (bes. S. 189–190) tut sich der Abstand zur Wortkunst des Andreas Gryphius auf, der diese Thematik aus einer mittelmäßigen Beschreibung in die der bildstarken Visionsdichtung erhebt. Die gleiche Beobachtung bestätigt sich bei der Auferstehungsthematik. Man darf sich nicht an Dichter wie Balde (»Enthusiasmen«) oder Gryphius (»Kirchhoffs-Gedancken«) und schon garnicht an Maler wie Breughel oder auch an die Totentänze erinnern, wenn man den mehrfach wiederholten nüchternen Satz liest: »Ihr Toten kompt«, der die Auferstehung einleitet. Wie vorher ermüdende Beschreibung, so verhindert bei Cats an dieser Stelle die endlose Aufzählung einzelner Phasen der Totenerweckung jede stärkere Impression. Unnötig zur Schau gestellte Gelehrsamkeit und Bibelkenntnis (Jonas-, Jonathan- und Lazarus-Beispiele[75]) zerschneidet jegliche Geschlossenheit der Vorstellung vom Triumph des Todes, der in dieser Stunde vor dem letzten Gericht Ereignis werden kann. Viel zu rasch erscheinen die Trostgedanken der verheißenen ewigen Seligkeit, wie z. B. das – bei Balde und Gryphius ganz anders und kontrastierend verwendete – Motiv des Samens, der seine Frucht erst im Jenseits offenbart, sobald die Seele in die Ewigkeit hineingerettet ist. Hier verschwendet Cats geradezu seinen traditionsgebundenen Gedanken- und Bilderreichtum, indem er niemals dem Leser eine Frage stellt oder wenigstens ein Problem unaufgelöst läßt. Dichter wie Balde und Gryphius nutzen demgegenüber die jedem sprachlichen Kunstwerk als Steigerungsmöglichkeit innewohnende Stilform des rechtzeitigen Verstummens oder der offenen rhetorischen Frage, die sich als Konsequenz aus einer Schreckens- oder Grauendarstellung von selbst einstellt.

Auffallend ist bei Cats, daß in allen Abschnitten, in denen das christliche Glaubensbekenntnis sich einfügen läßt, die Bildlichkeit im Sprachlichen rasch aufhört, höchstens daß noch christliche Topoi – wie das Lamm als Sinnbild für das Opfer – gebraucht werden.[76] Daß die deutsche Übersetzung mehrfach mit Bibel-Zitaten arbeitet, gehört zum Erbauungsstil der Zeit um 1710.[77] Diese Verbrämungen wirken als fromme Zusätze, die – wie das damals übliche »Gebet« am Schluß[78] – die lehrhafte Tendenz nur noch steigern und damit das sprachliche Kunstwerk weiter einebnen.

3. Moralisierende Todesthematik in Cats' »Doot-Kiste voor de Levendige«
und »Das hohe doch süsse Alterthumb«

Die gleiche lehrhafte Tendenz verhindert in den oft langatmigen Kommentaren zu den Bildern in J. Cats' »Doot-kiste voor de Levendige« eine sprachkünstlerische Poetisierung, zumal das Bild vom Sarg hier geradezu gewaltsam als tertium comparationis verwendet wird.

Die niederländische Bezeichnung »Doot-kiste« hat in Deutschland des 17. Jahrhunderts zum recht häufigen Gebrauch des Wortes »Todten-Kiste« geführt.[79] Bei Gryphius wiederholt sich nicht nur das Wort mehrfach, auch viele Vergleiche, die mit dem Gebrauch des Bildes Zusammenhang haben, erscheinen mehrfach. Für seine Balde-Übersetzungen und für seine »Kirchhoffs-Gedancken« dienen ihm häufig die Bilder, die Cats in seiner »Doot-kiste voor de Levendige« verwendet, zum sprachlichen Schmuck und zur Verdeutlichung für die dahinter zurücktretende Lebenslehre.

Man muß bei den Abbildungen in der »Doot-kiste« zwei Gruppen unterscheiden. Viele geben einfache Situationen des menschlichen Lebens wieder. Diese bedürfen keiner ausführlichen Deutung. Ihr rein illustrativer Charakter ist nicht zu übersehen. Bereits die Überschrift des dazugehörigen Textes gibt das Tertium comparationis an, häufig unter Heranziehung einer Bibelstelle, um den im Bilde angedeuteten Metaphern-Inhalt zu unterstreichen. Dafür nur ein Beispiel. Wenn es in der deutschen Übersetzung heißt: »Des Menschen Leben und Thaten verglichen mit einem Spinn-gewebe. Sie wircken Spinn-Gewebe«[80], ist mit diesem genauen Vergleich auch für den Illustrator die Aufgabe klar umrissen, und er hält sich entsprechend an diesen Auftrag. In einer sehr gegenständlich ausgeführten Genre-Szene erscheint auf dem Stich eine Magd, die im Auftrag ihrer Herrin ein Spinngewebe mit dem Besen zerstört, das zwischen dem Rahmen eines geöffneten Fensters erkennbar ist. Nach langatmigen Ausführungen über die Tätigkeit der Spinne folgt in Cats' Gedicht ein Morale, das wieder den Todesgedanken benutzt, um den Vergleich mit dem aussichtslosen Tun der Spinne und dem des Menschen in Zusammenhang zu bringen: Das Wirken des Menschen, das so kunstvoll beginnt und auf Gewinn berechnet ist, ist schnell vernichtet:

Des Menschen Leben verglichen mit einem Spinn-Gewebe
      Hiob IIX. 14.
Seine Zuversicht vergehet / und seine Hofnung ist ein Spinnwebe.

Das eitle Spinneweb' ist künstlich ausgebracht /
Ein köstlich Netz' / und wie ein runder Hoff gemacht,
Man siehts an einem Baum / auch vor dem Fenster hangen /
Doch ist es nur bequem / die Fliegen drein zu fangen /
Und wann es sich gesetzt an einen grossen Saal /
Kömt eine muntre Magd / zerbricht es allzumahl /
Die Spinne schleicht dadurch / und bald muß es vergehen /
Ob es gleich wunderbar erst kürtzlich anzusehen /
Frägst du / was dieses mir woll für Gedanken geb /
Das Mädgen ist der Tod / das Fleisch das Spinneweb.
Wie ist so mancher Kopff, der wunder grosse Sachen /
Ja eine neue Welt gar fertig denckt zu machen /
Und eh er das vollbringt / wird er bald eine Leich /
Da rückt man ihn ins Grab / ins finstre Todten-Reich.
Wie eitel ist der Mensch in seinem Thun und Wesen!

Was kan er von dem Meer und von der Erde lesen?
Ist gleich sein Anschlag hoch / sein Unternehmen groß /
Ist nichts beständig doch / als wie des Todes Schoß.

Vergleicht man den Wortlaut des Alten Testaments mit dem bei Cats, so sieht man deutlich, wie es ihm hier nur auf den einzigen Vergleich des menschlichen Tuns mit dem der Spinne ankommt. Auf andere an dieser Stelle im AT gegebene Bilder wird verzichtet. Jes. 59, 5 beginnt mit dem Hinweis: »Sie hüten Basiliskeneier«; dann erst folgt: »und wirken Spinngewebe«. Abgeschlossen wird die Stelle so: »Isset man von ihren Eiern, so muß man sterben; zertritt mans' aber, so fähret eine Otter heraus[80].« Das alles fehlt bei Cats sowohl im Text wie im Bild, Cats verzichtet nicht nur auf den emblematischen ornatus, er geht auch nicht auf die im AT weiter ausgeführte Sinnbildlichkeit vom Spinngewebe ein, von dem es im Vers 6 lautet: »Ihre Spinngewebe taugt nicht zu Kleidern, und ihr Gewirke taugt nicht zur Decke; denn ihr Werk ist Unrecht, und in ihren Händen ist Frevel.«

Wäre es ihm auf eine reichere, emblematisch vertiefte Bildlichkeit angekommen, so hätte er die hier gegebenen weiteren Anregungen nutzen und für seinen Text auswerten können.[81] Ihm liegt aber mehr an dem einfachen, im Bild vom Spinngewebe vorgegebenen und durch die Illustration bestätigten m o r a l i s c h e n L e i t s a t z, der sich leicht mit dem Thema des Todes verknüpfen läßt. Entsprechend steht es um die anderen zwölf Abbildungen, die das Morale dieses Gedichtes illustrieren.

Cats' Vereinfachung der im Bibeltext gegebenen Sinnbilder tritt bei allen Vergleichen mit dem menschlichen Leben hervor. Er bezieht den Text der unmittelbar folgenden Hiobstelle 9, 26 willkürlich auf sein Morale vom Tod, der so plötzlich kommt, daß die Lebensjahre so schnell den Lebensstrom hinabgefahren sind wie Schiffe »mit Sommer-Früchten«[82], die wegen ihrer verderblichen Ware schnellstens zum Markt eilen müssen. In der Bibel ist lediglich das tertium comparationis im Hinweis auf die Schnelligkeit der »Rohr-Schiffe« gegeben. Cats bleibt bei ihm bekannten Bildern wie z. B. bei dem mit Früchten beladenen Marktschiff.[83] Ein besonderer Tiefsinn liegt nicht in den hier gegebenen Vergleichen. Der Sinnbild-Charakter weicht darin der Illustrationsabsicht und dem stereotypen Todes-Morale. Deswegen sei hier nur auf weitere allgemeine Bild-Vergleiche zum plötzlichen Ende des menschlichen Lebens verwiesen.[84]

Das Morale selbst gipfelt in der Ermahnung, die Eitelkeit des menschlichen Tuns zu erkennen. Nicht jeder Illustration ist eine Bibelstelle angefügt, aber alle Gleichnisse verweisen auf den Tod.[85] Lediglich ein Bild entzieht sich dieser einheitlichen Vergleichsstruktur. Es ist ein echtes »Denck-Bild«, das eine ausführliche Interpretation verdient: »Abbildung von des Menschen Leben«, in: J. Cats, Doot-kiste, ed. 1658, S. 49.

Mit einem genau beschreibenden und zugleich deutenden Text versieht Cats hier eine Illustration, deren Bedeutung er gegenüber den anderen Gleichnissen aus der Bibel gleich in der ersten Zeile betont:

»Man hat von Alters her ein schönes Bild beschrieben /
Um in dem Conterfey des Lebens sich zu üben.«
(Übers. S. 248, davor das dem Original nachgestochene Bild)

Eine Anmerkung über die Herkunft des Bildes gibt er nicht. Er könnte ein Bild gesehen haben, das zu den mittelalterlichen Legenden-Erzählungen gehört. In einer Arbeit über die Ikonographie der Gegenreformation in den Niederlanden verweist B. Knipping[86], auf die Bedeutung des Einhorns als eines Schrecken verbreitenden Tieres hin und gibt einen Kupferstich von Boetius a Bolswert wieder, mit der Unterschrift »Allegorie van het menselijk leven«. Ein Einhorn senkt den Kopf tief in einen Abgrund, in den ein von ihm verfolgter Mensch abstürzen würde, hielte er sich nicht mit einer Hand an einem Baumast fest. Unter ihm öffnet ein feuerspeiender Drachen, von Flammen umgeben, seinen Rachen. In einer Anmerkung zu diesem Bild verweist der Verfasser der Übersetzung von 1710 auf eine Darstellung ähnlicher Art bei Cats in seiner »Doot-kiste voor de Levendige«. Daraus ist zu entnehmen, daß Cats dieses oder ähnliches Abbild kannte.

Der bei Cats wiedergebene Stich[87] weicht ab von der im Text gegebenen Beschreibung. Statt des Einhorns ist ein Bär dargestellt. Es fehlt auch

»... ein Wald von schönen Bäumen /
Den junges frisches Kraut und klahre Ströhm' umzäumen.« (Übers. S. 248)

auf dem Kupferstich. Alles andere aber ist wiedergegeben, was zur Sinnbilddeutung gehört: der wilde Bär (statt des Einhorns), zwischen dessen Pfoten ein Totenschädel liegt, der Jüngling, der auf der Flucht in den flammenden Höllenrachen stürzen würde, wenn er sich nicht an dem Baumast festhielte. Dazu kommen besondere Sinnbilder, die von Cats ausführlich besprochen und aufgelöst werden: der Baum trägt schöne Früchte[88], an denen sich der Jüngling labt, selbst im Moment der Gefahr, die durch den Bären hervorgerufen wird. Den Abgrund scheint er ebensowenig zu bemerken wie die weiße und die schwarze Ratte, die den gekrümmten Baumstamm bereits angenagt haben. Auch das Zischen der vier Schlangen hört er nicht, so tief ist er in dem Genuß befangen.

Der in der Auflösung einer so dichten Sinnbilddarstellung erfahrene Leser brauchte für die Deutung kaum die vielen Alexandrinerpaare durchzugehen, wenn nicht die Sinngebung durch Cats in ihrer genauen Festlegung für andere Illustrationen von Bedeutung wäre[89]. Cats bezieht die Illustration vor allem auf den jungen Menschen, der – wie er in der bereits erwähnten Vorrede zu den Emblemata bemerkt – durch seine Sinnenfreuden ganz im Genuß (der frischen Baumfrüchte) aufgeht und nur an die Gegenwart, nicht an den Himmel und nicht an Tod und Hölle denkt. Nur ein junger Mensch kann mit solcher Blindheit vor Tod und Hölle geschlagen sein, ein alter Mann denkt rechtzeitig über den »eitlen Trieb der lüsternen Natur« nach und bereitet sich täglich auf die Todesstunde vor. Lebenserkenntnis kann – nach Cats – nicht reicher gewonnen werden als aus der Betrachtung des Todes. Bild und Wort sprechen – einander ergänzend – aus dieser »Doot-kiste« zu den Lebenden.

Im Originaldruck der Ausgabe bei Schipper ist dieses Bild besonders hervorgehoben. Es ist in Groß-Folio wiedergegeben und zeigt die Situation viel realistischer noch als der Text. Der bildende Künstler – hier A. van de Venne – ist hier wieder dem Dichter weit überlegen, denn der Wortlaut der »Doot-kiste« bietet vom Inhalt her kaum besondere Aufschlüsse für die Todesthematik. Nur für die Frage nach der Bereitstellung s p r a c h l i c h e r Ausdrucksmöglichkeiten im Bereich des Sinnbildes, der Metapher und des Symbols, bleiben diese Alexandriner von Bedeutung.

Nach den Forschungen von P. J. H. Vermeeren (De Emblemata van Cats) erscheint die »Doot-kiste voor de Levendige« am Ende einer Entwicklung, die mit der Bewertung der Religiosität ihren Höhepunkt erreicht. Bei Vermeeren verläuft diese Linie über die »Hof-Gedachten«, in denen die Natur der Dinge, die »res«, in den Vordergrund gerückt werden, über die »Invallende Gedachten«, in denen es um Weltverständnis geht, zur »Doot-kiste«, die den Untertitel trägt »Sinnebeelden uyt Godes Woordt«. Sie stellt eine Summe aller Erfahrungen dar, in der die Dinge (res) lediglich in Analogien die äußeren Erscheinungsformen ewiger Wahrheit spiegeln.

Man kann dabei kaum noch von »Sinnbildern« sprechen, höchstens von Vergleichen mit Einzelfällen der Schöpfung, die »de Kortijligheyt, ydelheyt en onsekerheyt van't menselijk bedrijf« erkennen lassen. Cats denkt nicht mehr an seine eigenen Vorstellungen von Emblemkunst, wie er sie in der Vorrede zu seinen »Sinnebeelden« gab. Die den Abbildungen beigefügten Alexandriner-Auslegungen entfalten keine selbständige poetische Variante mehr, so wie etwa noch im »Spiegel van den Ouden ende Nieuwen Tijd«. Es fehlt darin der gedankliche Zusammenhang zwischen Abbildung und dichterischer Auslegung, wie ich es am Beispiel des reitenden Todes auf dem Krokodil festzulegen suchte. Mit der Verwandlung eines echten Emblems oder einer Imprese in einen motivreichen Kupferstich wandelt sich auch der Charakter der dazu gefügten erklärenden Dichtung. Das eine gewählte Thema erhält jetzt seine bilderreiche poetische Variation in einem Zuviel an Alexandrinerketten, die sich kunstvoll um das Wort schlingen: »Een die wel leven wil, die most eerst leren sterven.«[90] Statt der in die Tiefe dringenden dreifachen Emblemerklärung folgt eine Art aufgelöster Bilddichtung, bei der höchstens das tertium comparationis – ein »Spinnengewebe«, ein »Schiff«, eine »Blume« – an Bibelvergleiche erinnert, wie sie zahllos im AT und NT zu finden sind. Anstelle einer Sammlung pointierter Embleme entsteht ein Bilderbuch, ein Kupferstichbuch, bei dessen Betrachtung es manchmal schwerfällt, den gedanklichen Zusammenhang des Textes mit dem Abgebildeten zu erkennen.

Diese Eigenart prägt sich noch deutlicher in der späten Dichtung des J. Cats »Das hohe doch süße Alterthumb...« aus. Auch hier zeigt sich eine Vorliebe für die Reihung von bildlich geschauten Lebenssituationen, aus denen das memento mori spricht. Der verdeckt erscheinende Gedanke des allzeit triumphierenden Todes gelangt kaum zu poetischer Gestaltung. Die übliche, traditionsbeschwerte Gedankenreihe von der stündlichen Erinnerung an den Tod, die antike, mittelalterliche und biblische Vorstufen hat, wirkt durch den gereimten Alexandriner und durch die moralische Zuspitzung eher lähmend als steigernd. Nachdem Cats das Thema in etwa zwanzig Zeilen durch Bildverweise wie: Tod = Schatten (des menschlichen Körpers), Bett = Grab, Nacht = Todesschatten, Schlaf = Tod ausreichend vorbereitet hat, folgt die eigentliche Formulierung:

»Bedencke / daß der Todt allhier und überall /
Und warte nur allein zu sehen deinen Fall.« (Altherthumb, S. 92)

Daß lediglich Belehrung mit dem Anruf zum Nachdenken verbunden ist, bedarf keiner Unterstreichung. Zerstörend und auflösend wirkt die danach einsetzende Wiederholung, in der zur vorher benannten Lebenssituation jetzt die Lebenstätigkeit breit geschildert wird.

... »Man thue auch was man thue / man denck stets an das Ende.« (ebd. S. 92)

Jede Tätigkeit soll das memento mori wachrufen: die des Seefahrers, die des Schlafenden, des Speisenden, des Reisenden, des Arbeitenden, des Jagenden. Damit vertieft sich aber nicht die Bildlichkeit, sie erweitert sich höchstens in Motivketten, die nicht zur Spiritualisierung dieser Bilder beitragen. Die pictura docens verliert ihre weiterweisende Kraft, die sie sonst im 17. Jahrhundert durch Reihung steigert.

Die Bildlichkeit des sprachlichen Ausdrucks gewinnt bei Cats keineswegs an Beweiskraft, wenn die Todeserinnerung Vergleichsreihen wachruft, die genauso traditionsbedingt sind wie die vorher genannten Denkbilder. Die konstrastierende Gegenüberstellung von Jugend und Alter wirkt für sich selbst noch nicht vertiefend. Auch der Hinweis auf die Notwendigkeit des Leidertragens, auf die Überlegenheit eines stoischen Gemütes bleibt gedankenleer:

... »Zum Tode schickt man sich durch Leid und viele Pein /
Wer die erduldet nun kan bald sein Meister seyn.« Altherthumb, S. 174)

Entsprechend verflachend und eher auflösend wirken die üblichen Hinweise, die von der Mäßigkeit im Alter, von der reicheren Lebenserfahrung des Alters gegenüber der Jugend, von der stetigen Todesherrschaft seitenlang handeln und dem Gedanken an den triumphierenden Tod jegliche Anschaulichkeit nehmen. Die gewaltsame Bemühung um solche Anschaulichkeit verleitet Cats zur Wiederholung und zur Willkür in der Bilderfolge. Er bemüht poetische Vorbilder. Der Tod kommt wie ein Blitz und tötet mehrere Schnitter mit einem einzigen Strahl. Wie steinerne Bilder wirken ihre Überreste, unverändert in äußerer Gestalt, verändert aber im Ausdruck der Entseelung. Ausdrücklich verweist Cats auf das schwer zu enträselnde Medusenhaupt und auf andere poetische Quellen, nur um eine Rechtfertigung für seine Bilddarstellung zu haben. Kaum erwähnenswert sind die üblichen Todesmetaphern: verwelkende Blumen und Gräser, Laub und Früchte, die Bäume, von denen es heißt – entsprechend der bildlichen Darstellung bei Bosch und Breughel – daß sie »als todte Leichen stehen«. Diese Bildlichkeit gehört zum einfachen rhetorischen ornatus, unter dessen Wortreichtum bei Cats eine in der Antike und im Mittelalter wirkungsstarke Charakteristik des triumphierenden Todes allmählich versinkt.

4. Der Tod in den emblematischen Bilderzählungen des Jacob Cats

»Die Hochzeit«

Emblematische Bilderzählungen haben ihr Charakteristikum in der Häufung von einzelnen Emblemata, die der Vertiefung eines Themas dienen und in ihrer Komposition einen gedanklichen Zusammenhang erkennen lassen, der bei Jacob Cats auf das Todesthema zielt. »De doot is mijn gesang« (Doot-kiste, 1658, S. 8). »Der Tod ist mein Gesang«, so heißt es gleich auf den ersten Seiten in der Übersetzung der Doot-kiste (S. 194), aber dieser »Gesang« wäre wohl rasch verklungen, wenn nicht in der gleichen Generation Meister der emblematischen Kunst in seiner Nähe gelebt und mit ihm Umgang und Gespräch gehabt hätten. Diese Meister der illustrativen Zeichnung schufen die picturae, denen Cats durch seine Über- und Unterschriften, samt Kommentar in poetischer Form die gedankliche Basis geschaffen und in der vielfältigen Variation reiche Anregungen zur zeichnerischen Ausgestaltung gegeben hatte. Wer hier der Gebende und der Empfangende war, ist schwer zu entscheiden. Aber es finden sich zahlreiche Belege für diese ideale Zusammenarbeit zwischen Dichter und bildendem Künstler in den Niederlanden. So wird unter mehreren dieser Bilderzählungen, die als Groß-Folio in der ersten Gesamtausgabe von Cats-Werken 1658 (bei Schipper) wiedergegeben sind, der Name des Illustrators angegeben: Adrian van de Venne, der für die meisten der Kupferstiche in Cats Werken die Zeichnungen geliefert hat.[91] Etwa um die gleiche Zeit wie Cats hatte sich der in Delft 1589 geborene Maler in Middelburg niedergelassen, gemeinsam mit seinem Bruder Jan Pieterszoon van de Venne, der dort eine Druckerei und einen Kunsthandel betrieb und als Drucker der »Zeevschen Nachtegael«, einer von verschiedenen in Middelburg ansäßigen Dichtern herrührenden Emblemsammlung, bekannt wurde.

Dieser persönliche Kontakt von Dichter und Maler ist wichtig für das Gelingen der zu Cats' Dichtungen entstandenen Illustrationen gewesen. Aus ihm erwuchs in einer über vierzig Jahre andauernden Verbindung, während der van de Venne Illustrationen zu vielen Werken Cats' schuf, eine Illustrationskunst, die diesem den Ruf als Meister der Buchillustration in den Niederlanden eingetragen hat. In getreuer Nachahmung zeichnet er niederländisches Barockleben en miniature: Landschaften, Städte, Dörfer und Menschen, Sitten und Bräuche, Kleidung und Hausrat. Die enge Verbindung von Text und Bild wird dazu beigetragen haben, daß Cats' Werk in so breite Volksschichten gelangte und dem Dichter ein ständig wachsender Leserkreis zugeführt wurde.

Zur Zeit der Entstehung von »Silenus Alcibiadis« muß die Verbindung beider sehr eng gewesen sein. Cats und van de Venne gehörten dem Kreis von Dichtern und Künstlern um die »Zeevsche Nachtegael« an[92]. Die Häuser beider lagen räumlich nicht weit voneinander entfernt, und so wird man vergeblich nach schriftlichen Zeugnissen suchen, nach Anweisungen des Dichters an seinen Illustrator, denn diese Anweisungen wurden im Gespräch gegeben. Van de

Venne hat es selbst im Vorwort zu »Houwelyck« überliefert. Hier heißt es: »Adriaen van de Venne, schilder en Teyckenaer aenden Kunst-lievenden Leser«, daß er »den Titel, mitsgaders oock de andere Printen door het werck verdeelt, uyt den *mont* des Autors selfs geteyckent«, also, daß er das Titelbild, wie auch die anderen im Werk verteilten Kupfer (nach Anweisungen) aus dem Mund des Autors selbst gezeichnet habe.

Als Beispiel für eine emblematische Bilderzählung, die das Todesthema enthält, kann ein Blatt gewählt werden, das den Titel trägt: »Die Hochzeit, in Gestalt einer Reuse dargestellt«, »Afbeeldinge van't Houwelyck... onder de dedaente van een Fuyck.« Unter diesem Sinnbild, auch in Groß-Folio wiedergegeben in der ersten Gesamtausgabe von Cats' Werken 1658, wird als Name des Illustrators Adrian van de Venne angegeben.

Dieser Meister des Kupferstiches versteht viel von der Emblematik und vor allem von der Komposition einer großangelegten Bilderzählung, wie sie für die Malerei des Bosch- und Breughel-Kreises kennzeichnend ist. Die Thematik von der Hochzeit ist vielschichtig im Sinnbild der Reuse wiedergegeben. Die dargestellten Dinge selbst haben noch sinnbildende Kraft, zumal hier nicht nur statische Situationen, sondern Bewegungen wiedergegeben sind. Über die ganze Fläche des Bildes fast zieht sich das mit dicken Tauen verknüpfte Netz der Reuse, in das sich bereits viele Ehe- und Liebespaare verfangen haben. Ein weiterer kaum übersehbarer Zug nähert sich dem Eingang der Reuse. Die Menschen erscheinen dem Betrachter blind, zumindest traumverloren. Sie bemerken nicht, daß sie dem Tode entgegenschreiten, selbst wenn sie ein bärtiger Mönch mit beschwörender Geste warnt. Die Hochzeitsmusik lockt sie immer tiefer in das aufgestellte Netz, das mit einem starken Tau im Boden angepflockt ist. Niemand bemerkt die Gestalt des Todes, der weit ausholend das Beil schwingt, um das Halteseil der Reuse zu kappen. Das Skelett führt seinen mächtigen Streich vor einem aufgedeckten Sarg, vor dem als Sinnbilder der Vergänglichkeit die auslöschende Lampe des Lebens und eine geflügelte Sanduhr stehen. Hinter dem Sarg liegt ein junger Baum abgehackt am Boden.

Der Gesamteindruck des Bildes wird aber nicht von diesen Anzeichen des plötzlich hereinbrechenden Todes bestimmt, sondern von einer Leben und Glück atmenden Atmosphäre der Hochzeitsfreude. Denn den Mittelgrund bildet der Hochzeitszug, den das junge Brautpaar anführt, gefolgt von den Gästen, bei denen sich als Paare Jung und Alt mischen. Alle lauschen der Musik, die sie in die Tiefe der Reuse lockt. Selbst die Bettlerpaare am Schluß folgen auf Krücken den Klängen der Geigen und Lauten. Geflügelte Liebesgötter bringen vom Himmel Kränze, und Gruppen von blumentragenden Kindern umspielen den Zug. Die Landschaft erscheint hell mit ihren unzerstörten Häusern und Kirchen. Nur über dem beilschwingenden Skelett des Todes haben sich Wolken gebildet.

Der Betrachter dieser recht gegenständlichen Bilderzählung hat damit aber noch nicht den versteckten Gedanken dieses Sinnbildes von der Ehe in der Gestalt einer Fischreuse voll erfaßt. Der Künstler hat Einzelheiten beigefügt, die erst den Zugang zu der genaueren Deutung ermöglichen. Über und zwischen den Stricken der Reuse bemerkt man, wie bei Bosch und Breughel, geflügelte Dämonen und über der großen Öffnung der Reuse die geflügelte Gestalt Amors mit Pfeil und Bogen. Gerade diese kleineren sinnbildlichen Beigaben unterstreichen das Thema: Auch bei der Heirat sind Dämonen am Werk. Sie lassen die Liebenden und die Gäste blind werden gegenüber der immer nahen Gewalt des Todes. Dieser triumphiert deswegen leicht – mit einem einzigen Beilhieb – über seine Beute. In einer großen Reuse hält er sie bereits während des Lebens gefangen. Es bleibt sogar die Deutung offen, in der »Heirat« die Ehe des Lebens mit dem Tode zu verstehen, an deren Ende immer er selbst und zu einem von ihm gewählten Zeitpunkt triumphieren wird.

Nicht alle Sinnbilder auf diesem Kupferstich lassen sich mit Sicherheit bestimmen. Es bleiben dem Betrachter viele Möglichkeiten der Auflösung. So könnten die beiden sichtbar mit Kreuzen geschmückten Gebäude besondere Bedeutung haben. Die Ehe endet nicht im Haus Gottes, sondern in den Fängen des Todes und in der Hölle. Mit Schrecken beobachtet die Gestalt eines Eremiten, der seine, mit einem großen Balkenkreuz geschmückte, ärmliche Hütte außerhalb der Stadt aufschlug, diesen Irrweg der Menschen. Nur der Eremit begreift die Gefahren, die durch das Todvergessen in der Ehe drohen. Der allein Gebliebene läßt sich noch in einer Sänfte in das Gotteshaus tragen. Auf das allgemeine Sinnbild der Ehe des Lebens mit dem Tode angewendet, bedeutete das: Der Mensch vergißt während des im Liebesglück durchlebten Lebens den Tod, der um so leichter über ihn triumphiert.

Was macht der *Dichter* aus diesem Reichtum an Sinnbildern? Verwendet er die (deswegen hier so ausführlich aufgezählten) Möglichkeiten der pictura für sein Wortkunstwerk? Cats versagt vor dieser reichen Sinnbildhäufung. Wohl beginnt er verheißungsvoll und läßt den Tod Worte sprechen: »Ich bin ein grosser Fürst.«[93] Aber er wertet diese Kennzeichnung des triumphierenden Todes nicht aus. Nur auf die Macht des Todes weist er hin, die in der Ehe verbundenen Paare zu trennen.

»Nicht eines / sag' ich / ist / das ich nicht scheiden kan.«[94] Viel zu rasch verläßt er dieses Thema und wendet sich zum christlichen morale: Erst nach dem Tode beginnt die eigentliche Lebenszeit, auf die es sich im Leben vorzubereiten gilt:

»Dann ist mein Reich (des Todes) dahin / dann wird kein Mensch mehr sterben /
Der / aus des Höchsten Gunst / den Himmel soll ererben /
Doch darauff achte man / eh meine Sense schneidt /
Den Ehmann von der Frau / das Kind vom Vater scheidt.
An meiner Ankunfft ist euch wunder viel gelegen /
Denn da ist ein Verderb / ob woll ein grosser Seegen /
Bist du / wann ich dich treff' und such' / in guten Stand /
Wird ewigliche Lust / statt Leiden / dir verwand.
Doch frage mich nur nicht / wann ich dich werde holen /
Ich schwebe stets um dich / drum bleibe Gott befohlen.
Man sagt dir nimmermehr vorher die Sterbens-Zeit /
Sey jeden Augenblick demnach dazu bereit!«[95]

Die Erklärung für diese dürftige Deutung des vom bildenden Künstler so reich angelegten und ausgeführten Sinnbildes durch den Dichter Cats erklärt sich aus seiner übersteigerten, fast puritanischen Lebensanschauung, die er für christlich hält, und aus einer persönlichen Abneigung gegen die Ehe, die sich in jenen Worten offenbart, die der Bilderklärung voranstehen:

> »Nun ruff ich überlaut zu allen jungen Leuten:
> Ihr Freunde / wann ihr euch erwehren könt bey Zeiten /
> So bleibet / Mann und Frau / von Frau und Männern frey /
> Ein einsam Bett' ist stets frey von der Zänckerey.«[96]

Der Dichter bleibt hier hinter dem bildenden Künstler weit zurück.

Bei einem Vergleich der Abbildung von der »Hochzeit in der Gestalt einer Reuse« in der Auffassung von 1658 mit der von 1710, die der Übersetzung angefügt ist, läßt sich feststellen, wie stark die Säkularisierung solcher ursprünglich religiös aufgefaßter Szenen fortgeschritten ist. Die Differenzierungen in der Sinnbildvertiefung fehlen. Fortgelassen sind die Dämonenfiguren im Netz der Reuse, der seinen Bogen schwingende Gott Amor über dem Reuseneingang, die Kreuze auf dem Eremitenhäuschen und auf der Kirche, Sanduhr, erloschene Lampe, der gefällte junge Baum. Auch die Gestalt des Todes ist weit zurückverlegt. Das Sinnbild selbst hat fast seinen Inhalt verloren und paßt als reine Abbildung eher zum Text des Jacob Cats.[97]

»Von der Eitelkeit der Welt«

»Die Eitelkeit der Welt« nennt Cats eine besondere Dichtung in Alexandrinern, die (in fünf Einzelheiten und einem Prolog) einen einzigen Gedanken variiert, der genauso treffend mit »Triumph des Todes« wiedergegeben werden könnte. Beherrscht wird das beigefügte Groß-Foliobild der Originalausgabe von 1658[98] vom Tod, der über drei von fünf Särgen in der Haltung des Triumphators dargestellt wird. Die beiden anderen Särge haben Obelisken und Säulen zum auffallenden Schmuck, deren Fundamente oder Kapitelle Totenschädel zieren. Sie steigern die Darstellung des triumphierenden Todes.

Der Blick des Betrachters wird angezogen vom Mittelteil des Bildes. Hier öffnet sich ein Prunk-Baldachin, auf dessen ebenfalls mit Totenschädeln geschmücktem Altar ein Skelett ein Spruchband flattern läßt, während seine andere Hand wohl eine Waage hält. Zwei dienende Gerippe raffen nach beiden Seiten den Faltenwurf des Baldachins zur Seite, so daß der Blick auf einen Prunksarg freigegeben wird, an dessen Fußende auf einer Mamortafel der Name der hier bestatteten Person lesbar wird: »Hier ligt Helena des werelts Schoonheyt.« Umrahmt wird die Umschrift von den mit Totenschädeln gezierten Voluten eines Barocksarges. Der Sarg wird umgeben von trauernden und staunenden Frauengestalten und von zwei Dienern, die das Skelett der Helena von Tüchern befreien und mit gesenkten Fackeln beleuchten, so daß eine bewaffnete Männergestalt (wohl Paris) das Gerippe betrachten kann. Über dem Baldachin schweben fünf geflügelte Genien, die Embleme tragen. Die Hand Gottes hält aus einem Wolkengebilde ein Schriftband: »Sic transit gloria mundi.« Totenschädel mit gekreuzten Gebeinen zieren zu beiden Seiten die Sockel, über denen dieses Schriftband befestigt wird.

Dieser auffallende Mittelteil des querformatigen Kupferstiches (der Künstlername ist nicht lesbar, aber nach der Technik ist es der gleiche Meister wie bei den anderen Stichen) verrät bereits den Zusammenhang mit der Emblemkunst der Zeit. Die beiden Spruchbänder sprechen eine sehr deutliche Sprache. Die geflügelten Genien über dem Baldachin führen Embleme mit sich. So fliegt ein Putto, der einen Spiegel und einen Blumenkranz in den Händen trägt, auf diesen Baldachin zu. Die hochgepriesene weibliche Schönheit wird darin versinnbildlicht. Genauso sicher lassen sich die vier anderen Embleme auflösen, welche Genien zu den andern vier Särgen hinbringen. Einer trägt den Kampfhelm zu Alexanders Grab, ein zweiter das Buch mit der inscriptio »sapientia« zu Salomos Ruhestätte, der dritte eine geknickte Säule zu Simsons Sarkophag, der vierte goldgefüllte Säcke zu Krösus' Grabmahl. Wieder begleiten links der sensentragende, geflügelte Chronos und rechts die tubablasende Ewigkeit diese fliegenden Putten. Den harten Abschluß des kunstvoll komponierten Mittelteils bildet unten das bekannte, bei Typotius erwähnte Motto: »Mors ultima linea rerum«[99], auf das sich Andreas Gryphius anläßlich seiner Leichenabdankung für Mariane v. Popschitz bezieht. Alle diese Sinnbilder des Mittelteils müssen zusammen gesehen werden, damit die Ambivalenz des Themas: Eitelkeit der Welt und Triumph des Todes dem Betrachter klar vor Augen bleibt.

Entsprechend klug komponiert wirken die beiden Seitenteile des Kupferstichs. Im Vorder- und Mittelgrund links: Alexanders und Salomos Grab als Sinnbilder der Macht und der Weisheit, im Vorder- und Mittelgrund rechts die Gräber des Krösus und des Simson als Sinnbilder des Reichtums und der körperlichen Kraft. Zu beachten sind auch die die Grabmäler umgebenden Gestalten, die bei Alexander als Krieger, bei Salomo und Helena als Frauen und Weise, bei Simson als gewaffnete Männer und bei Krösus als reichgeschmückte Könige dargestellt sind.

Den Blick des Betrachters ziehen auch die links und rechts unter Säulen oder auf Postamenten aufgestellten Skelette auf sich, die über den Särgen Alexanders des Großen und Krösus' in der Haltung des Triumphators den Tod verkörpern. Geradezu verächtlich blickt das links stehende Skelett unter der Siegesfahne auf Alexanders Leichnam hinab. Die Säulen, die sonst Dauerhaftigkeit symbolisieren, sind durch je drei Totenköpfe dieser Sinngebung beraubt, und die mit dem berühmten Alexanderhelm geschmückte Porträtbüste wird fast von der Sense des Zeitengottes Chronos herabgemäht. Das Krösus-Skelett trägt Krone und Mantel, mit dem gesenkten Todespfeil über die kronengeschmückte Porträtbüste des Toten hinweg auf dessen Leichnam weisend. In den leeren Himmel ragen die Umrisse von Palästen (Salomos Königssitz), von Säulen und Obelisken, denen der reiche Totenschädelschmuck die ursprüngliche Sinngebung von Dauerhaftigkeit in Vergänglichkeit verwandelt. Ein letzter Hinweis auf die aufgedeckten riesigen Prachtsarkophage möge die Zeitbedingtheit der Bildgestaltung unterstreichen, selbst wenn ein zeitloses Abbild der Vergänglichkeit gegeben werden sollte.

Der Künstler dieses wohl bedeutendsten Kupferstiches in der Prachtausgabe des Cats'schen Gesamtwerkes von 1658 hat alle damals bekannten Mittel der Emblematik ausgenutzt. Komposition des Ganzen und feinste Detailwiedergabe zeugen davon. Hier haben wir ein Sinnbildgemälde vor uns, das einem Dichter genug Anregung zur sprachlichen Gestaltung hätte geben können. Ob man heute dem bildenden Künstler oder dem Dichter die Priorität der Erfindung zubilligen mag, der Meister des Kupferstiches hat den Meister der Wortgebung bei weitem übertroffen.[100]

(An dieser Stelle ist ein Einschub über die Inschrift »Mors ultima linea rerum« notwendig, weil in der folgenden Darstellung mehrfach darauf hingewiesen werden muß. Der oben besprochene Kupferstich, der sie als wichtige Spruchbandunterschrift darstellt, war wohl schon V. Manheimer vor Augen gekommen. Er machte dazu eine Anmerkung[101], deren Angaben aber nur ungenau waren, so daß dieser Kupferstich schwer aufzufinden blieb. An der von Manheimer angegebenen Stelle in der »Revue des deux mondes« habe ich ihn nicht finden können.[102] Erst durch den Hinweis meines Schülers Dr. Gottfried Kirchner auf J. Cats' Dichtung »Die Eitelkeit der Welt« konnte dieser Originalstich als identisch mit dem bei Manheimer erwähnten aus der »Doot-kiste voor de Levendige« festgestellt werden.[103])

Sprachlich gesehen fallen die Parallelen des A. Gryphius zu dem Bild am deutlichsten bei den Verwesungs-Schilderungen auf. Die gleichen Vokabeln reihen sich wie in den »Kirchhoffs-Gedancken«: Maden, Stank, Würmer, Schlangen (S. 273). Das Grab hat die Umschreibung: »Grufft, gefüllt mit Todtenbeinen, Winckel voll Elende« oder »das kleine Feld, von etwan sieben Füssen« (S. 270). Auch der Hinweis auf das königliche Schachspiel fehlt nicht:
»Der Tod spielt seine Roll / wehlt einen fremden Steg /
Und dann so schlägt ein Narr woll einen Königsweg.«[104]

Cats Sprache lebt von den Formulierungen aus Spruchweisheitssammlungen. Verba wie »pralen und Rühmen«, Adjektiva wie »glückseelig und berühmt« erscheinen vielfach gekoppelt, genauso wie die Antithesen, die Größe und Kleinheit, Aufstieg und Fall, Dauer und Wechsel in Substantiven oder Verben ausdrücken (S. 273). Auffallend sind auch die Wiederholungen des genugsam bekannten Begriffs von der »Meisterschafft« des Menschen über seine Sinne.[105] Diese Sprache des 17. Jahrhunderts wirkt in ihrer reichen Neufassung lange nach, wie diese Übersetzung von 1710 es fast Zeile für Zeile beweist.

Inhaltlich bezieht sich Cats von der ersten Zeile an auf das Vanitas-Thema und fordert von dem Leser des Textes und dem Betrachter der beigegebenen Stiche Konzentration auf dieses Thema, zu dem die Schicksale der fünf Großen der Welt in den aufgedeckten Särgen als Beispiele gewählt werden. Salomos Weisheit, Alexanders Mut, Helenas Schönheit, Simsons Kraft, Krösus' Reichtum enden im Nichts des körperlichen Zerfalls. Cats stellt Salomos Weisheit

allen Äußerungen voran. Der letzte Schluß über sein Dasein und das Leben überhaupt lautet:
> »S' ist eitel allzumahl / und ohne festen Grund /
> Nur eitel ist es / was man je am Menschen fund.«[106]

In Naturbeobachtungen, im Auf und Ab menschlichen Lebens zeigt sich nur das ewige Gesetz des Untergangs:
> »Allein / was ich auch fand / es war nur ein Genuß /
> Von lauter Eitelkeit und lauter Seel-Verdruß.«[107]

Der bleibende Wert ist die Erkenntnis von der Größe Gottes, von der Weisheit seiner Entschlüsse, die aus der Betrachtung der fünf Särge aufsteigt.

Diese Lehre richtet sich an die Fürsten, an die Großen der Welt. Deswegen ist die Deutung des Alexander-Grabes auch erfüllt mit den bekannten, sprichwortgleichen Sätzen, unter denen der von den Ausmaßen des Grabes als letztes Ziel des Daseins mehrfach hervorgehoben und als Schlußpointe verwertet wird. Bildungsgut ist bei der Beschreibung des Alexander-Grabes reichlich eingestreut; Namen der Antike begegnen oft: Diogenes, Philipp von Makedonien, Apelles als Maler, Leusipp als Bildhauer.[108]

Bei der Erklärung des Krösus-Grabes wird ein breiter Dialog zwischen Krösus und Solon eingeflochten, damit die Lehre von der Eitelkeit des Reichtums umso klarer, beispielhafter aufleuchte (S. 274). Kenntnis der antiken Sagen und Mythen verbindet sich mit der der biblischen bei der Sinnbild-Deutung des Simson-Grabes: Simson erscheint als Opfer seiner sinnlichen Leidenschaft (S. 275). Hier ersetzt Senecaische Lehre die religiöse Spiritualisierung, und entsprechend wandelt sich die christliche Lehre in ein humanistisches Morale:
> »Du kontst / stoltzer Held / dem Feind leicht abgewinnen /
> Nicht aber Meister seyn von den bethörten Sinnen.«[109]

Noch stärker zeitgebunden wirkt das naturalistische Vokabular bei der Beschreibung des Helena-Sarkophags. Hier begegnet in Substantiven und Verben der Verwesungswortschatz, wie er von Balde, Gryphius, Lohenstein und anderen übernommen und von den bildenden Künstlern der Zeit in Kupferstich und Plastik wiedergegeben wird. Wieder endet diese Beschreibung in einer Lehre an die Jugend. Lediglich der Schlußabschnitt löst sich von der Wirklichkeitsschilderung eines solchen Verwesungsprozesses zum letzten Hinweis auf die Eitelkeit der Erde.

Cats läßt sich dabei viel an Sinnbildern entgehen, die der Illustrator geschickt hinzufügt, so daß seine Poesie nicht anders als ein Lehrgedicht von der Vanitas Mundi zu bezeichnen ist. Bei Cats geht es um den Beweis des wörtlich verstandenen Mottos: »Mors ultima linea rerum«, dessen gedankliche Schlußfolgerung bleibt: »Sic transit gloria mundi.« Es ist ein Thema der heidnischen Welt, das hier als abschreckendes Beispiel an den aufgedeckten fünf Särgen für die »reine Lebenslehre« verwendet wird. Von der bei A. Gryphius überlieferten Weiterführung des Todesgedankens in den Bereich der hoffnungsvollen Deutung »mors ultima spes«[110] ist in den fünf bilderklärenden Abschnitten nichts zu spüren, nicht einmal in den Schlußversen, die sonst dafür Anlaß und Raum genug geboten hätten. Dichtung als reine Belehrung verzichtet bei diesem Thema von der Eitelkeit der Welt auf jede Verheißung. Diese würde das Thema vom triumphierenden Tod, wie es hier gedanklich und sinnbildlich gefaßt ist, weiterzuführen haben in den Bereich des von der Ewigkeit besiegten zeitlichen Todes, in den des christlichen Glaubens an die ultima spes, an die ewige Seligkeit.

»Das Gespräch des Alten mit dem Tod«

Die Rolle des Todes hat von J. Cats in diesem Alexandriner-Dialog eine völlig andere Sinngebung erhalten im Vergleich zu den erklärend moralischen Dichtungen: »Eitelkeit der Welt«, »Doot-kiste«, »Alterthumb« und anderen. Hier geht es um das Thema der Todesüberwindung durch den Geist. Der sonst so leicht triumphierende Tod hat seinen ersten großen Gegner in der Weisheit des Alternden gefunden, vor allem in dem gedanklich auf den Tod vorbereiteten gläubigen Christen. Dem Tod ist kaum eine wirklich machtvolle Szene in diesem dramatischen Dialog geblieben. Die Abbildungen zeigen auch keine triumphierende Geste des Todes. Gegen den Schluß hin hat der Tod diesen Disput mit dem alten, weisen Mann verloren. Die Todesauffassung von der »ultima linea« wird gegenüber der von der »ultima spes« als unterlegen gezeigt. Der Sieg des Todes über das Leben des Menschen erscheint auf die Sterbestunde begrenzt. Nach dieser hat der Tod seine Macht verloren. Christus und Gott selbst übernehmen jetzt die Führung. Auch der Tod muß seine Zeitlichkeitsbegrenzung erfahren. Er hat seine Gewalt zwar von Gott, aber er muß seine Macht an diesen zurückgeben. Damit öffnet sich der Seele des Menschen der Weg zu einem neuen Leben.

Sechs Abbildungen sind diesem Dialog angefügt. Alle tragen weniger Emblem- als Illustrationscharakter, und doch sind einzelne Motive für die Bildlichkeit der Todeserfahrung allgemein kennzeichnend. Sie werden auch in der Dichtung des A. Gryphius häufig wiederholt. Emblematisch geprägt ist höchstens das Titelbild, das den Tod wiedergibt, wie er auf den Sarg hinweist. Der mit einem großen Buch beschäftigte alte Mann ist aufgesprungen und zeigt eine Überraschung ausdrückende Gestik. Der Sinnbildgehalt ist leicht aufzulösen. Er entspricht genau dem Titel dieser Schrift: Für diesen alten, weisen Mann bedeutet der plötzlich eintretende Tod kaum einen Schrecken, eher einen bereits länger erwarteten Gesprächspartner. Der Sarg scheint von dem Greis selbst schon bereitgestellt zu sein.[111] In dem sofort einsetzenden Dialog mit dem Tod, der ihn abholen will, hat er auch genug Argumente bereit, um den Gegner zu widerlegen. Die vorausgesandten Vorboten des Todes erkennt er nicht als solche an: Mattigkeit der Augen, Krankheit, Runzeln, allgemeine Schwäche des Leibes. Diese körperlichen Anzeichen gehören zur Natur des alternden Menschen. Er leugnet auch die Macht des Todes, die über der eines Kaisers steht

(S. 282), seine stetige Bereitschaft, den Menschen zu fällen (S. 284 f), ob er jung ist, ob alt, ob im tätigen Leben, ob vor der Hochzeit[112], oder auf der Fahrt zum Handelsplatz, bei der der Tod das mit vollem Wind fahrende Schiff zu lenken scheint und seine Siegesfanfare (als Steuermann?) bläst.[113] Kein solches die Macht des Todes erhöhendes Argument bringt den weisen Alten in Verlegenheit.[114] Auch nicht dessen Hinweis auf die allerseits als »Schulen« des Todes errichteten und so von ihm bezeichneten Beinhäuser können ihn davon überzeugen, daß der Tod sein Kommen gebührend angemeldet habe. Die beigegebene Abbildung[115] zeigt Männer und Frauen des wohlhabenden Bürgerstandes in großer Zahl vor dem Beinhaus, in Betrachtung mehrerer zur Schau gebotener Gerippe und einer kaum übersehbaren Zahl von Totenschädeln. Sie lauschen der Vorlesung des Todes, der mit der Gestik eines Predigers spricht und dem ein gebücktes Skelett mit einem großen Buch auf dem Rücken zum Podium dient. Der alte Mann erkennt weder das Skelett, noch den Totenkopf als Sinnbild einer weisheitsvollen Belehrung an. Er nennt den Tod einen Betrüger, einen schlauen Fuchs (S. 297), der Bauern fangen will. Trotzdem lernt er aus den Antworten des Todes.[116] Sein großes Gegenargument bleibt die Lehre von Christus, der den Tod durch die Verheißung des ewigen Lebens überwunden hat. Diesem Argument kann sich der Tod nicht entziehen. Er beugt sich Christus als seinem Überwinder, fühlt sich aber trotzdem als Triumphator über die Menschen dieser Welt. In seinem »Hochmuth«, den ihm der Alte vorwirft, will er den Völkern Gesetze geben und sein Wappen, den Totenkopf, überall aufrichten.[117] Der Alte weiß sich dem Tod überlegen; denn er hat sich freiwillig Christus gebeugt und jeden herrscherlichen »Hochmuth« abgelegt. Er ist als Eremit in die Einsamkeit des Landlebens gegangen und gewinnt nur noch Weisheit aus solcher Zurückgezogenheit.

Damit ist der Alte der gleichwertige Gesprächspartner des Todes geworden.[118] So stellt ihn auch die Abbildung dar (S. 312), und von diesem letzten Abschnitt des Dialoges an ist der Tod dialektisch überwunden. Er verschont den Alten. Er schenkt ihm eine weitere Spanne Zeit für weiteres Nachdenken, weil er in ihm zum ersten Mal jemanden traf, der die Todesfurcht überwunden hat (S. 310). Das letzte Bild hat keinen illustrativen Charakter. Es gehört eigentlich zu einer nur noch gelehrten Anmerkung über die schlaueste Art der Menschen in der Antike, dem Tod sein Grauen zu nehmen, indem man ihn im übermäßigen Weingenuß suchte.

Die kurze Zusammenstellung der Hauptgedanken des Dialogs zeigt, daß die Abbildungen nur zu unterstreichen haben, was im Text angedeutet wurde. Hier ist Cats' Text weit bedeutsamer als im Traktat von der Eitelkeit der Welt, weil er eine echte Vertiefung der »ultima linea«-Vorstellung als »spes ultima« bietet. Von diesem Glaubensfundament aus verteidigt der alte Mann seine Forderung um eine Gnadenfrist, die keine Bitte mehr ist. Er argumentiert als Humanist u n d als Christ, und so gelingt es ihm, den Tod zu überzeugen: mors triumphans wird zu mors victa.

Der von Cats niedergeschriebene Dialog, in dem die Rollen des alten Mannes und die des Todes überraschend gleichmäßig verteilt sind, verrät eine besondere Eigenart: Die Doppelheit humanistischer und religiöser Argumente, die von beiden Gesprächspartnern verwertet und anerkannt werden. Letztlich ist die Begnadigung des alten Mannes, der am Ende des Gesprächs vom Tod einen Aufschub erhält, auf diese beiderseitige Anerkennung zurückzuführen. Der Tod trifft auf einen Gegner, der sich durch stille Reflexion auf diese Begegnung lange vorbereitet hat. Dem Dialog ist eine kontemplative Besinnung des Alten auf die Todüberwindung vorausgegangen. Stellt man die humanistischen Repliken zusammen, so nimmt die erste Stelle jener Hinweis ein, daß dem Tode selbst »Vernunfft« als Wesenszug zugesprochen wird, die bis zur »Gelehrsamkeit« entwickelt ist. Der Tod verlangt die Anerkennung seiner »hohen Schulen«:

»Halt es darum nicht fremd / wann du mich findst gelehrt.«   (Gespräch, S. 294)

Erst aus der gegenseitigen Achtung kann jene Parität der Wertschätzung entspringen, die überhaupt erst dem Gespräch das notwendige Niveau gibt, von dem aus Argumente für gleichwertig erachtet werden. Der Tod verweist nachdrücklich darauf, daß seine Sprache die der Abbilder und Sinnbilder ist, die der Mensch lesen zu lernen habe. Dazu gehören: das »Knochen-Haus«, der »Todten-Kopf«:

»Und ob gleich niemand spricht / ein eintzigs dürres Bein
ist kräfftig / ohne Sprach / durch das Gericht allein.«   (Gespräch, S. 294)

So wie in Rom die »Pantomimi« beredt zu dem Volk sprachen[119], so sollten heute die Menschen klug genug sein, aus der Bildersprache des Todes zu lernen.

An dieser Stelle wagt Cats einen Einschub. Der alte Mann hat diese Bildersprache verstanden und aus ihr gelernt. Sein Vertrauen auf Gott und Christus ist so stark, daß er in diesem Moment der Begegnung mit dem Tod den Dialog unterbricht, sich seitwärts wendet und ein Gebet spricht, in dem er um Kraft für diesen Durchgang durch den Tod bittet.[120] Diese Szene verdient Beachtung. Im »Jedermann«-Spiel gibt es eine Parallele, aber dort steht ein solches Gebet erst am Schluß, nachdem sich Jedermann lange gegen den Tod gewehrt, Freunde zu Hilfe gerufen und schließlich resigniert hat. Bei Cats bewirkt diese Gebetsszene eine Wandlung zur Festigkeit gegenüber dem Tod in dem alten Mann, so daß dieser selbst nach dem Grund für die Gelassenheit des Alten fragt, zumal nicht einmal bei den Griechen jemand die Todesangst ganz überwunden habe. Auch Aristoteles habe dagegen keine hilfreiche Lehre geben können.[121] Die Antwort zielt über die humanistische Haltung, die die der stoischen Philosophie ist, hinaus. In Rom und Griechenland gelangte man bis zur »Gelassenheit«, bis zur tranquilitas animi. Diese bedeutet auch für Cats einen hohen Wert (S. 305). Aber ganz ausgelöscht wird die Todesangst erst durch den Glauben an den Opfertod Christi und die daran geknüpfte Verheißung der Begegnung mit Gott (S. 308). Hier fließen humanistische Denk- und christliche Glaubensvorstellungen zusammen und bewirken eine Todesverachtung, die bis ins Hymnische gesteigert wird.[122] Die Überwindung der Todesfurcht entreißt dem Tod seine beste Waffe. Dem wahren Christen bleibt der Tod die Eingangspforte zum Leben. Das Phönixemblem krönt an dieser Stelle die Steigerung der Gedanken von der Todüberwindung. Auch in diesem sehr alten Sinnbild des Phönix glänzt eine Schicht christlicher Gläubigkeit auf, da der Tod nur als Voraussetzung für die Auferstehung gesehen wird.

Daß sich hier besonders viele Bibelanklänge in den Wortschatz des Originals und der Übersetzung mischen, bedarf keiner Unterstreichung. Ganze Abschnitte bei Cats leben von solchen Bibelzitaten (S. 308-314). Wollte man sie im einzelnen aneinanderreihen, so würden sie alle jene bekannten Trostgedanken aufzählen, die der Tod in diesem Dialog schon an anderer Stelle aus eigener Erkenntnis seiner dienenden Rolle gegenüber Gott erwähnt. Sie tauchen in der deutschsprachigen Dichtung des 17. Jahrhunderts immer wieder auf, besonders bei Jacob Balde und Andreas Gryphius.[123] Die dem Tod mitgegebene Vernunft läßt ihn selbst erkennen, daß er als »ultima linea« und als »ultima spes« vom Weltenschöpfer geschaffen und eingesetzt wurde. Der Tod kennt seinen Auftrag genau. Er bezeichnet sich selbst als »Dooder«, der nicht für immer die Gewalt über den Menschen behält.[124] Seinen Triumph über den Menschen kann er nur in dessen Sterbestunde auskosten. Aber er schränkt gegenüber dem alten Mann seine Macht freiwillig noch weiter ein, indem er ihn verschont. Der Tod muß aus eigener Vernunft begreifen, daß sein Kommen für den Alten – wie für jeden gläubigen Menschen – zum Segen sein kann. Nicht der Teufel, Gott hat ihn eingesetzt:

»Dies war zuvor ein Fluch / und nun ein grosser Segen /
Den auff des Herren Volck der Heiland wollen legen;
Denn als der grosse Fürst auff unser Erde kam /
Geschah' es / daß er mir gleich Krafft und Stachel nahm.
Das Spuck / davon du sprichst / ist ja vorlängst gestorben /
Es ist ein bessrer Tod für Gottes Volck erworben.« (Gespräch S. 297)[125]

Diese Erklärungen bringen wieder Ruhe und Besonnenheit in die Argumentation beider Gesprächspartner. Aus dieser Haltung heraus begnadigt der Tod den Alten, der sich in freiwillig gewähltem Eremitentum auf sein Kommen vorbereitet hat.[126] Sehr aufschlußreich ist der Schluß des Dialogs. Der Alte stellt noch eine Frage an den Tod, aber es bleibt eine rhetorische Frage – die Antwort des Todes fehlt. An deren Stelle tritt ein so eindeutiges Bekenntnis zu Christi und Gottes Gnade, daß damit dem Tod, der als der Unterlegene in diesem Zwiegespräch erscheint, die Antwort erspart bleibt. Vernünftig ist es – und darin liegt die letzte Erkenntnis des Alten – im Leben täglich an den Tod zu denken:

»Nicht / wie man stirbt / wie man im Leben sich geübt.« (S. 321)

»Das Gespräch zwischen der Seele und dem Leibe«

Auch in diesem Dialog sind es die beigefügten Abbildungen, die dem gelehrten moralischen Text die tiefere Erkenntnis vom Wesen des Todes hinzufügen.

Besonders wichtig scheint mir in diesem Zusammenhang der gleich im Anfang (S. 326/27) angebrachte Verweis auf die Ohnmacht der Sprache, die keine Worte für das Wunder der Einheit und Trennung von Leib und Seele hat. Das Sterben beweist erst die Einheit beider, zugleich aber auch ihre Trennung. Der Dialog zwischen Seele und Leib erhitzt sich bereits bei der Forderung des Leibes, eine Beschreibung der Seele, wenn auch nur als »Denck-Bild« zu geben:

»Du sagest / dass es sey unmöglich / dich zu schauen /
Und dennoch wilt du dich nicht ferner mir vertrauen /
Wollan / so gieb mir dann etwas zum wenigsten /
Daran ein guter Freund ein Denckbild pflegt zu sehn.
Hier ist ein rein Papier / drauff mahle doch dein Wesen /
Mag dich kein Auge sehn / lass dich zum minsten lesen.«

Die Seele verweigert die Antwort recht hart:

»Nur Fratzen / lieber Freund / du must hier wieder wancken /
Wer hört doch immermehr von einem solchen Mann /
Der was hat lassen sehn / das man nicht sehen kan?
Was keinen Leichnam hat / ist schwerlich auszudrücken.«[127]

Die geforderte »Abbildung« der Seele ist von keinem Künstler sofort zu verlangen. Selbst ein »Meister« bedarf mindestens eines Tages, um »im Abriß« anzudeuten, was unter der Seele bildlich vorzustellen sei. Dabei muß der Dichter selbst tätig mitwirken.[128] Ein solches Bild bedarf der genauen Analyse. Es eröffnet sich in seiner tieferen Bedeutung nicht so leicht dem Betrachter. J. Cats spricht deswegen auch von einer besonderen Art von bildlichen Wiedergaben. Das Wort Sinnen-Bild fehlt hier. Er läßt den Leib von der Seele eine Abschiedsgabe fordern, wie Freunde bei der Trennung in der Form eines »Gemähldes«, eines »Conterfeys« als Beweis ihrer Treue zueinander auszutauschen pflegen.[129] Die hinzugefügten Abbildungen bestätigen – bis auf einige, rein illustrative und eine historische Situation spiegelnde Bildbeigaben – in ihrer Komposition und Darstellungstechnik diese Forderung. Drei solcher »Denckbilder« sind wichtig, weil sie trotz der im Text gegebenen kurzen Erklärungen dem Betrachter viele Möglichkeiten der Deutung bieten. Die Erklärungen im Text stimmen nicht immer genau mit den Bildern überein.[130]

Die Darstellung der Gesprächspartner auf dem Titelkupfer bietet bereits die Möglichkeit einer Falschdeutung. Es sitzen sich der Tod und ein gelehrter Mann gegenüber. Das Titelkupfer könnte mit gleicher Berechtigung den Dialog zwischen dem alten Mann und dem Tod einleiten. Die angefügten Sinnbilder weisen in diese Richtung. Der Tod zeigt auf die Uhr. Aufgeschlagen ist ein großes Buch, auf dem Tisch liegt seitlich ein beschriebenes Papier; ein Stundenglas steht daneben. Im Vordergrund deuten Spaten und aufgeschüttete Erde auf ein geöffnetes Grab. Ein Fuß des Gelehrten ist bereits in die dunkle Öffnung eingesunken. Im offenen Hintergrund geht strahlend die Sonne auf. Am wichtigsten scheinen mir die zwei hellen Strahlenbündel, die vom Kopf und vom Herzen auf den Tod und das Buch gerichtet sind. Damit können die Aussagen des Denkens und des Herzens gemeint sein, beide sind aber auf den Tod gezielt.[131] Es geht um Erkenntnis der Funktion des Todes für die Bestimmung des Unterschieds zwischen Seele und Leib. Der entseelte Leib läßt den Verlust eines Leben bestimmenden und Leben kennzeichnenden Bestandteils der Menschen erkennen. Wo diese Seele ihren Platz im Menschen hat, ob im Kopf oder im Herzen, weiß niemand, ebensowenig kennt einer den Ursprung der Seele. Darüber werden im Anfang des Textes lange Überlegungen angestellt. Sie bleiben ohne Ergebnis, weil hier Wissen, Erkenntnis und Sprache versagen.[132]

Etwas mehr dazu eröffnet das erste »Denckbild«. Dem Betrachter, wenn er zugleich Leser ist, ist die Auflösung des bildlich Dargestellten geradezu vorgeschrieben.

»Der Meister hat gemahlt / was ich ihm vorgelegt« (S. 328). Das Thema ist die Befreiung der Seele vom Körper, der als Skelett im Sarge zurückbleibt. Der Sarg ist aufgedeckt, der Sargdeckel mit dem hell beleuchteten Kreuz lehnt an einem Beinhaus. Totenschädel und Gebeine verweisen auf den irdischen Rest. Das alles ist als Gegensatz zu dem Aufstieg der Seele zu Gott zu deuten. So sollen nach dem Willen des Dichters die Einzelheiten der Abbildung verstanden werden. Jedes Sinnbild wird genau aufgelöst: Die anfangs dunkle Wolke, die den unteren Teil der aufffliegenden Seele umgibt, deutet die langsame Befreiung aus irdischem Leiden und irdischer Betrübnis an. Um die Lenden fest gegürtet, entzieht sich die Seele den letzten »Zauber Thieren«, die den Aufstieg behindern wollen (S. 329). Sie tritt schon rasch in den Bereich der »reinen Geister«, die die Seele in diesen Raum führen und schützen (S. 329). Die Erde mit ihren Unruhen und Kriegen – letzte sehr deutlich dargestellt – bleibt weit zurück. Das Kreuz, das die Seele unter dem linken Arm trägt, ist der Reisestab, die Bibel in der hochgehobenen Hand ihr Trost. Ohne Rückblick auf die Erde eilt sie zum Himmel und zum Richterstuhl Gottes. Wo ihr Platz dort ist, weiß die Seele auch nicht zu benennen. Es bleibt Geheimnis, auf dessen Erklärung verzichtet wird. Aber dem Leibe wird bestätigt, daß dieses Denkbild, überhaupt das rechtzeitige Sicherinnern an den Tod, ihm am ehesten solchen Aufstieg der Seele sichern wird. Deswegen wird die Auslegung dieses Bildes abgeschlossen mit einer Zusammenfassung und zugleich überleitenden, langen Todesbetrachtung, die in einer Lebenslehre endet. Aus der Geschichte der Menschheit wählt Cats mehrere Beispiele, von denen als erstes die heidnische Gewohnheit, auf goldenen Schalen und auf Kristallbechern Totengebeine als Schmuck abzubilden und während eines reichen Festmahles zu benutzen, ausführlich erklärt wird. Das zweite Beispiel wird durch eine Abbildung belebt (S. 333; nach einer sehr umständlichen Beschreibung von Belsazars Krönungsmahl), auf der die Hand Gottes warnend erscheint (Daniel 5, 6) und ihn in Angst versetzt. (Der Illustrator läßt hinter Belsazars Thron den Tod als Gerippe erscheinen, das aber weder er noch seine Gäste wahrnehmen.) Ein anderes, wieder historisches Beispiel, ebenfalls illustriert (S. 336), aber noch umständlicher und überaus langatmig beschrieben, zeigt den jungen Alexander den Großen, dem von seinen besiegten Feinden eine schöne Frau zugeführt wird, in deren Umarmungen er vergiftet den Tod gefunden hätte, wäre er nicht von einem seiner Weisen gewarnt worden. Dieser verhindert durch seinen Hinweis auf den Tod den Mord an Alexander. Cats folgert daraus, daß ein rechtzeitiges Denken an den Tod als Mittel zur Überwindung der Todesfurcht dienen kann.

»Die Gott suchende Seele«

Gleich im Anfang dieser in ein Bild gefaßten Vision steht wie ein Motto das Wort:
»Betrachte den Entwurff / er ist von tiefen Gründen.«[133]

Es handelt sich um eine Illustration, die wohl von Cats selbst in Auftrag gegeben ist, weil die Sprache nicht zur Beschreibung eines mystiknahen Vorgangs ausreicht. Der Dichter hat sogar die Komposition beeinflußt (S. 362), damit die Schichten, die die aufsteigende Seele zu durchlaufen hat, seiner Vorstellung entsprechen.

Mittelpunkt ist ein herzähnliches Gebilde, auf das ein abendlicher Strahl des Himmels fällt. Dieses Herz ruht auf einem Kissen, darunter ein aufgeschlagenes Buch, darüber eine geflügelte Krone, rundum liegen Rosen ausgestreut, auf die gleichfalls Strahlen des Himmels gerichtet sind. Die horizontale Zwischenschicht des Bildes wird durch einen flachen Regenbogen markiert, in dessen Mitte die Taube schwebt. Darüber breitet sich das Himmelsgewölbe aus, angedeutet durch vierkantige Säulen, deren Zwischenräume von Engelköpfen belebt sind. Das Kreuz schwebt sichtbar in der Mitte. Im Zenith stehen die hebräischen Buchstaben für Gott.

In seiner Auslegung beginnt der Dichter mit einer Warnung an den Betrachter dieses Denk-Bildes. Nur der, der weithin seine Gedanken schweifen läßt, wird den »stillen Geist, des Herren grössten Segen« (S. 360) entdecken. Hier liegt der sicherste Ansatzpunkt zur Deutung des Ganzen[134]: Aus dem Herzen erhebt sich der Strahl, der unbeirrt senkrecht nach oben seinen Weg zum Höchsten nimmt. Der stille Geist, auf dem sanften Rosenkissen der Sündelosigkeit ruhend, richtet seine ganze Kraft aufwärts. Sein Denken bleibt auf Gott und auf die letzte Stunde gerichtet. Auf das hellste Licht, den Regenbogen durchfliegend, der Gottes ausgebreitete Arme und seine Gnade nach dem Gericht (Sodom und Gomorrha) symbolisiert, zielt der Weg des stillen Geistes, wobei das Kreuz ihm Heils- und Trostzeichen bleibt.[135] Kreuz und Regenbogen ergänzen einander als Symbole für die Gnade Gottes. Es gehört außerdem die Krone der Ewigkeit als emblematisches Heilszeichen dazu, die erst später erworben, aber auf dem Wege zu Gott von der aufsteigenden Seele des Menschen erblickt werden soll. Daher ist sie geflügelt und schwebt aufwärts – ohne noch mit dem Herzen verbunden zu sein.

Alle diese Deutungen werden ausdrücklich vom Dichter im Dialog gegeben. Sie vervielfachen sich noch, sobald die Darstellung des Herzens als neue Schwierigkeit auftaucht.

Hier hat bei der Abbildung in der Ausgabe von 1710 der Zeichner versagt.

Es fehlen als Symbole für böse Nachrede und Neid Eule und Fledermaus neben dem Herzen, die diese »Ruhe des Gemütes« bedrohen. Der »stille Geist« bleibt in sich und durch sich selbst geschützt, wenn er seine Denkrichtung auf Gott und den Tod beibehält.

Hier bricht die Auslegung ab. Eine Lobrede auf den »stillen Geist« im Stil kirchenliedähnlicher Rhetorik beschließt die Lektion, von der nochmals betont wird, daß weder Pinsel noch Feder ihr letztes Geheimnis wiedergeben können:

»Was nützet ein Gedicht / und eine Schilderey?
Was ich nicht bilden kan / fühl ich doch / daß es sey.«[136]

Überblickt man die Vielgestaltigkeit dieser beiden Abbildungen mit ihren Deutungen, so erscheinen sie als ineinandergreifende Lebenslehren, durch die der triumphierende Tod als überwindbar gezeigt wird. Ein Gelehrter berachtet den Tod aus seiner Kenntnis des Lebensbuches, der Bibel, und aus der Erfahrung seines Herzens. Der Kopf, der den Gedanken sprachliche Form gibt, findet für das Unaussprechliche der Herzenswahrnehmung das Bild des Zeichners. Hier greifen das Titelbild und das zuletzt besprochene Denkbild vom Aufstieg des »stillen Geistes« ineinander. Sie ergänzen und steigern sich zu einer über den Tod hinausreichenden Sicherheit, die schon in der Lebenszeit gewonnen werden kann. Die zwischen diesen Abbildungen eingeschobenen Denkbilder dienen dieser letzten Erkenntnis in einer Art stufenförmiger Erkenntnissteigerung. Das Vermögen der Seele, zu Gott durch die Kraft des »stillen Geistes« aufzusteigen, wird erst zu einer sicheren Lebenswahrheit, nachdem der Weg der Seele in der Sterbestunde in der gleichen Aufwärtsbewegung zu Gott erkannt ist. Die aus den biblischen und historischen Beispielen von Belsazar und Alexander gewonnenen Erfahrungen führen auf die Summe des Ganzen in der Betonung des »stillen Geistes«, der in dieser Sicherheit seines Glaubens »stille« sein kann.

Eine weitere Folge von neuen Erkenntnissen wird vom Dichter im Verlauf des Dialogs aneinandergereiht. Sie entspringen alle der gleichen Quelle: Abwehr des Aberglaubens von dem Weiterleben menschlicher Seelen in Tierkörpern (S. 370 ff.; sehr breit dargestellt), Bescheidenheit auch nach dem Tode bei der Bestattung (S. 388 ff.; kein Marmorgrab). Der Glaube an die Versöhnung mit Gott als Voraussetzung für die Rückkehr der Seele zu ihm (S. 348–353), trotz des Jüngsten Gerichtes (breite Schilderung[137]), bildet den Abschluß des Dialogs, der in einer Art »Grabschrift für sich selbst« noch einmal das Bild des Todes wachruft, der aber seinen Triumph letztlich dem »stillen Geist«, dem gefestigten Glauben, überlassen muß.

Kapitel 2
Das Sinnbild des Todes als Denkbild bei Andreas Gryphius

1. Mors ultima linea rerum – Mors ultima spes

Die bildliche Darstellung des t r i u m p h i e r e n d e n und b e s i e g t e n T o d e s hat im Barockzeitalter einen umfassenderen Sinn als die allgemeinen Todesabbildungen. Totentänze allein bieten in dieser Zeit keine reine Spiegelung des triumphierenden Todes. Die Endzeitvorstellung gehört genauso dazu wie die bildliche Darstellung des Jüngsten Tages, bei der sich die Ankündigung des Letzten Gerichtes mit der Vernichtung der letzten Lebenden verbindet. Jede bildliche oder dichterische Wiedergabe dieser Steigerung der Todesmacht zu höchster Vernichtungsgewalt endet in einer Vision, in der sich die apokalyptischen Kennzeichen häufen. Das Vorstellungsvermögen des Betrachters wird dabei besonders stark beansprucht. Der triumphierende Tod ist deswegen auch kein bloßes »Sinnen-Bild«, sondern eher ein »Denck-Bild« – um den Ausdruck von Jacob Cats zu wiederholen, der sich später auch bei Herder findet.[1] Das Skelett als solches, vereinzelt dargestellt oder auch im Gegenüber mit einer lebenden menschlichen Gestalt, ruft noch nicht die Vorstellung eines Triumphators wach. Dazu bedarf der Künstler außer Emblemen des großflächigen, reichbewegten und mit vielen Gestalten belebten Bildes. Die außerordentliche Situation der am letzten Erdentage – und nur an diesem – von Gott verliehenen Machtentfaltung des Todes kann kaum im Einzelporträt des Todes wiedergegeben werden. Denn in diesem Bild des Letzten Gerichts ist stets eine Fülle von Todesmotiven vereinigt, sofern die christliche Jenseits-Vorstellung erhalten bleiben soll.[2] Gericht und Gnade bleiben zwei gleichgewichtige Themen für die im christlichen Aspekt konzipierte künstlerische Aufgabe. Der letzte Erdentag wird zugleich zum ersten Höllen- oder Ewigkeitstag. Gott setzt die Grenze für Ort und Zeit dieses Todestriumphes. »Mors ultima« bedeutet demnach »ultima linea rerum« und »ultima spes«. Bei Andreas Gryphius läßt sich diese Deutung nachweisen. Ausgangspunkt muß die Bemerkung bleiben, die er zur inscriptio »mors ultima« auf einem bei Typotius abgebildeten Emblem bietet. Jöns verweist darauf, daß Typotius mit diesen zwei Worten »seines Gedenckspruches« habe lehren wollen, »daß nicht nur der *ultima rerum linea* ... oder das Ende aller Dinge / sondern vielmehr / *ultima spes,* oder das äußerste Ende unsers Verlangens / erwarteter Glückseligkeit und Hoffens sey«.[3]

Nun zeigt das bei Typotius wiedergegebene Emblem lediglich ein junges Mädchen, das eine Rose in der Hand hält und bereits vom Tod umarmt ist, der ein geflügeltes Stundenglas sichtbar hochhält; darüber stehen die zwei Worte

»Mors ultima«.[4] Würde Gryphius nicht seine persönliche Deutung der pictura und der inscriptio so genau formuliert haben, wäre in diesem Emblem vor allem der unerwartete und jede Hoffnung zerstörende plötzliche Eingriff des Todes, im Sinne »mors ultima linea rerum« zu sehen. Gryphius hat hier sichtbar umgedeutet, denn er gibt dem von Horaz übernommenen Motto einen tieferen christlichen Sinn. Hier kann mit großer Sicherheit der Einfluß Jacob Cats' und auch Jacob Baldes angenommen werden[5], der die weltliche Weisheit Horazens bis in die wiederholte lateinische Formel hinein in eine christliche umwandelt.[6] Dieser der Säkularisation der Sprache entgegengesetzte Vorgang einer ins Christliche gewendeten Formulierung findet sich bei Balde und Gryphius durchgehend. Hoffnung (spes) ist hier von Gryphius als christliche Auferstehung gemeint und darum mit dem Begriff »linea« als letzte Durchgangsstufe zu einer solchen verbunden. In Gryphius' individueller Deutung bedeutet darum die inscriptio »mors ultima« nicht »ultima linea«, sondern »ultima spes«. Hier liegt ein Beispiel dafür vor, daß Gryphius ein Emblem oder eine Imprese zwar zum ornatus seiner Rede verwendet, aber höchst selbständig darüber verfügt.

Die dingliche Substanz, die in einem »Sinnen-Bild« bei Gryphius erscheint, hat für die Auslegung nur die Funktion des Anreizes zum Denkvorgang selbst, der sofort in christliche Bahnen gelenkt wird.[7] Das Ding – in der pictura des Emblems dargestellt – bleibt Spiegel (speculum) des göttlichen Schöpfungsaktes, bleibt significatio des Schöpfungsgeistes Gottes.[8] In der Verwandlung vom »Sinnen-Bild« zum »Denck-Bild« liegt bei Gryphius zugleich ein persönliches Bekenntnis, das weit über eine allgemeine Belehrung hinausgeht.

Auf eine besondere poetische Funktion von dinglichen Naturbildern bei Gryphius ist in diesem Zusammenhang und in besonderer Beziehung zum Todes-Thema zu verweisen.[9] Durch die Benennung von Dingen, die den Charakter der Einsamkeit, etwa eines Friedhofes, festlegen, soll eine spiritualisierte Wirklichkeit entstehen, die hinter der durch Dingbezeichnungen benannten liegt und die erst jene Voraussetzung des Einsamkeitsgefühls schafft, aus der »unzehliche Gedancken« entstehen. Die Wortreihung von Dingen ergibt jenen demonstrativen Zug, der Voraussetzung für den eigenen dichterischen Stil des Andreas Gryphius bleibt. In seinem Gedicht »Einsamkeit« z. B. geht es nicht um Landschaftscharakteristik oder nur um Wiedergabe von deren »Stimmung«, sondern um die aufsteigende Wahrheitserkenntnis von der »wanckenden« Welt, die nur und allein durch Gottes lenkenden Geist erhalten wird.[10] Erst durch diese Technik werden die res significatae zu Sinnen-, besser zu Denk-Bildern, bei Gryphius, zum speculum vitae. Wird ein solches poetisches Gedichtsschema von Todesbildern durchwoben, so verstärkt sich der Reflexions- und Bekenntnischarakter.

Die neueste Forschung ist auf die Bedeutung der Emblematik für das Todesproblem noch kaum eingegangen. Walter Jöns und Albrecht Schöne verdanken wir vor allem die ersten allgemeinen Hinweise. Beide sehen die Emblematik des 17. Jahrhunderts als »letzte Phase einer über tausendjährigen spirituellen Weltauslegung«. Aufgefangen wird dies Wissen in den großen emblematischen

Lexika der Zeit. Jöns kommt bei seinem Überblick über die Vorgeschichte der Sinnbilddichtung zu dem Ergebnis, daß sich seit dem 16. Jahrhundert der »sensus moralis« bei der Auflösung und Kommentierung dieser Sinnbilder als eine Richtung ausprägte, die sich neben der mehr individuellen, stärker auf Symbolik gerichteten Jenseitsdeutung erhält[11]; diese zielt in weit stärkerem Maße auf Verkündigung der »divina gratia« und ermöglicht damit erst die kunstvollere poetische Ausformung. Zu ähnlichen Ergebnissen kommt Albrecht Schöne[12], der gleichfalls nachdrücklich auf die Fortwirkung mittelalterlicher Traditionen, besonders bei Totentanzdarstellungen, verweist.[13]

Dabei ist mit dem jetzt modernen Begriff »Emblem« keineswegs schon alles zur Entstehung einer poetischen Sinnbildsprache gesagt. Gerhard Fricke hatte bereits in seinem Buch über die »Bildlichkeit« bei Andreas Gryphius die Grundlagen dafür geboten.[14] Für die Charakteristik des dichterischen Gesamtwerkes des Andreas Gryphius bietet sich durch die Emblem-Analyse ein neuer Ansatzpunkt in der Bewertung des vom Dichter neu erfundenen oder des von ihm neu verwerteten traditionellen Bildes.[15]

Wenn Jöns häufig von der »spirituellen Deutung der Welt« in den von Gryphius gebrauchten Bildern spricht, so zielt er auf eine für Andreas Gryphius' Dichtung charakteristische neue Wirklichkeitsauffassung, die auf der Vorstellung von einer symbolischen Welt (mundus symbolicus) beruht. Das Wichtigste bleibt dabei der poetische Steigerungsvorgang, der die Bildwirkung nach dem Willen des Dichters lenkt. Auch für Schöne ist jedes Emblem, jede pictura schon »ein Beitrag zur Erhellung, Deutung und Auslegung der Wirklichkeit«.[16] Die »Priorität des Bildes« wird deswegen von ihm so nachdrücklich betont, weil sich die Auslegung desselben – nicht nur durch inscriptio oder epigrammatische subscriptio – durch poetische Formen, selbst durch ein ganzes Drama, auf eine neue Wirklichkeit im Sinne eines »mundus symbolicus« hin festlegen läßt. Heidnische, vor allem antike Emblemata, erhalten auf diese Weise christliche Sinngebung und bezeichnen eine neue Wirklichkeit. Schöne kennzeichnet – hier ohne ausdrückliche Beziehung auf Gryphius – die Benutzung des Emblems und damit des Bildes durch den Dichter als Bestätigung beispielhaften Handelns der eigenen und anderer Personen in der diesseitigen Welt. Entscheidungen oder Handlungen erscheinen durch die Wirkung des absichtsvoll gewählten Bildes möglich. Das Bild wird zum »Instrument der Erkenntnis und Sinngebung, der Wahrheitsbestimmung und Urteilsfindung, der Überredung, Selbstbestätigung und Rechtfertigung, als Grundlage einer Beziehung des Aktuellen auf das Typische und Normative, einer Orientierung des Besonderen am Grundsätzlichen, einer Erhebung des Vereinzelten, Isolierten ins Allgemeine und Immergültige«.[17]

Mag diese Charakteristik der dichterischen Ausgestaltung des Emblems vor allem auf das Drama bezogen sein, im Kern trifft sie auf den Bildgebrauch in allen poetischen Gattungen des 17. Jahrhunderts zu. Wird z. B. bei Gryphius in nichtdramatischen Werken ein Emblem aus einer damals bekannten Sammlung – wie der von ihm besonders bevorzugten des Typotius – übernommen, so zeigt sich regelmäßig der gleiche Vorgang der Ausweitung eines bisher eindeutigen Sinngehaltes.[18] Im Barockdrama wird – nach Schöne – die traditionelle Sinnbildauflösung in Frage gestellt, ja gelegentlich sogar außer Kraft gesetzt. Schöne stellt im Drama eine Zerstörung des traditionellen Sinngehaltes fest, die dem Dichter erst die persönliche Selbstaussage ermöglicht.[19] Dadurch wird erst das Unfaßliche, Nichtgeheure, das im Paradox liegende Wahrhaftige erkennbar. Die in einem bekannten Bild objektiv gefaßte Aussage gewinnt Bedeutung für die Allgemeinheit durch die individuelle Weiterführung des Gedankens bis zur »Verkündigung«. Schöne nennt diesen Vorgang den Verlust »der Unschuld« des Emblems.[20] Ich möchte für das Gesamtwerk des Andreas Gryphius deutlicher von der Auflösung des Bildes in seiner ursprünglichen Dinglichkeit sprechen, an dessen Stelle jetzt ein spiritueller Wert, oft ein Glaubensbekenntnis tritt.

Dieser neue geistige Wertgehalt erhöht in der Dichtung des Barock den im Bilde festgehaltenen Einzelfall ins Allgemeingültige. »Im Sinnbild des Theaters hat diese Zeit selbst die Welt gedeutet und das Leben verstanden als ein Rollen- und Maskenspiel, als das Spiel der Menschen vor dem himmlischen Herrn und seinem Hofstaat, an dessen Ende der Tod die Spieler von der Bühne ruft, und Gott diejenigen, die ihre Rolle gut gespielt haben, aus der scheinhaften, trügerischen Vergänglichkeit in seine Wirklichkeit nimmt.«[21] Schöne fügt dieser Auflösung des Schauburg Emblems noch das Schauspiel-Sonett »Ebenbildt unseres Lebens« an[22], weil hier der Tod als Hauptakteur die gleiche Rolle übernimmt wie im Theater.

Doch das Todesbild des 17. Jahrhunderts in seinem Variationsreichtum in der Dichtung des Andreas Gryphius zu erschließen, bedarf besonderer Voraussetzungen, die nicht von der Emblematik allein, sondern auch von der bildenden Kunst und Philosophie dieser Epoche her zu bestimmen sind. Gryphius begegnete beiden Bildungsmächten in seiner Leydener Zeit. Von der Malerei wurde bereits im dritten Kapitel dieser Arbeit ausführlich berichtet. Auf die möglichen Einflüsse von Bacon und Descartes hat Schings nachdrücklich hingewiesen.[23] Zu erwähnen sind aber noch zwei Einflußsphären, denen Gryphius in Leyden ausgesetzt war: das Anatomie-Studium und die Todesbewertung in der Dichtung der Jesuiten.

Für die erste könnte das Wort des Andreas Gryphius stehen, das sich in den Dissertationes funebres von 1667 findet: »Ich erinnere mich / daß auf dem berühmten Anatomischen Schauplatz / der durch die Welt beruffenen hohen Schule zu Leiden / unter vielen andern auch ein Todten-Gerippe stehet / welches in der Fahne die bekannten Worte führet / NOSCE TE IPSUM, Erkenne dich selbst.«[24] Die Abbildungen, die dieser Untersuchung beigegeben sind, lassen die Wirkung des Skeletts auf die Verwendung allegorischer und emblematischer picturae bei Gryphius deutlich genug hervortreten. Sie reicht mit Sicherheit bis zu Gryphius' lateinischem Referat über die »Mumiae Wratislavienses«, einem bisher wenig ausgewerteten Erfahrungsbericht über ägyptische Mumien und deren Erhaltungszustand.[25]

Ohne derartige eindrucksstarke Begegnungen mit dem menschlichen Skelett während der Anatomiestudien wäre wohl kaum Gryphius' Vorliebe für die bis zur Vision gesteigerten Vorstellungen vom Friedhof als »Schule der Weisheit« bei J. Balde und anderen jesuitischen Poeten zu erklären[26], die Gryphius so fesselten, daß er Baldes »Enthusiasmen« übersetzte und als Vorübung für die eigenen »Kirchhoffsgeedancken« verwertete. In welcher Weise die allgemeine Todesdidaxe im 17. Jahrhundert durch jesuitisches Schrifttum vertieft wurde, zeigt das Werk des Carolus Scribanius, eines belgischen Jesuiten, dessen »Philosophus Christianus« seit 1614 Gryphius zugänglich war. Es ist nach Schings »als typisches Produkt der zeitgenössischen Jesuitenliteratur«[27] anzusehen, in unserem Zusammenhang für Gryphius aber nicht nur als »philosophia christiana« wirksam, sondern als »meditatio mortis« und als Beispiel für die Bewertung des Letzten Gerichtes, dessen Schrecken in den Kapiteln XII-XV des Scribanius im Vordergrund stehen. Gryphius hat dessen Gedanken in der »Flucht menschlicher Tage« (Leichabdankungen S. 639), und im »Arzt der Sterblichen«, (ebd. S. 385) unter der Bezeichnung eines »hochgelehrten Mannes« verwertet und ein längeres Zitat eingerückt. Zu verweisen wäre auch auf das Zitat aus der »Ars bene moriendi« des vielgelesenen Jesuiten Robert Bellarmin in den »Dissertationes funebres« (S. 513), woraus Schings auf Gryphius' Toleranz gegenüber den Verschiedenheiten der Konfessionen schließt.[28]

In jedem Fall ist für Gryphius mit einem Zusammenfließen der Todesgedanken aus antiker und besonders stoischer Tradition in engster Verbindung mit christlichem Glaubens- und Gedankengut gerade in der Leydener Zeit zu rechnen, selbst wenn sich die Einwirkungen der streng christlichen Erziehung im Elternhaus und den schlesischen Schulen immer noch deutlich abzeichnen, denn das Thema der »Vanitas« durchzieht als ununterbrochene Motivkette die Lyrik des Andreas Gryphius. Im Grunde bedeutet diese Erkenntnis von der »Eitelkeit der Welt« nicht anderes als ein gesteigertes »memento mori«.[29] In unserem Zusammenhang muß ein knapper Hinweis auf zwei Gedichte des Andreas Gryphius genügen, weil es nur einen philosophischen Begriff zu überdenken gilt, der in den Balde-Übersetzungen und in den »Kirchhoffs-Gedancken« eine sinnsteigernde Bedeutung erreicht: das »stehen« und »bestehen«. Eine *Existenz* in dieser Welt der Eitelkeiten ist nach Gryphius' Meinung dem einzelnen nur möglich, wenn er sich zu der Devise »Vanitas vanitatum vanitas« bekennt.

Soviele seiner Gedichte dieses Thema auch wiederholen, die schärfste Absage hat er in der Ode »Verleugnung der Welt« (Sz. II, 40) erreicht. Der gedankliche Zusammenhang mit dem frühen Sonett »Es ist alles eitell« (Sz. I, 33) von 1637 eröffnet sich in der Wiederholung des Gedankens von der Eitelkeit der Welt. Aber der Blick des Dichters geht nicht mehr nur über diese irdische Welt hin und er endet nicht in einer Resignation oder in der kalten Reflexion, die Verachtung dieses Daseins und seiner Menschen ausdrückt, sondern er erhebt sich zur Ewigkeit. Die Ode nimmt also zum Ausgangspunkt die Schlußzeile des Sonetts: »noch wil / was ewig ist / kein einig mensch betrachten.« Aus intensiver Ewigkeitsschau ergibt sich das neue Thema: »Verleugnung der Welt.«

Die Absage an die Welt des Diesseits führt zu dem Entschluß, vor der Ewigkeit bestehen zu wollen. Das Ich stellt sich der irdischen und der himmlischen Sphäre. Es beobachtet sich selbst im Augenblick des Willensentschlusses und findet in der konsequenten Absage an die Welt die Antwort auf die Frage nach dem Sinn und Wert des irdischen Seins. Darum baut Gryphius die Ode so konsequent, so zielsicher in Richtung auf einen Höhepunkt hin auf: Das Bestehen in der Ewigkeit und vor Gott.

Zu diesem »Bestehen« bedarf es eines Hinweises. Das lateinische existere, das in der Vulgata zum festen Terminus geworden ist, liegt ihm zugrunde, besonders bei der Verbindung mit dem Bild des Gerichts. Es bedeutet das »nicht fallen« in der Heimsuchung durch das Weltgericht, auch das »nicht abstürzen« in Verzweiflung unter Gottes Richtspruch. Es nimmt deswegen häufig die Bedeutung der Existenz in der anderen Welt an. Bei Gryphius behält das Wort »stehen« seinen besonderen Sinn im Bestehen vor dem Tode und dem Letzten Gericht, es wird zum philosophischen Terminus seiner Welterkenntnis, die vom Tode her die Werte des Lebens bestimmt. In diesem Gedicht und später in den Balde-Übersetzungen und den »Kirchhoffs-Gedancken« findet sich das Wort »stehen« immer an entscheidender Stelle, besonders am Schluß der Gedichte wie in der jetzt kurz zu besprechenden Ode.

Selten ist bei Gryphius das Wort »alles« derart in den Vordergrund gerückt, selten die Antwort so deutlich gegeben (in allen Fassungen des Gedichtes): »Der Todt reißt alles hin.« Aber diese Feststellung genügt ihm nicht. Liebe, Wollust, Schönheit als Lebenswerte verfallen dem Tode genauso wie Reichtum und Wissenschaft. Allen Werten ist die eine Antwort zugeordnet: »diß Leben ist der Todt.« Erkenntnis, Reflexion und Besinnung, echtes Fragen haben zu dieser Antwort geführt. Das besagt die zweite Strophe, die eine Steigerung des Todeswertes in der einen Zeile in sich trägt: »Drum wünsch ich mir den Todt.« Alle Gründe dafür liegen in der Zeitlichkeit, die in sich ohne Bestimmtheit ist. Wachen und Träumen als Zustände des Daseins unterliegen der gleichen Unbestimmbarkeit des menschlichen Seins. Nur der Tod ist die ewige Sicherheit in der Unsicherheit des Lebens. Aus solcher Erkenntnis entsteht der Weckruf an sich selbst, der zugleich Anruf an alle Menschen ist, dem Tod und der Existenznot zu trotzen: Durch entschiedene Verleugnung der Welt, durch Zerreißen einer Traumvorstellung, die jedes Hoffen auf diesseitige Freuden preisgibt. Über drei Stufen der Lebensschau führt der Weg zur Weltverachtung: über die Erkenntnis der Lebensvernichtung durch den Tod, über die Sehnsucht nach dem zeitlichen Sterben und über die Hoffnung auf das Ewige Leben. Erst nach dieser dreistufigen Erkenntnis schwindet die Selbsttäuschung des Menschen bei der Bewertung der Welt. Dann überwindet der Gedanke an die Ewigkeit die Zeitlichkeit. Aber auch der Tod in seiner Härte und bedrohlichen Allgegenwart verliert dadurch seine Macht. Mit dem Zerreißen der Bande der Versuchung durch die Welt entsteht Freiheit vor der Todesbedrohung und Wahrheit über die Werte der Welt, die nur einen beständigen Wert unter allen sonst falschen Werten hat: den Tod. Das »helle Licht« der Wahrheit läßt die »Eitelkeit der Erden« um so klarer als Verblendung hervortreten. Alles Traumähnliche oder auch Furchterweckende, ja selbst der Tod ist überwunden. Der Weg zu Gott und der Platz vor seinem Angesicht sind frei geworden. Das »Bestehen« der Welt und des diesseitigen Todes ermöglichen das furchtfreie Bleiben vor Gott. »Der Tod ist verschlungen in den Sieg« – diese dunkle Bibelwahrheit wird jetzt genauer verstanden: Der Sieg über die Welt ist der Sieg über den Tod.

Waren diese allgemeinen Todesdeutungen auch von der Zeitsituation des großen Krieges mitbestimmt, liegt in ihnen auch die Macht traditioneller Vorstellungen seit der Antike offen zu Tage, gehören sie auch zu Luthers Vorstellungen von der Nichtigkeit der Welt, sie erhalten in dieser Ode durch rhetorische und emblematische Bereicherung eine stärkere Betonung der Ich-Aussage. Man sollte sich dabei auch der noch früher konzipierten Todesdarstellungen erinnern, die bereits in der lateinischen Jugenddichtung breiten Raum einnehmen.[30]

In Gryphius' frühen Herodesepen kann man Todesvisionen finden, die über die blassen Abbildungen, die für die Antike charakteristisch sind, weit hinausgehen. In diesen lateinischen Hexameterversuchen mischen sich Reminiszenzen aus antiken und biblischen Texten bereits mit zahlreichen traditionellen Sinnbildern. So verbinden sich in der Beschreibung der Totenburg die Ezechiel-Visionen mit Bild-Reihungen, deren Funktion die Charakteristik der Todesgewalt zum Ziel hat (Herodes II. 183–229): Die Vorhalle der Totenburg ist angefüllt mit den zerbrochenen Beutestücken des triumphierenden Todes, mit den zertretenen Diademen, Mitren, Szeptern für zerstörte weltliche und geistliche Macht, mit den Schreibrohren, zerrissenen Blättern für verlorene Erkenntnisse der Wissenschaft, mit zerbrochenen Musikinstrumenten für zerstörte Kunstfertigkeit, mit gesprengten Fesseln für aufgelöste Gewalt, mit Bergen von kostbaren Kleidern, Schmuck und Goldgeräten für verachtete Schönheit und Besitz.

Aber diese Bilderreihen dienen nur der Ornamentation der üblichen Ausgestaltung des Szenariums, der Totenburg. Es fehlt in den frühen Dichtungen die durch die Über- oder Unterschrift eines Bildes wachgerufene Gedankenvertiefung. Genauso sind die Abbilder des Todes, des Hungers, des Krieges nur auf beschreibende Wiedergabe von Einzelattributen oder Gestaltumrissen angelegt. Mars steht drohend aufgerichtet, Geschosse und Schwert liegen in seiner Hand; der Hunger mit herausragenden Hüftknochen und dürren Rippen zerbeißt die eigenen Eingeweide und nährt seinen Leib mit dem eigenen Leib. Der Tod selbst (Herodes II, 266–281) ist, genau wie später, dargestellt als Knochengestalt, die ausführlich beschrieben wird. Schlangen züngeln um den kahlen Schädel mit leeren Augenhöhlen. Sein Rachen gähnt schnabelartig ohne Zähne nach Speise. Nase und Ohren fehlen. Nur Sehnen verbinden die Knochen. Es ist ein Bild des Knochenmannes, ohne Muskelkraft und Energie, der auf einen Befehl Gottes wartet, um sein ewig zerstörerisches Werk zu erneuern. Erst mit der Nennung von des Herodes Namen gewinnt er die gewaltige Kraft und Herrschergewalt über seine Diener im Totenreich zurück, um den Auftrag Gottes, Herodes zu töten, vollziehen zu können.

Das Sterben des Herodes – eine fünf Tage während Krankheitsdarstellung – kann hier unerwähnt bleiben. Wichtiger sind die »prodigia Herodis mortem praecedentia« (Herod. II, 1091 ff.). Auch diese Anzeichen des unmittelbar bevorstehenden Todes bleiben jedoch nur Bilderreihungen ohne besondere Vertiefung ins Allegorische: der Himmel rötet sich, flammende Schwerter und Geißeln glühen auf, Posaunen ertönen, beide Mondsicheln gewinnen blutrote Färbung, eine schwarze Bahre erscheint. Die Erde bebt unter schwarzem Nachthimmel, bis Herodes in die Unterwelt hinabfährt.

Die antiken Vorbilder für diese Szene sind offenkundig, sie gehen zurück auf das Bildungswissen, das auf den humanistischen Gymnasien Schlesiens vermittelt wurde.[31] Das bildliche Dekor tritt auffällig stark zurück. Gegenüber den zwanzig Jahre später gebotenen parallelen Szenen gleicher Thematik scheinen sie arm, es fehlt die Vertiefung ihres gedanklichen und religiösen Gehaltes. Die Darstellung des Todes ist auf das Erschrecken des Lesers gerichtet, nicht auf seine Erhebung oder gar auf die Überwindung der Todesfurcht. Ein kurzer Hinweis auf die beruhigenden und heilenden Kräfte der Dichtung (die Kastalinnen) schließt dieses lateinische Jugendepos, in dem dem Tode die Rolle des Triumphators über den König Herodes zugesprochen wird.

In dem auf die Herodesepen folgenden »Olivetum«, das die Leidensgeschichte Christi auf dem Ölberg spiegelt, bleibt Gryphius bei der gleichen Art der Bilderreihung, ohne daß im Stil der Emblematik tiefere Sinndeutungen von Bildern vorgenommen werden.[32] Die nahezu dramatisch bewegte Handlungsschilderung im »Olivetum« läßt ein längeres Verweilen bei der Sinndeutung von Bildreihungen nicht zu.

Erst in Jacob Baldes »Enthusiasmen« und in Gryphius' Übersetzungen dieser lateinischen Texte eröffnet sich inhaltlich und formal die emblematische Ausgestaltung der Sprache. Baldes Bilder vom Tode erscheinen in diesen zwei Enthusiasmen wie Vorbereitungen auf die allgemeine Thematik vom Tode, die auf dem Friedhof, der »Ruhestätte der Verstorbenen« dem nachdenklichen Betrachter von selbst kommen sollen. Das große Eingangsbild von der Lebensflut, die sich am Uferfelsen bricht und dort verebbt, das über fünf Strophen hin ausgeformt wird, erhält seinen tieferen Sinn erst im Themasatz der ganzen Ode: »Hoc est omnis homo: cinis atque pulvis« (Str. 5). Vom schweigenden Tod heißt es, daß seine Stimme beredt ist und diese Lehre ausspricht: »Mors muta (= mutua) fatetur ac demonstrat.« Das Ziel des menschlichen Wachstums ist das Sterben. Diese Gedankenreihe überlagert die Bilder vom Tode so stark, daß die genannten Sinnbilder von Proteus und Ikarus – die ja beide nur zum Tode geboren erscheinen – lediglich zur namentlichen Illustration des größeren Gedankens dienen, daß jede Lebensstufe eine Annäherung an das letzte Ziel des Todes bildet und daß im Namen Leben bereits der Name des Todes verborgen liegt. (»Vitae sub ipso nomine mors latet«, Str. 6.) Die vielen Strophen, die der Darstellung des Verfalls der menschlichen Schönheit dienen, zeigen nicht den Charakter bildhafter Eindringlichkeit, die die Gedanken vertiefen oder ausweiten würde.

Es ist hervorzuheben, in welchem Maße sich Gryphius in seiner Übersetzung der Gedanklichkeit seines Vorbildes anpaßt. Er begnügt sich mit Inhaltswiedergaben, ohne den bildlichen Charakter der lateinischen Vorlage (besonders bei der Verwesungsschilderung) auszunutzen. Der Reflexionscharakter bestimmt seine Übersetzung. Das Wort »Tod« erscheint nur viermal (Zeile 17, 29, 47, 55). Nicht der triumphierende, eher der mahnende Tod bleibt im Vordergrund. Keine Zeile zuviel entsteht. Den hundert Zeilen des Originals entspricht die zeilengetreue Übersetzung. Die Bedeutungsvielfalt der gebrauchten Emblemata kann auf diese Weise nicht in Erscheinung treten.[33]

Der zweite Enthusiasmus des Jacob Balde zeigt eine andere gedankliche Struktur. Die Bilder von der Ruhe des Friedhofs, die im ersten Enthusiasmus mit der verebbenden Flut verglichen wurde, gehen über in visionäre Vorstellungen der tausend Särge, die jetzt, ungestört durch den Neid des Nachbarn, nebeneinander von der gleichen mütterlichen Erde bedeckt sind. Laster und Tugend (vitium und virtus) bekämpfen einander nicht mehr. Himmel und Hölle (coelum und orcus) berühren sich an dieser Ruhestätte der Verstorbenen. Die Ernte, die für Christus eingebracht ist, ruht hier im gleichen Schatzhaus wie die der Unterwelt. Beide Saaten sind ausgesät gewesen bis zum Tag der Reife, bis zum letzten Gerichtstag, der noch nicht angebrochen ist, dessen Anzeichen aber rechtzeitig erkannt werden sollten. Erinnert wird dabei an das Zerbrechen des Erdkreises, an die Flammenwirbel, an die Tuba des Letzten Gerichtes, an das Schlagen der Totenuhr, das Aufbrechen aller Gräber, den Ruf Gottes: »Surgite, mortui«, dem alle Toten folgen müssen, Unschuldige und Verbrecher. Das Bild von diesem Letzten Gericht – die Parallele zu Pieter Breughels Todestriumph ist nicht zu übersehen – erhält phantastische Bewegung durch eine Selbsttäuschung, aus der sich der Betrachter, dessen innere Anteilnahme bereits vorher (Str. 15) betont war, nicht schnell genug zu lösen vermag. Der Dichter meint diesen Aufbruch der Toten schon jetzt auf dem Friedhof wahrzunehmen. »An jam moventur? Sistite pallidi«, lautet die in rhetorische Frage und beschwörende Antwort zusammengezogene Interjektion (Str. 22). Mit dem Imperativ »Sistite« wiederholt sich noch einmal die Totenbeschwörung. Sie klingt aus in dem ruhigeren »Quiescite« und in dem Hinweis darauf, daß für die Toten das irdische Dasein, in dem die Lebenden noch stehen, vollendet ist.

Man kann bei Balde eine kontinuierlich gesteigerte Gedankenfolge in Bilderreihen festhalten, aber diese Gedanken und Bilder wirken bewußt komponiert aus mittelalterlichen Vorstellungen, wenn auch bewegter und realistischer. Sprachlich leiht silberne Latinität dieser pictura mortis die significatio im einzelnen. So wirkt der Enthusiasmus Baldes renaissancehaft im Stil, wenn auch durchwirkt von der vanitas-Idee des 17. Jahrhunderts. Worte wie »manes« und »urna« beschwören die Vorstellung römischer Grabsteine, »vitium« und »virtus« erwecken Erinnerungen an das römische Tugendsystem, »coelum« und »orcus« bezeichnen Ober- und Unterwelt in der Antike, ebenso mahnen »aedes«

und »sacrarium« an weltliche und göttliche Schatzhäuser. Namensnennungen von Avernus, Cachinus, Zephyrus vergrößern die Distanz der gebrauchten Bilder zur unmittelbaren Gegenwart. Die Emblemata werden geradezu von ihnen überlagert.

Diesen traditionellen Bildgebrauch der silbernen Latinität hat Gryphius in seiner Übersetzung geopfert, so nahe er gedanklich Balde nach bleibt.[34] Seine Bilder stammen aus seiner eigenen Zeit und erhalten durch seine emblematische Wortfindung eine Zeitnähe, die sie unverwechselbar in die erste Hälfte des 17. Jahrhunderts rückt. Sein Übersetzungsstil folgt zwar dem gedanklichen Vorbild, befreit sich aber im Bildgebrauch so konsequent von antiker Vorstellung, daß die Nähe zu den Kupferstechern und Malern, zu den Emblematikern seiner Epoche, unübersehbar wird. Hinzu kommt die Subjektivität seiner Aussage, durch die er jene Distanz zum Thema überwindet, die bei Balde, außer in der Klassizität des Lateins, auch in dem unpersönlichen Selbstanruf »Morare Vates« (Str. 5) durchklingt. Gefühl und Gedanke bewegen den Dichter gleichmäßig stark und erreichen in der wiederholten Ich-Aussage durch die Eindringlichkeit der von ihm gebrauchten Emblemata den Charakter persönlicher Verkündigung (Z. 13).

Auf die Emblematik in Gryphius' Übersetzung des ersten Balde-Enthusiasmus (Sylv. lib. VII, Ode VII)[35] ist ausführlicher einzugehen. Gryphius hat selbst an einer Stelle seines Vorworts zu der Edition seiner »Kirchhoffs-Gedancken« und seiner Balde-Übersetzungen die Vielzahl der hier vereinigten Todesdichtungen gegen seine Kritiker verteidigt:

»Man bedencke nur / wie viel der großmächtigsten Fürsten... Ihr Todten-Geräthe stets mit sich geführet / ihre Gräber bey Leben verfertigen lassen: allerhand von dem Tod vnd Begräbnüß genommene Sinnbilder auff ihre Müntzen gepräget / Denckzeichen zu Ehren der Sterblichkeit auffgerichtet / in ihren Andachts- vnd GebetsZimmern / gantze Todtengerippe / oder dero Abbildungen verwahret / an selbtem sich gespiegelt / vnd ihres annahenden Todes erinnert.« (Ed. Szyrocki, III. S. 3)

Aus diesem Zitat geht hervor, daß Bilder, die Gegenstände aus dem Bereich des Todes darstellen, eine besonders starke demonstrative Kraft haben. Vielleicht kannte Gryphius jene memento-mori-Münze, für die Vondel eine emblematische Inschrift, die auch als subscriptio zu verstehen ist, verfaßt hatte.[36] Auch ist diese Gryphius-Stelle ein Beleg dafür, daß er das Wort »Sinnbild« an Stelle von Emblem gebraucht. Auch von »Denckzeichen« wird wie bei J. Cats gesprochen.

Zwei grundsätzlich verschiedene Verwendungsarten der Emblemata begegnen hier bei dem Übersetzer Gryphius: die »dekorative« und die »weltanschauliche«. Diese Unterscheidung entspricht einer Formulierung des Balthasar Gracian, daß »Embleme, Hieroglyphen, Apologen und Impresen die Edelsteine auf dem Gold der Rede seien«.[37] Gryphius benutzt die verschiedensten Emblemsammlungen als Quellen für seinen ornatus poeticus[38], wobei er sich den Bedeutungen der Emblemata gegenüber sehr selbständig verhält. Wenn diese seinen Absichten entgegenstehen, ändert er die Bedeutung ab. Die von ihm gebrauchten Emblemata konstituieren keine thematischen Zusammenhänge, sondern dienen der Steigerung der dekorativen Darstellung oder der weltanschaulichen Exemplifizierung.[39]

Die Schwierigkeiten, eine bestimmte Gryphius-Textstelle einer bestimmten emblematischen Vorlage nachzuweisen, hat bereits Jöns erkannt.[40] Viele Emblemata wiederholen sich in den verschiedenen Sammlungen. Mit dem Aufkommen großer emblematischer Sammelwerke, z. B. dem »Mundo symbolico« des Picinellus von 1635, oder des Lauretus' »Sylvae Allegoriarum« von 1587[41] verringert sich die Möglichkeit, eine emblematische Vorlage zu fixieren, beträchtlich. Mit dem Nachweis von Emblemata, die als Vorlage eines Dichters gedient haben können, soll hier nur gezeigt werden, wie eng ein Dichter dem allgemeinen emblematischen Denken und den Vorstellungen seiner Zeit verbunden war. Vor allem soll die p e r s ö n l i c h e G e d a n k e n v e r t i e f u n g hervortreten, die damals ein Autor durch die Auswahl oder Abwandlung eines tradionellen Emblems seiner eigenen, bewußt gewählten Thematik gab. Vielleicht hoffte er, auf ein breiteres Publikum wirken zu können, wenn er durch die hinweisenden, belehrenden Bildinhalte die allgemeine Teilnahme an seiner Welt- und Gottesvorstellung wachzurufen versuchte. Mit Sicherheit aber erreichte er eine gelehrte Leserschaft, die durch Erinnerung an bekannte Emblemdeutungen den tieferen Sinn des Bildes sich selbst erschloß.

Die bewußte Auswahl und die reiche Ausgestaltung der picturae selbst erlauben Schlüsse auf die Zielsetzung des Autors, die sich in den Balde-Übersetzungen bereits andeutete und sich in dem selbständigen Gedicht »Kirchhoffs-Gedancken« noch deutlicher dokumentiert. Welche Fülle von Gedanken und Bildern zur ars moriendi sich darin verbirgt, läßt sich nur durch eine genaue Analyse einzelner Emblemata verdeutlichen. Dabei ist zunächst das mehrfach erwähnte Emblemata-Handbuch zur Bestimmung der Bildlichkeit emblematischer Struktur in den »Kirchhoffs-Gedancken« heranzuziehen. Es erweist sich aber als noch nicht ergiebig genug zur Erfüllung der Aufgabe, möglichst viele Bilder emblematischer Struktur auf ihre Originalität hin zu bestimmen. Die dort angeführten Emblemata – was die pictura wie die subscriptio betrifft – sind zu speziell für besondere Sinnbezirke ausgewählt. Der »Mundus Symbolicus« des Picinellus ist im Vergleich zum Emblematik-Handbuch bedeutend umfangreicher und für die Deutung von Gryphius' Texten ergiebiger. Picinellus beruft sich in der Auslegung der Emblemata auf antike Dichter und vor allem auf die Schriften der Kirchenväter. Besonders wichtig wird für jede heutige Interpretation des Hieronymus Lauretus Werk: »Sylvae seu potius Hortus Floridus Allegoriarum Totius Sacrae Scripturae«, das 1587 in Venedig herauskam und das jetzt in der Nachdruck-Ausgabe von 1681 benutzt werden kann. Hinzuzuziehen ist auch Johann Arndts Bibelkommentar »Sechs Bücher Vom Wahren Christentum«, erschienen 1736, zur Festlegung der Bildlichkeit, wenn auch nur zu dem Zweck, das Weiterwirken bestimmter Emblemata bei Andreas Gryphius erkennbar zu machen.[42]

2. Emblematische Ornamentierung der Todesgedanken in der Übersetzung des A. Gryphius von Jacob Baldes Ode »Jamne ergo manes« (Sylv. lib. VII, Ode VII)

Als Gliederungspunkte für die Darstellung der Bildlichkeit, die auf emblematischen Vorlagen beruht, sollen drei Bedeutungsgruppen innerhalb der Todesthematik dienen: erstens Bilder, die auf die Vergänglichkeit des Menschen verweisen, zweitens Bilder, die die zum ewigen Leben Erwählten und die zur ewigen Höllenqual Verdammten bezeichnen und drittens Bilder, die die Vision des Jüngsten Gerichtes heraufbeschwören. Bilder, die in gleicher oder ähnlicher Bedeutung in Gryphius' »Kirchhoffs-Gedancken« wiederkehren, sollen – wenn es sich um kurze Metaphern handelt – auch schon an dieser Stelle vermerkt werden, um die Gefahr zu vermeiden, schon einmal Dargestelltes wiederholen zu müssen. Im einzelnen sollen die Deutungen der Dinge (res), die bei Gryphius zu finden sind, mit denen der frühen emblematischen Literatur (Lauretus, Picinellus, Typotius) konfrontiert werden. Durch diese Gegenüberstellung soll die Verankerung von Gryphius' Dichtung in der Tradition und wenn möglich, die individuelle Vertiefung allgemeiner Gedanken gezeigt werden. Auch hier sind wieder nur Einzelbeispiele ausgewählt.

Das Gedicht setzt mit dem Topos vom Schein der Welt und der Vergänglichkeit des Menschen ein. Die zweigliedrige syndetische Substantivreihung »Habt ihr der Schauburg euch! vnd gantz der Welt begeben?« (V. 2) zeigt eine emblematische Struktur, da der bildliche Ausdruck »Schauburg« im ersten Teil des Satzes im zweiten Teil als Sinnbild für die Welt ausgelegt wird. Daß sich in der Wahl des Dinges »Schauburg« als Sinnbild für die Welt ein herabminderndes Urteil über den Wert des Lebens verbirgt, enthüllt die scriptura eines Emblems bei Picinellus, wo es heißt:

»Ita omnino cursim transit omnis haec vita, non scenae ac figurae, vel personae, quae in hoc mundo, tamquam theatro quodam repraesentantur, ubi tam varia in dies conspectui objiciuntur hominum, statuum et conditionum genera, virtutis, variorumque eventuum spectacula fortunae ludibria. Orbis terrarum theatrum visus est vanitatum mundi.«[43]

So wie das Bild des Theaters den Menschen auf die Sinnlosigkeit aller irdischen Dinge verweist, weil sie der Vergänglichkeit unterworfen sind, belehrt auch die »Todten Kist«, der Sarg, der den Menschen von allen im Leben angehäuften Gütern als letztes bleibt, den Menschen über den Wert des irdischen Lebens und des Strebens nach Glück: Es ist ein eitles Tun, da der Tod ihm bald ein Ende setzt: »HAEC ME POST FATA MANEBIT« lautet das Motto eines Emblems bei Picinellus, dessen Bildgegenstand das Grab ist.[44] Die Konsequenz, die sich aus dieser Erkenntnis der Vergänglichkeit alles Irdischen ergibt, ist, daß der Mensch in seinem irdischen Leben stets die Mahnung an den Tod vor Augen haben sollte. Die pictura eines Emblems des Horozco y Covarrubias zeigt einen Sarg als Arche auf einem Felsen im Meer und ein Ohr in der Hand des Todes. In der Umschrift dieses Emblems wird der Mensch ermahnt, an seinen Tod und die mit ihm verbundene Rechtfertigung vor dem Jüngsten Gericht zu denken und sich sein irdisches Leben danach einzurichten.[45]

So kann die Setzung dieser beiden Sinnbilder, die auf die vanitas-Problematik verweisen, als eine Mahnung des Dichters an den Leser verstanden werden, über diese Problematik nachzudenken. Auf weitere Beispiele für vanitas-Emblematik kann hier verzichtet werden, da diese der des memento mori gleichzusetzen ist. Ich gehe nur auf einige sich wiederholende Motivkreise ein, die wiederum nur exemplarisch zu verstehen sind.

Breiten Raum nimmt zum Beispiel die Schilderung der Erwählten und Verdammten ein, die gegenwärtig noch – nebeneinander und nicht zu unterscheiden – »vermischt«, wie Gryphius sagt – auf dem Friedhof liegen, die das Jüngste Gericht jedoch für immer voneinander trennen wird. In einer Vielfalt von antithetischen Bildern werden diese beiden Gruppen einander gegenübergestellt. Saat und Ernte: Bilder aus dem Motivbereich von Saat und Ernte sind in dieser Ode zur Bezeichnung der zum ewigen Leben Erwählten wie der zu ewiger Höllenqual Verdammten mehrmals verwendet worden. In einem Boden steckt:

»... die leichte Spreu / vnd was der Höchste schätzt /
Die Segensvolle Frucht der Körner-reichen Aehren /« (V. 24/25)

An anderer Stelle werden die Erwählten

»O Erndt / in Gottes Scheur!« (V. 30)
»O Leichen teurer Saat! der seenden Genaden.« (V. 45)
Frücht außgeseeter Ehr!... (V. 46)

angeredet. Antithetisch wird dieser erwählten, fruchtbringenden Saat die verfluchte Saat gegenübergestellt:

»Weh / weh / verfluchte Saat! mit Fluch vnd Ach vertrauet
Dem Acker / den der Grimm deß Höchsten hat gebauet! /
O Saat / die Cadmus recht auß Drachen Zehnen bringt.« (V. 49–51)

Die Fügung »die Segensvolle Frucht der Körner-reichen Aehren« enthält außer dem Bild auch eine Deutung, da sie sich in den Satz auflösen läßt: Eine Frucht, die deshalb voll von Segen ist, weil ihre Ähren voll von Körnern sind. Der zweite Bestandteil dieses Bildes verweist auf das Weizenkorn und die mit ihm verbundene biblische Deutung. Das Weizenkorn, das ausgesät wird, erstirbt und neue vielfältige Frucht hervorbringt, ist ein Sinnbild für Tod und Auferstehung des Menschen. Der Vorgang in der Natur weist den Menschen auf eine allgemeingültige Wahrheit hin, die als Auferstehungsglaube im christlichen Heilsgeschehen verankert ist. Es handelt sich bei diesem Sinnbild um spirituelle Weltdeutung. In solchem Sinne ist das Bild des Weizenkornes in der Emblematik häufig verstanden worden. Ein Emblem des Taurellus stellt einen Bauern bei der Aussaat und im Hintergrund die Auferstehung der Toten dar, mit dem Motto »TANDEM PUTREFACTA RESURGENT«. Die subscriptio legt dieses Bild folgendermaßen aus:

>Totius exhilaret sperantes terra Colonos
Solis enim tandem vivent agitata calore:
Multaque foecundo foenore grana ferent.
Quin et nostra Dei jussu putrefacta resurgent:
Vt repetant animas corpora quaeque suas.
Spem facit hanc isto nobis emblemate Christus
Pulsu ut certa metu sit, stabilisque fides.«⁴⁶

In der gleichen Bedeutung ist ein Emblem bei Camerarius zu finden, der es wohl von Paradinus übernommen hat. Die pictura zeigt Kornähren, aus denen Körner auf den Boden fallen, der mit Knochen bedeckt ist, mit dem Motto »SPES ALTERA VITAE«. Seine Auslegung lautet:

>Securus moritur, qui scit se morte renasci
Non ea mors dici, sed nova vita potest.«⁴⁷

Auch Picinellus verzeichnet zwei Emblemata mit gleicher pictura und gleicher Bedeutung. Die sinnbildlichen Vorstellungen stehen hinter den metaphorischen Bezeichnungen »O Leichen teurer Saat« und »Verfluchte Saat«. Beide Saaten, die gute und die schlechte, liegen nebeneinander in einem Boden verborgen, beim Jüngsten Gericht wird sich zeigen, welche Saat Frucht gebracht hat. Diesen Gedankengang weist die Auslegung eines Emblems von Reusner auf, dessen pictura einen Bauern bei der Aussaat zeigt mit dem Motto »SPES PROXIMA MESSIS«.⁴⁸ Er ermahnt darin Menschen – wie der Samen, der neue Früchte hervorbringt – auch in gleicher Weise durch Frömmigkeit gute Früchte hervorzubringen, da es ein schändliches Versäumnis ist, wenn jemand wie ein Same, der ohne gute Frucht ist, stirbt. In diesen Sinnzusammenhang muß auch die metaphorische Bezeichnung »Frücht außgeseeter Ehr« eingeordnet werden.⁴⁹

Grundlage für dieses Emblem bildet der Text von Math. 3, 12:

»Und er hat eine Worfschaufel in seiner Hand; er wird seine Tenne fegen
und den Weizen in seine Scheune sammeln; aber die Spreu wird er verbrennen
mit ewigem Feuer.«

Das Emblem verweist auf das »Jüngste Gericht«. Eine Deutung auf dieser Grundlage von Matth. 3, 12 gibt Lauretus: »Palea sunt mali, qui in judicio separabuntur attritico.«⁵⁰ Die Problematik, daß Gegenstände biblischer Gleichnisse (res) zugleich sinnbildlich gedeutet werden, löst Jöns so auf: »Für die Art der Behandlung solcher biblischer Gleichnisse gilt, daß es sich für den deutenden Dichter um ein Gleichnis Christi handelt, das er wertet; aber sie sind auch als solche ›gleichnisse aus der Natur genommen‹⁵¹, wie Arndt ... anmerkt, und wie die Natur spiegelt, was die Schrift enthält, so können diese biblischen Gleichnisse in gleicher Weise als Sprache der Natur interpretiert werden ... Wie Dinge in der Fortführung christlich – mittelalterlicher Allegorese zu Sinnbildern werden, so biblische Gleichnisse ebenfalls, indem die in ihnen enthaltenen Fakten als in sich bedeutungshaltige Realitäten aufgefaßt werden.« In gleicher Weise sind diese Bilder von Saat und Ernte zu verstehen.⁵²

Der Ausruf »O Saat / die Cadmus recht auß Drachen Zehnen bringt« schöpft seine Vorstellungen aus dem Bereich der antiken Mythologie. Ein Emblem des Alciatus zeigt in seiner pictura die Drachensaat des Cadmus.⁵³ Dieses Bild verwendet Gryphius jedoch nicht in der dort angegebenen Bedeutung »Streit der Wissenschaften durch Weisheit geschlichtet«. Ansatzpunkt für seine Deutung wird der Same, den Cadmus aussät, aus dem die miteinander streitenden Krieger wachsen. Genauso wird aus der Saat, die auf dem Friedhof verborgen liegt, das Verdammenswürdige hervorwachsen. An dieser Stelle wird ein Emblem dekorativ verwendet, wobei mit der Vorlage souverän umgegangen wird. Was in den Bedeutungszusammenhang paßt, wird von Gryphius ausgewählt und – abweichend von der Vorlage – frei verwendet und gedeutet.

Blumen: Die Lilie gilt in der Emblematik ganz allgemein als Sinnbild der Unberührtheit. In diesem Sinne verwendet sie Gryphius, wenn er die Jungfrau mit »Ein Liljen keuscher Leib« (V. 9) umschreibt. Die pictura dieses Emblems zeigt Lilien, die aus einem Herzen aufwachsen. Das Bild der Lilie, die unter Dornen aufblüht, verweist ganz allgemein auf Tugend. In der Ode ist dieses Motiv zur Bezeichnung der Erwählten verwendet worden.[54] Das gleiche Sinnbild erscheint in der »Genovefa«-Ode Baldes und bildet das Grundthema in der emblematischen Ausgestaltung der Leichabdankung für Mariane von Popschitz.

»Die Liljen / die sich noch den Augen nicht gewehren /
Blühn unter Dornen auff.« V. 26/27)

In einem Emblem des Montanea wird die von Dornen umgebene Lilie als »Tugend von Gott beschützt«[55] gedeutet. Dasgleiche Motiv hat bei Camerarius die Bedeutung »triumphierende Tugend«.[56] Picinellus deutet in der subscriptio seines sich auf dieses Motiv beziehenden Emblems die Dornen als die Gefahren, die die Tugend umgeben. Deshalb lautet das Motto »PER ANGUSTA ANGUSTIOR«.[57] Er gibt dazu die folgende Auslegung »Ita virtus tanto majus gloriae suae incrementum fortiter, quo pluribus angustiis coarctata fuerit«. Dieser Bedeutungsgehalt muß hinter dem formelhaft verwendetem Bild gesehen werden. Es ist anzunehmen, daß diese Bedeutungsgehalte so bekannt waren, daß der Bild-Gegenstand auch ohne Auslegung verwendet werden konnte. Die Lilie als eine res naturalis deutet – aufgrund ihrer Eigenschaft, auch unter Dornen aufzublühen – darauf hin, daß sich die »Tugend« auch unter schwierigen Bedingungen entfalten kann. Die Erwählten können deshalb mit diesem Bild bezeichnet werden, weil sie in ihrem Leben auch unter schwierigen Bedingungen stets den Weg der Tugend gewählt haben.

Bäume: Der zum Topos gewordene Naturvorgang, daß die Bäume im Winter dürr sind, im Frühling jedoch wieder grünen, gibt Anlaß zu spiritueller Deutung der Welt. Aus dieser Motivik schöpft der bei Gryphius nahezu unverständliche Wortlaut, in dem die Verdammten und Erwählten antithetisch gegenübergestellt werden:

»Blüht lieben Beine blüht! die weißlich-gelben Blicke
Weissagen / daß der Lentz sich schon zum Einzug schicke /
Da Ihr / (ach daß die Zeit doch bald anbrechen wolt!)
Für Ephau / für Cypreß und Myrten grünen solt.« (V. 55–57)

Dagegen werden die Verdammten angeredet:
>»Ligt dürren Beine! Ligt! der schändlichen Gerippe /
Die Schmertz vnd Ewigkeit bricht an der Marter-Klippe!«   (V. 58 f.)

Die Gebeine der Erwählten werden also, wenn der Lenz kommt, – hier die Entscheidung des Jüngsten Gerichtes – wieder wie Efeu, Zypressen und Myrte blühen, während die Gebeine der Verdammten dürr und zerbrochen bleiben. Jöns weist darauf hin, daß das »Blühen der Bäume im Frühling als Zeichen der Gewißheit der Auferstehung« gedeutet werden muß.[58] Als Beleg hierfür zitiert er einen Auszug aus Sauberts emblematischer Predigtsammlung »Geistliche Gemälde«, in dem das einer Osterpredigt vorangestellte Emblem auch im vollen Laub stehende Bäume zeigt. In der Auslegung wird auf das Wunder in der Natur hingewiesen, daß aus dem harten Holz der Bäume Blüten und Blätter hervorkommen, danach wird dieser Vorgang geistlich gedeutet: »Wie viel mehr werden der Gerechten Cörper grünen vnd blühen / wie ein Palmbaum ›denn die Aufferstehung deß Leibes auß der Erden ist so gewiß / so gewiß wir sehen die Bäume außschlagen‹, was in dem Sinne zu verstehen ist, daß die Bäume zeigen / Wie unsere Cörper wider grünen vnd grünen werden in der Aufferstehung.« Die Grundbedeutung der Gryphius'schen Textstelle liegt also darin, daß der Naturvorgang des Dürrwerdens der Blätter und des Grünens im Frühling auf die Gewißheit des Sterbens und der Auferstehung und des Ewigen Lebens hinweist. Es erhebt sich jedoch in diesem Zusammenhang die Frage, ob sich mit der Wahl der Gewächse und Bäume Efeu, Zypresse und Myrte ein bestimmter Bedeutungsgehalt verbindet, oder ob diese drei Bilder willkürlich gewählt worden sind. Dazu Folgendes:

Ein Emblem des Sambucus stellt Efeu an einer Mauer, eine Schlange und Virtus dar mit dem Mtto »NEGLECTA VIRESCUNT«.[59] Die Auslegung geht aus von der Eigenschaft des Efeus, an der Mauer emporzuklettern und sich oben weit auszudehnen – auch wenn er nicht beachtet und von keiner Hand gepflegt wird. Diese Eigenschaft wird auf diejenigen Menschen bezogen, die – obwohl Gehässigkeit sie unbillig niederdrückt – dennoch immer nach der Tugend streben. Sie werden schließlich von selbst aufblühen und nach ihrem Verdienst gedeihen. Ob Gryphius dieses Emblem – oder ein ähnliches – gekannt hat, ist bei der knappen Verwendung des Ausdruckes ohne Auslegung nicht genauer zu bestimmen. Wenn er es als Vorlage benutzt hätte, dann ergäbe diese Stelle den Sinn, daß derjenige, der in seinem Leben ohne Anerkennung durch die Umwelt, nach der Tugend gestrebt hat, am Jüngsten Gericht seinen verdienten Lohn – das ewige Leben – erhalten wird. Es würde sich dann um die rein dekorative Verwendung eines emblematischen Motives handeln. Die sich um das Motiv des Efeus rankenden Emblemata verzeichnen alle eine positive Bedeutung.

Die Zypresse wird von Picinellus als ein Zeichen für ewige Tugend gedeutet mit dem Motto »AERE PERENNIOR«.[60] Dieselbe Bedeutung verzeichnet auch Lauretus: »Cypressus etiam odorifera odorem virtutum designat.«[61] Diese Bedeutung würde in den Zusammenhang der Gryphiuschen Textstelle des Enthusiasmus passen, da hinter ihr der Gedanke verborgen wäre, daß diejenigen, die voller Tugend gewesen sind, das ewige Leben erhalten werden.

Die Myrte deutet Picinellus[62] als ein Sinnbild für die Tugend, die unter Verfolgungen zu leiden hat. Das Motto lautet: »INCISIONE UBERIOR.« In der subscriptio schreibt er: »Virtus quoque, calamitatibus prope exagitata, omnium gloriosissima evadit.« Diese Bedeutung würde zu den beiden vorhergehenden passen. Lauretus bietet die gleiche Auslegung (S. 708).

Tiere: Die Bilder, die in dem Enthusiasmus aus dem Bereich der Tierwelt stammen, beruhen meistens auf biblischer Verwendung. Das Bild von den Schafen und Böcken für die Erwählten bzw. die Verdammten geht vor allem zurück auf Matth. 25, 32/33: »Und werden vor ihm alle Völker versammelt werden. Und er wird sie voneinander scheiden, gleich als ein Hirte die Schafe von den Böcken scheidet. Und er wird die Schafe zu seiner Rechten stellen und die Böcke zur Linken.« In diesen Zusammenhang sind die Textstellen der Ode

»... Die Böcke lengst verflucht /
Sind doch / wo man die Schaar der reinen Schaffe sucht.« (V. 27/28)

einzuordnen. Das Schaf ist wegen seiner Unschuld und seiner Nützlichkeit ein Sinnbild für unschuldige friedfertige Menschen. »Oves quia innoxiae, & rudes, & earum cibus est mundus, suntque lanigerae ac maxime utiles hominibus, significare solent simplices, mansuetos, innocentes ac justos, aliis prosunt, ideo statuentur a dextris.« Bei Camerarius[63] ist das Schaf ein Sinnbild für die Nächstenliebe, bei Picinellus[64] für Geduld und für die Tapferkeit des Märtyrers.

Ähnlich ist die Bedeutung des Lammes. Das Bild des unschuldigen Lammes zur Bezeichnung Christi ist in den »Kirchhoffs-Gedancken« verwendet worden, wo von den Erwählten gesagt wird:

»Die umb das Lamb ein Freuden-Lied
Das nicht ein jeder lernnt vorbringen /« (V. 149–150)

»Agnus absque macula, masculus, anniculus, Christum exprimit, qui jubebatur offeri in Phase... Idem est agnus lactens, qui vere est unus agnus: quia praeter ipsum non est est qui tollat peccata mundi.«[65] Das Bild des Lammes wird aber auch zur metaphorischen Bezeichnung der Erwählten verwendet:

»... Die außerwehlten Heerden
Der Lämmer hüpfen auff /« (V. 74/75)

Bei Lauretus[66] wird das Lamm wegen seiner milchigen Farbe als Sinnbild für ein unschuldiges Leben gedeutet. »Agnus lactens vita innocens dici potest.« Ein Emblem Mannichs[67] stellt ein Lamm dar, das unter einer Hand mit dem Kreuzzeichen auf der Bibel steht. Die Bedeutung dieses Emblems wird mit »guter Christ« angegeben. Bei Picinellus[68] ist das Lamm Sinnbild für »wahre Tugend«. Die Verbindung zwischen der Bedeutung, bei der das Lamm auf Christus bezogen wird, und der, bei der es auf einen frommen Menschen bezogen wird, betont Jöns ausdrücklich.[69]

Der Bock gilt als Sinnbild für den Sünder und die Sünde. »Haedus etiam quin est animal petulans, est inquietum, & anans praecipitia, designat peccatores... Ideo haedi in judicio statuentur ad sinistram.«[70] In diesem Sinne müssen die Bezeichnungen: »die Böcke / lengst verflucht« (V. 27) und »der geile Bock« (V. 27) ausgelegt werden.

Mit dem Ausruf »O Nest der hellschen Raaben!‹ (V. 34) werden die Gräber der Verdammten bezeichnet. Während die Auslegungen, die den Raben als Bildgegenstand haben, in dem Emblemhandbuch[71] die Bedeutung dieser Textstelle nicht treffen, stimmt die Deutung, die Lauretus[72] gibt, mit ihr überein. »Sic designat etiam infideles obscuros nigredine peccatorum, & qui pascantur mortuis...«

Licht-Nacht: Antithetisch werden die Gräber der Auserwählten denen der Verdammten gegenübergestellt:
»O Haus deß hellen Lichtes!« (V. 29)
»O höle schwartzer Nacht!« (V. 33)

Die Naturerscheinung des Gegensatzes von Nacht und Licht wird an dieser Stelle als bildhafte Entsprechung »der beiden christlichen Seinsbereiche, in die der Mensch gestellt ist, des Luziferischen und des Göttlichen« gedeutet. »Es verweist uns damit auf eine von Gryphius immer wieder aufgegriffene Analogie, in der er Nacht und Dunkelheit auf alles Widergöttliche und Gottfremde, das Licht hingegen, vor allem Sonne und Gestirne, auf Gott und alles zu seinem Wesen Gehörende bezieht.«[73] Die Grundlage für diese Deutung ist in der Bibel – z. B. im Prolog des Johannes-Evangeliums – vorgeprägt. Die mittelalterliche Schriftallegorese hat eine Vielzahl von differenzierenden Auslegungen entwickelt, auf die im 17. Jahrhundert zurückgegriffen wurde. Die Nacht ist – da sie voller Finsternis ist – ein Sinnbild der Sündhaftigkeit und in der letzten Konsequenz dieser Seinsverfassung ein Sinnbild für den Zustand der Gnadenlosigkeit, da in der Nacht das Licht – das Sinnbild für Gott und Gottesnähe – fehlt. Die gleiche Bedeutung ist bei Lauretus[74] zu finden:

»Nox, quia priuat luce, significare potest tempus peccati et vitam peccatorum, ac veterum hominum. Ipsum etiam peccatum nox dicitur, qua priuatur homo luce gratiae.«

Eine Variation dieser Bedeutung ist die Aussage:
»... der letzte Tag der Erden
Schläfft noch in dicker Nacht.« (V. 89/90)

Die Nacht ist hier Sinnbild der Zeit des irdischen Lebens. Da der Mensch in diesem Leben in dem Zustand der Sündhaftigkeit verharrt, lebt er in der Nacht. Die Nacht wird dann zum Tag werden, wenn durch das Jüngste Gericht aller Sündhaftigkeit ein Ende gesetzt werden wird. Dann wird der Tag, den das ewige Licht erleuchtet, anbrechen. In den »Kirchhoffs-Gedancken« ist die Naturerscheinung »Nacht« zur Bezeichnung der Zeit des Todes verwendet worden. »... Die Nacht / deß tunklen Grabes« (V. 97/98). Diese Bedeutung war im 17. Jahrhundert durchaus geläufig.

»Nox quandoque significat tempus mortis et ipsam mortalitatem, quam homo incurrit per peccatum. Et nox fit illuminatio, quam a morte transitur ad gloriam.«[75]

Auch das Adjectiv »tunkel« hat einen sinnbildhaften Bezug. »Tenebrae etiam significant ipsum sepulchrum. In tenebris stravi lectulum meum.« In der letzten Konsequenz der Grunddeutung der Nacht als Zustand der Gottferne kann die Nacht auch als Sinnbild für die Hölle gedeutet werden. Diese Bedeutung hat das Sinnbild Nacht in den »Kirchhoffs-Gedancken«, wo von den Verdammten gesagt wird:

> »(Ich werd euch sehn) ... euch in die Brände
> Gespenster-schwerer Nächte gehn.« (V. 367/368)

Auch diese Bedeutung verzeichnet Lauretus[76]: »Potest nox in multis ex his locis significare.«

Während also die Verdammten in dem Zustand äußerster Gnadenlosigkeit das Jüngste Gericht erwarten, harren die Erwählten in einem »Haus deß hellen Lichtes« des ewigen Lebens, weil Gott ihr Licht gewesen ist. In Strophe 35 der »Kirchhoffs-Gedancken« wird die Bitte an Gott gerichtet:

> »Sey / wenn die todten-Uhr wird schlagen
> Mein Schutzherr, Leitsmann, Weg und Liecht.« (V. 279/280)

Das Licht kann aber auch Sinnbild der Erwählten sein. In den »Kirchhoffs-Gedancken« wird von ihnen gesagt, daß sie »in Schnee-lichten Kleidern singen« (V. 151). Hiefür verzeichnet Lauretus[77] eine treffende Deutung: »Lux saepe significat gratiam et virtutes et poenitentiam et puritatem conscientiae: et veritatem.« Der Schnee wird von Picinellus[78] ebenfalls als ein Sinnbild der Unschuld gedeutet.

Sonne und Sterne: In diesem Zusammenhang müssen die Textstellen genannt werden, in denen die Sonne sinnbildlich verwendet wird. Dem

> »O Haus erhitzter Angst / ...« (V. 41)
> »Wo keine Sonn auffgeht ...« (V. 43)

werden die

> »Frücht außgeseeter Ehr! Euch wird die Grufft nicht schaden /
> Vor den die Sonne selbst wird bleich vnd finster stehen /
> Wenn eurer Stralen Glantz wird auß der Nacht auffgehn!« (V. 46–48)

gegenübergestellt. In Strophe 36 der »Kirchhoffs-Gedancken« heißt es von den Erwählten:

> »Ich werd euch sehn / mehr denn das Licht
> Von zehnmal tausend Sonnen schimmern.« (V. 361/362)

Die Sonne gilt in ihrer allgemeinen Bedeutung als Sinnbild Gottes.

> »Sol est perspicua imago divinae intelligentiae, aut perspicua statua in hoc mundano tempore, micus est in essentia et luce: multiplex tamen in radiis sicuti ipsum primum esse unicam, est in se & illud divinum, aeternum, & immutabile: multiplex tamen in creaturis diffusum. Et sicut Sole contrahente radios, omnia contenebrescunt: ita avertente faciem suam divino Sole, omnia turbantur, & in pulverem suum et nihilum reducuntur.«[79]

Dort, wo sich die zu ewiger Höllenqual Verdammten befinden, scheint keine Sonne. da sie sich in der Seinsverfassung der Gottverlassenheit befinden. In Vers 47 der Ode und in den Versen 361/362 der »Kirchhoffs-Gedancken« werden die Erwählten mit dem Sinnbild Sonne bezeichnet. Diese Bedeutung ist in der Bibelallegorese vorgeprägt:

»Sol quandoque spirituales designat, & praedicatorum claritatem, quem solem dicitur fecisse Deus. Et in extremo tempore sol fiet quasi saccus cilicinus, quia fulgens vitae praedicantium, ante reproborum oculos aspera & despecta monstrabitur.«[80]

Das Bild, daß die Gerechten am Jüngsten Tag alles überstrahlen werden während die Sonne in der Natur finster sein wird, stammt aus der Bibel. In der Offenbarung Johannes' heißt es (Off. 6, 12): »... und die Sonne ward schwarz wie ein härener Sack...« In den »Kirchhoffs-Gedancken« wird die Sonne als Sinnbild mit der Sonne als Naturerscheinung verglichen. Hier kommt der Charakter des Sinnbildes »Sonne« zum Ausdruck. Die Realia dieser Welt, an die der Mensch in seiner Erkenntnis gebunden ist, können nur ein schwaches Abbild von der Wahrheit und Herrlichkeit vermitteln, die sich am Jüngsten Tage vollziehen wird.

Die Sterne verweisen in ihrem ewigen Glanz den Menschen auf das ewige Leben. In diesem Zusammenhang muß die Stelle der Ode eingeordnet werden:

»... die außerwehlten Heerden
der Lämmer hüpfen auff / wo güldne Sternen stehn /.«   (V. 74/75)

Zephir: Die Gräber der Erwählten werden in der Ode so beschrieben:

»O Platz / voll reiner Lust / dem sich kein Pusch mag gleichen
Dem die mit reinem Gold gewölbte Zimmer weichen!
Der Marmel und Schmaragd vnd aller Blumen Pracht
Vnd was der Zephir pflantzt / beschimpfft / vnd eitel macht!«   (V. 37–40)

Die Gräber der Erwählten übertreffen also deshalb bei weitem die irdischen Schönheiten. Gold ist hier das Sinnbild für zeitliche Schönheit. »Aurum significare potest prosperitatem aut gloriam temporalem«, schreibt Lauretus[81], indem er sich auf Hiob 31, 24 stützt. Marmor und Smaragd stammen aus dem Bereich der Edelsteinmetaphorik und sind in diesem Zusammenhang nicht sinnbildlich verwendet worden. Die Blume ist ein Sinnbild für die Schönheit und die Vergänglichkeit des menschlichen Lebens. »Flos foeni vel agri cito decidens est prosperitas humana seu gloria carnis humanae, et ipse homo.« Den Gedanken der schnellen Vergänglichkeit der irdischen Schönheit enthält die Auslegung eines Emblems des Picinellus[82] mit dem Motto »STATIM LANGUET«. Die Bedeutung des mit dem Zephir verbundenen Bildes ist die der Schönheit und Vergänglichkeit der irdischen Pracht. Der Zephir ist »ventus occidentalis mitigans hyemis«. Die Bedeutung, daß der Zephir alle irdische Pracht zum Blühen bringt, hat ein Emblem des Picinellus mit dem Bildstichwort »hortus«. Zu dem Motto »ZEPHYRO CONTENTO COLONO« wird folgende Auslegung gegeben:

»Intus prata micant, manibus quae subdita nullis
Perpetuum florent, Zephyro contenta colono.«[83]

Der Gedanke, der dieser Textstelle zugrunde liegt, wäre – wenn wir annehmen, daß Gryphius dieses oder ein ähnliches Emblem als Vorlage oder in Erinnerung gehabt hat, folgender: Ein Grab übertrifft deshalb alle irdische Schönheit, weil es denjenigen verbirgt, der in seinem Leben diese Schönheit nicht beachtet hat, sondern die Gnade Gottes als wahren Wert erkannt hat, da er sich der Vergänglichkeit irdischer Schönheit bewußt war.

Die Gräber der Verdammten werden so dargestellt:

> »O Haus erhitzter Angst / für dem der Kreter Klüffte
> Ein fürstlich Freudenreich / für dem der Norden Lüffte /
> In Stein verkehrtes Eiß / wo keine Sonn auffgeht /
> Vnd Phoebe stets verdeckt in höchster Wollust steht.« (V. 41–44)

Die Gräber der Verdammten sind demnach so voller Schrecken, daß die unangenehmsten Erscheinungen der Natur – ihnen gegenüber – »ein fürstlich Freudenreich« sind. Dagegen ist der Nordwind von Lauretus[84] allegorisch zu deuten: »Aquilo interdum significat tribulationes... Aquilo quandoque significat infernum... Potest significare diabolum & ejus regnum...«

Pech und Schwefel: Auf die Bibelsprache, vor allem auf Offb. 19, 20; Offb. 20, 10 gehen folgende Bezeichnungen für die Verdammten zurück:

> »... die Pech vnd heissen Schwefel sauffen.« (V. 22)
> »Die Rach holt grimmig auß / vnd schmeist von Gottes Stul
> Mit gantzer Armen Stärck euch in den Schwefel Pful!« (V. 59/60)

Pech und Schwefel bilden bei Lauretus[85] den Gegenstand folgender Auslegung: »Pix, nigredinem delictorum, & carnis delitias interdum significat. Qui tetigerit picem inquinabitur ab ea.« »Sulphur materia ignis, poenam inferni perpetuam adumbrat.«[86]

Emblematische Motive, mit denen die Vision des Jüngsten Gerichts dargestellt wird: In der Emblematik sind Motive, die mit dem Jüngsten Gericht zusammenhängen, als Zeichen gedeutet worden, die den Menschen mahnen sollen, an den Tod zu denken. Blitz und Donner – Zeichen, die das Jüngste Gericht ankündigen – sind aber zugleich allegorisch zu sehen. Dafür sprechen die Erklärungen des Lauretus von »tonitus« und »fulmen«:

> »Et tonitruum magnitudinis Dei erit vox judicium quando videlicet Deus manifeste veniet, Deus noster et non silebit. Ignis in conspectu ejus exardescet & in circuitu tempestas valida.«[87]

Für »fulmen« bietet Lauretus die Auslegung im Sinne eines letzten Urteilsspruches Christi beim Jüngsten Gericht: die Bestrafung aller Hochmütigen durch das Feuer:

> »Fulmen aliquando designat sententiam extremi judicii: quae ideo fulmen vocatur, quia eos, quos ferit in perpetuum incendit.« ... »Tonitus interdum manifestam poenae comminationem designare possunt.«[88]

Gerade bei der visionären Darstellung des letzten Gerichts zeigen sich Übereinstimmungen im Emblemgebrauch bei Balde und Gryphius. Die individuelle, stark erweiterte und zugleich vertiefte Ausformung bieten aber nicht seine Übersetzungen sondern seine »Kirchhoffs-Gedancken«.

3. Die Kontrastierung von mors triumphans und mors devicta in den »Kirchhoffs-Gedancken«

Viele Einzelbilder aus Jacob Baldes »Enthusiasmen auf dem Friedhof« sind von Gryphius in die drei Eingangsstrophen der »Kirchhoffs-Gedancken« hineingenommen worden (Ed. Szyrocki, Bd. III, S. 5 ff.). Ruhe, Erquickung, Schönheit, die sonst von Menschen nicht erkannt werden, breiten sich für den Dichter über diesen Raum der schlafenden Toten aus. Für ihn wird dieses »Feld ... der hohen Demuth« zum »schönsten Garten«, den »welt-gesinnte nie erkannt«. Aus der Betrachtung dieses Todes-Gartens gewinnt der Dichter Belehrung:

»O Schul! Ich Komme voll begier /
Die wahre Weißheit zu ergründen!«   (Str. 7, V. 49/50)

Diese wahre Weisheit kommt ihm nicht aus den Lehren des Sokrates, des Aristoteles oder aus der Weisheit des Orients, sie stammt nicht aus der Innenschau stiller Einsamkeit – sie überfällt als Vision den Dichter im Augenblick, auf diesem Gräberfeld, das – jetzt sich öffnend – in Bewegung geraten zu sein scheint. Das große Geschehen des am letzten Tage triumphierenden Todes wird in der Vision zur bewegten Szene, zur »Schauburg«, auf der sich jetzt Mensch und Tod begegnen und ihr letztes Spiel agieren. Der Dichter sieht dieses Spiel mit seinen Augen vor sich entstehen. Er spürt mit seinen Sinnenkräften die entstandene Erdbewegung, er sieht die Auferstehung mit an, er hört das Zerspringen des Gesteins, das Zerfallen des Holzes:

»Die Fugen spalten vnd zerknallen /
Die engen Todten-Hütten fallen
Wie fest ihr klammert vnd verpicht.«   (Str. 14, V. 110 ff.)
»Hilff Gott! die Särge springen auff! ...
Ich finde plötzlich mich vmbringt
Mit / durch den Tod / entwehrten Heeren /
O Schauspiel! das mir heisse Zehren
Auß den erstarrten Augen dringt!«   (Str. 15, V. 113 u. 117 ff.)

Es folgt das »Schauspiel« selbst in einer langen Reihe von Bildern, die genau mit der Abfolge bei Totentanzdarstellungen übereinstimmen (Str. 16–21). Es entsteht eine Art Bilderzählung. Am Boden liegen niedergestreckt die Leichname von Königen und Geistlichen, von Verbrechern und Gelehrten, von Krüppeln und Schönheiten. So differenziert diese Gruppen charakterisiert sind, sie sind durch den Tod gleichgemacht worden, höchstens der Zustand der Verwesung ist noch unterschiedlich. Das Ziel der Zeit ist gänzlicher Verfall der Leiblichkeit, vor dem es keinen Aufschub, für den es keine Heilmittel gibt. Die Gewißheit des vollendeten Todestriumphs bleibt für den Dichter unumstößliche Erkenntnis. Aber aus ihr wächst die Bereitung zum Tode durch eine neue Bewertung von Zeit und Ewigkeit. Diese wiederum – in der Verachtung der Zeitlichkeit und in der Hochschätzung der Ewigkeit – erfährt ihren Richtigkeitsbeweis in der einen Erwartung und Hoffnung, vor Gottes Gericht »stehen« und »bestehen« zu können (Str. 37). Die hohe Bewertung des »Geistes« geht aus der Verachtung der Körperlichkeit hervor, und damit wächst der Gedanke an die Überwindung des triumphierenden Todes:

»Herr! wenn mein Geist nur stehen kan!
Vnd ich vor deinem Richtstul siege / ...« (Str. 37, V. 291 f.)

Hier liegt der große Einschnitt. Die Vorstellung der »mors devicta« beginnt an dieser Stelle, während der Vision vom Letzten Gericht. Der triumphierende Tod unterliegt der nur visionär schaubaren Allmacht Gottes, die die in die Erde hineingenommene Körperlichkeit des Menschen wieder zusammenfügt, die Skelette mit Bewegung und Leben füllt, den zu Staub verbrannten Resten Gestalt gibt, damit diese vor Gottes und Christi Gericht hintreten können (Str. 38–42). Gesicht und Gehör ermöglichen dem Menschen, an diesem letzten Wunder Gottes teilzuhaben: der Wiedererweckung der Toten zu lebender Gestalt. Der Triumph Christi vollendet sich, sobald er den Richterstuhl zur Rechten Gottes einnimmt und selbst den triumphierenden Tod mit der Wiedererweckung und Gestaltschaffung der Verstorbenen besiegt. Im Aufbruch der Erde offenbart sich diese Kraft Gottes als höchster Triumph seiner Allmacht, denn vier große Dinge geschehen gleichzeitig: Totenerweckung, Erdvernichtung, Richtereinsetzung, Rechtsprechung.

Die Wiedergabe dieser visionär gestalteten Geschehnisse im Wort verändert notwendig den Darstellungsstil in der Dichtung des Andreas Gryphius. Statt wortreicher Schilderungen reihen sich »Denkbilder« aneinander, deren Ausgangsebene der Friedhof bleibt.

»... die ich itzt schau /
Vnd doch nicht weiß zu vnterscheiden /« Str. 43, V. 337 f.)

Sie erscheinen in der Vision zu Gruppen vereinigt, deren Bewegungsrichtung entgegengesetzt angegeben wird, weil deren Inneres zwischen der Erwartung höchsten Glücks und tiefster Verzweiflung schwankt. Alle leben wieder mit »vollen Adern« (V. 356), »von Verwesung frey« (V. 354), der Weisung Gottes folgend. Der wiederholt (Str. 45 u. 46) gebrauchte Stropheneingang »Ich werd euch sehn«, an den sich die mit Bildvorstellungen überreichen Nebensätze anfügen, verstärkt den Charakter der Vision, die hier ihren letzten Höhepunkt erreicht, und die Beschwörung bis zur letzten Möglichkeit in der Wortgebung steigert. Weder ist es den irdischen Augen möglich, das überhelle Licht der Ewigkeit zu ertragen, noch den Ohren der Jammer der Verstoßenen. Mystikähnlicher Sprachgebrauch zeigt sich hier mit Wortneuschöpfung und Wortkomposition. Die mehr als »zehnmal tausend Sonnen« (V. 362) und die »Brände Gespenster-schwerer Nächte« (V. 367 f.) stehen in scharfer Trennung als Ausdruck der Sphären »Ewigkeit« und »Finsternis« einander gegenüber, die Vision vom Gericht zerschneidend und doch in der Antithetik als Einheit zusammenhaltend.

Was in den Strophen 43–47 von Gryphius an Visionen geschaut und in Worten wiedergegeben wird, hat als Ganzes kaum Vorbilder in der lateinischen oder fremdsprachlichen Dichtung der Zeit, man müßte schon bis zu Dante zurückgehen. Nur noch der Endreim stellt eine Fessel dar, die aber aufgehoben erscheint durch die sprachliche Neuschöpfung und Wortsetzung. Es ist nicht der antithetische Parallelismus des Zeilenbeginns in der klammernden Wiederholung von Lust und Leid, der diese Wirkung auslöst, es ist der diese Antithetik tragende, gegensätzliche Bildgebrauch, der aus ungewöhnlichen Wortzusammensetzungen seine Wirkung nimmt und durch die parallel gebauten Nebensätze unterstützt wird.

In einem Satz zusammengefaßt steht, was aus der Vision des Letzten Gerichtes erkennbar wurde:

»Die Leiche nur weiß nicht von Lügen.« (St. 47, V. 375)

Drei Lehren werden aus dieser Vision bestätigt: Vergänglichkeit des Menschen, seines Wirkens, seines Ansehens. Der Richter kommt; noch ist es Zeit, sich auf sein Kommen vorzubereiten. Er hat sich angekündigt. Er ist die Allmacht selbst, die in ihrer Allwissenheit auch das kleinste Teilchen des vergänglichen Seins bewahrt für die Stunde der Auferstehung. Die Summe aller Lehren für die Überwindung der Todesfurcht ist die Erkenntnis der eigenen Nichtigkeit und zugleich die hohe Geist-Bewertung, aus der allein das »Stehen« begreiflich wird, weil es das S t e h e n - K ö n n e n bedeutet vor Gott und vor dem Gericht.

4. Die Verwertung traditioneller Emblemata in den »Kirchhoffs-Gedancken«

Andreas Gryphius' »Kirchhoffs-Gedancken« spiegeln die Verschmelzung von Kräften des Glaubens und Denkens wider. Die Doppelrolle, die das Ich des Gedichts als eines Betrachters des Gegenwärtigen und eines Sehers des Zukünftigen einnimmt, seine Stellung zwischen Tod und Auferstehung und die Gestaltung von sichtbarer Wirklichkeit und unwirklicher Vision lassen die Einflüsse des ersten Enthusiasmus erkennen. Die Beschreibung des Grausigen, besonders die Verwesungsschilderung, weist auf den zweiten Enthusiasmus als Vorlage hin. Auf Übereinstimmungen oder Ähnlichkeiten in der Bildlichkeit zwischen den beiden Enthusiasmen und den »Kirchhoffs-Gedancken« wurde – wenn es sich um einzelne metaphorische Ausdrücke handelte – schon hingewiesen. Hier kann nur kurz auf einige Bilder mit emblematischer Struktur, die sich über mehrere Strophen erstrecken, eingegangen werden. Als Beispiel dafür kann das Bild *des Friedhofs als Feld und Garten* genommen werden, das die ersten drei Strophen der »Kirchhoffs-Gedancken« ausfüllt.

In den ersten vier Versen der zweiten Strophe sind dazu noch andere Emblemata unverkennbar. Die von Gryphius gebrauchte pictura enthält die Einzelbilder vom Feld, der Saat und der Hand, die aussät. Die Auslegung zu diesem Bild gibt Gryphius jedoch nicht direkt, sondern sie eröffnet sich indirekt in der zweiten und dritten Strophe. Da der Friedhof als Garten mit anderen Gärten verglichen wird, liegt die Vermutung nahe, daß das Wort »Garten« an dieser Stelle sinnbildhaft verwendet worden ist; dies bestätigt Lauretus: »Hortus praeterea dicitur aliquando mundus.«[89] Hinter diesen Bildern steht also der Gedanke, daß die Schönheit der Welt dem Menschen nur Grauen einflößen sollte, weil sie ihn von seinem wahren Ziel, dem ewigen Leben, ablenkt. Der Friedhof jedoch, der als Saat die Toten beherbergt, ist deshalb der schönste Garten, weil er den Menschen – indem er ihm seine Vergänglichkeit bewußt macht – auf sein wahres Ziel beständig hinweist.

In der dritten Strophe wird der Gedanke vom schönen Schein der Welt durch die emblematische Motivik aus dem Bereich der Blumen veranschaulicht. Der Garten, der hier Sinnbild für den Friedhof ist, besitzt – im Unterschied zu den Gärten, die Sinnbild der Welt sind – weder Rosen, Jasmin, Tulpen noch Granatblüten. Die Rose – Sinnbild der Schönheit, aber auch der schnellen Vergänglichkeit des menschlichen Lebens – ist auf dem Friedhof nicht anzutreffen, weil der Tod das Ende aller irdischen Pracht und Schönheit bedeutet. Bei Picinellus ist ein Emblem zu finden, das den Jasmin als Sinnbild der Klugheit deutet.[90] Die Tulpe ist bei Picinellus als ein Sinnbild für die Vergänglichkeit des menschlichen Lebens gedeutet worden.[91] Die Granatblüte weist als Sinnbild auf die Freude und das Leid im menschlichen Leben hin. Ein Emblem des Picinellus mit dem Motto »Sub floribus tormenta produntur« hat folgende Auslegung: »Haud secus terrenae voluptates, omnesque fallacis mundi blanditae, extero vultu meritissimos flores mentiuntur, re ipsa tamen acerbissimis cruciatibus plenae.«[92] Der Gedanke, der hinter diesen Bildern steht, ist also derselbe wie in der zweiten Strophe: vanitas vanitatum vanitas.

Die Strophen 14 und 33 kreisen um das gleiche Thema, jetzt aber gesteigert im Gedanken an die Vergänglichkeit auch des Grabes. In Strophe 14 verbirgt sich dieser Gedanke an die vanitas sepulcrorum hinter Bildern aus dem Bereich der Bäume, die einmal als das Material der Särge, das verfault, angesehen werden müssen, daneben aber auch als allgemeine Sinnbilder verweisende Kraft haben.

Ein Sinnbild für die »vanitas terrena« ist zum Beispiel die Zeder bei Picinellus. Seine Erklärung lautet: »Excelsas Cedros nonnumquam putes homines quosdam ingenti fastu ac supercilio supra vulgus elatos: at num aeternum stabit haec gloria?«[93] Die Zeder verweist demnach auf den Hochstehenden, Mächtigen, der aber wie alle Menschen dem Geestz des Todes unterworfen ist. Die Kiefer, an die Mauer gelehnt und vom Wind heftig geschüttelt, hat in einem Emblem des Picinellus die Bedeutung »Damnati«.[94] Die Fichte wird als Sinnbild für den Hochmut der Welt gedeutet: »Superbiae quoque vitae & fastus mundi ac prosperitas abietis designare potest.«[95] Die Eiche ist wegen ihres harten Holzes ein Sinnbild des wahren Wertes.[96] Wenn man an dieser Stelle emblematische Vorstellungen der eben dargestellten Art annimmt, dann stünde hinter diesen Bildern bei Gryphius die Bedeutung, daß Wertvolles und Wertloses dem Gesetz der Vergänglichkeit unterworfen sind.

Mors omnibus communis lautet das Thema der Strophen 15 bis 22, das schon im zweiten Enthusiasmus Baldes anklang: im Tod sind alle Menschen gleich. Strophe 22, die zugleich zur realistischen Verwesungsschilderung überleitet, stellt das Bild der verwesten Körper, von denen nur noch das Gerippe übriggeblieben ist, dar. Als Auslegung dieses Motivs müssen die Strophen 16 bis 21 angesehen werden, in denen die übriggebliebenen Gerippe mit dem Zustand verglichen werden, in dem sie sich befanden, als sie noch lebten. Zeichneten sich die Lebenden durch eine Vielzahl von Unterschieden aus – durch den Gegensatz von Gewalttätigkeit und Frömmigkeit, von Reichtum und Armut, von Schönheit und Wissen –, so ist bei den Toten kein Unterschied mehr festzustellen. Für diese Bilder könnte Cats' Darstellung mit van de Vennes Kupferstich von den fünf Särgen einflußreich gewesen sein.

Die *Verwesungsschilderung* ist zu realistisch gestaltet, als daß sich viele Bilder mit emblematischen Strukturen finden ließen. Lediglich in Strophe 28 wird ein Bild dargestellt, das emblematische Einflüsse vermuten läßt:

»... Deß Halses Schnee
Wird Erdfarb / wie wenn nun die Sonnen
Dem strengen Frost hat abgewonnen
Und heisser stral't von ihrer Höh'.« (V. 221–224)

Die pictura zweier Emblemata von Sambucus stellt Schnee auf den Bergen dar, der unter den Strahlen der Sonne dahinschmilzt.[97] In seiner Auslegung deutet Sambucus das Bild des schmelzenden Schnees als Sinnbild der Vergänglichkeit des menschlichen Lebens. Gryphius hat an dieser Stelle dieses Bild nicht auf die Vergänglichkeit des menschlichen Lebens, sondern auf die schnelle Verwesung des Leichnams bezogen. Er hat dieses Sinnbild also vermutlich rein dekorativ verwendet.

Die Schlange kann ein Sinnbild des Todes sein, wenn auch diese Bedeutung in der Emblematik nicht häufig ist. Ich habe sie nur bei Lauretus gefunden: »Serpens interdum est typus mortis, quia per serpentem homini mors est illata.«[98] Auch die Natter wird von Lauretus sinnbildlich gedeutet: »Detractor etiam est vipera, qui uno ictu perimit et se audientem et eum, cui detrahit.«[99] Dem entspricht Gryphius' Bild in Strophe 29:

»Mich düncket / daß ich Schlangen hör
Mit Nattern ihr Gepfeiffe mischen.« (V. 227–228)

Die Strophen 34 und 48 bis 50 kreisen nochmals um das *Vanitas-Vanitatum-Vanitas*-Motiv, das schon im zweiten Enthusiasmus anklang: »Quod est homo? Cinis atque pulvis.« Wie die Subscriptio zu dem vorhergehenden Bild von der Vergänglichkeit des Grabes erscheint die Strophe 34:

»Ach Todten! ach was lern ich hier!
Was bin ich / und was werd ich werden!
Was fühl und trag ich doch an mir
Als leichten Staub und wenig Erden.« (V. 265–268)

Diese Verse erinnern in ihrer Gedankenführung an das schon erwähnte Emblem vom Friedhof als Schule. Das gleiche Thema und die gleiche Gedankenführung haben die Strophen 48 bis 50. Strophe 48 schließt sich an das Bild von der Leiche an und könnte die Subscriptio eines Emblems sein, da sie auf den signifikativen Charakter des dargestellten Bildes in der Subscriptio durch das Wort »zeigt« hinweist.

> »Sie [die Leiche] zeigt dir / daß du mußt vergehn!
> In Fäul / in Angst / in Stanck / in Erden!
> Daß auff der Welt nichts könne stehn!
> Daß iedes Fleisch muß Aschen werden!
> Daß / ob wir hier nicht gleiche sind /
> Der Tod doch alle gleiche mache!« (V. 377–382)

Genau wie in der scriptura eines Emblems wird das durch das Sinnen-Bild Erkannte auf das menschliche Leben bezogen. Die pictura verweist auf eine allgemeingültige Wahrheit. Aus dem Erkannten wird – genau wie in einem Emblem – die moralische Nutzanwendung gezogen:

> »Geh und beschicke deine Sache /
> Daß dich der Richter wachend find.« (V. 383–384)

In der letzten Strophe wird darauf hingewiesen, wie wichtig die Betrachtung des Friedhofs für den Menschen ist, da sie ihn zur Selbsterkenntnis, zur Erkenntnis seiner Vergänglichkeit führt und zu der Erkenntnis, daß nur ein Ziel in diesem irdischen, vom Tod gezeichneten Leben wichtig ist, das Streben nach dem ewigen Leben.

In Gryphius' »Kirchhoffs-Gedancken« sind aus den Balde-Übersetzungen vor allem die »Denkbilder« eingegangen, die schon bei Balde emblematischen Ursprungs waren. Ihre Bildmotivik findet sich durchgehend wieder. Die Bildmotive des ersten Baldeschen Enthusiasmus »Jamne ergo manes« (»Ihr Geister ist es hin«) erscheinen in den »Kirchhoffs-Gedancken« allerdings breiter ausgemalt und durch die gedankliche Antithetik stärker vertieft. Sie erstrecken sich dort über mehrere Strophen. Aus dem zweiten Enthusiasmus Baldes »Ut se feroces denique« (»Wie schläfft der tolle Sturm«) verwendet Gryphius in den »Kirchhoffs-Gedancken« einzelne Emblemata Baldes zur dekorativen Ausgestaltung. Die spirituelle Vertiefung weicht einer realistisch gesteigerten Bildlichkeit. Eine enge Verbindung von biblischen Bildern, mittelalterlicher Dingallegorese, patristischem Denken und emblematischer Deutung ist in den »Kirchhoffs-Gedancken« unverkennbar. Aber die Auswahl einzelner Denkbilder aus diesem traditionsbedingten Reichtum und deren Ausgestaltung durch Poetisierung sind Gryphius' geistiges und künstlerisches Eigentum.

5. Andreas Gryphius' Rezeption von Jacob Baldes »Genovefa«-Ode in Schönborns Übersetzung

Wie ich an anderer Stelle[100] bereits betont habe, war Andreas Gryphius durch seine beiden Übersetzungen von J. Baldes »Enthusiasmus in coemeterio« zur Niederschrift seiner »Kirchhoffs-Gedancken« angeregt worden. Die Vorreden zu den entsprechenden Editionen von 1657 und 1663 geben darüber genauere Auskunft. Zwei Gedichte gleicher Thematik von anderen Autoren nahm er in diese Editionen auf: die von Daniel von Czepko verfaßte »Rede aus meinem Grabe« und die Übersetzung von Baldes »Genovefa«-Ode durch Christoph von Schönborn. Beide Gedichte wurden – wie Gryphius selbst in der

Vorrede sagt – aus Freundschaft zu den beiden Autoren und wegen der Wichtigkeit der allgemeinen Todesthematik aufgenommen.[101] In beiden findet sich das Motiv der unio mystica, das später am reichsten in den emblematischen Bildern und Gedichten für Mariane von Popschitz ausgeführt ist.

Die Verbindungen zwischen der Übersetzung von Baldes »Genovefa«-Ode durch Christoph von Schönborn und der späten Gedichtfolge des Andreas Gryphius anläßlich des Todes der Mariane von Popschitz sehe ich folgendermaßen:

1. Zwischen 1657 und 1663 sind diese Texte zu einer gedanklichen Einheit zusammengefaßt, mit dem Ziel der Todesfurchtüberwindung.
2. Die Gedanken kreisen in allen Gedichten, bei Balde, Schönborn, Czepko und Gryphius, um den Sieg des Glaubens und Denkens über den triumphierenden Tod.
3. Die Gedichte enthalten deutliche disputatorische Elemente: Genovefa und Mariane sprechen in direkter Rede mit dem Tod, mit Christus und mit den Hinterbliebenen.
4. Die »Genovefa«-Ode Baldes und besonders die Schönbornsche Übersetzung basieren auf einem emblematischen Vokabular, das später von Gryphius in den Mariane-Gedichten zu einer individuellen emblematischen Wort- und Bildkunst gesteigert wird. Das connubium spirituale ist das gemeinsame Thema.
5. Zusammenhänge zwischen Emblematik und Mystik werden im Nebeneinander dieser Texte deutlich, besonders unter Hinzuziehung der von Andreas Gryphius selbst formulierten Sinnbild-Erklärungen, die der Emblemata-Folge zur Leichenfeier der Mariane von Popschitz angefügt sind.[102]

Der Grad der Zusammenhänge zwischen Emblematik und Mystik wird besonders deutlich, wenn man Herders Übersetzung von Baldes »Genovefa«-Ode diesen Texten des 17. Jahrhunderts gegenüberstellt. Herder liegt im wesentlichen an der getreuen Spiegelung der unio mystica in Baldes Gedicht. Er übersetzt nur diejenigen von Baldes fünfundzwanzig Strophen, in denen die Wiedergabe des connubium spirituale, der unio mit Christus im Mittelpunkt steht, und verzichtet auf andere Strophen, die eine Fülle von Emblemen enthalten, die er nicht aufzulösen vermochte. So läßt er in seiner Übersetzung gerade die für Baldes Stil höchst charakteristischen emblematischen Bilder für den Tod aus, die Schönborn – wenn auch wortreich – getreu dem Original wiederzugeben unternimmt. Bei aller Wertschätzung der emblematischen Kunst[103] fehlten Herder die heute gebräuchlichen Hilfsmittel zur Deutung der Emblemata. Er kannte auch die Schönbornsche Übersetzung nicht, in der die (von Herder ausgelassenen) Strophen mit ihren emblematischen Dunkelheiten deutsch, aber mühevoll wiedergegeben werden.

Balde arbeitet mit einer genauen Kenntnis emblematischer Grundbedeutungen, die er bei seiner lateinsprachigen Leserschaft voraussetzen kann, auf Einhaltung der klassischen brevitas hin. Für ihn ist Poesie noch ein Vorrecht der Gelehrten. Schönborn kann in seiner Übertragung dieser konsequenten brevitas Baldes nicht folgen. Er braucht etwa vierzig Zeilen mehr, um die dunklen

Emblemata Baldes aufzuhellen oder durch antithetischen Bildgebrauch verständlicher zu machen. Es ist durchaus vorstellbar, daß Gryphius – abgesehen von der höflichen Geste – auch wegen dieser Bemühungen die Schönbornsche Übersetzung in seine Gedichtsammlung aufnahm, zumal ihn an Baldes Gedicht die mystische Variante des Todesproblems besonders fesselte.

Balde hatte seinem Gedicht, das 1643 in der Gesamtausgabe seiner Lyrik erstmals veröffentlicht worden war, den Untertitel gegeben: »Genovefa Sancta Virgo Parisiensis, Desiderio videndi in caelo Christi, Mortem, Sponsum suum nominare solita.«[104] Es steht außer Frage, daß Balde in diesem Gedicht nicht den Tod als letzte Grenze alles Irdischen vorstellen will, sondern als Durchgang zum ewigen Leben.[105] Das Genovefa-Thema, das die Jungfräulichkeit als Voraussetzung für das connubium spirituale mit Christus sieht und bei Balde geradezu mit dem Bild der Jungfrau Maria zusammen zu sehen ist[106], wird hier auf die Todessehnsucht einer »langsam Sterbenden« ausgeweitet. Warum zögert der Tod so lange, dieses todesbereite Opfer zu sich zu nehmen? Eine von Balde höchst kunstvoll gefügte Fragenkette bietet sich dem Leser, aus der eine ganze Skala von Todesbewertungen abzulesen ist: Verzögert der Tod sein Kommen, weil es ihm angenehmer scheint, im reichgeschmückten Palast eines Mausolus oder in der Nähe der Parzen zu verweilen? Oder muß er als triumphierender Schnitter auf falbem Roß die überreiche Ernte der Zeit vorher noch einbringen?[107] Oder scheint dem Tod die sterbende Genovefa in der strohgedeckten Hütte zu armselig als Opfer? Gibt es die Gnade des rechtzeitigen Sterbens nur für Reiche? Ahnt etwa der Tod, daß sein Kommen nur der Liebeseinung eines reinen Herzens und Geistes mit Christus dienen soll? Das »MORTEM fefelli« aus dem Mund der Genovefa als letzter Triumph könnte darauf hindeuten.

Sehr kunstvoll bietet Balde in der Wiederholung des brevitas-Musters aus der goldenen Latinität seine Antwort. Allerdings wird sie erst ganz verständlich durch die Auflösung emblematischer Bilder, deren Kentnis er bei seinem Publikum voraussetzen durfte, die wir aber heute nur noch durch Wort-für-Wort-Analyse und lexikalische Interpretation freizulegen vermögen. Dafür einige Beispiele:

Balde ruft in Genovefas Rede an den Tod mit der Namensnennung von Adam und Eva, die sich mit dem Wortspiel um das Substantivum malum verbindet, die Erbsünde in das Gedächtnis des Lesers. Der Doppelsinn, der im lateinischen malum verborgen liegt (malum = das Böse, die Sünde und malum = der Apfel), wurde im 17. Jahrhundert emblematisch verstanden und bildlich in der Paradiesszene häufig dargestellt. Mit dem Essen des Apfels nimmt zugleich die Erbsünde ihren Anfang, für die der Tod als »der Sünde Sold«, als Strafe Gottes, angenommen und geglaubt wurde.[108]

Balde nutzt jede noch so feine bildlich-emblematische Anspielung für seinen Text aus. Schon der Name der Genovefa verweist auf die sündig gewordene Stammutter der Menschheit. Mit dem Apfelbiß haben Sünde und Tod ihren Anfang genommen. Der Mensch ist damit dem Gesetz des Sterbens verfallen.

Daraus leitet bei Balde die langsam sterbende Genovefa ihren Anspruch auf das Kommen des Todes ab. In direkter Rede wendet sie sich an diesen mit den bei Balde sehr knapp, aber genau gesetzten Worten:

> Te, Sponse, si nescis in Horto
> Pacta mihi mea mater EVA,
> Diis invidenda carpsit ab arbore
> Dotale Pomum ... (V. 15–18)

Schönborns Übersetzung lautet:

> Wie ist es Bräutigamb? gedenckst du nicht daran?
> Daß meine Mutter / mich / die Eva / dir versprochen?
> Als sie das Heyrathgutt den Apffel abgebrochen? (V. 25–28)

Bei Picinellus findet sich ein Emblem mit dem Motto: E MALO NASCITUR OMNE MALUM.[109] Die pictura zeigt Eva als Sinnbild für »Gula« und »Voluptas«, weil sie gegen das Gebot Gottes den Apfel pflückt. In der subscriptio unterstreicht Picinellus unter Berufung auf Bernhard von Clairvaux Evas Anteil an der Erbsünde.[110] In den Versen

> ... te Generum sibi
> ADAMUS electum momordit
> Et mihi tunc, moriere, dixit. (Balde, V. 18–20)

erscheint bei Balde Adam als »Peccator«, als Vater der Erbsünde. Auch Lauretus beschreibt ihn so: »Adam, id est homo, sive terrenus aut rufus, vel sanguineus fuit primus homo, principiumque generis humani ... ejusque peccato totum genus humanum est interfectum peccato originali ...«[111] Nur mühsam – ohne Hinweis auf die Bilderklärungen bei Picinellus und Lauretus unverständlich – übersetzt Schönborn:

> Als Adam einen Biß frisch in die Frucht gethan?
> Als seiner Tochter Mann Er ihm selb - selbst eraß
> Und drauff das Vrtheil fiel: du solt deß Todes sterben ... (V. 28–30)

Des Picinellus Deutung von Adam bezieht sich darauf, daß dieser aus Erde geschaffen ist. Die Erklärung eines Emblems mit dem Motto: E TERRA IN TERRAM lautet: »Maledicto enim Divino adversus perduellum hominem a Deo decretum est, Pulvis es et in pulverem reverteris (Gen. 3, 19).« Die Bedeutung des Emblems wird mit »homo pulvis« und der damit verbundenen Aufforderung »Mortis memoria« angegeben.[112] Adams Erschaffung aus dem Staub der Erde ist in einem anderen Emblem mit dem Motto: DUM EFFINGITUR, DIFFRINGITUR«, einem Hinweis auf die fragilitas des Menschen wiedergegeben.[113] Balde verwendet die Gestalten Adams und Evas – unter anderem – als Bilder für die Vergänglichkeit des Menschengeschlechts[114]:

> Debetur & nobis parentum
> Terra levis, modicusque pulvis. (V. 23/24)

Schönborn übernimmt in seiner Übersetzung diese gleichnishaften Bilder von terra und pulvis nicht, die zugleich Erklärung des Vorangehenden sind, sondern er begnügt sich mit der Feststellung:

> Diß ist es / das wir von den ersten Eltern erben. (V. 31)

Andererseits haben die Wörter »Erde« und »Staub« selbst zeichenhafte Bedeutung für die Vergänglichkeit des Menschen. Lauretus umschreibt sie unter den Stichworten »pulvis« und »terra«: »Pulvis dictus est homo; quia ex pulvere quantum compactus est ... Et quum dicitur pulvis, humana vilitas & abjectio designatur: Quia ex pulvere est et in pulverem redigitur« und »Terra quandoque designat humanam vilitatem & inutilitatem«.[115] In diesen Bedeutungszusammenhang gehören auch die Vorstellungen vom Tod als Schnitter der Ernte. Balde sagt darüber:

> seu messe jam poscente falcem. (V. 63)

Und Schönborn übersetzt:

> Weil deiner Erndten Zeit die Sense nötig thut. (V. 96)

Die Ernte sieht Lauretus als Sinnbild für das menschliche Sterben, wenn er schreibt: »Messis praeterea est tempus mortis, vel judicii.«[116] Als Dingsymbol, das auf den Tod hinweist, erscheint die Sense in einem Emblem des Picinellus mit dem Motto: AEQUAT – AEQUA LEGE – OMNIBUS AEQUAT – INAEQUALIA AEQUAT. Dieses Emblem hat die spezielle Bedeutung »Gleichheit aller Menschen im Tode«. In der Subscriptio zitiert Picinellus Horaz: »Pallida mors aequo pulsat pede pauperem tabernas Regumque turres.«[117] Das Sinnbild der Sense kann aber auch auf einen allzu frühen Tod hinweisen, wie ein Emblem des Picinellus mit dem Motto: DUM MESSIS IN HERBA oder IMMATURA NON PARCIT zeigt.[118] Dieses Sinnbild der Sense mit dem Hinweis auf eine Ernte, die noch nicht ausgereift ist (immatura) oder die noch im frühesten Wachstum steht (tenerrima), ist in unserem Zusammenhang nicht unwichtig, selbst wenn die bei Balde beabsichtigte Bedeutung aus dem Kontext nicht zu sichern ist. Es tritt als Gesamtbild bei Andreas Gryphius an entscheidender Stelle auf, wenn in seinen Gedichten zu den Emblemen des Leichentuchs der Mariane von Popschitz die allzu frühe Ernte des Todes mehrfach betont wird.[119] In Schönborns Übersetzung ist an dieser Stelle keine so verfeinerte Bedeutung von falx oder messis erkennbar wie bei Balde.

Differenzierter erscheint bei Balde und bei Schönborn eine Anspielung bildlicher Art, in der der sensenschwingende Tod als triumphierender Tod, wie auf Breughels gleichnamigem Gemälde, gesehen und gewertet wird. Schönborns Übersetzung geht an dieser Stelle weit über Baldes knappen Wortlaut hinaus. Baldes Strophe:

> Vectus equo per anhela pestis
> Campósque & urbeis & populos metis,
> Densique stipas cladibus horrea: (V. 64–66)

läßt bereits das Mittelstück aus Breughels »Triunfo della Muerte« vor unseren Augen erstehen. Noch eindrucksvoller wirkt die Übersetzung Schönborns:

> Es sey auch / daß du itzt / ... wol gar zu Pferde sitzest /
> Durch Land und Städte renst / und mühst dich / daß du schwitzest
> (Weil deiner Erndten Zeit die Sense nötig thut)
> Haust gantze Länder auß / führst volle Fuder eyn /
> Und räumest auff was in der Welt nur zu erdencken / (V. 91–98)

An dieser Stelle kann nicht auf alle auffindbaren Embleme bei Picinellus oder Lauretus eingegangen werden. Nur ein ebenso bekanntes Abbild des triumphierenden Todes sei noch erwähnt, das bei Balde wie bei Schönborn mit dem gleichen Emblem-Vokabular erscheint und die allgemeine Vergänglichkeits- und Vanitas-Thematik zum Ausdruck bringt. Hier kann wieder auf die Bilderzählung hingewiesen werden, die von Adrian van de Venne für Cats' »Eitelkeit der Welt« geschaffen und häufig abgewandelt wurde.[120] Auf die königlichen Gräber, mit Pyramiden umstellt, auf denen als Spitze der Totenkopf erscheint, auf die reichgeschmückten Mausoleen, die zugleich Paläste des Todes sind, spielen Balde und Schönborn in gleicher Weise an. Ich verweise darauf, weil das Verweilen des Todes in diesen kostbaren Grabbereichen als Begründung für sein Nichtkommen zu der sterbenden Genovefa gewählt wird.

>   Seu te Sepulcri Regia nobilis
>   Late imperantem; seu nova Pyramis,
>   Vastóve Mausolea monte
>   Saxa tenent: ...   (Balde, V. 53–56)
>   Vielleichte hast du dich was lange zu verweilen /
>   In dem ein neues Grab von Alabaster Stein
>   Ein edler Pyramis, ein Wunder-Bau der Welt /
>   Mausolus gantzer Schatz / dir einzuweyhn gestanden.   (Schönborn, V. 79–82)

Die Pyramide kann, ebenso wie das Grab, ein Sinnbild für den Tod sein. In einem Emblem des Picinellus wird die Pyramide so ausgelegt: »Pyramis, ingenti mole ad fastigium usque erecta, uno denique lapide clauditur. Lemma: LAPIS CLAUDITUR UNO. Sic quidquid in hac vita opem, aedificorum, sapientiae, aut heroicorum facinorum congesseris, illa omnia tandem uno sepulchrali lapide absolves. Diserte Hussaneus Princeps: Spiritus unus atenabitur, dies mei breviabuntur, & solum mihi superest sepulchrum.«[121] Es kann nicht mit Bestimmtheit festgestellt werden, ob Balde das Bild der Pyramide so gedeutet wissen wollte, aber es wäre möglich, da auch bei Cats das Bild der Pyramide in diesem Sinne gebraucht wird.[122]

In Baldes Genovefa-Ode findet sich auch eine Verwesungsschilderung, allerdings nicht so ausgedehnt wie in Gryphius' »Kirchhoffs-Gedancken« oder in Baldes erstem Enthusiasmus »Ut se feroces denique«.[123] Baldes Verse:

>   ... famulíque circùm
>   Pectunt lacertas vertice mobileis:
>   Dorsíque spina, aut orbibus e cavis
>   Scrutantur augueis, ut reclinent
>   Funereum diadema caluae.   (V. 56–60)

werden von Schönborn übersetzt:

>   Ich zweifel nicht / es sind Trabanten da vorhanden /
>   Die ihre gute Wacht auff deinen Leib beställt.
>   Die den verwornen Kopff / dein Natter-volles Haar
>   Mit sonderbahrem Fleiß schlecht und zu rechte machen /
>   Die auß dem Rückengrad / vnd Zungen-losen Rachen /
>   Vnd auß der Augen-Klufft / die Schlangen alle gar
>   Zusammen zihn / damit sie eine Leichen Kron
>   Der abgefleischten Stirn / fein auffzusetzen hätten.   (V. 83–90)

Bei Balde muß wohl die Eidechse (lacerta) realistisch aufgefaßt werden, etwa in dem Sinne, wie es Lauretus bei der Beschreibung des Tieres Eidechse angibt: »Habitat in sepulchris & cavernis locis.«[124] Auch die Schlangen und Nattern – Schönborns Übersetzung von Baldes »lacerta« – sind wohl realistisch zu sehen, wenn auch Lauretus schreibt: »Serpens interdum est typus mortis, quia per serpentem homini mors est illata.«[125] Ebenso wird ihm die Natter Gegenstand allegorischer Deutung: »Detractor enim est vipera, qui uno ictu perimit & se audientem et eum, cui detrahit.«[126] In diesem Sinne könnte Schönborn diese beiden Metaphern verwendet haben.

Weit eindrucksvoller wirkt Schönborns Übersetzung, wenn man sie als Ganzes, als Portrait des Todes sieht, wie es in den Fresken des Campo Santo von Pisa erscheint. Ähnliche Darstellungen, die ja zugleich der Wiedergabe der Höllenpersonifikation entsprachen, könnten als Erinnerungsbild dem Übersetzer vorgeschwebt haben.

Die Nähe des Todes zur Wohnung der Parzen kann als traditionsbestimmtes Emblem bei Balde und Schönborn angenommen werden. Für beider Wortlaut
 Seu fila vitae texta novissimae
 Lustras, & aevi pensa recolligis. (Balde, V. 61/2)
 Es sey auch / daß du itzt / vielleichte bey den Betten
 Der Parcen ihr Gespünst / damit sie deinen Thron
 Auß Pflichtschuld außstaffirt in deinem Helden Muth
 Betrachtest / ... (Schönborn, V. 91–94)
bietet Picinellus viele Variationsmöglichkeiten. Er deutet die Schicksalsgöttinnen, denen die Überlieferung zuschreibt, daß sie den Lebensfaden des Menschen unvermutet durchschneiden können, mit dem Motto: OBSERVANT, QUEM STATUERE, DIEM. Seine Auslegung kreist um das Thema des ungewissen Todes, wenn er schreibt: »Parcarum nomine Divinarum voluntatum intelligias velim, quae mortalibus omnibus certam vitae mortisque praefixit metam, nullis unquam viribus transiliendam. In rem praesentem Magnus Augustinus. Non est in homine potestate, quo exitu hanc vitam finiat; sed est in hominis potestate, quomodo vivat, ut securus vitam finiat.«[127]

Bei Balde wie bei Schönborn setzt sich in den nächsten Strophen das für das 17. Jahrhundert kennzeichnende Stilgesetz der Antithetik durch. Den realistischen Emblemata folgt eine ganze Serie spiritualiter et mystice gebrauchter Bilder, die eine bewußte Ambivalenz in der Wortwahl erkennen lassen. Der Tod, der bisher als Triumphator erkennbar war, wird jetzt als sponsus einer Liebenden gesehen und angerufen. Der Eingang des Gedichtes benannte bereits den Tod als »Liebster«, als »Leben«. Jetzt steigert Balde – und noch stärker der Übersetzer Schönborn – diese Vorstellung zu einer Brautmystik, die nicht mehr wie im Mittelalter nur Christus, sondern dem Tode gilt. Der christliche Bildgebrauch wird beibehalten, in dem der pfeilgefüllte Köcher und der Bogen statt der Sense dem Tode beigegeben werden. Die furchtbare, schreckenerregende Gestalt des bleichen Knochenmannes wandelt sich in einen schönen Jüngling, der aus der fremden Zone des Libanon herabsteigt zu der sehnsuchtsvoll rufenden Braut, die um den goldenen Pfeil des königlichen Schützen bittet. Wenn dieses

Bild auch aus der Antike herzuleiten ist[128], so könnte man doch auch an die damals weitbekannte Bellini-Plastik denken, die dem von Balde und Schönborn gebotenen Bildausdruck noch mehr entspricht. Der Tod wird gerufen, aber nicht als Tötender, sondern als Liebender. Eine kühne Täuschung des Todes wird von Genovefa bei Balde gewagt und in Schönborns Übersetzung deutlich als Betrug gekennzeichnet. »Mortem fefelli« bedeutet einen Höhepunkt, bedeutet den Sieg der Jungfrau Genovefa über den triumphierenden Tod, der jetzt als mors devicta – wie es später bei Gryphius heißt – den Weg zum connubium spirituale eröffnet.

Die dunklen Bilder, die auf die Vergänglichkeit des Menschen hinweisen und die aus der geistigen Haltung der Weltverneinung entstehen, nehmen nur einen geringen Teil von Baldes Ode ein. Der Gesamteindruck weist auf eine andere, die antithetische Stilebene. Durch die Vanitasmetaphorik wird der krasse Gegensatz von Leib und Seele herausgehoben. Wenn Genovefa, die ihre Seele der unio mit Christus für würdig hält, den Tod als sponsus anredet, so geschieht das zwar in Bildern, die vom Vanitasgedanken geprägt sind, aber zugleich verändern diese Bilder von dem besonderen Blickwinkel der Genovefa aus ihren Charakter. Der Tod wird nicht mehr als Feind, sondern als Erlöser des Menschen aus seinem kreatürlichen, irdischen Dasein gesehen. Erschien der Tod dem weltlich gesinnten Menschen als Vernichter, als gleichmachende und blind zuschlagende Macht, so begegnet er der geläuterten Seele, die der Welt abgestorben ist, als der Befreier, als der Erlöser. Darum ruft Genovefa den Tod sehnsüchtig herbei:

...MORS mea vita... (Balde, V. 5)
...vnd du / mein Tod / O du mein Leben! (Schönborn, V. 6)

Eine gedankliche Auflösung dieser Antithese ist bei Lauretus zu finden. »Dormiens non timet, qui moritur securus in gratia Dei. Sic moriuntur in nidulo suo qui pacatissima quiete ad caelum evolant, vel qui vitiis mundi & concupiscentiis in carne non vivent. Et mors Sanctorum dictur pretiosa, quia transunt ad vitam. Dicitur autem Deus esse mors ipsi morti, quia in electis totam mortem occidit.«[129] Dieser Ausruf, der einer Verheißung gleichkommt, basiert auf der mystischen Vorstellung vom Tod des auf Weltlichkeit gerichteten Teiles des Geistes im Menschen. Auf der Grundlage von Apoc. 14, 13: »Beati mortui, qui in Domino moriuntur« wurde schon immer Psalm 43, 22 allegorisch ausgedeutet: »quoniam propter te mortificamur tota die«. Da Genovefa als Heilige im irdischen Leben tot sein will, bringt ihr der zeitliche Tod, durch die unio mit Christus das ewige Leben, wie es Lauretus' Auslegung zeigt. Damit hat sie den Tod besiegt.

Aus dem Bereich der Mystik und zugleich des Vanitasdenkens stammt ein anderes Bild, mit dem Schönborn Baldes Vers 14: ...»MORS in amoribus« übersetzt: »Ich liebe dich mein Trost /vnd deine finstre Höle /« (V. 15). Die Finsternis kann sinnbildlich auf den Tod hinweisen. »In tenebris stravi lectulum meum.«[130]

Diese Todesnacht ist für Genovefa nicht voller Schrecken, sondern ihr Trost.

denn sie betrifft nur ihren Körper, nicht ihre Seele. In den Versen 25-28 bei Balde und 35-38 bei Schönborn sind Bilder enthalten, die auf die Rolle des Todes als Zerstörer des menschlichen Lebens hinweisen; ihnen werden aber antithetisch solche Bilder gegenübergestellt, die die Heilsgewißheit des Menschen im Tod zum Ausdruck bringen.

> O Larua vernâ pulcrior iride:
> O Vmbra puro sidere clarior!
> O corpus, ô vivum cadaver:
> O tenebrae, mea Lux, amicae! (Balde, V. 25-28)
> Ach wunder schönes Bild! ach überreicher Schatten /
> Gespenste / das den Glantz der Sternen vbertrifft!
> Ach meine Finsternüß! vnd doch auch helles Licht /
> Mein Adernloses Lieb vnd lebendes Gerippe / (Schönborn, V. 35-38)

Recht farblos übersetzt Schönborn Baldes »Larua« mit »wunder schönes Bild«. Dadurch geht die emblematische Struktur, die das Baldesche Bild zeigt, verloren. Die Maske gilt in der Emblematik als ein Sinnbild für die Unbeständigkeit des Lebens. Picinellus bietet ein Emblem, dessen Pictura diesen Gegenstand zeigt, mit dem Motto: SUMITUR ET DEPONITUR.[131] Das menschliche Leben ist unter das Gesetz des Todes gestellt: Der Tod, die letzte Verwandlung, die das Sterbliche des Menschen durchlaufen muß, erscheint Genovefa als »pulcrior iride«. Iris – Bezeichnung für einen Stern wie auch für einen Edelstein – ist ein Emblem, das die gesteigerte Freude der Genovefa, die sie beim Herannahen des Todes empfindet, zum Ausdruck bringt. Diese Stelle kann erst dann textgetreu interpretiert werden, wenn man die Bedeutungen, die die Emblematik diesem Gegenstand gibt, heranzieht. Der Stern Iris wird von Picinellus aufgrund seiner Eigenschaft, daß er auf der Erde nicht zu sehen ist, weil ihn Regen und Wolken verdecken, gedeutet. Unter dem Motto: TEMPERAT TRISTIA RISU gibt Picinellus folgende Auslegung: »Tum demum fletus noster risu temperabilitur, quando ex hac lachrymarum valle ad aeternam beatitudo migrare licebit...«[132] Die gleiche Bedeutung von beatitudo hat auch ein anderes Emblem von Picinellus, das den Stern Iris unter dem Motto: A MAGNO MAXIMA sinnbildlich auslegt.[133] In ähnlicher Bedeutung, »Sancti gloriosi«, erscheint Iris als Edelstein in einem Emblem. Unter dem Motto: RADIIS ADVERSA REFULGET wird er als Hinweis auf das Leben der Heiligen gesehen: »Ita Sancti sub praesentiae ac gratiae Divinae radiis collocati, visibilem ac ludissimum gloriae splendorem e vulto suo diffundent...«[134]

Von diesen sinnbildlichen Deutungen her enthüllt sich erst ganz der Sinn der Baldeschen Textstelle. Der Tod erscheint Genovefa noch schöner als der der Welt zugehörige Gegenstand Iris, da sie durch den Tod die höchste Seligkeit erlangen wird. Diese Seligkeit wird so schön sein, daß sie über menschliches Vorstellungsvermögen hinausgeht. In diesem Sinne müssen auch Vers 26 bei Balde und die Verse 35/6 bei Schönborn verstanden werden. Der Schatten deutet sinnbildlich auf das irdische Leben und damit verbunden auf den Tod. »Umbra morti dicitur vita praesens, quae parum distat a morte. Item ipsa mortalitas... Ipsa enim dicitur mors.«[135]

Weil der Tod aber für Genovefa die Tür zum ewigen Leben öffnet, deshalb ist er »puro sidere clarior«. Der Stern kann als Gegenstand spiritueller Weltdeutung auf die Heiligen weisen. »Stellae passim sanctos & praelatos & doctores ecclesiae significare solent, qui dum recta peccatoribus praedicant, tenebras nostrae noctis illustrant.«[136] Viel wertvoller als die hervorragendsten Tugenden auf dieser Welt erscheint Genovefa der Tod, weil er ihr die ewige Seligkeit und die unio mit Christus bringt.

Es führte zu Wiederholungen, wollte man im weiteren Verlauf der Ode alle Emblemketten im einzelnen auflösen. Ich füge deswegen nur eine – unvollständige – Übersicht an, die den emblematischen Reichtum andeutet, der hier für die Poetisierung des Todes als »sponsus animae« genutzt wurde.

Serta (Balde, V. 7)	Picinellus, Lib. 25, Cap. 26, Nr. 98, Nr. 100	
Sponsa (Balde, V. 7)		Lauretus, S. 946
Oleum (Balde, V. 8)		Lauretus, S. 742
Lampas (Balde, V. 9)	Picinellus Lib. 14, Cap. 8, Nr. 62	
Virgo (Balde, V. 30)	Picinellus, Lib. 11, Cap. 1, Nr. 3	Lauretus, S. 1048
Umbra (Balde, V. 26)		Lauretus S. 1054/
Sidus (Balde, V. 26)		Lauretus S. 952
Nox (Balde, V. 37)		Lauretus S. 723/4
Thalamus (Balde, V. 40)		Lauretus S. 297
Pharetra (telum) (Balde, V. 81/2)		J. Mannich, Embl.-Hdb., Sp. 1583/4
Eburneus (Balde, V. 86)		Lauretus S. 373
Pharetra (aurea) (Balde, T. 81/2)		J. Mannich (Embl. Hdb. Sp. 1583/84)
Eburneus (Balde, V. 86)		Lauretus, S. 373
Libanus (Balde, V. 88)		Lauretus, S. 618
Myrthe (Balde, V. 91)	Picinellus, Lib. 9, Cap. 22, Nr. 288	
Viola (Balde, V. 92)	Picinellus, Lib. 9, Cap. 22, Nr. 243	Lauretus, S. 1045
Corona (Balde, V. 96)	Picinellus, Lib. 25, Cap. Nr. 36, Nr. 34	Lauretus, S. 288

Der mystische Weg, der zur unio mit Christus führt und der zugleich der Weg zur Überwindung des Todes ist, erscheint in dieser Ode beispielhaft dargestellt. Er verlangt eine völlige Weltabkehr und Aufgabe der eigenen Individualität. Durch die via purgativa, die Reinigung vom weltlichen und kreatürlichen Leben, kann es dem Menschen gelingen, der Vereinigung mit Christus würdig zu werden. Wenn der Mensch diesen Zustand erreicht hat, dann verliert er alle Furcht vor dem Tode; denn nur sein irdischer Leib ist dem Tode verfallen, während dieser über die reine, nach Gott strebende Seele keine

Gewalt mehr hat. So kann sie den Tod herbeirufen, und aus diesem Grunde ist im Augenblick des Sterbens der Genovefa das »MORTEM fefelli« als Sieges- und Jubelruf zu verstehen. Sie genießt im Tode die – schon zu Lebzeiten sehnlichst erwartete – Erfüllung der unio mit Christus.

Auch wegen dieser mystiknahen Darstellung der Todesüberwindung hat wohl A. Gryphius die Balde-Übersetzung Schönborns in sein Werk aufgenommen.

Kapitel 3
Die Poetisierung des Todes im »Carolus Stuardus«

1. Die Vergebung der Schuld im Abschiedsmonolog des Königs

Albrecht Schöne hat in seiner an Anregungen reichen Darstellung von »Emblematik und Drama im Zeitalter des Barock« eine genaue Analyse der von Gryphius gebrauchten Emblemata im »Carolus Stuardus« gegeben.[1] Die Wiedergabe der Titelseite (bei Schöne neben S. 128) aus dem »Eikon Basilike von 1649 (ΕΙΚΩΝ ΒΑΣΙΛΙΚΗ) vel Imago regis Caroli«[2], die Andreas Gryphius in dieser Ausgabe (oder einer späteren) benutzt hat, zeigt drei Kronen – neben anderen bekannten Emblemata –, deren Bedeutung Schöne aufgrund der dazu gehörigen Inschriften und Spruchbänder überzeugend auf den Text von Gryphius' Drama bezogen hat. Schon aus seinen Emblemata-Deutungen geht die Übereinstimmung der englischen Quellen mit den Grundgedanken der Abschiedsreden, die Gryphius *Carolus I.* in den Mund legt, deutlich hervor: Die exemplarische christliche Haltung Carls vor und im Sterben beweist den »hohen Mut« eines großen Menschen, der seinem Staat und seinem christlichen Gott bis in den Tod getreu bleibt.

Fragt man nach der eigenen Zutat des Dichters Gryphius im Schlußakt, in der Enthauptungsszene, so fällt es auf, daß Gryphius im Abschiedsmonolog des Königs Carl dem Motiv der *Schuldvergebung* besonders großen Raum gibt. Dieses Motiv gehört eindeutig – wie Schöne überzeugend nachgewiesen hat – zur Konfigurationstechnik des Andreas Gryphius, der in der Paralleldarstellung des Leidens seiner Hauptfiguren im Drama zum Passionsweg Christi[3] ein besonders starkes Mittel theatralischer Wirkung sah. Bei genauer Textinterpretation läßt sich feststellen, daß dieses Motiv der Schuldvergebung außer seiner Funktion als Parallele zur Nachfolge Christi auch für die Todesbewertung eine wichtige Rolle spielt. Die Selbstverleugnung des Königs, der wie Christus für seine Kläger und Mörder um Vergebung ihrer Schuld bittet, wird von Gryphius mit besonderen poetischen Mitteln gestaltet. Bei einem Vergleich mit der englischen Quelle bietet sich hier eine Möglichkeit, den Anteil des Andreas Gryphius an der Poetisierung eines solchen Motivs zu zeigen. Hier ist eine Ergänzung zu Albrecht Schönes Ergebnissen, die sich vor allem auf die Passio-Christi-Parallele und auf das dreifache Kronen-Emblem beziehen, möglich. Ausgangsbasis ist das Schlußgebet Carls (Z. 475-488), das in der englischen Quelle keine genaue Entsprechung hat. Dort heißt es nur in der »Kurzen Erzehlung« (S. 96) über die letzten Augenblicke Carls:

Der König: Wann ich meine Hände außstrecke so verrichte den Schlag. Nach diesem hat er zwey oder drey Wort stehend und gar leise gesprochen / Händ und Augen gen Himmel gehalten / sich darauff nieder gebucket / das Haubt auff den Block geleget / und seine Haare selbst unter die Mütze gestecket / und diß zu dem Scharffrichter gesprochen: Warte / biß ich dier das Zeichen gebe. Der Scharffrichter. Ich will es thun. Kurtz hernach streckte der König seine Hände auß / da schlug der Scharffrichter mit einem Schlage des Königs Haubt von dem Leichnam / hub es empor / und zeigte es dem Volck.«

Der Bericht in der Quelle »zwey oder drey Wort stehend und gar leise gesprochen« regte Gryphius an, in der Tragödie ein Schlußwort einzuschieben, das den Abschied des Königs von dem irdischen Leben in der erhöhten Sprache des Gebets eindringlich zum Ausdruck bringen sollte:

O König, der uns durch sein Blut
Der Ehren Ewig-Reich erwarb!
Der seinen Mördern selbst zu gut
An dem verfluchten Holtze starb /
Vergib mir was ich je verbrach
Und fordre umb diß Blut nicht Rach!
Nimm nach dem überhäufften Leiden /
Die Seele die sich dir ergibt:
Die HErr / dich / wie du mich gelibt:
Die keine Noth kan von dir scheiden;
Auff in das Reich der großen Wonne:
Erfreue mich du Lebens Sonne!
Erhalt mich unerschöpffte Macht!
Hir lig ich! Erden gutte Nacht!   (Ed. Szyrocki, Bd. IV, S. 50, Z. 303 ff. Text A)

Man sieht hier, daß der in der Quelle geschilderte Vorgang der Hinrichtung für Gryphius weniger wichtig ist. Er ist in die Kommentare der Jungfrauen verlegt, z. B. wird das Niederbeugen des Hauptes zur Hinrichtung durch die zweite Jungfrau mitgeteilt (A. Z. 289 ff.). Die außergewöhnliche Situation – eine Majestät beugt sich vor dem Henker – und die Vorbereitung der letzten Worte des Königs begründen eine Änderung des Versmaßes in den letzten zwei Zeilen vor dem Schlußgebet. Bei Gryphius betonen zwei Zeilen achthebiger Trochäen den feierlichen Ernst dieser Szene:

Sol der Britten Majestät sich so tiff zur Erden neigen?
Und ihr drey-bekröntes Haubt vor des Henckers Füssen zeigen?   (ebd. Z. 301/302)

Die letzten Zeilen des Gebets – zweimal je sechs bzw. acht Zeilen vierfüßiger Jamben, die die ruhige und ergebene Stimmung des Königs wiedergeben, der im Frieden mit sich selbst ist, enthalten eine direkte Anrede des Carolus an Christus. Alle Verbindungen zu den Menschen, zum Irdischen überhaupt, scheint er bereits abgebrochen zu haben, lediglich in der letzten Zeile wendet er sich noch einmal zu der »Erden«, von der er sich jetzt zu trennen hat. Die Abschiedsformel »Erden gutte Nacht« (Z. 488) ist hier zum drittenmal von Carolus innerhalb der Tragödie verwendet.[4] Hier, am Ende des Trauerspiels, in den letzten drei Worten, also kurz vor der Enthauptung, wird die ganze diesseitige Sphäre in den Abschied mit hineingenommen. Unausgesprochen, aber für den Zuschauer spürbar, wird wahrscheinlich, daß den Worten des Abschieds von der Erde für den König Worte der Begrüßung im Himmel folgen könnten.

In beiden Strophen des Gebetes läßt sich eine kunstvolle Parallelität im Aufbau feststellen. Die erste Zeile enthält jeweils eine Anrede an Christus, in beiden Strophen folgen zwei Relativsätze: in der ersten bezieht sich der Relativsatz, der zwei Zeilen ausfüllt, direkt auf die Anrede; die Relativsätze der zweiten Strophe in Zeile drei und vier beziehen sich auf »Seele« in der zweiten Zeile. Durch den Gebrauch dieser Relativsätze gelangt das erste Wort der fünften Zeile in beiden Strophen zu einer starken Betonung. In der ersten Strophe folgt in Zeile fünf das schon lange erwartete Prädikat der Anrede (»Vergib mir«), in der zweiten Strophe der durch die metrische Drückung betonte zweite Wortteil des ersten Verbs (»Nimm... Auff«). Der König, dem man Königtum und Reich nahm, spricht Christus als König an, der »uns... Der Ehren Ewig-Reich erwarb« – wieder ein Hinweis auf das, was Carl erwartet nach aller irdischen Qual. Zeile drei und vier bereiten die letzte Zeile vor, in der Carl sich in seinem Verzeihen mit Christus vergleicht. Zum siebenten Male innerhalb des Schlußmonologs betont der König die Vergebung gegenüber seinen Feinden und bittet Gott um Vergebung der Schuld, die sie auf sich geladen haben.

In der ersten Zeile der zweiten Strophe erinnert Gryphius noch einmal an die Leiden, die diese Welt dem König bereitet hat. Sie waren »überhäufft«, also im Übermaß, dem Märtyrer beschieden. Das Jenseits ist »das Reich der grossen Wonne«, hier antithetisch verwendet zu den »überhäufften Leiden« der Erde. Carolus bittet um die weltüberwindende Freude des Märtyrers (»Erfreue mich...«), der durch den Tod in das ewige Leben eingeht. Diese Freude kann aber nur Gott geben, des »Lebens Sonne«.

Schon aus diesem kurzen Vergleich mit der Prosavorlage geht deutlich hervor, daß Gryphius auf die sprachliche Gestaltung im letzten Akt des »Carolus Stuardus« besondere Mühe verwendete, während er die Gedanken aus dem English-Memorial Satz für Satz übernahm. Es kam Gryphius darauf an, den König mit seinen eigenen Worten sprechen zu lassen, weswegen er einen besonderen Hinweis unter seinen »Kurtzen Anmerckungen über Carolum« bietet (zu Vers 285):

> »Mir würde unschwer gefallen seyn dem Könige eine andere Rede anzudichten; oder seine eigene kürtzer einzuziehen / oder auch gar / wie sonsten in den Traur-Spilen gebräuchlich / dises alles durch einen Boten vorzubringen: Ich habe aber darvor gehalten / man könne dises bluttige Jammer-Spil nicht beweglicher abbilden / als wenn man disen abgekränckten Fürsten / also dem Zuseher und Leser vorstellete / wie er sich selbst mit seinen eigenen Farben außgestrichen / in dem Anblick des Todes / da alle Schminke und Gleißnerey ein Ende nimt / und als Dunst verschwindet.«

Warum will Gryphius eine möglichst historisch getreue Darstellung der Schafottszene? Das Ungeheuerliche eines Königsmordes im Jahre 1649, dieses Gryphius' Rechts- und Staatsvorstellungen völlig zuwiderlaufenden Ereignisses, soll betont werden. Mit- und Nachwelt sollen sich mit dem Dichter über das furchtbare Geschehen empören. Die Heranziehung der historischen Quellen in Gryphius' Anmerkungen zu seinem Trauerspiel bringen den Beweis, daß dies alles sich wirklich zugetragen hat, daß alle teilnehmenden Empfindungen des Lesers oder Hörers dieser Worte gerechtfertigt sind.

So etwa könnte man die Hinzufügung von Gryphius' Textanmerkung zum Wortlaut seines Dramas (Vers 285) begründen. Es gibt aber darüber hinaus eine weitere Erklärung, weil sich Texte anbieten, die bisher in der Gryphius-Forschung noch nicht ausgewertet wurden. Hinzu kommt eine Abbildung, die auch Powell (in der kritischen Ausgabe von Szyrocki) und A. Schöne (in seinem Buch über »Emblematik im Drama des Barock«) nicht verwerteten, die aber gerade zum Thema des besiegten Todes einige Bedeutung gewinnt.

Es ist möglich, daß Gryphius nicht nur die bisher bekannten Quellen benutzte. In dem bisher meines Wissens in der Gryphius-Forschung nicht genug beachteten bibliographischen Sammelwerk von F. F. A. Madan[5] wird auf S. 68 unter Nr. 59 eine deutsche Fassung auch unter dem Titel ›ΕΙΚΩΝ ΒΑΣΙΛΙΚΗ‹ als »rare Edition« aufgeführt, die 1649 erschienen ist, die aber an Bild- und Textmaterial weit mehr enthält als das bisher stets für Gryphius' Quelle gehaltene Englische Memorial in deutscher Fassung (Exemplar in Braunschweig) von 1648 (Druckfehler für 1649?). Dieses an zusätzlichen Abbildungen und Texten weitaus reichere Exemplar wurde mir freundlichst von Herrn Professor Dr. George Schulz-Behrend während einer Gast-Professur in Austin/Texas zur Verfügung gestellt. Es enthält einige für die Carolus-Stuardus-Deutung wichtige Appendices, die ich im Anhang wiedergebe und beschreibe, weil sie bisher in Deutschland unbekannt waren oder nicht verwertet wurden. Wenn A. Schöne in seinem Buch »Säkularisation als sprachbildende Kraft« bei der Behandlung der Quellenfrage[6] zum Carolus Stuardus eine zusätzliche fiktive Quelle für Gryphius' Trauerspiel annahm, die aber J. Stackhouse und Habersetzer als existent feststellen konnten, so könnte trotzdem die oben genannte Ausgabe noch von besonderer Bedeutung sein, da sich in dieser ausführliche Erklärungen zu den Kronen-Emblemen und zusätzliche Sonette finden, die wiederum mit dem wichtigen Appendix »Todes-Gedancken des Königes« engen Zusammenhang haben. Ich neige auch zu der Auffassung, daß die ganze Anlage der Leichabdankung auf Mariane von Popschitz von der Struktur dieser Edition zum Tod Carls I. mitbestimmt ist, denn es finden sich hier wie dort Emblemata, deren Über- und Unterschriften durch Prosaerklärungen erweitert und durch selbständige Gedichte bereichert sind.[7]

Für unser Thema vom »besiegten Tod« bieten die »Todes-Gedancken« des Königs Carl, die er im Gefängnis in der Nacht vor seiner öffentlichen Hinrichtung niederschrieb, wichtige Aufschlüsse.[8] Sucht man eine Beziehung dieser »Todes-Gedancken« des Königs Carl im Kerker zum Text der Erstfassung des Andreas Gryphius, so ist wohl als erstes die Stelle als Zitat vorauszuschicken, die im Abschiedsmonolog Carls mit den Worten beginnt:

... Wir hätten schweigen können:
Idennoch zu entgehn dem rasenden Verdacht /
Als wenn durch eigne Schuld wir in die Noth gebracht:
Erfordert uns're Pflicht / durch die wir GOtt verbunden /
Und Reich und Vaterland / daß in der letzten Stunden
Ich darthu; daß ich sey ein Mann ohn arge List /
Daß ich ein gutter Printz / und unverfälschter Christ. (Ed. Szyrocki, Bd. IV Text B,

Aus diesem Text geht bei Gryphius sehr deutlich die Absicht hervor, den König als dreifaches Vorbild erscheinen zu lassen: als *Menschen*, als *Staatsmann* und als *Christen*. Gryphius erfüllt mit dieser Zielsetzung alle Forderungen, die in den Poetiken seit Opitz an ein Trauerspiel gestellt wurden. Das Staatsdrama, das von hohen Personen getragen sein sollte, ist hier zugleich Märtyrerdrama, genauso wie in der »Catharina von Georgien«, »Leo Armenius« und im »Papinianus«.[9]

Carls Schuld ist deutlich reduziert auf die Tötung Wentworts, die von Carl zugegeben, aber im Drama selbst als Notwendigkeit entschuldigt wird, weil Wentwort die Staatsordnung gefährdete. Alle anderen Anklagepunkte werden als nichtig erklärt. Dadurch ist die Gestalt des angeklagten und bereits zum Tode verurteilten Königs zum Exemplum eines christlichen Märtyrers erhoben.

Als *Mensch* zeigt Carl seine Größe vor allem in seiner Bereitschaft, den Anklägern und Mördern jegliche Schuld zu vergeben. Das Opfer seines Lebens bringt er nach der eigenen Sinnesänderung, um mit seinem Tode Friede und Recht im Lande wiederherzustellen. Bürger- und Religions-Kriege sollten so vermieden werden.

Als *Staatsmann* zeigt Carl beispielhaft politische und zugleich christliche Verantwortung für sein Volk. Sein Blut fließt jetzt auf dem Schafott für Kirche und Reich. Die Parlamentsrechte hat er nicht verletzt. Nicht er, sondern seine Ankläger griffen als erste zum Schwert. Ein Reichstag müßte eingesetzt werden, bei dem jedes Bürgers »uneigennützige Mannes Stimme« gehört werden soll. Nur so können die »Grund-Gesetze«, die dem Volk Freiheit und Ordnung garantieren, erhalten bleiben. Das biblische Gebot kann nur auf diese Weise Erfüllung finden: »...Ihr must dem Fürsten geben / Was Printz und Printzen Erb' / und Unterthan gebührt.« (Ed. Szyrocki, IV., S. 134, Z. 361 und 364).

Als *Christ* verzeiht er seinen Anklägern. Er sieht sich als Opfer für das verblendete Volk. Er geht Gott mit reinem Gewissen und festem Glauben entgegen wie Christus, der für andere die auferlegte Passion erfüllte.

Mit dieser von Gryphius in überhöhter Sprache gegebenen Rechtfertigung des Königs Carl ist zugleich seine innere, dem Tod überlegene Haltung vor dem Publikum dargelegt. Der Tod erscheint als besiegt.

2. Die »Todes-Gedancken« König Carls im Kerker im Zusammenhang mit seinem Abschiedsmonolog

Überprüft man die »Todes-Gedancken« des Königs, wie sie in dem Anhang zu der so seltenen deutschen Ausgabe des ΕΙΚΩΝ ΒΑΣΙΛΙΚΗ von 1649 als Niederschrift Carls im Kerker wiedergegeben sind, so können sie geradezu als Vorstufe zu dieser Haltung dem Tode gegenüber verstanden werden. Sie zeigen lückenlos den möglichen Sieg des hohen Geistes über die Todesfurcht. Dabei vereinigen sich humanistische mit christlichen Argumenten. Als großer

Mensch, als treuer Staatsmann und als gläubiger Christ widersteht dieser zum Tode verurteilte König seinem Feinde: dem Tod. Aus dem triumphierenden Tod ist ein besiegter Tod geworden. Der Wortlaut der »Todes-Gedancken« bestätigt das Bibelwort: »Der Tod ist verschlungen in den Sieg«.

Als *Mensch* erreicht dieser zum Sterben verurteilte König seine Größe in der Selbsterniedrigung und in dem Gehorsam Gott gegenüber. Christi Passion war schrecklicher als die eigene. Weil Carl als Mensch und als König bereits in besseren Tagen über den Tod nachgedacht hat, ist ihm die Muße zum weiteren Nachdenken über ihn im Kerker willkommen. Die hora mortis ist für ihn angebrochen und nicht mehr ungewiß. Gutes Gewissen und guter Wille verstärken die »Mauer der Beständigkeit« (Blatt 1 der Todesgedanken im Anhang S. 187 ff.). Schwer ist ihm nur, diesen Tod als junger König von der Hand der eigenen Untertanen hinnehmen zu müssen. Die Untertanen müßten wissen, daß »kein Göttlich noch Menschlich Recht« es ihnen gestattet, über den König ein Urteil zu sprechen, da sie vor Gott und Menschen vereidigt sind, den König zu beschirmen. Sie versuchen jetzt, ihren »Meineydt« mit dem Schein der Gerechtigkeit zu bemänteln. Daß diese seine Feinde sich selbst preisen, wenn sie behaupten, sie würden mit der Enthauptung des Königs eine Strafe vollziehen um der Gerechtigkeit willen, bezeichnet der König als »Gedichte und Larven«. Sie haben kein Recht dazu, weil es nur einen Richter, den »König aller Könige« gibt, dem sich der gefangene König selbst freiwillig beugt. »Wolan / GOttes Wille geschehe« (Anhang S. 189).

Als *Staatsmann* sieht sich der einsame König keineswegs völlig von der Anhänglichkeit seines Volkes verlassen, auch wenn er als König verurteilt wurde. Das königliche Leben *für* sein Volk hat in ihm die Gewißheit bestärkt, »daß ich noch bey jhnen nicht gantz todt und gestorben bin«. Im Volk lebt noch die selbstverständliche Anhänglichkeit an den König. Als König wird er vor dem Gericht Gottes seinen Mördern »an gerechter Sache und gutem Gewissen« überlegen sein. Sein Handeln war bestimmt von der Erhaltung der »Gesetze des Reiches / Freyheit und Ehre der Parlamenten / die Rechte der Krone / die billig-mässige Entbürdung der Unterthanen / und die wahre Christliche Religion so wol in der Lehr alß in der Kirchen-Zucht ... zu beschirmen« als durch Kriegführung gegen diese Gegner (vgl. S. 191). Der König triumphiert über seine Gegner und über den Tod. »Meine Sieges-Zeichen der Liebe werden viel herrlicher seyn / als jhre Überwindung / die sie so übel wider mich gebraucht haben« (S. 192). Er stirbt als König in der Gewißheit, daß die Getreuen treu bleiben werden bis zum Tode. Sie werden ihm, dem »gestrauchelten« Menschen vergeben und dem König die schuldige Pflicht erweisen. Die »Rache« überläßt der König Gott. Nur so kann er sagen: »Auch mitten im Tode ist der Friede / denn ich mit GOTT habe / mein höchster Trost / für dessen gestrengen Richter-Stuhl ich mich nicht fürchte ...« (S. 191).

Als *Christ* galt dem König die Losung: Täglich sterben. Durch das ständige sich selbst absterben beginnt das sich selbst überleben. Die gleichen Grausamkeiten oder »Gerichtsarten« erwarten diesen König »gleich wie die / so CHristum kreutzigten« (S. 188). Der Kelch des Leidens soll nicht am König vorüber gehen. Er fühlt sich von Gottes willen »umschräncket«. Wie es einem christlichen König geziemt, kennt er keine Rachegefühle gegenüber seinen Feinden. Gottes Gnade ist er sich gewiß. Ehre und Heiligkeit werden ihm aus seinem Tode folgen. Dieses Reich und diese Krone werden eingetauscht gegen das ewige Reich und die ewige Krone (S. 190). Die Überwindung der Todesfurcht gipfelt in der Bitte um die Nähe Gottes im Sterben. Es folgt eine weitere dringliche Bitte um Kraft für das Toderleiden. Daran – als allerletzte Bitte – schließt sich in deutlicher Steigerung und wieder in offener Parallele zu Christi Tod der Anruf an Gott um Barmherzigkeit für die Feinde des Königs. Den Höhepunkt bildet schließlich das Gebet an Gott, »den Würge-Engel« an seinen Feinden »fürüber« gehen zu lassen und beide, den König und seine Mörder, in das weite Reich seiner unermeßlichen Gnade eingehen zu lassen: Der Schlußsatz der Todesgedanken lautet: »Laß Mich / O GOTT / durch Bitt' empfangen / Was Jch durch Krieg nicht möcht' erlangen!« (Vgl. d. Anhang zu diesem Kapitel, S. 192–94).

Die hier gebotene Parallele zu Gryphius' Text aus den »Todes-Gedancken« König Carls zeigt mehr als nur eine Parallele der Gedanken. Die dreifache Reihung der Reflexionen ergibt die (weiter oben betonte) dreifache Charakteristik Carls: als König, als Staatsmann und als Christ. Man möchte meinen, daß Gryphius diese »Todes-Gedancken« bekannt gewesen sind. Eine genauere Beweisführung läßt sich schwer erbringen. Auffallend bleiben die Übereinstimmungen mit Gryphius' Zielsetzung in seinem Trauerspiel. Die Gleichsetzung des Königs Carl mit Christus auf dem Leidensweg von Gethsemane zur Schädelstätte ist eindeutig. Das Vokabular der Gethsemane-Nacht mit den Sinnbildern des Leidenskelches und der Dornenkrone, mit der Ergebenheitsbekundung in den Willen Gottes und der Preisgabe des Eigenwillens wiederholt sich in den Todesgedanken des eingekerkerten Königs. Die Verdichtung der Todesgedanken zur Furchtüberwindung, die Benennung der Gründe für das Alleinsein in dieser letzten Nacht vor dem Sterben und die eindeutige Gebetshaltung stimmen bei Christus und Carolus überein. Die konsequente Herausarbeitung der Märtyrerwürdigkeit beider »Könige«, durch die letztlich der Sieg über den Tod von beiden errungen wird, gipfelt in der dreifach wiederholten Bitte um Vergebung der Schuld für alle, die an dem Königsmord beteiligt sind. Das Siegeszeichen über den Tod ist diese alles vergebende Liebe zu den Menschen und zu Gott. Der König baut auf die Gnade des Höchsten in unerschütterlichem Glauben, und diese Gewißheit trägt ihn durch den Tod: Sie werden seine Seele nicht töten können (passim, bes. Anhang S. 192). Gryphius ist hier trotz dieser Übereinstimmung mit den Hauptgedanken im »Engeländisch Memorial« und in den »Todes-Gedancken« mit dem Abschiedsgebet Carls ein eigenständiges Sprachkunstwerk gelungen, das gerade im reimgebundenen und rhythmischen Text eines Trauerspiels durch die Fülle der Sinnbilder eine Sonderstellung in der Barocktragödie einnimmt.

3. Die Erklärungen in Gedichtform zu den Emblemata des Titelblattes

In der ganz seltenen Ausgabe des verdeutschten »ΕΙΚΩΝ ΒΑΣΙΛΙΚΗ« von 1649 sind neben dem Titelblatt und auf den folgenden Seiten fünf Gedichte – teils in Sonettform – abgedruckt, die sich auf die einzelnen emblematischen Kupferstiche beziehen und die ich im Anhang zu diesem Kapitel S. 183 ff. wiedergebe.

1. Auff des Königes Gefängniß.
2. Auff die dunckeln Wolcken /
3. Auff den Felsen.
4. Auff den Palm Baum.
5. Auff des Königes dreyfache Kronen.

Sie sollen vor allem die lateinischen Spruchbänder erläutern, die über oder in den Emblemen entzifferbar sind. Liest man dies Gedicht »Auff des Königes Gefängnüss« als Erklärung des beigegebenen Kupferstichs, so wirkt es lediglich als beschreibende Wiederholung der Bildbeigabe. Das niedrige, lastende Gewölbe, das eng vergitterte Fenster, der nur mit Tintenfaß und Leuchter verzierte, kahle Tisch, der einzige Stuhl verstärken den Eindruck des Verlassenseins und der Einsamkeit im königlichen Kerker. So wird die Situation des Königs, der seine Todesgedanken in der letzten Nacht niederschreibt, in der ersten Hälfte des Gedichts festgehalten. Jeglicher königliche Rahmen fehlt: kein Diener, kein Schreiber, kein Ratgeber, kein Priester ist anwesend. Dagegen reiht sich in klarer Antithetik zur Verlassenheit und Einsamkeit des zum Tode Verurteilten das unsichtbare Bild der himmlischen Helfer und Beschützer. Die Spiritualisierung des Realbildes liegt in der Aufzählung der »himlischen Gemein«, die den Einsamen beschützt: Gott, Engel und Himmel. Die aufgeschriebenen Todesgedanken bezeugen diese Freiheit des Geistes und die Überwindung des Verlassenseins. In der Gedichtmitte steht das Wort:

»Wie kan Ich einsam seyn
bey solcher lieben Schaar und Himlischer Gemein?«

Dieses Erklärungsgedicht zu dem beigegebenen Bild des eingekerkerten Königs hat seinen Sinn in dem Hinweis auf die Todesgedanken, die um die Situation des von Menschen Verlassenseins und des Von Gott-Beschirmtseins kreisen, die auch Christus auf dem Ölberg umfing und die erst durch die Erscheinung des kelchtragenden Engels aufgelöst wurde. Der König überwindet bei der Niederschrift seiner Todesreflexionen die Angst vor der Hinrichtung und die quälende Erwartung seiner letzten Stunde. In diesen Zeilen legt er zugleich sein Vermächtnis an sein Volk und sein Glaubensbekenntnis nieder. Die von einem unbekannten Autor gegebene Beschreibung des Gefangenen im Kerker verlangt genauere Beachtung, denn sie erinnert an ein Titelkupfer und ein Gedicht, die dem Exemplar der Gryphius-Übersetzung von Richard Baker »Betrachtungen Über das Gebett des Herren«, Breslau 1663 (Exemplar d. Univ. Göttingen), vorangestellt sind. Dieses Gedicht – deutlich dort mit A. G. unterzeichnet –, das bereits Manheimer (a.a.O. S. 249) abdruckte, das er aber nicht Gryphius zuschrieb, gibt eine ähnliche Situation wieder. Der englische Edelmann Baker hatte mehrere Erbauungsbücher im Gefängnis verfaßt, von denen Gryphius die Betrachtungen über sieben Busspalmen (Frankfurt 1668) übersetzte (Manheimer, a.a.O. S. 248). In unserem Zusammenhang ist das Gedicht »Erklärung des Kupffertitels« deswegen von Bedeutung, weil die Gedankenführung genau dem Inhalt des Gedichtes »Auff des Königes Gefängniß« entspricht. Allerdings ist von Gryphius die Einzelsituation Carls I. auf die allgemeine Thematik der im Kerker des Leibens schmachtenden Seele des Menschen bezogen. Nur der Tod kann diese Seele befreien und ihr den Weg zu Gott eröffnen. Darum ist der Tod als Skelett vor dem Eisengitter des Gefängnisses abgebildet. Seine Macht kann die Befreiung der Seele verwirklichen, die von dem Zeichner als Gestalt eines kleinen Kindes »Auf dem Weg zum Himmel und zum Kreuz Christi« dargestellt wird.

Das Thema des Todes als Befreier der Seele steht in beiden Gedichten im Mittelpunkt. Der Wortlaut im Gebet des König Carl gegen Ende des Gedichtes:

Es kan kein Eisen mich so hart und fest beschrancken /
Ich schicke stets doch mein heilige Gedancken
Zu GOTT und Himmel-an ...

entspricht den Zeilen bei Gryphius, die die Möglichkeit der Seele beschreiben, durch Versenkung in das Gebet den Weg zu Gott schon vor dem leiblichen Tod zu finden:

... Indessen lehrt Betrachten
Sie die Seele) munter seyn / was zeitlich ist verachten /
Und durch die Gnade, die der Himmel schickt
(Durch die Sie GOtt aus Finsternüß erblickt /
Und Abba grüsst /) mit heißenbrenntem Beten /
Sie flehen und vor Gottes Antlitz treten.
Doch JEssus muß auch hir Ihr Beystand sein.
Ohn Ihn geht nichts in Gottes Ohren ein. (Manheimer, a.a.O. S. 249)

Abgesehen davon, daß das Emblem von der im Leibe gefangengehaltenen Seele im 17. Jahrhundert allgemein bekannt war (z. B. im Emblemata Handbuch Sp. 750), wäre aus der Ähnlichkeit beider Gedichte nach Thematik und Bildgebrauch der Schluß möglich, daß Gryphius um 1663 jenes Gedicht eines unbekannten Verfassers auf König Carl in Erinnerung hatte und für die Erklärung des Kupferstichs vor seiner Übersetzung von Richard Bakers Text verwertete.

Wie in diesem Sonett, so wird auch in dem zweiten Gedicht, das das Emblem der schwarzen Wolken zum Thema hat, der König redend eingeführt. Die hellen Tage des Königtums sind schwarz verdunkelt und vom »blauen Gifft« des Neides verfinstert. Die Schatten des Todes wollen nicht mehr weichen. Die Feinde des Königs versuchen in dieser Dunkelheit seinen Fall vorzubereiten. Die Antwort des Königs darauf lautet:

jhr schaffet nichtes nicht / nichts nichtes schaffet jhr /
jhr nemt der finstern Nacht nicht jhrer Sternen Zier:
ES SCHEINET DOCH MEIN EHR' IM DUNCKELN DESTO HELLER!

In Majuskeln hebt sich diese letzte Zeile des »Sonnets« deutlich aus dem Text heraus, als wäre sie als inscriptio zur pictura der schwarzen Wolken gedacht, als deren subscriptio die vorausgehenden Zeilen des Gedichtes zu verstehen sein sollen. Diese Schlußzeile des ersten Sonetts entspricht genau der lateinischen Inschrift des Spruchbandes, die in den entsprechenden Kupferstichen anderer Ausgaben lautet: »clarior e tenebris.«[10]

Entsprechend ist auch die Schlußzeile des dritten Gedichts »Auff den Felsen« zu verstehen: Wie in den beiden vorhergehenden Gedichten sind die »Neider« angeredet, und wie immer wird in dem Topos vom Felsen im Meer auf die Beständigkeit (constantia) des Königs gleich in der ersten Zeile verwiesen. Des Königs Antwort am Schluß ist auch hier eine Wiederholung des lateinischen Spruchbandes in anderen Kupferstichen »immota triumphans«:

> Mein felsich-fester Sinn weicht von dem Grunde nicht
> drauff jhn die Wahrheit und die Königliche Pflicht
> starck angeanckert hat: ER STEHET UNBEWEGET.

Wieder bietet das Druckbild Majuskeln.

Auch die Schlußzeile des vierten Gedichts, eines »dactilisch(en) Sonnets« wirkt wie die inscriptio der pictura von dem mit Gewichten beschwerten Palmenbaum, die lateinisch lautet: »crescit sub pondere virtus.« Übersetzt wird sie in der Schlußzeile: »TUGEND ERHEBET SICH UNTER DER LAST.« Die voranstehenden Gedanken führen in gesteigerter Bildlichkeit auf diese Zeilen hin. »Neidische Bürden« bewirken das Gegenteil von Erniedrigung. Die virtus richtet sich immer auf und gewinnt aufsteigend noch mehr Kraft.

Alle bisher gegebenen Deutungen gipfeln schließlich in den vier Schlußzeilen des letzten (fünften) Gedichtes; eines Sonetts, das überschrieben ist: »Auff des Königes dreyfache Kronen:«

> »Und also bin Ich recht ein König dreyer Kronen:
> die Erste wil / Ich nicht in Eitelkeit bewohnen;
> die Zweyte / hoff' ich doch / wird mein in Gnaden schonen;
> die Dritte wird mich dort mit Herrligkeit belohnen«.

Man muß diese letzten vier Zeilen des Sonetts wohl als Summation der Emblemata zur Drei-Kronen-Trias verstehen, denn in den vorhergehenden Versen wird wieder genau der lateinische Text, der über oder in den drei Kronen zu lesen ist, als Übersetzung gegeben: splendidam at gravem (coronam) mundi calco. Der Wortlaut dieser ersten zwei Zeilen entspricht fast einer Wort-für-Wort-Übersetzung trotz der Reime:

> »Die prechtig' aber doch gar schwere Gülden-Kron /
> die Eitelkeit der Welt / tret Ich mit Füssen schon«.

Die nachfolgenden Zeilen schließen sich wieder genau an die emblematischen inscriptiones der Dornenkrone Christi, nur muß man den lateinischen Text (Inschrift der Krone »gratia«) folgendermaßen lesen:[11] Auf die Dornenkrone bezieht sich die Inschrift: »asperam at levem Christi tracto«, während die aufgeschlagene Bibel die Inschrift trägt: »in verbo tuo spes mea.« Allein wegen der sinngemäßen Zuordnung der lateinischen Inschriften der pictura von der Dornenkrone wurde wohl dieses Gedicht hinzugefügt, das ja in seinem Mittelteil wieder eine wortgetreue Übersetzung des lateinischen Textes bietet.

> »Hergegen aber die mir CHristi Gnade reicht /
> des Leidens Dorne Kron / die stachlicht aber leicht' /
> empfind' Ich allgemach; doch ist in dem dein Wort /
> o treuer GOtt / mein Trost im Leiden fort und fort.«

Der dritten, von Lichtstrahlen umflossenen, höchsten Krone, die dem zum Himmel aufblickenden König als Ruhmeszeichen erscheint (Inschrift: »gloria«) sind nur noch zwei Zeilen gewidmet. Die Worte: »beatam et aeternam coeli specto« gehören als Spruchband zusammen. Sie finden ihre genaue, sinngemäße Übersetzung in den Zeilen:

> »Darauff erwart' Ich nun des Himmels Herrligkeit / –
> die sehlig' ewge Kron / die GOtt mir hat bereit.«

Beachtet man die durch den Druck hervorgehobenen Schlußzeilen der vier einzelnen Gedichte, so bieten sie wieder eine dreifache Charakteristik des Königs, wie sie in den »Todes-Gedancken« von mir betont wurde. Auf den König als *Staatsmann* trifft die Zeile zu:

> »Es scheinet doch mein Ehr im Dunckeln desto heller.«

Auf Carl als *Menschen* beziehen sich die Worte:

> »Mein felsich fester Sinn weicht von dem Grunde nicht ...
> Er stehet unbewegt.«

Der hier benannte Wert der »constantia« erfährt eine Steigerung durch die Schlußzeile: »Tugend erhebet sich unter der Last.« Die vier bereits zitierten Schlußzeilen des letzten Gedichts erhöhen wieder den *christlichen* Märtyrer, der die Königskrone als Zeichen weltlicher Eitelkeit mit Füßen tritt, der die Dornenkrone in der Hand hält und auf die Gnadenkrone des ewigen Lebens blickt.

Nimmt man die bildlichen Darstellungen dieser seltenen Edition mit dem Text der beigefügten Gedichte und der »Todes-Gedancken« des Königs als eine Einheit, so kann man die in Gryphius' Dramentext besonders stark betonte Postfiguration der Nachfolge Christi gerade in der Eignung des königlichen Charakters als Staatsmann, Mensch und Christ nach Komposition und Leitmotivik besonders eindrucksvoll vorbereitet finden.[12]

4. Die lateinische Fassung der »Todes-Gedancken« des Königs

Die Widmung

Der Dramentext des Andreas Gryphius folgt in eigener sprachlicher Ausgestaltung besonders in den Gebeten eng den »Todes-Gedancken« Carls, für die sich auch eine lateinische Fassung findet, in der die Gebete und Gottesanrufe Carls nahezu wörtlich erscheinen. Der Gedanke an den besiegten Tod tritt gelegentlich im lateinischen Text noch klarer hervor: »Ego Mortem spero vincere Christi Virtute et Amore, Qui Victoria Resurrectionis Suae et Ascensionis Gloria Vim omnen Mortis absorpsit« (S. 254). Allerdings fehlen in der lateinischen Fassung im Marburger Exemplar die vier erklärenden Gedichte zu den Emblemata des Titelkupferstichs.

Das sicherlich seltene Exemplar aus der Universität Marburg trägt den Titel: Εικὼν Βασιλική Vel Imago Regis CAROLI. In illis suis ÆRUMNIS ET SOLITUDINE Rom. 8. Plusquam victor etc. Bona agere et mala Pati Regium est. Hagae – comitis Ex officina Samuelis Braun, Bibliopolae Anglici MDCXLIX. Das beigefügte Titelkupfer entspricht dem der üblichen Beigaben bis auf einen Unterschied. Der vordere Palmbaum ist mit einer Platte, auf der mehrere Gewichte erkennbar sind, beschwert. Den Hintergrund für den knienden König bildet nicht ein geschlossener Raum, sondern eine offene Säulenhalle mit einem Ausblick auf die Stadt London. Bedeutsam ist aber wieder: das Fehlen des Abbildes vom Kerker, in dem der König seine Todesgedanken aufschreibt. Stattdessen ist eine längere Widmungsepistel vorangestellt. Sie enthält die Dedikation an Carl II., den Sohn des ermordeten Königs mit dem Wortlaut: »Dei Gratia Magnae Britanniae Franciae et Hiberniae Regis, Fidei Defensori etc.«

Bereits der erste Satz dieser Widmung enthält einen Hinweis auf die Parallele der *Gottähnlichkeit* des ermordeten Königs: Prodeat jam sub Tuis Auspiciis Illa Patris Tui Gloriosissimi Imago, Illa Qua magis ad Dei similitudinem quam qua Rex aut Homo accedit«. Noch einmal zeigt sich hier – lateinisch formuliert – die dreifache Verherrlichung des Königs: als Christ (similitudo Dei), als Staatsmann (rex) und als Mensch (homo). Betont wird gleichzeitig die Abfassung in lateinischer Sprache mit der nachdrücklichen Begründung:

> »Ita enim Tu voluisti, ut sic Lingua omnium communi Orbi traderem... Sunt enim hic velut quaedam Dei Magnalia quae spargi expedit humano generei, et in omnium linguis exaudirem.« (Lage A 2 rechts)

Selbst unter Berücksichtigung des traditionellen Dedikationsstils geht durch alle Zeilen dieser Widmung die Laudatio Carls I. als Beispiel für Glaubensstärke, hohen Mut und Leidensbereitschaft. »... stetit animo excelso et interrito summum Fidei, Constantiae Patentiae exemplar.« Dieser König triumphierte über alle Heimsuchungen und Beleidigungen: »omnes omnium Triumphos et quidquid est humanae Groriae superavit« (Lage A 3). Auf das vorbildliche Sterben Carls I. zielen die Zusammenfassungen, die stilistisch an klassische lateinische Formulierungen erinnern: »Magnum erat profecto sic meditari sic scribere; multo majus sic vivere, sic mori: ut sit haec penè nimiadictú pietas exemplar illius superata« (Lage A 3 links).

Daß diese Widmung an Carl II. in einem fast beschwörenden Ton endet, ist aus der politischen Situation verständlich, besonders da der Verfasser Jo. Earles ein geistlicher Herr ist. Für diesen ist der Sohn des toten Königs die einzige Hoffnung für die Wiederherstellung der weltlichen und geistlichen Ordnung in »Britannia magna«: »Tu interim (Rex Augustissime) vera et viva Patris Effigies ... inflameris maxime hoc mortis illius exemplo non tam in vindictae cupidinem... quam in Heroicae Virtutis et Constantiae zelum« (drittletzte Seite der Widmung). In dem Sohne soll sich – entzündet am Beispiel des vorbildlichen Sterbens seines Vaters – das Erbe der vorgelebten Frömmigkeit (Haereditas Pietatis) erneuern. Auf ihn sind aller Augen gerichtet, auf ihm ruht alle Hoffnung, und von ihm ist das Leben aller abhängig: »Vides in Te omnium Bonorum spes sitas, ex te omnium vitas pendere...« (vorletzte Seite der Widmung).

Aus den wenigen hier zitierten Textstellen dieser Widmung geht recht aufschlußreich hervor, wie der König als Beispiel für den menschlichen Triumph über den Tod gesehen wird. Deutlicher noch zeigt sich das Paradigmatische in dem lateinischen Text der »Todes-Gedancken«, die damals – ob Dichtung, ob Wahrheit – als vom König selbst gedacht und aufgeschrieben angesehen wurden.

Der Text

Die »Meditationes de Morte« erscheinen als Schlußdokument über das Sterben des Königs in dieser Edition.

Es bedarf auch nur weniger Belege, um die – nicht genau wörtliche Übereinstimmung mit der deutschen Übersetzung zu unterstreichen. Mir geht es vor allem um die Stellen, die von der Todesüberwindung handeln. Dabei nehmen die Gebete eine Sonderstellung ein. Die lateinische brevitas ist in der Übersetzung nicht immer eingehalten. Diese wirkt daher flüssig und dürfte von einem geistlichen Herrn stammen, denn die Anlehnung an den Bibeltext ist auffallend. Als Beispiel für die Treue der Übersetzung muß gelegentlich der lateinische Text der Vulgata herangezogen werden, der gerade bei bekannten Bibelzitaten von dem der »Meditationes de Morte« stark abweicht. Es ist doch eine bemerkenswerte Diskrepanz, wenn es in der Vulgata, Lukas 2, 29–30, heißt: »Nunc dimittis servum tuum, Domine, secundum verbum tuum in pace«, während in den »Meditationes« das Wort »servus« gegen »famulus« ausgetauscht wird. Der Übersetzer beachtet diesen Textunterschied nicht. Er wiederholt den Luthertext dieser Stelle: »Lass, HERR, deinen Diener in Frieden fahren.« Hier wird der differenzierte Bedeutungsunterschied von »servus« und »famulus« nicht beachtet, der doch für die Charakteristik des Königs nicht unwesentlich ist.

Auch die lateinische Wiederholung des Vulgata-Textes von Psalm 23, 4 weicht von dem Wortlaut der »Meditationes de Morte« stark ab. Der Vulgata-Text lautet: »Nam, etsi ambulavero in medio umbrae mortis non timebo mala: quoniam tu mecum es«, die lateinische Fassung der »Todes-Gedancken« dagegen: »Si Tu mecum sis futurus Domine, nulla sentiam nulla pertimescam mala, etiamsi ambulem in valle lethalis Umbrae« (S. 26).

Sinngemäß übereinstimmend bleibt dagegen der Text in der deutschen Übersetzung mit dem Luthers: »Und ob ich schon wanderte im finstern Tal, fürchte ich kein Unglück, denn du bist bei mir, dein Stecken und Stab trösten mich.« Lediglich eine Verkürzung tritt ein, wenn es in den »Todes-Gedancken« heißt: »So du wirst bey mir seyn / O HErr / so fühle und fürchte ich kein Unglück / ob ich gleich wandele im finstern Thal des Todes.« Schon aus diesen wenigen Beispielen geht hervor, daß dem Übersetzer der Vulgata-Text nicht so wichtig war wie die Annäherung seiner Übersetzung an den deutschen Bibelwortlaut. Wie unterschiedlich die Übersetzungen gerade der Gebete des Königs sind, zeigt auch der Wortlaut des Gebetes, das in dem Wolfenbütteler Exemplar des »Engelländisch Memorial« auf Seite 91/92 wiedergegeben ist. Im Anhang ist es abgedruckt, weil es in Deutschland nur noch in diesem einem Exemplar nachzulesen ist. Es trägt den Zusatz, daß es vom König in seinem Gefängnis »eigenhändig« niedergeschrieben sei. Der Unterschied zu den »Todes-Gedancken« im deutschen Wortlaut ist auffällig (vgl. S. 194 ff. des Anhangs). Immerhin könnte auch ihm der gleiche lateinische Text als Vorlage gedient haben.

Hinweisen möchte ich in diesem Zusammenhang noch auf einige Spruchbänder, die bisher in der Forschung unbeachtet blieben. Im Wolfenbütteler Exemplar der deutschen Fassung des »Engelländisch Memorial« finden sich einzelne *niederländische* Inschriften, die merkwürdigerweise nicht ins Deutsche übersetzt wurden. Die gleichen Inschriften finden sich auch auf *niederländisch* in dem seltenen Exemplar aus dem Besitz von Herrn Professor Dr. Schulz-Behrend (Austin, Texas, U.S.A.). Auf dem großen Kupferstich, der die Enthauptung von Carl I. darstellt, ist die aufsteigende Seele des Enthaupteten in Gestalt eines Kindes dargestellt, das von zwei Engeln empfangen wird, die Lorbeerkränze und Palmenzweige in den Händen tragen. Soweit die beigegebene Inschrift zu entziffern ist, lautet sie in beiden Exemplaren: »Der rechtverdigen Seellen (?) Syn in Gottes hant.« Auch die auf der linken Seite oben eingetragenen Inschriften bleiben unübersetzt. Sie erklären die einzelnen Vorgänge, die in der großen Szene vor »White Hall« dargestellt sind. Es heißt dort unter üblicher Numerierung nach dem Alphabet:

A De Koningh geeft Ordre an D. Juxon;
B De Koningh ant' Block;
C D. Juxon;
D Colonel Tomelinson;
E Colonel Hacker;
F De twee Beuls.   (Schreibung schwer leserlich!)

Man könnte daraus schließen, daß die Übersetzungen ins Deutsche nicht nach der lateinischen Fassung entstanden sind, sondern nach der niederländischen. Zumindest ist daraus zu entnehmen, daß die beigegebenen Kupferstiche in den Niederlanden angefertigt und dann mehrfach reproduziert wurden.

Leichte Variationen in den emblematischen picturae lassen auch erkennen, daß bei den zahlreichen Bildbeigaben die einzelnen Kupferstecher ihre eigenen Deutungen zum Ausdruck bringen wollten. So wird in einer Emblemwiedergabe an Stelle der die Palmzweige hinabdrückenden Gewichte die Darstellung von zwei an den Palmenzweigen aufgehängten Gestalten (Rebellen?) geboten, wodurch der Inschrift »crescit sub pondere virtus« ein politischer Sinn gegeben wird.[13]

Andreas Gryphius hat diese politische Thematik in seiner zweiten Fassung des »Carolus Stuardus« noch deutlicher hervortreten lassen. Für seine Verteidigung des irdischen Rechtes hat er alle Quellen, die damals den Mord an König

Carl I. zum Gegenstand hatten, herangezogen.[14] Für die Verteidigung des göttlichen Rechtes brauchte er keine neuen Quellen. Wendet man diese Perspektiven auf das Thema mors triumphans und mors devicta im »Carolus Stuardus« an, so sieht man, daß Gryphius für die Verteidigung des himmlischen Rechtes und für die Glorifizierung des Königs in seiner zweiten Fassung nichts am Gedankengehalt zu ändern und nichts hinzuzufügen brauchte. Das Bild Carls I., der als »verschmähete« Majestät in englischen Quellen erscheint, ist in der deutschen Fassung von Gryphius zum christlichen Märtyrer und damit zum Sieger über den Tod erhoben worden. Das Ziel des Dramas war, die beispiellose Erhabenheit eines hohen Geistes so vorzuführen, daß Menschen zur Erkenntnis ihres Unrechts kommen.[15]

Kapitel 4
Die von Andreas Gryphius bei der Trauerfeier für Mariane von Popschitz verwendeten Emblemata

1. Die Emblemata in der Prosa-Leichabdankung

Die Leichabdankungen des Andreas Gryphius sind in den letzten Jahren von Jöns und Schings[1] sehr sorgfältig untersucht worden. Im Mittelpunkt standen allerdings mehr die Texte, weniger die Bilder. Lediglich in der Veröffentlichung von Maria Fürstenwald über die »Didaktik der Trauerreden des Andreas Gryphius« (Bonn 1967) sind im Anhang A, S. 137–143, zum ersten Mal auch die Sinnbilder auf dem Sarg und die Leichentuchbilder wiedergegeben, zu denen Gryphius noch »Erklärungen« und gereimte Quartette geschrieben hat. Die Verfasserin geht auf diese Bildbeigaben und Texte nicht ausführlich ein. Sie druckt die Erklärungen nicht ab und charakterisiert nur zwei Bilder aus der langen Reihe der Abbildungen auf dem Leichentuch. Das scheint bei einer Arbeit, die sich vor allem mit den Prosatexten der Trauerreden beschäftigt, erklärlich, zumal das Bildmaterial nur in einem Anhang wiedergegeben ist.[2]

Dieses bisher unbekannte Bildmaterial ist aber für die Gryphius-Forschung von besonderer Bedeutung, denn der vorzügliche Erhaltungszustand der picturae zur Leichabdankung für Mariane von Popschitz ermöglicht eine vollständigere Emblemanalyse, die zu der Gesamtfrage nach Gryphius' Beteiligung an der Emblematik seiner Zeit zumindest klare Teilantworten ergibt. So gewissenhaft Jöns und Schings der Deutung und Traditionsgebundenheit von Emblemen bei Gryphius nachgegangen sind, so beruhen alle diese Beobachtungen doch lediglich auf der Analyse von Texten. Hier haben wir aber Bilder vor uns, die es uns ermöglichen, Zusammenhänge zwischen Leichabdankung, Bilderschmuck und Abschiedsgedicht auf Mariane von Popschitz zu knüpfen. Es ist sogar anzunehmen, daß der Bilderteil von Gryphius selbst in Auftrag gegeben wurde.[3] Der Dichter kann hier als Inspirator der gemalten Emblemata gesehen werden. Von der Konzeption der Wirkkraft des Magneten und der Haltbarkeit der magnetischen Kette ausgehend, hat er die Sinnbilder für die Ausschmückung des Sarges und des Leichentuches einem Maler oder Kupferstecher in Auftrag gegeben, denn in allen drei Gattungen seiner Abschiedsdichtungen ist diese Thematik beibehalten worden.

Die Hervorhebung der Ichaussage der Verstorbenen in der Überschrift des Sarges (Wortlaut im Anhang zu diesem Kapitel Tafel 30) und die vielfachen genauen Beziehungen der picturae auf die Familie von Popschitz und deren Wappen deuten darauf hin, daß Gryphius die Sinnbilder in ihrer allgemeinen Gültigkeit – genauso wie in der Leichabdankung und im Abschiedsgedicht – auf diesen einen Fall des frühen Todes einer jungen Adligen und deren magnetische Verbindung mit Christus bezogen wissen will. Der Leser soll sich die gesamte »Überschrift des Sarges« in ihrem zwar traditionellen aber auf die besondere Thematik hin angelegten Aufbau einprägen und sich danach erst der Betrachtung der einzelnen Embleme widmen. Der ganze Sarg ist abgebildet, soweit es die Perspektive ermöglicht. Zwei – später zu besprechende – Embleme lassen sich deutlich erkennen, eines »bey den Häupten«, ein zweites »bey den Füssen« auf der Vorderansicht des Sarges. Sogar die Verzierung der schmalen Kopfseite läßt Schlüsse zu. Auf dem Sargdeckel ist das Abbild eines gekreuzigten Christus angebracht. Die Wappenbilder der Familie schmücken den Sarg und die Wände des Raumes.

In unserem Zusammenhang gewinnt dieses Abbild des Sarges eine ganz besondere Bedeutung, weil es als Beispiel für Gryphius' Beteiligung an bildlicher und dichterischer Emblemschöpfung und -deutung keine Parallele in seinem Schaffen hat. Viele Fragen eröffnen sich, die sich bereits bei der Behandlung von Cats' Emblemillustrationen ergaben: Liegt hier eine Priorität der pictura gegenüber der erklärenden Wortgebung vor? Oder sind die Worte der Prosaabdankung erster Anlaß zur bildlichen Ausführung gewesen? Welche Funktion haben die lateinischen inscriptiones (lemmata), die dann in der Übersetzung die Titelgebung des nachfolgenden deutschen Quartetts bilden? Haben die Überschriften einen inhaltlichen Zusammenhang mit den nachfolgenden Prosaerklärungen der Emblemata? Eine Fülle von Fragen ergibt sich in diesem späten Zeugnis für die Todesthematik.

Drei Arten der Trauerbekundung bietet Gryphius bei der Totenfeier für Mariane von Popschitz: die Prosa-Leichabdankung, die Emblemata und ihre Erklärung in Vers und Prosa, endlich das lyrische Epicedium. In allen drei Beiträgen bleibt ein Thema bestimmend: die catena aurea. Zweifelsohne erfordert diese Thematik der »magnetischen Verbindung der menschlichen Seele mit Christus«, bezogen auf den Tod eines fünfzehnjährigen Mädchens, dessen Familie der Dichter sehr nahe stand, eine besonders genaue Auslegung. Schings hat eine solche für die Leichabdankung bereits geboten. Von Christus, nicht von Gott, geht die »an sich ziehende Kraft« aus (L 139, »virtus Radiativa«). Christus ist ein Magnet, der diese »bißher verborgene und unerforschliche Kraft« (L 146) ausstrahlt und auf diese Art die Seele der so früh verstorbenen Jungfrau an sich zieht.[4] Auf diesem Wege zu Christus erfährt der Mensch die »Weisheit des Kreuzes«, die über die Selbsterkenntnis zur vanitas-Erfahrung und einer tiefen meditatio mortis führt. Mit der Erwähnung des *Kreuzes* eröffnet sich eine enge Zusammengehörigkeit der Emblemata in der Prosa-Leichabdankung und der bildlich gegebenen Emblemata auf dem Sarg und dem Leichentuch bei der Totenfeier für Mariane von Popschitz. Darauf soll hier genauer eingegangen werden. Das Kreuz Christi bleibt das höchste Sinnbild der Erlösung, so wie es auch auf der Abbildung des reichgeschmückten Sarges wiedergegeben ist. Dort erscheint es als Deckel-Zier, den toten Christus am Kreuz als Sinnbild der Liebe darstellend. In der Leichabdankung formuliert es Gryphius folgendermaßen: Durch die Kraft des Magneten Christus verspüren wir,

> »daß er uns gemacht zu der Weißheit / zu der Gerechtigkeit / und Heiligung und Erlösung. Zu der Weißheit / nicht dieser Welt / denn sie ärgert sich an den hohen und unergründlichen Geheimnüssen des allwissenden Gottes. Indem sie in dem Finstern herum tappet / und ihr einbildet / wie genaue sie alles begriffen: erblindet sie / so bald die Stralen der ewigen Warheit ihr in die Augen fallen; sondern zu einer Weißheit / die uns eröffnet den hohen Schatz aller Wissenschafften / zuförderst aber die Erkäntnüß des Höchsten und unserer selbst« (L 156/7).[5]

Aus dieser doppelten Weisheit der Selbsterkenntnis und der gläubigen Verbundenheit mit Gottes Sohn – Christus ist bei Gryphius immer der Mittler zwischen Mensch und Gott – entspringt der Trostquell dieser Leichabdankung, deren Bildlichkeit sich auch in den Emblemen und dem lyrischen Epicedium wiederfinden läßt. Das Wort aus dem Hohen Lied »trahe me post te« (1, 4) wird zum Grundthema. Im Prosatext heißt es:

> »So offt ich die Wort der in den Höchsten verliebten Braut / Zeuch mich dir nach / so lauffen wir / betrachte: Muß ich mich erinnern / dessen / was ich zu erst mit Verwunderung gesehen / und offt andern / nicht sonder Belustigung des Gemüths / gezeiget: Wasser massen nemlich ein starcker Magnet / so vor sich selbst oder auch mit Eysen ... gewaffnet / unterschiedene Schackeln / oder von einander gelösete Glieder einer eysernen Ketten / wie auch Nägel / Kugeln und derogleichen / solcher Gestalt an sich ziehe / daß ein Glied oder Stück an dem andern / als wenn sie zusammen gebunden / hangen bleibet und eine eigentliche Ketten vorstellet« (L 120).[6]

Dieser magnetischen Kraft Christi folgt die junge Verstorbene. Die virtus attractiva Christi, der die von ihm Auserwählten in seine Nähe zieht, spricht aus dem Wort trahere, das eine so entscheidende und klärende Bedeutung besonders im Neuen Testament einnimmt. Gryphius gibt diesem Wort im Zusammenhang mit dem Sinnbild des Magneten die rein christliche, in der Bibel niedergelegte Bedeutung zurück, die in der Gryphius vermutlich bekannten mehr naturwissenschaftlichen Emblematik des Athanasius Kircher[7] zugrunde liegt. Christus hat nach Gryphius' Wortlaut (L 148) selbst erklärt, »daß er mächtig sey der Menschen Hertz in einem Nu zu verwenden und an sich zu ziehen«. (Joh. 12, 32: »Cum exaltatus fuero a terra omnia ad me traham«.) Wie weit man sich bei der Deutung der virtus attractiva Christi im Bilde einer catena vorwagen kann, bedürfte einer Sonderuntersuchung der im gleichen Bedeutungsfeld liegenden Bilder vom Stein und Berg. Für das Emblem Magnetstein finden sich bereits viele Hinweise.[8] Für unsere Texte ergäbe sich bei der Magnet-Auslegung außerdem noch der Hinweis auf den Berg, dem die befreite Seele der Mariane von Popschitz (in der Pictura III) entgegeneilt, wenn auch hier die Bibelstelle in der eigenen Erklärung des Andreas Gryphius eher auf die Hilfe, die »von den Bergen kommt«, zu beziehen ist.[9]

In unserem Textzusammenhang bleibt ohne Zweifel die eher mystische Auslegung der Bilder und Worte maßgebend. Die Hohelied-Stelle deutet auf die bräutliche unio hin, und der Gedichtswortlaut scheint dafür zu sprechen. Aber bei genauer Analyse wird deutlich, daß sich Gryphius auch hier mit der Verweisung auf die in der magnetischen Verbindung zu Christus gegebene Auserwähltheit der Verstorbenen begnügt, die – wie die pictura es auf der Schmalseite des Kopfteiles des Sarges sichtbar darstellt – zu den wachenden und auf Christus wartenden Jungfrauen zu zählen ist.[10] Von einer bräutlichen unio-Ekstatik – wie etwa bei Quirinus Kuhlmann, Spee oder Scheffler – kann hier nicht gesprochen werden. Es fehlt die poetische Darstellung der Affekte. Das D e n k b i l d überwiegt an dieser Stelle, wie auch in dem anhaltenden Verweisungszusammenhang mit der Kraft des Magneten von Gryphius durchaus auch naturwissenschaftliche Erkenntnisse verwertet werden.

Zum Verständnis des Emblems der catena aurea gehören zwei Grunderkenntnisse: Die Deutung der Kette in der Antike und in der christlichen Epoche. Das bei Homer (Il. 8, 19 u. 15, 19 f.) anläßlich der Machtprobe des Zeus gegenüber den anderen Göttern gebrauchte rein weltliche Bild der catena aurea erhält erst spät eine christliche Sinngebung. Erasmus verwendet das Bild noch im Sinne der Antike. Erst Typotius verwandelt den heidnischen Sinn deutlich in den christlichen. Seine pictura zeigt eine Hand, aus einer Wolke hervorgreifend, die eine Weltkugel mit einem Band aus Tierkreiszeichen an einer Kette hält. Lemma: »Nil sine deo.« Gott ist für Typotius der Lenker des All; ohne ihn geschieht nichts (III, S. 129). Sicher ist nur der Glaube, unsicher alles Irdische. Daniel Meissner und Gabriel Rollenhagen befestigen diese christliche Sinngebung; bei ihnen wandelt sich die Kette zum Faden, der Himmel und Erde verbindet, der aber jeden Augenblick von Atropos durchschnitten werden kann.

Andreas Gryphius kennt den Mythos von der lebenvernichtenden Göttin Atropos und nimmt ihn in seiner Leichabdankung »Schlesiens Stern in der Nacht« (L S. 96) auf. Allerdings setzt er dem erschreckenden Bild vom Sturz in Vergessenheit ein »Denckzeichen« entgegen: das Erinnern an Tugend und Ehre des Verstorbenen. Durch dieses liebende Gedenken bietet er einen Gegenwert, der die Vergessenheit aufhebt. Er verbindet auf diese Weise antike Vorstellungen mit allgemein humanistisch-christlichen, wenn er das Sinnbild der magnetischen Kette gebraucht. Einen ähnlichen Schritt zum Christentum macht Daniel von Czepko im Gebrauch dieses Sinnbildes. Sein Monodistichon »Goldene Kette« lautet:

»Aus sich geht Gott; aus Gott die Seel: aus ihr das Leben:
Gehst du nicht so zurück: ich weiß, du komst darneben.«

(Monodisticha Bd. I, S. 231)

Nicht in der Ekstase, in einem Denkvorgang vollzieht sich die Rückkehr in Gott, in die unio mit ihm. Die goldene Kette erscheint hier als Sinnbild für die Verbindung zwischen dem Schöpfergott und seinem Geschöpf. Die verbindende Kraft, die die Glieder der Kette ineinandergreifen läßt, ist die Kraft des Magnetismus, der den Mechanismus – wie er bei Homer überwiegt – ersetzt. Dieser Begriff ermöglicht vieldeutige Erklärungen. Bildlich ist diese zusammenhaltende Kraft des Magnetsteins in Athanasius Kirchers »Ars magnetica« im Titelkupfer festgehalten. Hier zielen die Bilder von der goldenen und der magnetischen Kette auf Gott als Magneten der ganzen Natur.

Gottes magnetische Kraft entspricht der christlichen Vorstellung von der Dreieinigkeit des Geistes. Mit ihr arbeitet Andreas Gryphius durchgehend in der Leichabdankung für Mariane von Popschitz. Dabei läßt er die anziehende Kraft des Gottessohnes am leuchtendsten hervortreten. Deswegen greift Gryphius in den danachfolgenden Charakteristiken des »Magneten« Christus in seinem Prosatext häufig auf mittelalterliche unio-Vorstellungen zurück, ohne diese allerdings in rein affectivem oder rein speculativem Sinne auszuwerten. Das konstituierende Thema bleibt die »magnetische Verbindung des Herrn Jesu und der in ihn verliebeten Seelen«. Zwei Erklärungen der im Magneten wirksamen »vis attractiva« finden sich in den folgenden Gedankengängen: 1. »Es bildet auch diese Verstärkung des Magnets durch das Eysen die Vereinigung der Menschlichen Natur mit der Göttlichen an unserm Heyland ab« (L 142), 2. »Es zeucht der Magnet durch eine bißher verborgene und unerforschliche Krafft« (L 146). Für die von Gryphius zweimal verwendete, ausführlich dargebotene Emblematik vom Magneten und der magnetischen Kette kann ich auf den sehr sorgfältigen Bericht über die Herkunft dieser Bildvorstellungen bei Hans-Jürgen Schings verweisen.[11] Hier wird die Tradition des Magnetbildes in engem Zusammenhang mit den dazugehörigen Texten geboten, wobei Schings nachdrücklich die selbständige, von Caussinus, Masenius und auch von Kircher unabhängige Bildauswertung unterstreicht. Wieweit allerdings hier eine Problematik von Nähe oder Ferne zu mittelalterlichen, mystikähnlichen unio-Vorstellungen bei Gryphius festzustellen ist, bleibt bei Schings offen. Stattdessen bietet er wertvolle Hinweise für den Zusammenhang der sogenannten »Blut-Mystik« mit Gryphius' Märtyrerdramen, wobei er allerdings einem »mystischem Realismus« doch zuviel Raum gewährt. Denn die sammelnde und haltende Kraft des Magneten (Christus) wird von Gryphius nachdrücklich durch eine dritte Kraft ergänzt. Er nennt sie die »vereinigende Krafft« und fügt hinzu (L 170): »Was dieser Stein an sich gezogen / hält er fest / und zwar also / daß er die Theile des angezogenen genaue nach seinen Theilen füget. Nichts anderes suchet unser Erlöser von seinen Verliebten.«[12] Dieses Zitat ist unerläßlich, weil der feine Unterschied zu der mittelalterlichen oder neumystischen unio-Vorstellung deutlich wird. Kein Wort steht hier, das etwa auf eine genauere Darstellung der L i e b e s e i n i g u n g hinwiese. Der traditionelle Wortschatz zur Braut-Mystik war Gryphius bekannt und geläufig, wie es die von ihm in sein Werk aufgenommene Übersetzung Schönborns von Baldes Genovefa-Ode (Lyr. III, 4) zeigt.[13] So folgt statt einer doch naheliegenden bildlichen Allegorese der Hohe-Lied-Situation der Beispielkatalog für die treue Nachfolge der Jüngerschaft Christi, wobei Gryphius am Rande das von ihm eindeutig verstandene Thema der »virtus unitativa« anbringt. Die magnetische Kraft, die Christus ausstrahlt, und die die Jünger in seiner Nähe hält trotz aller Verfolgungen der Welt, kommt zum zweiten Mal in dem naturwissenschaftlichen Definitionsversuch der Eigenkraft des Magneten zum Ausdruck: »Nun ist dieses der einhellige Schluß aller derjenigen / die von den Magnetischen Eigenschaften gehandelt: Es sey durchauß unaußmöglich / daß ein Stück eines Gestirns oder Geschöpffs / welches nicht von und auß der Erden kommen / auff Erden / oder daß ein irrdisches Stück in einem himmlischen Geschöpff oder Ort bleiben könne« (L 170/171). Daß dem noch besonders quellenmäßig belegten Text[14] viele Beispielstellen aus der Bibel folgen, gehört zu jener applicatio, die rhetorisch einer naturwissenschaftlichen propositio notwendig folgen mußte. Das Thema der Freundschaft rückt stärker in den Vordergrund als das der Liebe. Die vereinigende Kraft des Magneten Christus bewirkt Freundesliebe, weswegen Christus die »Auserkorenen seine Freunde nennt« (L 172), deren Liebe bis zum Tode währt.[15] Soweit reicht die vereinigende Kraft in der magnetischen Verbindung Christi und der Seelen, »daß wir sagen dörffen: Ich lebe nun nicht mehr / sondern es lebet in mir Christus«. Das ist keine unio mystica im bräutlichen Sinne, auch nicht in der Art eines Spee, eines frühen Czepko, eines Angelus Silesius oder gar eines Quirinus Kuhlmann.[16] Dazu fehlt es an den traditionellen erotischen Beiworten aus der Sprache der »in Jesus verliebeten Seelen«. Gryphius sagt es ganz deutlich: »Dieser Vereinigung hat zwar in ihrem Leben unsere nunmehr höchstseligste Jungfrau Popschitzin Mariane genossen / aber doch nicht in rechter Vollkommenheit: Nunmehr aber (nach ihrem Tode) ist sie zu dem völligen Besitz dieser höchsten Glückseligkeit / der Seelen nach / gelanget« (L 177). Auf die Beschreibung des vollkommenen Glückes einer im Irdischen bereits vollzogenen Liebesvereinigung der Seele mit Christus im Sinne des Hohen Liedes verzichtet Gryphius in dieser Leichabdankung. Er schildert sie auch in keiner anderen. Für Gryphius beginnt die Ruhe der Seele erst nach dem Tode in »unzertrennlicher« Verbundenheit mit Christus. So ist auch Mariane »nicht gestorben / sondern mit dem vorangegangen / der uns und allen / die an ihn gläuben / die Städte der ewigen Wohnung bereitet« (L 178), in die Wohnung, in die ihr auch die trauernde Mutter folgen wird. Die erste und einzige Liebe der Tochter galt Christus, ihm ist sie nachgefolgt in Leid und Liebe, wie dieser Weg in der Leichabdankung und in den Emblemen des Leichentuchs dargestellt ist.[17]

Dietrich Walter Jöns hat ausführlich über die dekorative Bedeutung der einzelnen Embleme für die Wirkungssteigerung der Rhetorik anläßlich der Bestattung der Mariane von Popschitz gehandelt.[18] Auch Gryphius habe wie Gracian die Embleme als »Edelsteine auf dem Gold« der Rede genutzt. Allerdings schränkt Jöns deren Bedeutung etwas ein: »Ob sie die Darstellung steigern oder etwas exemplifizieren, ihre Funktion geht nicht über die eines im wesentlichen auf Repräsentation gerichteten rhetorischen Stilmittels hinaus. Sie konstituieren keine thematischen Zusammenhänge, und Gryphius benutzt diese Sammelwerke als Schatzkammern, um seine Reden mit ihrem Material zu zieren«.[19] Dieser letzte Satz bedarf einer Ergänzung. Die These, daß die gebrauchten Embleme »keine thematischen Zusammenhänge konstituieren« (S. 71), kann bei dieser Leichabdankung kaum aufrecht erhalten werden. Gryphius hat ja nicht nur diese predigtähnliche Prosa-Rede verfaßt, in der er häufiger als sonst Embleme – besonders des Typotius – nutzt und selbständig vertieft. Er hat außerdem ein langes lyrisches Epicedium geschrieben und wahrscheinlich auch die ganze Kette von Emblembildern malen lassen, die auf dem Leichentuch der Mariane von Popschitz angebracht wurden. Diese picturae verwandelte er durch selbständig erfundene subscriptiones in Embleme, die seiner Thematik von der »magnetischen Kette der in Jesus verliebten Seelen« in der Leichabdankung eine besondere Bezogenheit auf den Tod der Mariane und zugleich eine tiefere Bedeutung der Glaubensbindung der Verstorbenen an Christus zu geben vermochten.

Da Jöns in seiner Analyse der Gryphius-Rede auf Mariane von Popschitz nur die Ausgabe der Leichabdankungen von 1667 benutzt, nicht aber den ganz selten gewordenen Einzeldruck[20], kann er auf den Sonderfall, in dem die Embleme tatsächliche »thematische Zusammenhänge konstituieren«, nicht eingehen. Gryphius hat aber in seiner Leichabdankung bereits die Thematik der magnetischen Verbindung so vorbereitet, daß die zusätzlich angefertigten picturae und vor allem die in Quartetten gebotenen subscriptiones einen dichten, geradezu unauflöslichen, Zusammenhang untereinander ergeben. Es handelt sich um den besonderen Fall der Poetisierung eines bekannten Themas, das dem Autor wichtig erschien und das einer individuellen Ausgestaltung bedurfte. An keiner Stelle im Werk des Andreas Gryphius besteht wie hier die Möglichkeit, ein Einzelthema in der Prosadarstellung, in der emblematischen Ausgestaltung durch besondere in Auftrag gegebene picturae und in der Form des lyrischen Gedichts zu analysieren. Daß dabei zugleich die Thematik des triumphierenden und des besiegten Todes zugrundegelegt ist und auf diese Weise sich eine vertiefte Art der Glaubensverkündigung geradezu anbietet, rechtfertigt wohl die hier gebotene spezielle Interpretation.

Hervorzuheben ist besonders, daß Gryphius keines der bei Typotius vorkommenden Embleme für die besondere Ausschmückung des »Leichentuches« kopieren ließ, sondern neue picturae, die zu seinen Predigtgedanken passen[21], in Auftrag gab. Er begnügte sich ja auch in dieser Leichabdankung auf Mariane von Popschitz bei seiner Beschreibung eines Emblems von Typotius nicht mit dessen Auslegung »mors ultima«, sondern erweitert diese selbständig durch den Zusatz »mors ultima spes«.[22] Er will auch das vorher auf drei Seiten beschriebene Bild der »Hoffnung«, die seit der Antike als schöngestaltete Jungfrau dargestellt wurde, als Vorbereitung auf diesen Zusatz verstanden wissen.

Das alles spricht für seine Absicht, in dieser Trostrede über die traditionellen Gedankenreihen hinauszukommen und ein anderes Thema zu konstituieren, das ihm für den frühen Tod des Mädchens besonders sinnvoll erschien. Es genügt in diesem Zusammenhang auf wenige Prosastellen der Leichabdankung zu verweisen, die den Anlaß für die zusätzlichen Abbildungen auf dem Bahrtuch und damit auch für die dazugehörigen subscriptiones in Strophenform und die Prosa-Erklärungen geben. Ausführlich wird das Bild der rasch verwelkenden Blüten gemalt, die unter einem Hagelsturm geknickt werden (L 102-104) und in dem Emblem »Nec opino turbine« abgebildet sind, wobei ausdrücklich auf die Entsprechung von Schloßen und Blattern hingewiesen wird. Hinzuzuziehen wäre auch das Emblem »Tot quot sunt corpore mortes«, das die Gleichsetzung der Wundmale und Narben mit denen Christi betont. Diese Emblemata erhöhen die von Jöns, Schings und Schöne betonte Nachgestaltung der Passion Christi. Ebenso genau wird in dem Predigttext das traditionelle Seefahrt-Emblem vorbereitet (L 134), das unter der subcriptio »Vario non mersa tumultu« zu erkennen ist. An gleicher Stelle (L 134) finden sich zwei Hinweise, die auf dem Bahrtuch einer besonderen pictura für würdig gehalten werden. Erstens ist es der Satz, daß die Verstorbene »ihren Schatz / welcher verwahret in gebrechlichen Gefäßen / dem Höchsten unverletzt überliefert«. Diese Kostbarkeit der unverletzten Glaubenstreue – in Parallele zur unverletzten Jungfrauschaft der Gottesmutter Maria – ist wohl in der pictura der Bundeslade wiederzuerkennen unter der inscriptio »Ignota profanis«. Zweitens wird die Auslegung, in der das Pfeil-Wappen der Familie Popschitz in Verbindung mit der »Magnet-Nadel der Liebe Jesu« gebracht wird (L 134–136), in den Abbildungen auf dem Leichentuch noch mehrmals verwertet, in dem Emblem mit der Überschrift »Validis quia tuta sagittis« und in dem den Triumph über den Tod kennzeichnenden »Devicta ex morte trophaeum«. Das Bild von der Magnetnadel erfährt hier durch das Pfeil-Emblem eine Sinnvertiefung. Drei Pfeile befinden sich im Wappenschild der Familie. Sie sind auch auf dem Sarg abgebildet. Gryphius gibt ihnen eine besondere Bedeutung. Der nach unten gerichtete Pfeil »stellet mir vor die Magnet-Nadel der Liebe Jesu / welche sich zu ihr / seiner Erwehleten / kehret. Es ist der Pfeil der heiligen Flamme welcher durch ihr Hertz biß in das Innerste der Seelen gangen« (L 134/35). Die an gleicher Stelle angefügte Erklärung aus den Pseudo-Augustinischen »Meditationes« wird als Bestätigung der von oben kommenden Liebe Christi erklärt. Andererseits wird die nach oben (Norden) zurückschwingende Magnetnadel gedeutet als eine Seelenbewegung, die von der Getroffenen aus sich nach oben richtete: »Mit ihrer Seelen war es nunmehr also bewendet, daß sie sich stets zu ihrem Heyland erhob« (L 136 unten). Ähnlich, wenn auch nicht so ausführlich, erscheinen im Predigttext die Bemerkungen über die Sonne (L 175/6) und den Morgenstern (L 177), die mit den Emblemen »Splendidiora sequor« und »Ortu subducor in ipso« in Verbindung stehen. An der gleichen Stelle der Predigt (L 174–177) wird außerdem auf das Licht des Mondes angespielt, das dem Menschen auch im Dunkel den Weg nach göttlichen Gesetzen weist (L 176), weshalb das Abbild der Pfeile tragenden Jungfrau im Emblem »Validis quia tuta sagittis« eine zunehmende Mondsichel auf ihrem Haupt trägt, von der Gryphius sagt, daß sie den zunehmenden Gebetseifer der Verstorbenen symbolisiere. Auch in der pictura, die die trauernde Mutter als Witwe darstellt, der sich der Tod nähert und die letzte Kerze auslöscht, erscheint diese Mondsichel im Fensterrahmen.

Den größten Raum innerhalb der Leichabdankung nimmt der Gedanke an die unmittelbare Nachfolge Christi bei der Himmelfahrt ein. Er gibt den Anlaß zu dem Emblem mit der Überschrift »Quo deus ipse praeit«, das ohne Zusammenhang mit dem Adler-Emblem »splendidiora sequor« nicht interpretiert werden kann. In beiden Emblembildern entspricht der Adler der Seele, beide nehmen unmittelbar den Weg zur Sonne, deren starke Strahlen auf den beiden

Bildern deutlich sichtbar gemacht werden.[23] Christus und die ihm nachfolgende Seele der Verstorbenen nehmen den direkten Weg in das ewige Licht. In der Leichabdankung heißt es wörtlich (L 168): »Und was ist ihr Abschied aus diesem Leben / als eine Nachfolge seiner herrlichen Himmelfahrt.« Die Kraft dazu gibt die magnetische Ausstrahlung Christi, dessen Lichtgestalt die dunklen Wolken spaltet und den Weg in den Himmel freigibt.

Nur in einem Thema löst sich die Emblemdarstellung von dem Wortlaut der Leichabdankung: in der Einführung des Todes als handelnde Person. In diesen neu hinzugefügten Emblemen läßt sich eine über die Tradition hinausgehende selbständige Thematik Gryphius' nachdrücklich beweisen. Dreimal wird der Tod in dem Emblembildern des Leichentuches dargestellt. Einmal als besiegter, zweimal als handelnder und zugleich siegender Tod. Als mors victa erscheint sein Abbild in dem Emblem »devicta ex morte trophaeum«. An anderer Stelle (S. 136 ff.) habe ich dazu ausführlich Stellung genommen. Hier sei nur noch ein Vermerk angebracht, der sich auf den Text der Leichabdankung (L 158) bezieht. Dort heißt es von Christus: »Er ist der Goel, der Vindex; welcher eine ewige Erlösung erfunden / selbst unser Lösegeld worden / und uns errettet von dem Dienst der Sünde / von der Leibeigenschafft des Todes / aus der Gefangnüss der Höllen / und der aus der Klufft des Grabes / in welche wir tanquam ad metalla in profundas specus damnati, als in die unterirrdischen Schächte der Berckwercke verdammet / uns herrlich und großmächtig hervor bringen wird.« Zwei Gedanken vereinigen sich zum Nachweis des besiegten Todes: erstens der Rückgriff auf die Kraft des Magneten Christus, der die im Grabe eingeschlossenen Toten zu sich zieht, die ohne ihn dazu bestimmt schienen, in die unterirdischen Schächte der Bergwerke verdammt zu sein; zweitens der Gedanke an den Sieg der immer gläubigen Jungfrau, die mit den Pfeilen ihres Glaubens über alle Versuchungen und den Tod triumphiert und dessen Lanze zerbrochen hat.

Die Bilder des zerstörten Porträts und der ausgelöschten Kerze zeigen den Tod als »triumphierenden«, der über die Menschen gebietet, wann er will. Auf diese Darstellungen finden sich keine deutlichen Anspielungen in der Leichabdankung. Die allgemeinen Hinweise auf den frühen Tod des Ehegatten und des Sohnes in der Anrede an die trauernde Mutter können kaum als solche gewertet werden. (Vgl. bes. L 106–107.) Diese Embemata sind orginell gesehen und von Gryphius ebenso originell in Prosa erläutert und in Reimen subscribiert. Der Tod mit der inscriptio »Tractu decor inclitus uno« ist als Maler in seiner Werkstatt gesehen. Mit einem Pinselstrich löscht er das Porträt der jugendschönen Mariane aus.

Es ist schwer zu entscheiden, wieweit Gryphius allein als Schöpfer derartiger, vom Text der Leichabdankung unabhängiger, Emblemzugaben zu bezeichnen ist. Die Prosa-Erklärungen zu jedem Emblem geben darüber keine sichere Auskunft. Lediglich die aus dem Gesamtwerk des Andreas Gryphius bekannten Hinweise auf den triumphierenden Tod lassen darauf schließen, daß er selbst diese Abbilder gewünscht oder in Auftrag gegeben hat, zumal diese Leichabdankung mehr die Thematik des besiegten Todes betont. Innerhalb von Gryphius' Gesamtwerk wären sie als besonders neuartig gesehene Bilder zu bewerten, denen auch der Stecher oder Zeichner große Sorgfalt in der Herausarbeitung des Hell-Dunkel-Kontrastes widmete.

2. Die fünf Sinnbilder auf dem Sarg

Das erste Sinnbild
Der Sarg als Ganzbild.

Die Anordnung von Text und Bild bedarf bei der Analyse der »Letztes Ehrengedächtnüß« überschriebenen Bilder- und Gedichtfolge bei der Trauerfeier für Mariane von Popschitz eines Kommentars. Gryphius hat besondere Sorgfalt auf diese Anordnung verwendet. Schon die ersten drei Worte »Überschrift des Sarges« sind in einer Zeile herausgehoben aus dem langen Titel-Text, der auf Tafel 30 im Anhang wiedergegeben ist. Das Wort »Überschrift« verweist auf eine inscriptio und ist ein deutlicher Hinweis dafür, daß hier an eine Emblem-Komposition gedacht ist. Die Wiedergabe des Sarges als Ganzbild stellt die pictura dar, der dann die subscriptio in Form eines Quartettes folgt. Es sollte aber nicht übersehen werden, daß ein langer Prosatext beigegeben ist, der das für Gryphius wichtige Thema der gesamten Leichabdankung genau angibt: »Ich MARIANA geborene Popschitzin... Überlasse in diesem Sarge... Der Erden zu trewer Verwahrung Die sterblich Beylage meiner unsterblichen Seelen / Die abgelegten Glieder dieses irdischen Leibes... damit Ich zu der Ewigkeit widergebohren würde /.« Mariana ist zur Braut Christi bestimmt gewesen und ihre Stimme aus dem Jenseits bestätigt der Mutter – in direkter Rede, wie in dem Alexandrinergedicht »Abschids-Worte...« – daß dieses Ziel jetzt im Tode erreicht ist. »Da meine Jungfrauschafft gekrönet mit dem unverwelcklichen Ehren-Krantz / den mir Dieser auffgesetzet Welcher vor mich gestorben; damit Ich durch meinen Tod mit Ihm vermählet würde.« Dieser in Prosa kommentierten inscriptio des Sarges (Tafel 30) läßt Gryphius dann in Quartettform unter der Abbildung des Sarges die poetische subscriptio folgen:

> DIs ist das Ehrenbett in dem die keusche Braut
> Des Höchsten Harrt dem Sie die Seele längst vertrawt
> Wie schön es immer sey; Vor Sie ists schlecht und klein
> Die Perle solt in Gold / nicht Zihn verschlossen seyn. (Tafel 29)

In diesem Sinne verstehe ich die Titelseite mit der Wiedergabe des Sarges, zumal Gryphius danach, unter besonderer Numerierung das nächste Sinnbild beschreibt, dessen »Erklärung« unmittelbar an die unio-Thematik anschließt.

Das zweite Sinnbild
IGNOTA PROFANIS. Unheilgen nicht bekannt.

Die von einer dunklen Wolke überschattete Bundeslade bietet sich dem Betrachter nur in einem kleinen Ausschnitt. Sie ist zum größten Teil mit schweren Tüchern und Pelzdecken dreifach geschützt. Drei Engel ziehen diese Verhüllungen etwas beiseite. In dem nachfolgenden Quartett kommentiert Gryphius die so exakt gestaltete pictura. Es ist darauf zu achten, wie genau er in seiner Erklärung die »Bundeslade« deutet. Das aus der Bibel Bekannte setzt er dabei voraus. Der sorgfältig verhüllten Bundeslade durfte sich nur der Hohepriester nähern; sie stand in einem abgesonderten Raum. Sowie das »sacrarium« dem Zutritt von Fremden verwehrt war, blieb auch der Anblick der Seele Marianes mit ihrer höchsten Zier Außenstehenden verschlossen. (Zu sacrarium vgl. Lauretus a.a.O. Sp. 882.) Zu diesem eigenartigen Bild von der Bundeslade verweise ich noch auf eine andere Stelle, die mir in dem seltenen Exemplar des Eikon Basilike auffiel. Dort heißt es in dem Gespräch zwischen Dr. Juxon und Carl I.: »Aber lasst uns schawen auff die BundesLaden ... die BundesLade Jesum Christum: Der uns wird bringen / durch und über alle diese Wellen / zu dem fästen Steinfelsen / da keine Fluht noch einige Wellen mehr Hindernisse thun können / und an ihn / welcher Gestern / Heut und ewig gewesen ist / den Keine Macht noch Pforten der Hellen können überwältigen ...« (Vgl. dazu den Anhang zum Kapitel über Carolus Stuardus in dieser Arbeit S. 186 f.)

So erklärt sich die folgende Ich-Aussage der zu früh Verstorbenen über ihr Innerstes, das »Unheilgen nicht bekannt« immer nur Gott und Christus gehörte. Diese Seele ruhte bereits im Leben im Glauben an Gott und ließ sich genug sein an der Liebe Christi, weshalb auch Glaube und Liebe als allegorische Figuren das Bild selbst halten. Sie verbarg während ihrer Erdentage ihre Seele vor der Welt in der Abgeschlossenheit des Gebets (Matth. 1, 6). So stellt die pictura sie als kleine Flügelgestalt auf der Bundeslade dar, die – wie die jungfräuliche Reinheit – vor jedem fremden Auge dreifach geschützt wurde und nur dem Priester anzuschauen erlaubt war. Entsprechend läßt Gryphius die Stimme der Verstorbenen sagen:

»DEs allerhöchsten Sitz an den sich Gott verbunden
War fast vor jederman und dreyfach zwar verdeckt:
Was meine Seele zihrt blieb vor der Welt versteckt
Doch in dem Hertzen hat GOtt ruh und lust gefunden. (Tafel 32)

Wie sich hier pictura und Text ergänzen ist kennzeichnend für die emblematische Poetisierung bei Gryphius. Er begnügt sich nicht mit dem allgemeinen Sinn der pictura von der Bundeslade, sondern bezieht sich auf sein selbstgewähltes Thema. Das ist »Gemäldepoesie«, wie es schon Mathias Holtzwart in seinem Buch über die Embleme »Emblematum Tyrocinia: Sive Picta Poesis Latino germanica«, Strassburg 1581, im Titel nennt. »So kann das Emblem mit dem Glanz umgeben werden, gleichsam die Idealform der Poesie zu verwirklichen.«[24]

Das dritte Sinnbild
VALIDIS QVIA TVTA SAGITTIS. Vergebens angerannt.

Bei diesem Sinnbild ist die pictura besonders reichhaltig und daher offen für verschiedene Auslegungen. Im Mittelpunkt des Bildes, das offensichtlich vom Pfeil-Emblem bestimmt ist – Gryphius verweist in seiner Erklärung darauf, daß die Pfeile im Wappen derer von Popschitz angebracht waren (vgl. auch Tafel 36 des Anhangs – schreitet eine Mädchen- oder Frauengestalt, deren Haupt von einer Mondsichel geschmückt ist. In den Händen trägt sie ein Bündel Pfeile. Unter ihren Füßen windet sich eine jener geflügelten Dämonengestalten, Sinnbild für die Welt und ihre Versuchungen. Vier von ihnen sind auch am Himmel zu sehen, haben sich aber von der die nach oben gerichteten Pfeile tragenden Gestalt abgewandt. Die Hoffnung mit dem Anker und die Geduld mit dem Lamm zu ihren Füßen halten das Bild.

Gryphius' Erklärung spielt darauf an, daß eine Leidenschaft (»Begierde«) eine andere vertreiben könne. Er weist auf die Beschreibung der Diana in den Göttergesprächen des Lukian hin, die durch ihre Bewaffnung geschützt sei und außerdem von niemand eingeholt werden könne (Tafel 35). Die Anwendung dieser Lehre auf die Verstorbene wird in der pictura verdeutlicht. Schon die inscriptio sagt es: sie wird »vergebens angerannt«, weil sie von eigenen, mächtigen (validis) Pfeilen geschützt ist. In der Erklärung deutet Gryphius die Pfeile – anders als in den Emblembüchern der Zeit:[25] »Mit den Pfeilen des Gebets Seufftzens und Verlangens treibet man die Pfeile der Hellen zurück / und durch Verachtung der Eitelkeiten trit man die Welt mit Füssen.« (Vgl. Tafel 36) Am Schluß der Erklärung steht auch hier der Hinweis auf ein Bibelwort, das sich auf die beiden allegorischen Gestalten bezieht und das wie eine zusätzliche lateinische subscriptio wirkt: »in silentio et spe fortitudo nostra« (vgl. Tafel 36). Damit dem Betrachter sofort der unmittelbare Zugang zu diesem Sinnbild eröffnet wird, fügt Gryphius in engem Zusammenhang mit seiner Prosa-Erklärung ein deutsches Quartett hinzu, das rhetorisch bewegt die wichtigsten Prosadeutungen wiederholt. Gott selbst hat der Verstorbenen die Waffen in die Hand gegeben, mit denen sie den Versuchungen der Welt und den Angriffen der Hölle widerstehen kann. Laster und Sorgen weichen vor der von Gott gestärkten »Tugend«, zumal der Blick der Dahineilenden nicht rückwärts auf die reich gezierte Stadt gerichtet ist, sondern auf die Berge, von denen ihr Hilfe kommt.[26]

Das vierte Sinnbild
VARIO NON MERSA TUMULTU. Geschmissen nicht verletzt

Eins der häufigsten Embleme benutzt Gryphius mit dem Bild vom Schiff, das, von Gewittern und Stürmen bedroht, doch die gefährliche Klippe vermeidet und unbeschädigt in den Hafen einläuft. Nach Gryphius ist das Sinnbild »... aus dem Nahmen Mariane erwachsen« (Tafel 39). Gryphius wendet die Allegorie der stets gefährdeten »Lebensfahrt« (Meerfahrt) auf sein eigentliches Thema an. Ihm kommt es darauf an, den Mittelteil des dreifachen Sinnbildes, Leben = Schiffahrt, Seele und Gewissen = Fracht, Leib = Schiff herauszuheben: das sichere Einbringen der kostbaren Fracht, die er in »Seele« und »Gewissen« sieht, in den sicheren Hafen des Todes und danach in die »Herrligkeit«. Eine Übersetzung aus dem Latein des Plavius[27] fügt er hinzu, um eine gesteigerte Wirkung des bekannten Bildes zu erreichen. Der früh Verstorbenen ist Glück zu wünschen, weil sie »die Schiffart dieses Lebens seelig geendet: den innern Schatz nicht verlohren. Mit Ihrer Seele in dem Port der Herrligkeit / mit dem Leibe in das Ufer des Grabes glücklich eingelauffen« (Tafel 39). Hüterinnen dieser glücklich verlaufenen, wenn auch zu früh geendeten Meer- und Lebensfahrt waren die das Bild haltenden allegorischen Figuren der Gerechtigkeit (mit Schwert) und der Beständigkeit (mit Säule), Tugenden, die allein die Krone des Lebens sichern. Das beigegebene Quartett bestätigt die bereits hervorgehobenen Hauptgedanken, die durch das Emblem selbst in dem Betrachter hervorgehoben werden sollen. Die Verstorbene eilt, ihre »Fracht«, ihre Seelenreinheit und Leibeskeuschheit, unverletzt in den Hafen des Todes, der zugleich die Herrlichkeit der Ewigkeit eröffnet, zu bringen. Wieder benutzt Gryphius die Ich-Form der Aussage der Verstorbenen, um die von ihm gegebene Deutung als richtige zu sichern.[28]

Das fünfte Sinnbild
SPLENDIDIORA SEQUOR. Ein grösser Licht ergetzt

Eine Fülle von Sinnbildern enthält die pictura, die den Abschluß der Sarg-Emblemata bildet. Gryphius nennt als Anlaß für die Entstehung des Sinnbildes den Adler, »welcher in dem Mütterlichen Wappen des Hoch-Adelichen und Weltbekanten Geschlechts Derer von Poser zu finden« (Tafel 42). Auffällig ist auch hier wieder die Ausnutzung der antithetischen Akzentuierung von Hell und Dunkel und deren metaphysischer Auslegung, die bei der pictura selbst beginnt. Wie häufig bei Gryphius wird – dem Wappenbild der Familie Poser folgend – der Adler den Eulen (Nachtraben und Fledermäusen) als Nachtvögeln gegenübergestellt.[29]

Den »irdisch gesinneten Seelen« gefallen die Genüsse der »flüchtigen Eitelkeiten dieser Erden«, den »Kindern des Lichts« dagegen gefällt der Flug »nach der Sonnen der Gerechtigkeit«, die in Jesus erkannt und ausdrücklich benannt wird (vgl. Tafel 42).[30] Das Sonnenlicht Christi, das die Seele der jungen Verstorbenen zum Adlerflug zu Christus lockte, läßt auch die Lilien voll erblühen, die die alleorische Figur der Keuschheit in den Armen hält. Die »Vorsichtigkeit« als zweite Figur verweist auf die Notwendigkeit, nicht »das vergängliche gegenwertige / sondern das stets wehrende künfftige zu suchen«. Dazu gehört der Hinweis am Schluß der Sinnbilderklärung, daß die Verstorbene zu den fünf klugen Jungfrauen zu rechnen sei, die vorausschauend dem Bräutigam entgegengehen, wie es das Sarg – »Gleichnüß« darstellt, das hinter dem Haupt der Verewigten angebracht ist. Als Bestätigung der erwarteten Auferstehung kann das Abbild »zu Füssen« gelten, das die Auferweckung von des Jairus Töchterlein wiedergibt.

Ich erwähne diese Einzelheiten der pictura deswegen, weil sie in ihrer strengen Bezogenheit aufeinander, wie sie der Wortlaut von Gryphius' Erklärungen in Prosa und Gedicht bietet, die wohlüberlegte Bauform der »Denkbilder« erkennen lassen, die dann aber in der poetischen Form der Quartette, die ja nur deutsche subscriptiones darstellen, den logischen Charakter zugunsten einer metaphysischen Analogie preisgeben: »Ich seh ein grösser Licht das ewig stralt auffgehen« (vgl. Tafel 41). Das aufgehende größere Licht, das stets im Abbild der aufgehenden Sonne die Gestalt Christi meint, beherrscht den Gedankengang des deutschen Quartetts. Die Steigerung ist – wie so oft in den Sonetten – auf diese letzte Zeile hin angelegt und entspricht genau dem Bild des gegen die aufgehende Sonne fliegenden Adlers, also der Seele der Verstorbenen. Wieder fällt die Ich-Form der entschiedenen Aussage auf, die sich wirkungsstark von der Imperativ-Form abhebt, in der das Getier der Nacht auf seinen im Halbdunkel liegenden, höchstens von Fackeln erleuchteten Raum verwiesen wird. Der Nachtvogel (Nycticorax), auf den hier angespielt wird, ist zugleich Emblem des Todes.[31] Auch in dieser Leichabdankung auf Mariane von Popschitz bezeichnet Gryphius mit Adler und Nachteule den Gegensatz von Geretteten und Verworfenen, wobei er wieder das Thema der Nichtigkeit des zum Tode bestimmten Seins in den beiden Mittelzeilen des Quartetts wiederholt. Von der Form her gelingt Gryphius eine in unübertrefflicher Knappheit gebotene Poetisierung des weiten Gedankenfeldes der pictura, wobei ihm die emblematischen Anspielungen ebenso hilfreich sind wie die antithetischen Baugesetze. Im lyrischen Schlußgedicht der Leichabdankung wird dann dieses Bild der Annäherung der Seele an die himmlische Sonne in dem bräutlichen Willkommensgruß Christi zur letzten Steigerung geführt.

Mit diesem fünften Sinnbild, das auf dem Sarg angebracht werden sollte, schließt sich die erste Emblemkette. Sie ist – wenn man die Abbildung des ganzen Sarges für sich sieht – in genauem Parallelismus durchgeführt. Kein Einzelglied der Kette weicht in der Anlage von dem anderen ab. Allegorische Figuren halten die pictura, jede lateinische inscriptio ist übersetzt und mit einem deutschen Quartett erläutert, zu jeder pictura werden in Prosa genaue Erklärungen über die Entstehung und den Zusammenhang des Abgebildeten mit dem Leben der Verstorbenen geboten. Selbst die Predigt des Pfarrers Pirscher und die beigefügten lyrischen Gedichte bleiben mit den Emblemen zu einer Einheit verbunden.

Gryphius hätte sich mit dieser ersten Emblemkette begnügen können. Er fügt aber eine zweite hinzu, für die er die gleiche Technik der Ausführung und der poetischen Ausschmückung anwendet. Als Überschrift wählt er die Worte: »Folgen die Sinnenbilder, so auff dem Leichen-Tuch zu schauen gewesen.« Eine Fülle neuer Emblemata reiht sich jetzt aneinander, die alle dem großen Thema des Todes zugehören. Der besondere Reiz dieser neugeknüpften Emblemkette liegt aber in dem Reichtum bildlicher Variationen, die abwechselnd auf den triumphierenden und den besiegten Tod bezogen sind.

3. Die acht Sinnbilder auf dem Leichentuch

Unter dem »Leichentuch« – wie Gryphius es bezeichnet – ist das »Bahrtuch« zu verstehen, das hier wohl in einer Aufteilung von acht Bildfeldern anzunehmen ist, in denen in sich abgeschlossene picturae dargestellt sind. Diese picturae tragen alle eine lateinische inscriptio, die Gryphius ins Deutsche übersetzt und die er in einer subscriptio in Quartettform kurz deutet. In inscriptio und subscriptio tritt die ganz persönliche Auslegung als specimen ingenii des Autors Gryphius klar hervor. Die nachfolgende Prosa-Erklärung bietet lediglich die damals übliche gelehrte Zutat, in der auf die Bibel oder auf antike Autoren verwiesen wird. Der letzte Satz dieser »Erklärungen« bezieht sich stets auf die Verstorbene oder deren Familie.

Devicta EX MORTE TROPHAEUM. Nach überwundnem Tod

Einen besonderen Platz nimmt die emblematische Lobpreisung der im Tode siegreichen Verstorbenen ein. Wieder ist es die deutsche Übersetzung, die der lateinischen inscriptio eine ungewöhnliche, fast persönliche Deutung gibt: devicta ex morte wird übersetzt: nach überwundnem Tod. Der besondere Sinn, der in dem lateinischen »devicta« liegt, ist von Gryphius bewußt hervorgehoben. Auffällig ist, daß Gryphius nicht die vollständige lateinische inscriptio übersetzt. Es fehlt das Wort »trophaeum«, das deutlich lesbar über dem Medaillon angebracht ist. Gryphius wollte wohl den Gedanken vom besiegbaren und hier besiegten Tod dadurch noch deutlicher hervorheben. So erscheint die vom Tode Besiegte als die triumphierende Siegerin, die – wie die Genovefa in Baldes Ode – den Tod getäuscht hat und nun auf dem Grabhügel des von ihr völlig überwundenen Todes ihre Siegeszeichen aufrichtet. Erst auf diese Weise gewinnt das im 17. Jahrhundert seltene Bild vom besiegten Tod, das in der pictura besonders genau ausgemalt ist, seine letzte Gültigkeit: In nachdenklicher Haltung, mit aufgestütztem Kopf, liegt der Tod als kraftloses zusammen-
Über ihm erstrahlen die Pfeilbündel, die als eroberte Waffen des Todes, zugesunkenes Gerippe am Boden. Sein Speer ist zerborsten, sein Köcher leer.
gleich aber als die Wappenzeichen derer von Popschitz zu verstehen sind, an dem hochaufgerichteten Siegeszeichen, das aus einem Hügel aufsteigt.

Die pictura der auf dem Leichentuch abgebildeten Embleme zeigt einige Grundunterschiede zu den auf dem Sarg angebrachten Sinnbildern. Es fehlen die allegorischen Figuren, die die pictura halten. Statt dessen ist ein medaillonartiger Rahmen gewählt, mit Bändern und Blumen durchflochten. An der oberen Rundung erscheint hier der geflügelte Kopf eines Engels oder Mädchens, an der unteren ein Totenschädel. Die lateinische inscriptio ist beibehalten und über dem Medaillon als Spruchband angebracht. Gryphius hat stets die ins Deutsche übertragene inscriptio als Überschrift für das deutsche Quartett verwertet.

Der Gedankengang des Quartetts zeigt die gleiche enge Bezogenheit auf die pictura. Der Sieg über den Tod erlaubt die Aufrichtung der Siegeszeichen entsprechend der antiken Überlieferung. Es sind die Pfeile aus dem Familienwappen, die zu Strahlenbündeln an einen Baumstamm geheftet sind sowie die dem Tode entwundene und zerbrochene Speerhälfte. In der Sinnbilderklärung verweist Gryphius nachdrücklich auf die »trophaea«, die in Griechenland aus Holz, in Rom aus Marmor errichtet wurden. Die Siegessäule auf dem Kapitol in Rom, als »trophaea Mariana« bezeichnet, dient ihm als Gegen- und Vorbild für dieses auf Mariane bezogene Emblem, das den Triumph eines jungen Mädchens über den Tod bekunden und dadurch zugleich Christus ehren soll, der ihr die Waffen für diesen Sieg in die Hand gab. Darum lauten die Schlußzeilen des Quartetts:

> »Dir Herr / durch welchen Ich den grausen Tod entwehrt
> Hab Ich die Pfeil allhier zu Ehren angebunden.« (Tafel 43)

Voraussetzung dieses menschlichen Sieges über den Tod ist der unerschütterliche Glaube an Christi Auferstehung. Im nächsten Sinnbild setzt sich diese Gedankenreihe fort: Dem Weg Christi in die Ewigkeit wird auch die Seele der Verstorbenen folgen.

QUO DEUS IPSE PRAEIT. Wohin voran ging GOTT

Die pictura zeigt den Weg der Seele in das Reich Gottes. Die Gestalt des auffahrenden Christus ist von Himmelslicht umflossen. Die schwarzen Wolken haben sich geteilt und geben den Weg frei, dem der Adler in eiligem Fluge folgt. Die Erde liegt in schwarzem Dunkel. Nur der Adler vermag das strahlende Licht Christi, der immer die »Sonnen-Sonn« ist, offenen Auges zu ertragen und ihm in den Himmel zu folgen. Gryphius gibt in seiner Sinnbild-Erklärung andere Bibelstellen an, um auch von der Theologie her die Berechtigung für seine gewählte Emblematik und für die Verstärkung seines Trostes zu bieten. Aus der Weisheit Salomonis verweist er auf Cap. 30, Vers 19, aus Ambrosius' Enarratio de Salomone auf Cap. 2 und aus Moses Buch V, Cap. 31, Vers 21, um sein Bild vom Adler zu rechtfertigen, unter dem er die Seele einer Verstorbenen in der Nachfolge der Himmelfahrt Christi sieht. Er läßt hier auch den Adler im Wappen der Familie Poser und den Sterbetag der Mariane – einen Tag vor Himmelfahrt – nicht unerwähnt. Diese unmittelbare Nachfolge Christi in die »freudenreiche Ewigkeit« begründet Gryphius nicht allein durch die magnetische Verbindung der Seele der so früh Verstorbenen mit Christus. Er verweist auf ein weltliches Recht, daß denen, die aus einer Stadt verbannt waren, im Gefolge eines »großmächtigen Fürsten« der Zugang gewährt wurde. »Wir sind aus dem Himmel verstossen / welche Zeit solte denn bequemer seyn wider hienein zu dringen als diese in welcher JEsus selbst wider hinein eilet« (vgl. Tafel 48). Die Parallele zur Himmelfahrt der Verstorbenen im Gefolge Christi wird also nach himmlischem und irdischem Recht begründet.

Geradezu vollkommen in ihrer gedanklichen und formalen Geschlossenheit wirkt die subscriptio zu dieser pictura und deren inscriptio. Der Gedanke an die Nachfolge Christi in der Wiederholung der Himmelfahrt – einen Tag nach dem irdischen Tod – umschließt das deutsche Quartett. Unter Ausnutzung der Zäsur folgt Gryphius hier gedanklich genau der pictura:

> »Mein Jesus geht voran! der Himmel steht mir offen
> Was mach ich auff der Welt / wann Sie mein Heyland läst!
> Fleuch Seele / fleuch und fleug in die besternte Fest
> Heut ist was sonst sehr schwer / der Eingang leicht zu hoffen.« (Tafel 47)

Das Sterben in der Nachfolge Christi wird als besonderes Glück zur Bestätigung der magnetischen Verbindung zu Christus gesehen. Verlassen des Weltdunkels und Eintritt in das ewige Licht erscheinen als Gnade des Höchsten.

In der Erklärung zu dem Emblem von der Himmelfahrt Christi, zu der Marianes Sterben einen Tag vor Himmelfahrt in Analogie gesetzt ist, wird das »Wunderbare« dieses Geschehens betont. Geburt und Himmelfahrt Christi bleiben ein Wunder, das nicht begreifbar und erzählbar ist. Als Belege zitiert Gryphius zwei Bibelstellen: Sprüche Salomonis 30, 18/19: »Drei sind mir zu wunderlich und das vierte weiss ich nicht (18). Des Adlers Weg am Himmel, der Schlange Weg auf einem Felsen, des Schiffes Weg im Meer und eines Mannes Weg an einer Magd (19). V. Buch Mosis, cap. 32 v. 11. Wie ein Adler ausführet seine Jungen und über ihnen schwebet, breitete er seine Fittiche aus und nahm ihn und trug ihn auf seinen Flügeln. (Sicut aquila provocans ad volandum pullos suos, et super eos volitans, expandit alas suas et assumpsit eumatque portavit in humeris suis. (Vulgata, Moses V, 32, 11.)

TRACTU DECOR INCLITUS UNO. Verwischt durch einen Strich

Die pictura zeigt in einem Maler-Atelier den Tod, der ein fast vollendetes Portrait eines schönen Mädchens in der reichen Kleidung der Barockzeit mit einem breiten Pinselstrich auslöscht. Das Thema dieser embematischen Darbietung ist selten in der Emblemliteratur. Hier nutzt Gryphius einen ungewöhnlichen Einfall für das Abbild des triumphierenden Todes, für dessen rasche Vernichtungsgewalt, die jeder noch so reichen Schönheit in einem Augenblick ein Ende bereitet. Mit diesem Sinnbild bezieht sich Gryphius wieder auf die Realität des irdischen Sterbens. Die adhortatio des memento mori wendet sich an den Betrachter dieses und der nächstfolgenden Embleme, um eindrucksvoll an die Möglichkeit eines unerwarteten Todes zu erinnern. Die Sinnbilderklärung in Prosa unterstreicht die traumhaft schemengleiche Wesenheit jeder menschlichen Gestalt, jedes menschlichen Antlitzes. Nachdrücklich wird in der inscriptio wiederholt: »Verwischt durch einen Strich.«

Ohne Gryphius' Hinweis auf den 39. Psalm wäre die pictura schwer deutbar. Er bezieht sich dort ausdrücklich auf Vers 7: »Sie gehen daher wie ein Schemen.« Der Tod löscht mit einem Strich das Bild aus, so wie beim Erwachen aus einem Traum das lebenähnliche Abbild vergeht. Körperliche Schönheit und Anmut der Bewegung vernichtet er, die nur scheinbares Abbild von dem waren, was als geistige bewegte Schönheit unzerstörbares Erinnerungsbild bleibt.

Gryphius geht so weit, sich selbst zu zitieren, aus Leo Armenius (2. Abhandlung, v. 637–640, Szyrocki) aus »Cardenio und Celinde« (5. Abhandlung, v. 408–419, Szyrocki). Die »Aschenfarbe« des Todes soll den Menschen die so schnell vergehende Wangenröte des Lebens richtig einzuschätzen lehren. Beide Zitate betonen die gleiche Weisheit: die Schönheit der menschlichen Gestalt ist »entlehnt«, nur die Schönheit der Seele ist dem Menschen zu eigen. Die eine kann der Tod mit einem Pinselstrich vernichten, der Seele gibt er den Weg in ihre Heimat frei.

So kann auch das deutsche Quartett als subscriptio dieses ungewöhnlichen Emblems vom Tod als Maler der Vernichtung nur diesen Gedanken wiederholen, wobei lediglich etwas hinzutritt, was malerisch in einem Portrait kaum darzustellen gewesen wäre: der Hinweis auf die »bewegte Schönheit«, auf die »Anmuth«: »Mit was vor Anmuth war die Schönheit nicht gesellet?« Auch sie hat der Tod in einem Moment der Erstarrung vernichtet. Schönheit und Anmut, die auf einem Antlitz das Abbild des Lebens bieten, sind dahin:

»Der Tod mit einem Strich hat alles dis verstellet,
Was man so liebreich sah auff meinem Antlitz blühn.« (Tafel 50)

TOT QVOT SVNT CORPORE MORTES. Durch alle tödtlich siech
Die zeichnerisch wenig geglückte pictura einer von Schlangenbissen gequälten Hirschkuh, die zu einem sprudelnden Brunnen eilt, um ihre Qualen zu lindern, nimmt die Mitte des Medaillons ein. Angespielt wird auf zweierlei: auf die Verführung im Paradies durch die Schlange, also auf die Erbsünde, die den Tod als Ende des irdischen Lebens zum Gesetz machte, und auf die Leiden der an dem Blatterngift in unzähligen Wunden verstorbene Mariane. Die Realsymbolik der auf den Brunnen zueilenden Hirschkuh in der pictura bietet zugleich die Transparenzsymbolik der zum Brunnen des Lebens, zu Christus, eilenden Mariane. In der Erklärung des Sinnbildes bietet Gryphius mehr an gelehrtem Wissen. Der an einem selbst beigebrachten Schlangenbiß verstorbenen Cleopatra (Quelle dafür: Plutarch) stellt er das unverschuldete Leiden der »durch die aufschießenden Flecke der ansteckenden Blattern« heimgesuchten Toten gegenüber. Ihr Scheiden aus dem Erdendasein, verursacht durch das Gift der Krankheit, deren Qualen sie mit Gleichmut (Quelle dafür: Seneca) trägt, vergleicht er mit dem biblischen Bild der dürstenden Hirschkuh, die nach Wasser des Lebens schreit (Psalmen Davids Nr. 42). Ohne Kommentar fügt er die Opitz-Übersetzung dieses Psalms im Zitat an.[32] Das Zitat paßt besonders gut zu dieser Stelle, weil es mit seiner letzten Zeile den Übergang zu einer allgemeingültigen consolatio bietet. (Tafel 54)

NEC OPINO TURBINE. Eh als man sichs versehn
Man würde unter der im 17. Jahrhundert so geläufigen inscriptio kaum eine besondere Sinnbildvertiefung vermuten, zumal die pictura im Mittelfeld das in der Emblematik oft gebrauchte Bild einer umgeknickten Tulpe zeigt.[33] Der dunkel bewölkte Himmel läßt nur am Horizont einen hellen Streifen sehen, unter dessen fallendem Licht eine geknickte Tulpe erkennbar wird. Die Gewalt eines plötzlich hereinbrechenden Unwetters läßt vermuten, daß Hagelschloßen der eben erblühten Blume die Vernichtung bringen. Bei genauerem Betrachten verrät aber die pictura mehr. Auf dem regendunklen Boden heben sich helle Flecken ab, wie große Hagelkörner. Der Zeichner hat ihnen die Form von kleinen Totenschädeln gegeben, an denen die Augen- und Nasenhöhlen als helle Flecken sichtbar sind.

Ohne die Prosa-Erklärung des Andreas Gryphius wäre diese Besonderheit der pictura kaum zu erkennen. Nach der gängigen Auflösung des Sinnbildes von der zu früh gebrochenen, eben erblühten Blume, unter Heranziehung von Stellen bei Jesaia 40, 7 und Petrus (1. Petri 1, 24), und nach dem Hinweis auf »das klägliche Beyspiel der Seeligsterblichen Jungfrauen« fügt Gryphius hinzu: »Wir haben die Schlossen (hier für Hagel) in gestalt der Todten-Köpfe vorgestellet umb den Verstand des Sinnenbildes / welches wie das vorhergehende auff die Art der tödtlichen Niederlage zielet / besser außzudrücken: Sintemal nicht unbewust wie wunderlich offt die Natur so in den Schlossen als in dem Schnee spille / und eines und ander Wesen dadurch außdrucke / daß vielen wol unglaublich vorkommen dörffte / wann es der Augenschein nicht darthäte und bekräfftigte« (vgl. Tafel 57). Schloßen als Totenköpfe sind in der Emblematik des 17. Jahrhunderts ungewöhnliche Gleichsetzungen. Auch die Beziehung des Schneebilds zum Sterben wird nicht sofort deutlich. (Schnee bezeichnet damals sonst meist das Alter.) Hier will Gryphius sein Sinnbild genau betrachtet und in *seiner* Auslegung verstanden wissen, weil es vielen sonst »unglaublich« und dunkel bliebe.

Entsprechend richtet er auch seine deutsche subscriptio auf den Gedanken der grausamen und unversehenen Lebensvernichtung aus. Das geläufige Sinnbild der plötzlich gebrochenen Blume leitet nur über zu den Schlußzeilen, die wieder auf die unerwartete tödliche Krankheit und damit auf die unerklärliche Gewalt der Natur, der »grausen Schlossen Macht«, anspielen, die in der pictura durch die Einfügung der Totenschädel nachdrücklich hervorgehoben wird.

ORTU SUB DUCOR IN IPSO. Kommt Tag / so ists geschehn!
Die pictura hat als Konzentrationspunkt den Morgenstern. Zwei Frauengestalten im Vordergrund des Bildovals haben ihren Blick mit dem Ausdruck des Staunens auf ihn gerichtet und verweilen in seiner Betrachtung. Der Stern selbst erstrahlt noch im Licht der gerade erst aufgehenden Sonne. Eine sich herabsenkende schwarze Wolke deutet sein baldiges Erlöschen an. Diese pictura enthält offensichtlich die Gleichsetzung des frühen Sterbens der Mariane von Popschitz mit dem Verblassen des Morgensterns. Ihre Schönheit, die gerade erst in der aufgehenden Sonne Christi zu leuchten begann, wurde durch deren immer stärker werdende Helligkeit zum Erlöschen gebracht. Die beigegebene Prosa-Erklärung bestätigt diese Gleichsetzung. Gryphius verweilt besonders lange bei einem Stern, der ihn öfter beschäftigt hat.[34] Er nennt ihn an dieser Stelle den »anmuttigsten unter allen Sternen des Himmels« (vgl. Tafel 59). Sein Glanz hat ihm in der Antike den Namen der Venus, heute den des Morgen- oder Abendsterns eingebracht. Das Leuchten dieses Sterns ist stets von dem Licht der aufgehenden oder scheidenden Sonne abhängig, da er sich immer im gleichen Abstand von ihr befindet, niemals »über viertzig Grad oder Staffeln von der Sonnen ab« (ebda. Tafel 59).

Gryphius verwertet hier seine astronomischen Kenntnisse besonders glücklich, weil er durch die genauen Angaben über die stets gleiche Entfernung von der Sonne die Nähe der Verstorbenen zu Christus als der Sonne der Gerechtigkeit ausdrücken kann. Ganz unauffällig fügt er ein bekanntes Bibelwort ein: »Ich habe dich ie und ie geliebet darumb hab ich dich zu mir gezogen« (Jerem. 31, 3). In der Nähe Christi wird sie nichts von dem »herrlichen Glantz mit welcher Sie JEsus gezieret« verlieren, sondern »in ewigblühender Jugend« leuchten »wie die Sterne des Himmels« (vgl. Tafel 60). Darum lautet die Schlußzeile eines ihr zu Ehren an die Prosa-Erklärung des Sinnbildes angefügten Quartetts, bewußt als Chiasmus gefaßt: »Todt war Sie als Sie lebt: Itzt lebt Sie nun Sie todt« (Tafel 60). Die mit gelehrtem Wissen überlastete Prosa-Erklärung entsteht geradezu neu und leicht in dem deutschen Quartett der subscriptio des Sinnbilds vom Morgenstern. Die Übersetzung der lateinischen inscriptio »kommt Tag / so ists geschehn« gibt wieder den Leitgedanken für die Schlußzeile ab: Mit dem Tode der Mariane geht das zu Ende, was ihr während des Lebens nur ganz kurze Zeit Glanz verliehen hatte. Dafür leuchtet ihr bei ihrem irdischen Untergang ewig das helle Licht Christi vor. Der poetische Variationsreichtum an Sinnbildern hat sich bei Gryphius noch nicht erschöpft, wenn auch die letzte Zeile der »Erklärung« eine alte Weisheit wiederholt: »Todt war Sie als Sie lebt: Jtzt lebt Sie nun Sie todt.«

MOESTAE LUX UNICA NOCTIS. Das Letzte Licht der Nacht
  Die pictura zeigt noch einmal den Tod, der in ein dunkles Zimmer getreten ist. Die Tür steht noch offen. Von vier Leuchterkerzen brennt nur noch eine. Aber auch nach dieser streckt der Tod bereits die Hand aus, um sie zu löschen. Neben dem Tisch sitzt als gebeugte Gestalt in Trauerkleidung die Mutter. Ein geringer Lichtschein wird von einer Mondsichel durchs Fenster verbreitet, unterstützt durch die letzte noch brennende Kerze.
  Die Deutung des Sinnbilds ist einfach: den Gatten, den Sohn und die Tochter hat die Mutter verloren. Mit dem Sterben der Tochter ist das letzte Licht, das in ihrer Nacht leuchtete, erloschen. Auch das Leben der einsamen Mutter scheint schon vom Tode bedroht. Nur die Hoffnung auf ein Wiederbegegnen im Jenseits verbreitet etwas Helligkeit in dem dunklen Trauerhaus.
  Entsprechend der pictura bringt das deutsche Quartett nichts anderes als die Hilflosigkeit und Trostlosigkeit zum Ausdruck, in der das Sterben des letzten Kindes als bloße Härte des Schicksals und blindes Tun der »Parce« verstanden wird.
  Lediglich die Prosa-Erklärung des Sinnbildes bietet etwas mehr an Tröstungen. Aber auch diese erschöpfen sich in Hinweisen auf Parallelschicksale, die sich in der Bibel finden. Drei Beispiele sollen den Schmerz im »traurigsten Witwenstand« lindern. Alle drei drücken die Trauer um einen zu früh dahingerafften Sohn aus. Gryphius verändert die Klage der Frau des Tobias um den verloren geglaubten Sohn in Worte der betrübten Mutter Marianes (Tob. 10, 4–6): »Ach meine Tochter / warumb muss ich dich lassen? Meine einige Freude / meinen einigen Trost in meinem Alter / mein Hertz und mein Erbe / Ich hätte Schatzes genug gehabt / wenn ich dich erhalten hätte« (Tafel 63).

Bei Tobias X, v. 4–6 heißt es wörtlich:

Und seine Mutter weinete, dass sie sich nicht wollte trösten lassen und sprach:
Ach, mein Sohn, ach, mein Sohn, warum haben wir dich lassen wandern, unsere einige
Freude, unser einiger Trost in unserm Alter, unser Herz und unser Erbe!
Wir hätten Schatzes genug gehabt, wenn wir dich nicht hätten weggelassen.

Die letzte Steigerung liegt in dem aus dem Buch Baruch zitierten Aufschrei: »Ich wil schreyen zu dem Ewigen für und für« (ebd.). Ganz an das Ende setzt Gryphius auch hier die Hoffnung auf die Wiederbegegnung im Jenseits, wie sie das Mondsichel-Emblem in der pictura bekundet.

SPARGITE SED TUMULIS. Wohin wir nie gedacht

Die letzte pictura verdeutlicht nur die Aufforderung ihrer subscriptio, mit Blumenspenden den Sieg der Verewigten »über die Sünde / die Welt / die Hölle und den Tod« (vgl. Tafel 65) zu feiern. Das sei der Sinn solcher Blumenspenden, die zugleich die »Reinigkeit der Seelen« (ebd.), besonders der Frühverstorbenen, öffentlich bekunden sollen. Mit Zitaten aus der Sakral- und Profanliteratur, aus Nyssenus, Hieronymus, Augustinus und Plinius belegt Gryphius diese These. Der Kranz (corona) steht als Sinnbild im Mittelpunkt der gelehrten Nachweise in der Prosa-Erklärung. Er bedeutet den Sieg über jede Anfechtung: »Vince Diabolum et habebis coronam« (Tafel 66).

Gryphius bezeichnet die zum Abschied auf den Grabhügel gestreuten Blüten als »die Blumen unseres Gemütes« (ebd.), die jeder lieber über das Hochzeitsbett der Verstorbenen ausgebreitet hätte. Kunstvoll schließt er die Prosa-Erklärung des letzten Emblems mit einem Vierzeiler, in dem ein Wortspiel vom Verblühen in der Welt und dem Aufblühen im Jenseits breiten Raum einnimmt:

»Verblüht bist du der Welt! vor Menschen gar zu früh!
Doch GOtt wil nicht daß hier dein schöner Geist verblüh!
Auch wird die blasse Leich auß Ihrer Grufft herblühen;
Wenn JEsus in die Welt wird zum Gericht einziehen.«   (Tafel 66)

Die deutsche subscriptio wiederholt diesen Gedanken der letzten Zierde, die Menschen durch Blumen dem Grabhügel zuteilwerden lassen. Alles Blühende soll zum Abschied dort ausgestreut werden – so will es wohl auch die pictura mit den entleerten Blumenbeeten andeuten – so daß sich die schön angelegten Gärten danach wie eine Wüste ausnehmen.

4. Die Emblemata in dem lyrischen Nachruf

Auch in den »Abschieds-Worten« der Mariane an ihre Mutter, die als Ich-Aussage in einem besonderen Alexandriner-Gedicht von Gryphius in der Art eines Nachrufs geschaffen wurden, ist die Übereinstimmung der verwendeten Emblemata mit den Abbildungen auf dem Sarg und dem Leichentuch nicht zu übersehen. Der Aufbau zeigt deutlich, in welchem Maße Gryphius seine Gedankenfolge den Gesetzen der Barock-Rhetorik anpaßt und wie zugleich die

Verbindung mit der Emblematik des besiegten Todes aufrecht erhalten wird. Mit einem Dankeswort, mit einem befreiten »Gott lob!« für das Erreichen des rettenden Ufers im Reich Christi, herausgehoben durch das Emblem des aufgewühlten Meeres, das auch auf der vierten pictura des Leichentuchs wiedergegeben ist, beginnt das Gedicht. Die breite Beschreibung des Unwetters, aus dem die Verstorbene gerettet wurde, geht über in eine »adhortatio« an die verlassen zurückbleibende Mutter. Dann erst, nach 30 Zeilen, setzt die Vorbereitung auf die consolatio ein, die durch Einbeziehung der gefährlichen politischen Zeitsituation gewonnen wird (Z. 35–40). Die Bedrohung durch den Türkenvormarsch, die Gefahren der verschärften Gegenreformation, die Pest- und Hungersnöte, aber auch die gesteigerte innere Unsicherheit des Bekenntnisses – und des Gewissens – werden aufgezählt. Erst nach dieser ausgebreiteten wort- und bildreichen »lamentatio« über die umgewertete und verdorbene Welt beginnt die »consolatio« mit einer vielfachen Fragenkette, die das bekannte Emblem von der in einen Käfig gesperrten Seele (Z. 56) in den Vordergrund rückt und damit den Aufenthalt der befreiten Seele der Verstorbenen in dem »hellbesteinten Schloß / das nie kein Feind bestiegen /« (Z. 63) als beneidenswert erscheinen läßt. Der Höhepunkt aller gesteigerten Fragen liegt in dem Hinweis auf die im Tode erworbene »Ehren-Kron«, die als Hauptemblem im »Carolus Stuardus« so vielfältig ausgedeutet wird:

Hier lern ich nicht: Ich weiß / wie JEsus sey zu ehren.
Ich darff kein Urtheil mehr / als nur noch eins / anhören /
Daß mir die Ehren-Kron / wie auch das Reich / verspricht /
Ihr hofft / ihr glaubt / ihr sucht; ich habs / und zweiffel nicht. (Z. 71–74)

Im Anschluß daran häufen sich die Bilder und Embleme, weil es gilt, Christus zu verherrlichen, der die Verstorbene mit magnetischer Kraft zu sich zieht. Er ist der »Weißheit Brunn«, der »Artzt der Seelen«, »der Sonnen Son« (Z. 78–79), der die »unerhörte Wonn« ohne Maß und Ziel schenkt. Antithetisch werden den Bildern des Lichts die des Todesdunkels entgegengestellt. Zum Bild der himmlischen Rose in Christi Hand kontrastiert die schnell verblühende irdische. Mit dem Ausruf »Ich bin des HErren Braut« (Z. 89), der sich leicht variiert in »des Höchsten Braut« (Z. 94) noch einmal wiederholt, erreicht die »Consolatio« dieses Gedichtes ihre höchste Steigerung. Die für Christus schon geschmückte Braut eilt dem Bräutigam entgegen. Das Sterben ist nur »ein schneller Durchgang« (Z. 100). Die Krankheit mit ihren Entstellungen wird im Sinne der compassio Christi als Angleichung an die Narben gesehen, die dieser bei der Geißelung davontrug. Im Übertritt in die Ewigkeit sind alle Leiden vergangen, und die Verstorbene erreicht die höchste Schönheit. Sonne, Mond und Morgenstern treten an Glanz hinter ihr zurück, wenn Christus sie wie in der Braut-Mystik der Bibel mit seinem Liebeskuß aufweckt. Auch der Tag der Wiederbegegnung der Seelen von Mutter und Tochter ist nicht fern, der im Augenblick des Abschieds der Tochter von der Erdenwirklichkeit noch unerreichbar erscheint.

Von den in diesem Gedicht erwähnten Sinn-Bildern dienen hier höchstens zwei einer rein dekorativen Bereicherung. Sie finden sich auch in den Abbildungen auf dem Sargtuch wieder: das vom Sturm geschüttelte Schiff und das Bild vom Morgenstern, der seinen Glanz von der Sonne (Christus) nimmt. Das wirksamste gedankliche Argument der »consolatio« liegt in dem Hinweis der Verstorbenen, daß Christus sich der Witwe in ihrer Einsamkeit annehmen und ihr stets als »Freund und Richter« beistehen wird. Die Vereinigung der trauernden Mutter mit der Tochter in der Ewigkeit wird als höchster Freudentag gesehen, für den es keine Worte der Benennung geben kann. Bis er sich erfüllt, muß der Zurückbleibenden der Gedanke an das Glück der mit Christus vereinigten Tochter genügen.

Wenn auch mit Sicherheit kaum festzustellen ist, in welcher Reihenfolge die drei poetischen Zeugnisse auf den Tod der Mariane von Popschitz entstanden sind, so bleibt doch die Übereinstimmung der verwendeten Emblemata in der Prosa-Leichabdankung, in der bildlichen und wörtlichen Wiedergabe bei der Gedenkfeier und in dem lyrischen Epicedium beachtenswert. Ohne alle angewandten Emblemata zu wiederholen, muß die Übereinstimmung in der Thematik der magnetischen Verbindung der Seelen hervorgehoben werden. Denn auch in den »Abschieds-Worten« der Mariane an ihre Mutter nimmt dieses Emblem einen großen Umfang ein, weil gedanklich dazu die Emblemata der unio mystica gehören, denen ein ebenso großer Raum zugemessen wird. Gedanken- und Bilderreichtum dienen nur der Glorifizierung des besiegten Todes.

Um diese gedankliche und bildliche Einheit vom Thema des besiegten Todes noch stärker ins Bewußtsein zu rücken, könnte man die Übersetzungen der inscriptiones auf dem Sarg- und Leichentuch zu einem in sich geschlossenen Gedicht vereinen. Es mag Zufall sein, daß die Zeilen ein »Ganzes« bilden, in dem noch einmal das Thema vom besiegten Tod allgemeingültige Aussagebedeutung erhält. Das stellt sich dann, wenn man von der in der Titelseite zusammengefaßten inscriptio zum Sargbild absieht, in dieser Weise dar:

»Unheiligen nicht bekannt
Vergebens angerannt
Geschmissen nicht verletzt
Ein größer Licht ergetzt.«

In Prosa aufgelöst ergäbe sich auf Mariane bezogen folgender Gedankengang: Was Glaubenslosen (Unheiligen) unbekannt ist, das umschließt jetzt (wie in der Bundeslade) eine reine Seele, die von Versuchungen vergebens bedroht wurde; wenn auch körperlich tot, ist sie aufgenommen in ein freudenreiches helleres

Die anderen Überschriften ergeben gleichfalls ein in sich geschlossenes Gedicht:

»Nach überwundnem Tod,
Wohin voranging Gott,
Verwischt durch einen Strich
Durch alle tödlich sich
Eh man es sich versehen
Kommt Tag (so ists geschehen)
Das letzte Licht der Nacht
Wohin wir nie gedacht.«

Wieder in Prosa aufgelöst ergäbe sich daraus folgender Gedankengang: Nach dem Sieg über den leiblichen Tod, wohin Christus voranging, nach dem plötzlichen Ausgelöschtsein durch ein Gift in allen Gliedern und dem unvorhergesehenen Zugriff des Schicksals bricht an einem frühen Morgen die Nacht des Todes an, die der Mutter das letzte Licht in ihrem Leben (die Tochter) raubt, woran niemand im voraus gedacht hat.

SCHLUSS

Die Poetisierung des Glaubens

Vor dem großflächigen Hintergrundbild des aus dem Mittelalter bekannten Themas vom triumphierenden Tod sind in den vorausgehenden Kapiteln Beispiele für den Sieg des menschlichen Geistes über die Todesfurcht in der Barockdichtung geboten worden. Der Zusammenhang mit der christlichen Religion – besonders gefestigt im Zeitalter der Reformation – zeigte sich als Grundlage für den Sieg des Glaubens in seiner ganzen Traditionsbedingtheit. Im gleichzeitigen Nebeneinander von Bild- und Wortkunst bestätigt sich diese Traditionskette vom triumphierenden und vom besiegten Tod. Es kam mir bei der Bild- und Textanalyse nicht auf den Nachweis möglicher Beeinflussungen der Dichtung durch die bildende Kunst an. Mich lockte weit stärker die Freilegung des Miteinanderwirkens zweier Künste auf ein gleiches Ziel hin, wobei der individuellen Formgebung als Ausdruck der Persönlichkeit besondere Aufmerksamkeit zuteil wurde.

Das memento mori erschien dabei als Teil einer Lebenslehre, die in hochgesteigertem Realismus des Bildgebrauchs bei Malern und Dichtern ihren Ausdruck fand. Ebenso stark ausgeprägt zeigte sich aber das gleiche Thema in einer verfeinerten Spiritualisierung der Sinnbildkunst, die individuelle Züge des einzelnen Künstlers erkennbar werden ließ. Deswegen habe ich der Emblematik dieser Epoche besondere Aufmerksamkeit zugewandt, weil sich hier von selbst das Zusammenwirken von Wort- und Bildkunst als Zielsetzung anbot.

Es zeigte sich bei der Analyse von Texten, die Reflexionen über den Tod schon im Titel enthielten, daß emblematische Bildbeigaben mit den dazugehörigen Erklärungen entweder zur Wirkungssteigerung einer Didaxe oder aber zu einer Vertiefung des persönlichen Glaubensbekenntnisses beitrugen. Die reiche Verwendung der Emblemkunst im Gesamtwerk von Jacob Cats diente mir als Beispiel für die Ausbreitung einer Lebenslehre, die die Möglichkeit des besiegbaren Todes durch humanistisch geformte Weisheit und christliche Glaubensfestigkeit vielfältig variierte. Cats' Wirkung beruhte darauf, daß er bei seinen Lesern mit Hilfe der Sinnbildkunst die Verzweiflung über den triumphierenden Tod in die tröstliche Vorstellung eines besiegbaren Todes zu verwandeln versuchte.

Mors triumphans und *mors devicta* sind zwei Bilder dieser Epoche, die viel zur Charakteristik ihrer Bild- und Wortkunst beigetragen haben. Gerade die vollständige Niederlage des Todes, wie sie in dem altlateinischen Beiwort »devicta« zum Ausdruck kommt, findet ihre bildliche und literarische Ausformung im Triumph jener Weisheit, die eine hohe Bewertung des Lebens aus der *täglichen*

Einnerung an den Tod gewinnt. Die humanistischen Texte eines Scribanus gehören in gleicher Weise dazu wie die Florilegien aus der Patristik. Daß sich eine so starke Erkenntniskraft, die die Todesangst aufzuheben oder zumindest einzudämmen vermag, auf einer Lebenslehre von der vanitas mundi gründet, erklärt sich aus der Möglichkeit einer Verschmelzung antiker und christlicher Ethik. Damit diese den Leser nicht allzurasch ermüdet, bedient sie sich der damals hoch enwickelten Kunst der Emblematik, die seit Alciati in der Idealverbindung von inscriptio-pictura-subscriptio bereits zum Lehr- und Bildungselement der Hohen Schulen beider Konfessionen in Europa geworden war. Die Weisheit von der vanitas mundi führte in emblematischer Ausgestaltung zu jener Weisheit vom Tode, die ihre Sublimierung in der Lehre vom besiegbaren Tod erfuhr. Der daraus entwickelte »hohe Geist« des Menschen erfährt eine weitere Stärkung gegenüber dem Tod in der Verbindung mit dem christlichen Glauben, in dem vom Urchristentum an der Sieg über den Tod beschlossen lag. Die Auferstehung Christi und sein Sieg über den Tod verbinden sich zur sichersten Glaubensgewißheit. Die magnetische Kraft des Gottessohnes, die vis attractiva Christi, die die Seele eines Verstorbenen zur unio im Sinne einer Geist-Einung nach dem Tode führt, läßt Bilder der mittelalterlichen Mystik in Emblemata-Kompositionen eingehen. Daraus erklären sich jene Sinnbilder, die in zahlreichen Variationen den Tod als Befreier der Seele aus dem Kerker des Leibes wiedergeben. Die so entwickelte Vorstellung einer im Tode erreichbaren unio der menschlichen Seele mit Christus bot für Trauerreden eine neue Variante des Trostes, die sich durch emblematische Ornamentierung besonders wirkungsvoll gestalten ließ. Ein treffendes Beispiel dafür bieten die drei Beiträge des Andreas Gryphius zur Leichenfeier für Mariane von Popschitz im Jahre 1663. Sie enthalten die Summe jener mystischen Vorstellungen, die sich bereits in Gryphius' auffälligem Interesse an der Übersetzung seines Freundes Christoph von Schönborn von Baldes Genovefa-Ode andeuteten. Alle Beiträge des Andreas Gryphius zur Trauerfeier für Mariane von Popschitz bestätigen die Zusammenhänge zwischen traditioneller Brautmystik und einer vertieften Todesmystik in den jetzt erst bekanntgewordenen emblematischen Bildbeigaben und Erklärungen. Sie lassen in der Verfeinerung der Poetisierung des besiegten Todes und damit des Glaubens die Sinnbildkunst des Andreas Gryphius noch deutlicher in Erscheinung treten.

Wenn ich hier den für die Barockdichtung wenig gebrauchten Begriff der Poetisierung verwende, so deswegen, weil es sich bei den von Gryphius benutzten Sinnbildern von der »magnetischen Kette« und der »vis attractiva Christi« um eine Wortkunst echt mystischer Prägung handelt, die – wie im Mittelalter in »bildelîcher wîse« – abbildliche Vorstellungen wachruft, die in Worten nicht auszudrücken sind. Hier beginnt das, was als individuelle Kunst bezeichnet und Poetisierung eines Glaubensbekenntnisses genannt werden kann. Denn eine Glaubenswahrheit erscheint in diesen Sinnbildern und Sinnbilderklärungen als eine poetische Wahrheit, deren Kennzeichen es ist, daß die Möglichkeit einer Glaubensentscheidung angenommen werden kann. Die Vorstellung von einer möglichen seelischen unio mit Christus bietet für Gryphius in der Leichabdankung für Mariane von Popschitz den Haupttrost für die Hinterbliebenen. Ihr Glaube an die unio mit Christus läßt Mariane die Siegeszeichen ihres Glaubens über dem besiegten Tod aufrichten, wie es eins der beigegebenen Emblemata deutlich zeigt. Man erkennt daraus, daß auch Andreas Gryphius sich in seiner Gläubigkeit den Vorstellungen jener Dichter des Barock nähert, die im Rückgriff auf mittelalterliche unio-Vorstellungen eine individuelle Frömmigkeitsvertiefung zu erreichen suchten.

Aber die Poetisierung des memento mori zur Steigerung der dichterischen Wirkung beschränkt sich bei Gryphius nicht auf dieses Beispiel allein. Im »Carolus Stuardus« tritt die Thematik des besiegten Todes noch deutlicher als Poetisierung des Glaubens in Erscheinung. Auch hier ist ihr Stilmittel die Emblematik, denn die Reihung der gebrauchten Sinnbilder ermöglicht – wie Albrecht Schöne es in seinem Buch über »Emblematik im Drama des Barock« bereits andeutete – die Spiritualisierung eines historischen Geschehens in solcher Deutlichkeit, daß das ganze Drama als Beispiel für die Besiegbarkeit des Todes gesehen werden kann. Ein zweites Beispiel wäre der »Papinianus«.

Da in der Gryphius-Forschung bisher die Quellen zu dem gewaltsamen Tod Carls I. zwar genutzt, aber nicht vollständig ausgewertet waren, habe ich in einer genauen Analyse der »Todes-Gedancken« des Königs im Kerker unter Einbeziehung bisher nicht verwerteter Sinnbilderklärungen in dichterischer Form diese dramatische Darstellung ausführlicher behandelt und die entsprechenden Texte und Bilder in einem Anhang reproduziert. Hier bietet sich ein Beispiel für individuelle Wortkunst im Barockzeitalter, denn die Poetisierung der Glaubensgewißheit des Königs, durch die der geistige Sieg über den Tod dem Publikum dargeboten werden sollte, geht in eine poetische Wahrheitsoffenbarung über, die letztlich die historische Wahrheit übersteigt. Hier wird eine historische Person zu einer symbolischen Gestalt, die »das Allgemeine der Menschheit darzustellen und auszusprechen hat«, wie Schiller es in einem Brief an Goethe vom 24. 8. 1898 einmal nennt. Im »Carolus Stuardus« bietet Gryphius eine so gesteigerte Spiritualisierung des Königsmordes, daß der letzte Akt des Trauerspiels als Beispiel für eine Poetisierung des Glaubensbekenntnisses und der Sieg über den triumphierenden Tod als das »Allgemeine der Menschheit« verstanden werden kann. Der Einzelfall – hier die exzeptionelle »laesio majestatis« – wird zum Exemplum eines möglichen menschlichen Schicksals und erhält durch eine entsprechende wortkünstlerische und emblematische Überhöhung alle Kennzeichen einer poetischen Wahrheit. Bei genauester Nutzung aller historischen Quellen gelingt Andreas Gryphius in diesem Märtyrerdrama die Verteidigung des himmlischen Rechts gegen irdisches Unrecht. In der Wahl eines königlichen Vorbildes sollte dieses Beispiel für die providentia Dei erkannt und auf dem theatrum mundi dargeboten werden.

Die Ausdrucksformen einer solchen Poetisierung des Glaubens in Wort und Bild hatte der einzelne Künstler zu wählen. Er konnte – wie Jacob Cats – das allgemeingültige Morale dadurch in seiner Wirksamkeit erhöhen, er konnte aber auch – wie Andreas Gryphius – dadurch einer Glaubensgewißheit den Charakter einer Wahrheitsverkündigung verleihen. Das Barockzeitalter bietet in einer so gesteigerten Poetisierung des christlichen Glaubens gleichzeitig eine klare Bewertung des Lebens und des Todes. Die Entscheidung lag bei dem Einzelnen in der rechtzeitigen Erkenntnis des Todes als mors triumphans oder als mors devicta. Trotz der Übermacht traditioneller Denkbilder vom Tode blieb die persönliche Antwort auf die Frage offen, wieweit der Tod als Grenze alles menschlichen Seins oder als Hoffnung auf ein ewigwährendes Sein gesehen werden sollte. Andreas Gryphius gibt diese Antwort für seine Zeit mit der Ergänzung des aus der Antike überlieferten Wortes »mors ultima linea rerum« durch seine Hinzufügung: »mors ultima spes.«

ANHANG

ANHANG

Anmerkungen

Anmerkungen zum Ersten Teil
Kapitel 1: Der Triumph des Todes als traditionelles Motiv

[1] Die Forschungslage ist am genauesten in den ergebnisreichen Untersuchungen von Schöne, Barner, Krummacher und Schings (siehe Literaturverzeichnis zu dieser Arbeit) zu überblicken. Vgl. dazu außerdem van Ingen, Ferdinand: Vanitas und Memento mori in der deutschen Barocklyrik. Groningen 1966; dazu die Rezension von H. J. Schings AfdA 80, Jg. 1969, S. 173 ff. Vgl. dazu auch die reichen bibliographischen Angaben bei Jaques Choron, Der Tod im abendländischen Denken. Stuttgart 1967, passim; bes. S. 282 ff. und Walther Rehm, Der Todesgedanke in der deutschen Dichtung vom Mittelalter bis zur Romantik. Halle 1928.

[2] Das Berner Weltgerichtsspiel. Aus einer Handschrift des 15. Jahrhunderts, hg. v. Wolfgang Stammler. (Texte des späten Mittelalters H. 15.)

[3] Zu Jedermann: Vom Sterben des reichen Mannes, hg. v. Helmut Wiemken, Berlin 1965. – Bibliographische Angaben in der Literaturgeschichte von de Boor-Newald Bd. IV, 1, S. 270 f. und S. 760.

[4] Ausgaben und Literatur zum »Ackermann« bei de Boor-Newald, a.a.O. Bd. IV, 1, S. 773 f. Dazu besonders wichtig: W. Rehm, DVjs, 1927, Bd. V, S. 431–435.

[5] Zu Petrarca vgl. die Angaben bei de Boor-Newald, a.a.O. Bd. IV, 1, S. 436 f. u. S. 775 ff.

[6] Hans Pyritz, Paul Flemings Liebeslyrik. Zur Geschichte des Petrarcismus (Neudruck), Göttingen 1963.

[7] Francisci Petrarchae, des vornemen alten Florentinischen Poeten / Sechs Triumphi oder Siegesprachten / Cöthen, 1643. (Verf.: Ludwig, Fürst zu Anhalt.)

[8] Moderne Übersetzungen wie die von Benno Geiger lassen die im 17. Jahrhundert vor allem als sprachliches Ornament verwendeten Bilder nicht mehr deutlich genug erkennbar werden. Die für das Barockzeitalter charakteristische Art der direkten Rede in den Dialogen zwischen Laura und dem Dichter bleibt in der modernen Sprachgebung weit hinter dem Original zurück.

[9] Vgl. die Hinweise auf S. 10 ff. u. S. 15 ff.

[10] Ital. Text nach C. Appel (Hg.), Die Triumphe Francesco Petrarcas, Halle 1901, S. 236 ff.

[11] Vgl. dazu den Abschnitt über den Todestriumph von Pisa, S. 10 ff.

[12] Der besiegte und der triumphierende Tod stellen ein ebenso nationales wie internationales Thema im Barock dar. Außer den im Darstellungsteil ausführlicher besprochenen Todes-Darstellungen sei auf einige weniger bekannte Zeugnisse bildlicher und poetischer Art hingewiesen:

1. Joh. *Christian Hallmann* (geb. um 1640, gestorben 1704), »Leich-Reden und Todten-Gedichte«. Frankfurt u. Leipzig 1682. Als Beigabe darin 100 aus dem Italienischen übersetzte Grabschriften des Giovanni Francesco Loredano (1607–1661), »Epitaffi giocossi«, die dieser zusammen mit Pietro Michiele 1635 ediert hatte. (Später um weitere 300 erweitert und über ganz Europa verbreitet. Auch Hofmannswaldau hatte persönliche Verbindungen zu Loredano.)

2. Hierher gehört auch »Der Hohe Trauersaal / oder Steigen und Fallen großer Herren ...« von *Erasmus Francisci.* Nürnberg 1665. Es wird hier an Geschichtsbeispielen ein Bild von der Vergänglichkeit hoher Herren gegeben, z. B. auch vom

Schicksal der Catharina von Georgien. Lohenstein erwähnt Francisci in den Anmerkungen zum »Ibrahim Sultan«. Hinzuweisen ist auf das mit Emblemen versehene Titelblatt, das im Bild der brennenden Kerze den sich selbst verzehrenden Dienst für andere und im Gewitterblitz die starke Gefährdung hoher Personen wiedergibt.

3. So wie das Sinnbild der »Schaubühne« für das menschliche Leben zu einem Topos im Barockzeitalter geworden ist, so findet sich ein dreiteiliges Werk, das als Herausgeber *Johannes Weichardus* Valvasor Lib. Bar. nennt unter dem Titel: Theatrum Mortis Humanae / tripartitum. I. Pars: Saltum mortis, II. Pars: Varia genera mortis, III. Pars: Poenas Damnatorum continens. Bei Joh. Baptista Mayr in Saltzburg 1682. Das Frontispiz zeigt deutlich Anlehnung an traditionelle »Triumphi Mortis«. (Exemplar in der Hofbibliothek in Aschaffenburg.)

4. Auch in Spanien findet sich beispielhaft die Thematik vom triumphierenden Tod. Vgl. dazu die Arbeit von Elisabeth du Gué Trapier über Valdez Leal, Baroque concept of death and suffering in his paintings. New York 1956, bes. die Hinweise auf S. 19 f. u. S. 36, mit Abbildungen auch zu Peredas »The dream of Life«.

5. Ein nachdrücklicher Hinweis gebührt Friedrich Brentel (1580–1651) und dessen »Allegorie auf die Beständigkeit des christlichen Glaubens« (1639). Auf einem Felsen im ruhigen Wasser ruht ein christlicher Altar mit offener Bibel. Daneben die Schrift: »mens immota«. Darüber zwei Siegespalmen mit Szepter Gottes und Kreuz. Daneben: »in hoc signo vinces« (Kunsthalle Karlsruhe, Inv. 1965/7.

6. Zu den wenigen Zeugnissen, die das Thema vom triumphierenden und besiegten Tod poetisch gestalten, gehört eine Veröffentlichung, die 1648 in Nürnberg erschien und für die ein gewisser Johann Vogel verantwortlich zeichnet. Es handelt sich um ein Gedichtbuch, das 60 Emblemata vom Tode enthält und durch Inscriptiones und Subscriptiones mit beigefügten Gedicht-Erklärungen zu den betreffenden Sinnbildern »Vorbildungen deß Todtes« (Icones Mortis) bietet. Voran steht eine »Declaratio emblematis et exhortatio ad pium lectorem«, in der das Frontispiz, ein »TodenTantz«, ausführlich erklärt wird. Auf Blatt 5 bis 8 folgt unmittelbar danach eine für unsere Fragestellung wichtige thematische Konfrontation über »Der Herrschaft deß Todtes ursach und gewißheit« (»Imperii Mortis Causa et Certitudo«) und über »Die zerstörung der Herschafft deß Todts« (»Imperii Mortis Destructio«). Mit den rhetorischen Mitteln des Wortspiels, die zugleich Ausdrucksmittel der Nürnbergischen Schule der Klangmalerei nutzen, wird als einzige Gegenkraft gegen den triumphierenden Tod, dessen Herrschaft auf dem biblischen Satz vom Tod als der Sünde Schuld beruht, Christus als »Mortis Mors« gesetzt und damit die Teilhabe am Reich Gottes, des Vaters, als gesichert hingestellt. Der Verfasser scheut sich nicht, sein kunstvolles lateinisches Wortspiel bereits in der dritten Zeile zu wiederholen (»Mors Mortis Morti Mortem ni Morte dedisset, coelorum nemo scandere possit iter«), um die Schlußfolgerung von der Todüberwindung noch wirkungsvoller zum Ausdruck bringen zu können:

»Firma igitur laeti jam spe moriamur, ituri
per Mortis Mortem ad regna beata patris.«
»Wir sterben frölich hin / die Hoffnung bleibt uns vest /
Wir werden durch den Todt deß Todtes Himmelgäst.«

Die besonders verfeinerte Technik der Sinnbilderklärungen in Gedichtform, bei der ganz bestimmte Stilmittel Anwendung finden, zeigt auf Blatt 14 ff. ein »Irrgedicht«, das (auf Blatt 15) die bei den Nürnbergern erprobte Klangmalerei auch am Thema der Totenerweckung anwendet. Die Abkürzung G. P. H. deutet auf die Autorschaft Harsdörffers, wodurch die Klangmalerei ihre Erklärung findet. Auch dieses Gedicht, das eine aufschlußreiche Erklärung einer Sinnbild-Pictura enthält, endet mit der Ermahnung: »bedenck zu jeder Zeit / deß Tods und der Ewigkeit.«

Anmerkungen

Kapitel 2: Parallelen zu Petrarcas »Trionfo della Morte« in der bildenden Kunst Italiens.

1 G. E. Lessing, Wie die Alten den Tod gebildet, in: G. E. Lessing, Gesamm. Werke, hg. v. Paul Rilla, Leipzig 1968, Bd. 5, S. 667–738.
2 Vgl. dazu J. E. Wessely, Die Gestalten des Todes und des Teufels in der darstellenden Kunst. Leipzig 1867, Kap. I, S. 1–15 u. F. Panofsky, Grabplastik. Vier Vorlesungen über ihren Bedeutungswandel, hg. v. H. W. Janson. Köln 1964, Kap. II.
3 Vgl. Wessely, a.a.O. S. 11.
4 Zwei Ausnahmen erwähnt Wessely, a.a.O. S. 14: »Auf einem ruthenischen Gemälde aus Holz, das dem 14. Jahrhundert angehört, reitet der ›leibhaftige‹ Tod als eine magere, kahlköpfige Figur auf einem Löwen, mit einer Sense bewaffnet und einen Köcher tragend, in dem sich Beile statt Pfeilen befinden (Abb. bei Aginc. Mal. Taf. 120).« Personifizierung des Todes »auch an einem Frescobilde in Subiaco aus derselben Zeit, worauf der Tod als Skelett mit einem Schwert auftritt (Abb. ebda Taf. 126)«. Dies abgebildet auf Tafel IV,2 im Anhang zu: S. Cosacchi, Makabertanz. Der Totentanz in Kunst, Poesie und Brauchtum des Mittelalters. Meisenheim a. Gl. 1965. Erklärung dazu ebda S. 776 ff.: 2. Hälfte 14. Jh.; im Kloster Sacro Speco bei Subiaco. Ein Skelett mit langen flatternden Haaren reitet auf dem ›fahlen Rosse‹ und hält in der linken Hand eine Sense mit der Aufschrift »memento mori«. Mit der rechten Hand zückt die ›Furie‹ ein Schwert gegen einen Jüngling. Unter dem dahinfliegenden Pferd liegen die Leichen verschiedener Standesvertreter.
Hierzu besonders wichtig: R. Helm, Skelett- und Todesdarstellungen bis zum Auftreten der Totentänze. Straßburg 1928. Dazu: »Doodendans«, Bibliothek der Universität Amsterdam, 1923, eine Bibliographie.
5 Vgl. auch Wessely, a.a.O. S. 15 f. u. B. Knipping, O. F. M., De iconografie van de Contra-Reformatie in de Nederlanden, Tl. I, Hilversum 1939, S. 106 mit Anmerkungen.
Nach A. Tenenti, La Vie et la Mort à travers l'Art du XVᵉ siècle. Paris 1952, S. 20, ist es keineswegs sicher, daß die Pisaner Fresken gleich nach Petrarcas Todestriumph entstanden sind. Er bezweifelt diese These des M. Venturi, Les Triomphes de Pétrarque dans l'art représentif. In: Revue de l'art moderne et ancien, XX (1906), S. 81 bis 93 u. S. 209–221.
6 Ähnlich bei Tizian und bei Jakob von Siena: vgl. Wessely, a.a.O. S. 16 ff. Beschreibung bei S. Cosacchi, a.a.O. Abb. Figur VI. Auf einem mit Totenschädeln gezierten Piedestal des von Büffeln gezogenen Triumphwagens steht die Todesfurie, teils skelettiert in zerfetzten Kleidern. Dem Wagen geht eine Reihe vornehmer Stände zu Pferde und zu Fuß voran; hinter dem Wagen liegen Leichen. Im Hintergrund zieht ein Leichenzug in einen Kirchhof.
Das Werk von S. Cosacchi, Der Totentanz von heute, Budapest 1941, bietet eine Totentanz-Übersicht von 1539 bis zur Gegenwart mit 87 Abbildungen.
7 Vgl. Wessely, a.a.O. S. 264.
8 Vgl. die bibliographischen Angaben im Literaturverz. ds. Arbeit.
9 Vgl. in diesem Kapitel Anm. 6.
10 Vgl. Panofski, a.a.O. bes. Abb. 259 und 435, 437. (Vgl. Tafel 1)
11 Vgl. die Abbildung in ds. Arbeit Tafel 2, dazu auch Panofsky, a.a.O. Abb. 260–269; bes. Abb. 268 aus J. Bellinis Skizzenbuch (Louvre). Vgl. zur Ergänzung: F. H. Hamkens, Sinnbilder auf Grabsteinen von Schleswig bis Flandern. Versuch einer Deutung. Brüssel 1942. Darin Aufzählung von Todessinnbildern wie Kreuz, Herz, Anker, Lebensbaum, Lilie, Apfel, Schlange, Sanduhr, Vogel, Bienenkorb, Krone, Gestirne u. a.
12 Ein Beispiel für eine ganz heidnisch-klassische Konzeption sind die Bronzereliefs von Andrea Riccio zum ursprünglich in S. Fermo/Verona befindlichen Grabmal zweier berühmter Ärzte und Lehrer (Girolamo und Marcantonio della Torre; um 1511). Die erhaltenen Teile sind heute im Louvre; s. Panofsky, a.a.O. Abb. 299. Alle Einzel-

szenen des angeführten Grabmals (Anm. 24 dieser Arbeit) (Panofsky, a.a.O. S. 2 Abb. 299) gipfeln in einem Relief, das den Triumph des menschlichen Geistes über den Tod zeigt. Pegasus als Sinnbild der geistigen Erhebung und des unsterblichen Ruhmes; eine Vase mit einem Lorbeerzweig, »VIRTUS« beschriftet, symbolisiert den Ruhm des Geistes. Die Flügelgestalt der Zeit trägt einen Lorbeerkranz in der linken Hand und weist mit der rechten in die Richtung der belaubten Bäume. Die Gestalt berührt mit einem Fuß die Oberfläche der Erdkugel, die von Büchern (Gelehrsamkeit) gestützt wird. Der Tod, ebenfalls geflügelt, erstarrt bei diesem Anblick und weicht in die Richtung des laublosen, verdorrten Baumes zurück. Die Sense entfällt seiner Hand. Der virtus des Geistes gehört der Lorbeer, der mehrfach, wohl auch im Blätterbaum hinter dem Pegasusbild, erscheint. Folgende Neuerungen in der Grabkunst der Renaissance sind von Panofsky (ebda) betont:

1. Das Wiederaufleben klassisch-antiker Grabsymbolik: Löwen, Zentauren, Adler, Sirenen u. v. a.
2. Das Wiederzulassen des Biographischen und die Einbeziehung der Tugenden (der vier weltlichen oder Kardinaltbgenden prudentia, temperantia, fortitudo, justitia und der drei theologischen Tugenden fides, spes, caritas).
3. Die Aktivierung der Grabfigur: die Kniefigur, die ›statue accoudée‹, das Reiterbild, das ›Majestas‹-Bild.
4. Das Motiv der ›beraubten‹ Künste (Kummer der um ihren Gönner beraubten Künste). (Vgl. Tafel 3)

Vgl. dazu auch W. Weisbach, Trionfi. Berlin 1919, S. 19, Anm. 2.

13 Vgl. Panofsky, a.a.O. S. 2 und Abb. 436, reproduziert auf Tafel 4 ds. Arbeit.
14 Vgl. dazu Panofsky, a.a.O. S. 2 und Abb. 439, Detail von Abb. 437, reproduziert auf Tafel 5 ds. Arbeit.
15 Vgl. die Wiedergaben von Tapisserien, die in New York gezeigt werden, auf den Tafeln 6 u. 7 und die Reproduktion einer Münze mit emblematischer pictura und einer Umschrift von Vondel auf Tafel 18 ds. Arbeit. Weitere Hinweise Anm. 20. – Ein Beispiel für die Trionfi von Porträtierten auf den Rückseiten der Bildnisse bietet das Gemälde Piero della Francescas »Trionfo Frederigos von Urbino und seiner Gemahlin«: Der Held sitzt auf einem Sessel; hinter ihm steht die Fama auf einer Weltkugel und hält den Lorbeerkranz über sein Haupt (der Victoria der röm. Triumphe entsprechend). Vor ihm die 4 Virtutes: Justitia, Prudentia, Fortitudo, Temperantia. Den gleichgebauten Wagen der Fürstin ziehen zwei Einhörner, deren Führer auch ein geflügelter Putto ist. Sie wird durch die begleitenden Allegorien als tugendhafte, fromme und sittsame Gattin gefeiert. Den vier Kardinaltugenden ihres Mannes entsprechen hier auch drei theologischen: Fides mit Kreuz und Kelch, Caritas mit dem Pelikan und Spes. Beide 15. Jh. Vgl. Weisbach, a.a.O., S. 64 ff., Abb. 21.
16 Weisbach, a.a.O. S. 90 (Abb. 37 u. 38).
17 Weisbach, a.a.O. S. 92 f. (Abb. 39 u. 40).
18 Weisbach, a.a.O. S. 133 ff.
19 So auf einem allegorischen Trionfo für den südniederländischen Arzt Jacob Castricus; dieser Holzschnitt wurde Pieter Coecke zugeschrieben; vgl. Weisbach, a.a.O. S. 145 u. Anm. 2.
20 Vgl. zum Folgenden 2 Abb. in: R. Marle, Iconographie de l'art profane au Moyen-Age et à la Renaissance et la décoration des demeures, Bd. II: Allégories et Symboles. La Haye 1932, S. 118, Abb. 135 u. S. 121, Abb. 138: Der Triumph des Todes. Radierung von Jean Galle, nach Entwürfen von Jérome Wierix, aus einer Folge von 5 Stichen, betitelt »Typus Naturae Humanae«.
21 Die beigefügten Reproduktionen aus dem Metropolitan Museum of Art, New York, sind dort so bezeichnet: French or Flemish Tapestry, early XVI Century. Accession No. 41.167.1 The Triumph of Time; One of a set of six tapestries inspired by Petrarch's allegorical work »I Trionfi«; und Accession No. 41.167.2 Triumph of Fame; tapestry; design based on the »Trionfi« of Petrarch. Vgl. dazu R. Armand, La

tapisserie et le tapis en France. 1964, S. 80. Abb. in dieser Arbeit Tafeln 6 u. 7.
22 Nach mündlicher Auskunft des Informationsbüros des Metropolitan Museum, New York, können in Frankreich oder in den Niederlanden Einzelstücke dieser Teppich-Serie vorhanden sein. Im Musée des arts décoratifs in Paris sah ich das Teilstück eines Teppichs ähnlicher Art wie in New York (Acc. No. 6196), das zu einem nach Petrarca gefertigten Triumph-Teppiche gehören könnte. Es zeigt eine sich nach rechts neigende Frau und einen schreitenden Mann auf blauem Grund, dazu Sterne und Regenbogen. Auch im Musée de Cluny befindet sich ein Tapisserie-Teilstück, das an die gleiche Teppich-Serie erinnert (Ateliers du Nord, Fin du XVe siècle, Salle II). Auch auf »Mort d'Honneur« (Salle VIII) wäre hinzuweisen. Vgl. zur Fama-Emblematik B. Knipping, a.a.O. S. 104 u. Anmerkungen.
23 Vgl. Wessely, a.a.O. S. 33 u. besonders den Abschnitt »Totentänze«; s. auch S. Cosacchi, a.a.O. Anhang (Tafel IV,2 [s. Anm. 6 dieses Kapitels]); Tafel VI (Erklärung S. 782): Der Furientod in Pisa, eine mit Fledermausflügeln dahinstürmende Todesgöttin (nicht Skelett, sondern Würgeengel) mit Sense; Tafel XVI (Erklärung S. 794–796). Zur Illustration der Petrarca-Trionfi vgl.: 1: Der ›Triumph des Todes‹ in einer der 6 Triumphdarstellungen auf den Truhen des Gratzer Domes: 2 Büffel ziehen den Triumphwagen des Todes, der auf einem mit Totenschädeln gezierten Podium steht und in der Hand eine Sense hält. Der Wagen fährt über die Leichen verschiedener Stände; Fig. 2: Todestriumph auf einer Uhr. Auf dem Zifferblatt einer italienischen Uhr des Stiftsschatzes in Kremsmünster (16. Jh.): Der Tod mit Sense sitzt auf einem Sarg auf dem Triumphwagen, der über Leichen hinwegfährt. (Fig. 6; s. auch Anm. 6 dieser Arbeit); Tafel XVII,1 (Erklärung S. 796): Die Todeslegende von Antonio Crescenzio (Wachsmalerei 1. Hälfte des 15. Jhs., ca. 1417): Der Tod, eine triumphierende Gestalt, schwingt – auf einem abgezehrten Rosse sitzend und im Galopp dahinsausend – seine Lanze gegen eine Menschenmenge. Die Vertreter aller Stände hat das Todesroß schon zu Boden geworfen; Tafel XIX,3 (Erklärung S. 803): Illustration des Todestriumphes von Petrarca in einem italienischen Frühdruck. Das Bild nach der Neuausgabe des einzigen Exemplars in der Bibl. Nazionale Vittorio Emanuele in Rom; erschienen 1489 bei Pietro Pacini in Florenz. Die in den Triumphwagen eingespannten vier Büffel eilen mit dem Wagen dahin, indem sie verschiedene Ständevertreter niederfahren. Im Hintergrund tragen Engel und Teufel die Seelen der Getöteten in den Himmel oder in die Hölle.
24 Vgl. auch die Abb. bei Wessely, a.a.O. S. 264, reproduziert auf Tafel 8 ds. Arbeit.
25 Vgl. Anm. 24 und die Abb. auf Tafel 9 ds. Arbeit.

Kapitel 3: Der Triumph des Todes in der Malerei der Niederlande
1 Weisbach, Trionfi, a.a.O. S. 152.
2 Eine Abb. des Triumphes Heinrichs IV. nach der Schlacht bei Ivry findet sich bei Weisbach, a.a.O. Abb. 59; »Der Triumph des Sakraments über Unwissenheit und Verblendung« ebda Abb. 60.
3 C. A. Wertheim-Aymés, Hieronymus Bosch. Eine Einführung in seine geheime Symbolik. Berlin 1957. In der ›Einführung‹ des deutschen Bearbeiters der holländischen Originalfassung wird ein wichtiger Literaturbericht über die letzten Forschungen zu Bosch gegeben. Der Verfasser geht über alle früheren Deutungen von M. J. Friedländer (1927), Charles de Tolnay (1937), Ludwig von Baldass (1943) und vor allem über Wilhelm Fraenger, H. Bosch. Das tausendjährige Reich. Grundzüge einer Auslegung. Coburg u. Regensburg 1947, hinaus. Während Fraenger den Zusammenhang der Malerei Boschs mit den »Brüdern und Schwestern vom freien Geist« in Verbindung bringt, führt Wertheim-Aymés den Symbolismus Boschs auf die »Rosenkreuzer« zurück.
4 Wertheim-Aymés, a.a.O. S. 38.
5 Wertheim-Aymés, a.a.O. S. 70 ff.

⁶ Ebda, S. 70.
⁷ Ebda, S. 76.
⁸ Fraenger, a.a.O. S. 63–93.
⁹ Vgl. Fraenger, a.a.O. S. 74 und für die gesamte Thematik K. Schnitzer, Die Darstellung der Hölle in der erzählenden Dichtung der Barockzeit. Phil Diss. Wien 1961, bes. S. 85 ff. u. S. 90–93.
¹⁰ Vgl. Schnitzer, a.a.O. S. 90–93 mit wertvollen Literatur-Angaben zu Coornheerts »Wellevenskunst« (1586) und zu Pieter Breughel d. Älteren.
¹¹ Vgl. Riewerts-Pieper, a.a.O. S. 32–33, dazu die Abbildung auf Tafel 10 dieser Arbeit.
¹² Vgl. dazu die Beschreibung Gustav Glücks (Brueghels Gemälde. Wien 1937, S. 49 f.): »Holz, 117 cm hoch, 162 cm breit. Erscheint zuerst 1774 in einem Inventar des Palacio de San Ildefonso, von dort 1827 in den Prado gekommen. Die von Axel L. Romdahl und Georges Hulin de Loo vorgeschlagene Identifizierung mit einem bei Carel van Mander (ed. Floerke, I, S. 258/60) erwähnten Gemälde ist kaum zutreffend, wenn nicht ein arger Gedächtnisfehler des Künstlerbiographen anzunehmen wäre, der als Vorwurf die Anwendung aller Mittel gegen den Tod angibt (»een ander [stuck], daer alle de remedien worden ghebruyckt teghen de doot«). Auch die Beschreibung, die Van Mander (a.a.O. S. 142) von einem Hieronymus Bosch zugeschriebenen Gemälde gibt, das ein Wunder darstellte, wo ein König und andere Personen sehr erschreckt auf dem Boden liegen (»eenigh mirakel daer eenen Coningh en ander ghevallen seer schricklijck sien«), könnte sich nur auf einen Teil der vorliegenden Darstellung beziehen, möchte aber ebensogut auf eine Bekehrung Pauli gedeutet werden können. Mit Sicherheit kommt das Bild aber schon 1614 in dem Nachlasse des Philips van Valckenisse vor (»Triumphe vanden Doot, van Brueghel«; Antwerpsch Archievenblad, XXI, S. 307) vor. (Vgl. die Abb. auf Tafel 11)
Jedenfalls hat auch Jan Brueghel d. Ä. das Bild einmal kopiert, laut einer Erwähnung in einem Nachlaß des Malers Jeremias Wildens (»De triumphe vande Doot, vanden fluweelen Breugel, naer den ouden Breugel«; Antwerpsch Archievenblad, XXI, S. 392) und laut Briefen des Kunsthändlers Gilliam Forchoudt vom 21. Okt. und 23. Dez. 1672 (Denucé, Forchoudt, p. 186, 287. Hinweis von L. Burchard).
Zu Breughels Bild weist B. Knipping, a.a.O. S. 108 mit Anmerkungen, auf ein Gemälde von Vinckboon und auf einen Stich von Boolswert hin, wobei er die Möglichkeit eines Einflusses von Breughel hervorhebt.
¹³ Vgl. auch die Beschreibung des Bildes bei Gotthard Jedlicka, Pieter Bruegel. Der Maler in seiner Zeit. Erlenbach – Zürich (1947), S. 430: »Der Triumph des Todes. Madrid, Museo del Prado. Öl auf Holz. Höhe: 117 cm. Breite: 162 cm. Nicht signiert und nicht datiert. Nach unserer Auffassung um 1562. Georges Hulin de Loo: ›L'unité dramatique de cette œuvre nous porte à la placer dernière au point de vue chronologique parmi les compositions polymythiques. Elle ne nous paraît cependant pas très éloignée de Dulle Griet, ce qui la ferait dater vers 1565 ou 1566« (Bastelaer-Hulin de Loo, Peter Bruegel, S. 301). Edouard Michel: ›C'est aussi dans la période 1566–1569 qu'il faudrait placer, semble-t-il, le Triomphe de la Mort, actuellement au Musée du Prado; ce panneau est peut-être le chef-d'œuvre de la manière traditionnelle du Maître, de celle où il se souvient de l'influence de Jérôme Bosch . . .‹ (Bruegel, 1931, S. 59). Gustav Glück: ›Doch scheinen alle diese zeitlichen Einreihungen nach der Färbung, der Komposition und der Formengebung zu spät zu sein, und wir möchten Karl von Tolnay (Die Zeichnungen Pieter Bruegels, München 1925, S. 33) Recht geben, der als Entstehungszeit 1561 bis 1562 annimmt.‹
¹⁴ Vgl. dazu die Angaben in der Anm. 12 zu Kap. III. Das Bild hing früher in den Privaträumen des Fürsten von Liechtenstein, jetzt wird es leider im Depot aufbewahrt (nach telephonischer Auskunft). Abb. auf Tafel 12.

Anmerkungen zum Zweiten Teil
Kapitel 1: Jacob Cats's Lehrdichtungen vom Tode

1 Genaueres bietet P. J. Meertens: Letterkundig leven in Zeeland in de zestiende en de eerste helft der zeventiende eeuw, Amsterdam 1943. Zahlreiche bibliographische Hinweise zu J. Cats verdanke ich der Mitarbeit von Frau Renate Petrovich in meinem Oberseminar.
2 G. Dérudder: Etudes sur la vie et les œuvres de Cats. Calais 1898, bes. S. 352: »La mort est l'objet continuel de sa pensée.« Alle Übersetzungen bei D. ins Französische wirken überhöht. S. 170 wichtiger Hinweis auf die Übereinstimmung zwischen Cats und A. van de Venne.
3 E. Trunz: Dichtung und Volkstum in den Niederlanden im 17. Jahrhundert, München 1937 (Schriften der Deutschen Akademie in München, H. 27) und: ders.; Heinrich Hudemann und Martin Ruarus, zwei holsteinische Dichter der Opitz-Zeit, in: Zeitschrift der Gesellschaft für Schleswig-Holsteinische Geschichte 1935. Vgl. dazu auch V. Manheimer, a.a.O., S. 157 f. und G. Dérudder, a.a.O., S. 445–456. Manheimers Kritik an Dérudder ist zu revidieren. Cats' Abhandlung über die Emblemata erschien niederländisch schon 1618, Jöns: a.a.O., S. 254, Anm. 2, nimmt an, daß Gryphius Cats' Werke kannte. Dazu U. Bornemann, Literaturverzeichnis.
4 Vgl. die Angaben bei Jöns: a.a.O., S. 14.
5 Mario Praz: Studies in seventeenth-century-imagery, 2. Aufl., Rom 1964 S. 241 bis 543.
6 Vgl. die Tabelle bei John Landwehr: Dutch Emblem-books. A bibliography. Utrechts 1962, S. 8.
7 Edewaerd de Dene: De warachtighe fabulen der dieren, Brugghe 1567.
8 Jan Luyken: Des menschen begin, midden en einde. Amsterdam: Arentz en van der Sys 1712, vgl. auch John B. Knipping und Pieter Jacobus Meertens: Van de Dene tot Luiken, Zwolle 1956.
9 Pieter Corneliszoon Hooft: Emblemata amatoria, Amsterdam: W. Janszoon Blaeu 1611.
10 Joost van den Vondel: Den gulden winckel der konstlievende Nederlandens, Amsterdam: D. Pieterszoon Pers 1613 (auch unter dem Titel: Tooneel der menscheliken levens).
11 Roemer Visscher: Sinnepoppen, Amsterdam: W. Janszoon Bleau 1614.
12 Vgl. »Inleiding« in: Jacob Cats: Alle de Werken..., hrsg. v. W. N. Wolterink, T. 1, Dordrecht 1880, S. V.
13 Jacob Cats: Silenus Alcibiadis, sive Proteus, vitae humanae ideam emblemate trifariam variato oculis subjiciens. Middelburg 1618 (John Landwehr: a.a.O., Nr. 43 a; Anne Gerard Christiaan de Vries: De Nederlandsche Emblemata Geschiedenis en Bibliographie tot de 18 de eeuw, Amsterdam 1899, Nr. 78; Willem C. M. de Jonge van Ellemeet: Museum Catsianum, 2. Aufl., 's-Gravenhage 1887, Nr. 27).
14 Landwehr, Nr. 43 b; de Vries, Nr. 79; van Ellemeet: Museum Catsianum (zit.: Mus. Cats.) verzeichnet die 2. Aufl. nicht.
15 Landwehr, Nr. 43 a–k; de Vries, Nr. 78–88.
16 Jacob Cats: Proteus ofte Minne-beelden verandert in Sinnebeelden. Rotterdam: P. van Waesberge 1627. (Landwehr, 44a; de Vries 89; Mus. Cats. 41. Es erschienen ebenfalls 11 Ausgaben vgl. Landwehr, 44 a–k; de Vries 89–99.)
17 Jacob Cats: Alle de wercken, so ouden als nieuwe, van de Herr Jacob Cats, Ridder ondt Raedtpensionaris van Holland..., Amsterdam: Jan Jac. Schipper 1655. Voorbericht, vgl. Gerrit Kalff: Jacob Cats, Haarlem 1901, S. 2.
18 Erstausgabe: Jacob Cats: Houwelyck. Dat is de gansche gelegenheyt des echten staets. Middelburgh: Jan Pieterszoon van de Venne 1625 (Mus. Cats. 112).
19 Erstausgabe: Jacob Cats: Maechden-plicht ofte ampt der ionckvrouwen... Officium puellarum emblemate expressum, Middelburgh: H. van der Hellen 1618 (Landwehr, Nr. 45 a–i; de Vries, Nr. 100–109; Mus. Cats., Nr. 54).

[20] Erstausgabe: Jacob Cats: Spiegel van den ouden ende nieuwen tijdt, 's-Gravenhage: I. Burchoorn 1632 (Landwehr, Nr. 46 a–q; de Vries, Nr. 133–150; Mus. Cats., Nr. 152 f.).

[21] Erstausgabe: Jacob Cats: 's-Werelts begin, midden, eynde, besloten in den trouringh. met den proefsteen van den selven, Dordrecht: Matth. Havius 1637: Hendrick van Esch. (Mus. Cats., Nr. 171 ff.).

[22] Joan Brun (de Jonge) äußert sich im »Wetsteen der Vernuften«, Bd. 1, 1658, S. 49: »Ik hoorde onlax de boeken van Heer de Raad-pensionaris Cats de Bibel des jeugts noemen. Gewisselik zijn der honderden van jongelui, dewelke die schriften neerstiger doorneuzelen dan zy de heilige blaren doen.«
(Ich hörte unlängst die Bücher des Herrn Ratspensionar Cats die Bibel der Jugend nennen. Gewiß gibt es Hunderte von jungen Leuten, die diese Schriften eher durchschnüffeln, als daß sie die heilige (Schrift) »plärren«, zit. nach Kalff: a.a.O., S. 5 – Aber auch in Jesuiten-Kreisen war Cats bekannt. So zitiert ihn – mit Alciati – Jacob Masen SJ. bereits 1650 in seinem »Speculum imaginum veritatis occultae« in der letzten Zeile des dritten Abschnitts, der die Überschrift trägt: »De emblematis speciatim« (keine Seitenzählung).

[23] Georg Harsdörffer: Frauenzimmer-Gesprechspiele, Bd. 3, Nürnberg 1643 – Rühmende Äußerungen Harsdörffers finden sich in seinen Briefen an Fürst Ludwig von Anhalt a. d. J. 1647, vgl. G. Krause. Der Fruchtbringenden Gesellschaft ältester Ertzschrein, 1855, S. 378 und S. 382 f. sowie seine Erörterungen über das Lehrgedicht: Harsdörffer, a.a.O., Bd. 7, Nürnberg 1647, S. 180.

[24] Ebd. Bd. 2. 2. Aufl. Nürnberg 1657. Reg. vgl. auch Sophie Schroeter: Jacob Cats' Beziehungen zur deutschen Literatur. T. 1: Die deutschen Übertragungen seiner Werke. Heidelberg, Phil. Diss. 1905; Johannes Bolte: Verdeutschungen von Jacob Cats' Werken. In: Tijdschrift voor Nederlandsche Taal- en Letterkunde. D. 16, N. R. D. 8, Leiden 1897. S. 241–251.

[25] Jacob Cats Selbststreit, das ist Kräfftige Bewegung des Fleisches wider den Geist. Poetische Weise abgebildet in der Person Josephs, als er von Potiphars Haussfrauen, der Seyphyren, versucht worden zum Ehebruch. Auss dem Holländischen in unser Hochdeutsches übers. durch Ernst Christoph Homburg. Nürnberg: Endter (1647). Die Widmung an die Fruchtbringende Gesellschaft ist datiert: Naumburg den 10. dess Mertzen 1647. Wiederabgedr. in Cats: Sinnreiche Wercke... T. 1. Hamburg 1710.

[26] Leben aus dem Tode oder Grabes-Heyrath zwischen Gaurin und Rhodope, Dantzig: Hünefeld 1644. Vgl. auch Joh. Peter Titz: Deutsche Gedichte. Hrsg. v. L. H. Fischer. Halle 1888. S. 18–31; 273. – Knemons Sendschreiben an Rhodopen, poetisch aufgesetzt u. durch vorhergehende kurtze Erzehlung der Geschicht von Rhodope erkläret von Johann Peter Tizen. Dantzig: Hünefeld o. J. (dat. 1647). Vgl. Titz: Deutsche Gedichte a.a.O. S. 31–54 u. S. 273, wo die Datierung vorgenommen wird. (Beides sind Übers. aus Cats' »Trou-ringh«.)

[27] Georg Neumarks Poetisch verhochteutschte Geschichte: Verhochdeutschte Fryne Bozenze. Dantzig: Neumark 1651.
... Verhochteutschte Sofonisbe. Dantzig: Ernst Müller 1651.
... Verhochteutschte Kleopatra. Ebd. 1651. Vgl. auch Bolte a.a.O. S. 245 ff.

[28] I. Katzens Aelter-Spiegel, aus Desselben Holländischem gehoochdeutschet durch C. Chr. Dedekinden. Dresden: Löffler 1654.

[29] Vgl. die bei Bolte a.a.O. S. 245 ff. angegebenen Übersetzungen von Ritzsch, Ammann, Tonjola, Cuno u. a.; Schroeter a.a.O. S. 68 f.

[30] Des unvergleichlichen Holländischen Poeten Jacob Cats... Sinnreiche Werke und Gedichte aus dem Niederländischen übers. Th. 1–8. Hamburg: Wiering Erben; Frankfurt u. Leipzig: Hertel 1710–1717.
   1. 1710. Emblemata oder Sinnbilder. Monita amoris virginei sive Officium puellarum (lat.) Selbst-Streit Josephs. Vorstellung der männlicher Hochachtung.

2. 1711. Die Heurath.
3. 1711. Spiegel der alten und neuen Zeit.
4. 1712. Der Welt Anfang, Mittel und Ende, beschlossen in dem Trau-Ring, sammt dem Probier-Stein desselben. Patriarcha bigamos (lat.).
5. 1713. Altherthumb und vergnügtes Land- oder Garten-Leben. Hof-gedancken, das ist: Einfälle bey zufälliger Gelegenheit und Betrachtung der Bäume ... auff Sorgvliet.
6. 1714. Königliche Schäferin Aspasia. Die Heuraht abgebildet in einer Fischer-Reuse. Zufällige Gedancken auff vorkommende Begebenheiten. Lehrreiche Fabeln. Die Todten-Kist für die Lebendige. Die Eitelkeit der Welt. Gespräch zwischen dem Tod und einem alten Mann.
7. 1716. Achzigjähriges Bedencken. Achzigjähriges Leben. Haußhaltung.
8. 1717. Gedancken über schlaflose Nächte. Zwey und achzigjähriges Leben.

[31] Cats: Sinnreiche Wercke. a.a.O. Bd. 1. 1710. Bl. 5 b folg.
[32] Vgl. Bolte a.a.O. S. 250 f. u. Schroeter a.a.O. S. 79 ff.
[33] Vgl. die Zahl der Ausgaben während des 18. Jh. im »Museum Catsianum«.
[34] Vgl. Willem Bilderdijk: Dichtkundig onderzoek van's Heeren Jacob Cats Curido verloren en uytgeropen. 1776. zit. nach Kalff a.a.O. S. 11.
[35] Vgl. Kalff a.a.O. S. 13.
[36] Vgl. Mus. Cats. Nr. 13–22 und 249–257.
[37] Willem Jozef Andries Jonckbloet: Geschiedenis der Nederlandsche Letterkunde. 2. uitg. Bd. 2, 1874. S. 211.
[38] Vgl. H. Smilde: Jacob Cats in Dordrecht. Leven en Werken gedurende de Jaren 1623–1636. Groningen, Batavia 1938. Groningen, Phil. Diss. 1938. S. 301 u. ebd. Kapitel X.
[39] Gerrit Kalff: Geschiedenis der Nederlandsche Letterkunde. Vol. I–7. Groningen 1906–12. – Jan Te Winkel: De ontwikkelingsgang d. Nederlandsche letterkunde. 2. dr. Vol. 1–7. Haarlem 1922–28.
[40] G. A. van Es: Jacob Cats – van Zeeland over Dordrecht naar Den Haag. In: Geschiedenis van de Letterkunde der Nederlanden. Onder Red. van F. Baur u. a. Deel IV,1. Antwerpen, Brussel, 's Hertogenbosch 1949. S. 65–114.
[41] Aandacht voor Cats bij zijn 300-ste sterfdag. Studies naar aanleiding van de herdenking op 12 September 1960, op verzoek van het desbetreffende comité bijeengebracht door P. Minderas. Zwolle 1962.
[42] G. A. van Es: Cats als moralist en Dichter. In: Aandacht voor Cats bij zijn 300-ste sterfdag. a.a.O. S. 7–26.
[43] Jacob Cats: Keur zit de Gedichten van Jacob Cats ... Uitg. van Amsterdamse Grafische School 1961. Samengest., en ingeleid door G. Stuiveling. Amsterdam 1961.
[44] Zur Kurz-Biographie von J. Cats, die hier als Exkurs eingefügt ist vgl.: Gustave Dérudder: Cats. Calais 1898. Gerrit Kalff: Jacob Cats. a.a.O. S. 25 ff. Jacob Cats. In: Nieuw Nederlandsch biografisch Woordenboek. D. 6. Leiden 1924. Sp. 279 bis 285. G. A. van Es: Jacob Cats. In: Geschiedenis van de letterkunde der Nederlanden a.a.O. S. 65–68. J. H. de Stoppelaar: Jacob Cats te Middelburg. Middelburg 1860. Pieter Jacobus Meertens: Letterkundig Leven in Zeeland in de 16. en de eerste helft der 17. eeuw. Amsterdam 1943. S. 244 ff. H. Smilde: Jac. Cats in Dordrecht. a.a.O. Meertens a.a.O. S. 244; S. 381 Anm. 199. – Erst 49 Jahre nach seinem Tod erschien: Jacob Cats: Gedachten op slaaflose nachten, in vaerzen veschreven. Nooit voor deezen gedrukt. Amsterdam: Verbeek 1709. (Mus. Cats. Nr. 224.) Vgl. auch Kalff a.a.O. S. 26 ff.
[45] Silenus Alcibiadis, Bl. 2; Proteus, S. 9 f., Cats: Sinnreiche Wercke ..., I., S. 6. Vgl. dazu Jacob Cats: Sinne- en Minnebeelden. Met inleiding en aantekeningen van J. Bosch, Kampen 1960.

Es fehlt das Emblem vom durchschnittenen Aal. Das in »Proteus« unter II gestellte Emblem leitet als I »Silenus« ein. Es ist das einzige Kupfer, das für die zweite Fassung umgestochen wurde. Im »Silenus« zeigt es nur eine Hand, die ein brennendes Holzscheit hält, während im »Proteus« die gleiche Res picta in reicher Ausschmückung vorliegt: Hier ist ein Paar am Kamin abgebildet. Der Mann hat ein brennendes Holzscheit aufgehoben. Vgl. auch: Emblemata-Handbuch, a.a.O., S. 53 und Nr. 188.

46 Cats: Silenus Alcibiadis: Vorr-Reden, a.a.O., Bl. 30 »... een toe-gebonden Apotekers-pot... wert bevonden van binnen vervult te zijn met goede ende heylsame genees-cruyden...«

47 Vgl. Abb. 1, links unten; reproduziert im Anhang zu dieser Arbeit Tafel 13.

48 Cats: Sinnreiche Wercke 1, Bl. 5 f.; Silenus Alcibiadis, Bl. 30.

49 Vgl. Abb. 1, rechts unten.

50 Andreas Gryphius: Dissertationes funebres. Oder Leich-Abdanckungen... Leipzig 1667, S. 161.

Ich verdanke den Hinweis auf diese Textstelle einem Gespräch mit Herrn Gottfried Kirchner. »Fundebat olebit« unter einem Mörser scheint nur bei Cats vorzukommen. Eine zweite Verweisung auf die Kenntnis und Verwendung einzelner Emblemata des Jacob Cats bei Andreas Gryphius ist in dem Drama »Cardenio und Celinde« zu finden. Im 5. Akt findet Cardenio – von Olympia als Liebhaber abgewiesen – bei Celinde sinnliche Liebesbereitschaft, wenn auch nur für kurze Zeit. (Vgl. V. 292.) Ihre Klage birgt eine echte pictura:

»So wenn die Rosen liegen
Auff die die Sonnen fällt / siht man die Bienen fliegen
Die vor der Honig-Thaw' auff jedem Blat erquickt!«
(V. 293 ff.)

Verblühte Rosen, die von den Bienen gemieden werden, hat Cats gezeigt – unter dem Motto: »Turpe Senilis Amor«.

Dieses Motto läßt die Rosen zum Sinnbild der Unbeständigkeit der Liebe werden, was in der subscriptio an der res significans der verblühten Rosen auf die Vergänglichkeit der Leibesschönheit zurückgeführt wird (vgl. Emblemata-Handbuch, a.a.O., 294). Diese emblematische Vorlage für unseren Text ist unverkennbar. Nur scheint es, als sei allein der Bildteil des Emblems vom Dichter verwendet worden, so daß von einem »emblematischen Exempel« eigentlich keine Rede sein kann, bleibt dieses doch ohne den das Bild erläuternden Text bedeutungslos und wird zur bloßen Metapher des Gemeinten. Dagegen lassen sich Einwendungen machen. Zwar folgt dem Bild im dramatischen Text keine bedeutungsfixierende subscriptio nach, die Mitgift der subscriptio des Emblems bleibt aber auch hier wirksam, wo sie expressis verbis nicht mitgeteilt wird. Die Verwendungsfähigkeit des Bildteils beruht ganz auf seinem exemplarischen, nämlich »emblematischen« Charakter. Gryphius greift auf den Sachverhalt der pictura zurück, daß die Bienen die verblühten Rosen verlassen, nur tritt bei ihm statt der ursprünglichen Beziehung zwischen Jugendschönheit und Vergänglichkeit das Motiv der kurzen Dauer der Liebesbeziehung in den Vordergrund. Es bleibt nun noch die Frage, in welcher Absicht der Dichter hier Celinde das Emblem zitieren läßt. Es mag zutreffend erscheinen, daß sie es als Illustration ihrer dramatischen Situation benutzt, doch es bleibt nicht dabei. Sie vergleicht ihre Situation mit dem im Emblem vorgegebenen Exempel, bezieht sie darauf und benutzt den verweisungsstarken Präzedenzfall des Emblems als Bestätigung. Die Beziehung wird im Text durch den dem Bild vorangestellten Satz hergestellt, was durch die Setzung des Doppelpunktes auch im Druckbild kenntlich gemacht wird:

»Cardenio... ergetzte meine Lust
Doch leider kurtze Zeit: So wenn die Rosen liegen...«
(V. 292)

Aus der Unbeständigkeit der Liebesbeziehungen zu Cardenio, die im Emblem sich abbildete, leitet sie dann die Begründung ihrer weiteren Handlungsweise ab. Sie argumentiert mit dem Gleichnis, beruft sich aber keinesfalls auf die bloße res picta, also auf die Wirklichkeit an sich, auf bestimmte Eigenschaften der Pflanzen und

Anmerkungen

Tiere als solche, sondern auf eine res significans, deren significatio die subscriptio des Emblematikers mitgeteilt hat.

51 Vgl. Meertens, J. P.: a.a.O., S. 255 ff.
52 Zaumzeug, ein Attribut der Nemesis; vgl. Emblemata-Handbuch, a.a.O., Sp. 1811, 1812, 1813; Pax mit Zaumzeug, ebda., 1561; Religio mit Zaumzeug, ebda., 1567; Spes mit Pfeil, Zaumzeug: Nemesis, ebda., 1557, 1558.
53 Emblemata-Handbuch, a.a.O., S. 43–48 und Sp. 1567–1568.
54 Übersetzung nach Emblemata-Handbuch, a.a.O., Sp. 1567–1568.
55 1. Mose 7, 13 und 1. Mose 8, 15–16.
Die Arche als Zeichen für die Errettung der Frommen kommt schon 1581 in den »Impresas morales« des Juan de Boria vor; vgl. Emblemata-Handbuch, S. 49 und Sp. 1845.
56 1. Mose 19, 15–26.
57 »Vorrede des Auctoris«, Bl. 3. Zitiert wird stets nach der Übersetzung von 1710, wobei die Blätter von mir durchgezählt wurden.
58 Ebda., Bl. 3.
59 Vgl. Aandacht voor Cats . . ., a.a.O., Abb. der Titelseite; vgl. auch Anm. 58.
60 Vgl. Dérudder, G.: a.a.O., passim. Das Wichtigste (außer bei Dérudder) jetzt bei Laurens J. Bol: Een Middelburgse Brueghelgroep, Jg. 73, 1958, H. 3 und vor allem bei P. J. H. Vermeeren: De Emblemata van Cats, in: Aandacht voor Cats bij zijn 300-ste sterfdag, hrsg. v. P. Minderas, Zwolle 1962, S. 155–176.
61 Alle de Wercken, So ouden als nieuwen, Van de Herr JACOB CATS, Ridder, oudt Raedtpensionaris van HOLLANDT & c. Doorgaens vermeerdert, en achter met des Autheurs Tachtigh-jarigh Leven, Huyshoudinge en Bedenckingen op Zorgh-vliet. t'Amsterdam, by JAN JOKOSZ SCHIPPER, 1658. Met Privilegie.
Dieses Emblem (Nr. XLVI) muß ausführlicher interpretiert werden, da die Sinnbilder bei Cats bisher sehr selten analysiert wurden.
Vgl. dazu bes. das Großformat im holländischen Originaldruck, auf das der Hrsg. J. J. Schipper auf S. 3 des Vorworts zur Ausgabe von 1658 mit Stolz hinweist. Vgl. Tafel 14 und S. 41 ff.
62 Vgl. S. 91 der Cats-Übersetzung von 1710.
63 Ed. 1658, S. 274.
64 Ed. 1658, S. 274.
65 Vgl. Emblemata-Handbuch: a.a.O., Sp. 188–189; dazu wichtig G. A. van Es: Jacob Cats, in: Geschiedenis van de Nederlandse Litteratur, a.a.O., S. 73 ff.
66 Vgl. Emblemata-Handbuch, a.a.O., Sp. 179–181.
67 Ebda., Sp. 749–750.
68 Ebda., Sp. 1319.
69 Vgl. Bol: a.a.O., S. 100 ff. und 128 ff. und bes. 133 ff. Vgl. auch Anm. 71 dieses Kapitels.
70 Vgl. Bol: a.a.O., S. 132 f.: Johan de Brune: Johannis de Brune I. C. Emblemata of Zinnewerck: voorghestelt, in Beelden, ghedichten, en breeder uijt-legginghen tot uijt-druckinghe, en verbeteringhe van verschijden fijlen onser eeuwe... t'Amsterdam bij Ian Ewertsen Kloppenburch... 1624, 4°. Es handelt sich um 51 Embleme, die die Vergänglichkeit des Irdischen betreffen. Die Kupfer wurden von mehreren Künstlern (W. Passe, J. Gelle, C. Blon, J. Swelinck) nach Vorlagen von Adriaen van de Venne gestochen. Johan de Brune bot in der bekannten Anordnung von Inscriptio, Pictura und Subscriptio ausführliche Prosa-Erklärungen für das ganze dreiteilige Emblem. Er führt dabei als Quellen an: Philosophen der Antike, Scaliger, französische Dichter mit vielen Texten in franz. Sprache. Am Schluß gibt er in niederländischer Sprache meist in Quartettform eine Summe des Emblemthemas. Vgl. in unserem Zusammenhang das Emblem Nr. XLVIII »Denck, voor de nood, steeds aen de dood«. Man gewinnt den Eindruck, daß Jacob Cats diese ausgedehnte Prosa-Erklärung in seinem Gesamtwerk durch eine Alexandriner-Versifikation literarisch

und künstlerisch zu erhöhen versuchte, um seine Moralia in ihrer Wirkung zu verstärken. Die Gedanken und Motive bei Johan de Brune ähneln denen bei Cats. Der sogenannte Middelburgische Kreis von Schriftstellern und Kupferstechern hat die Vergänglichkeits- und Todesthematik sehr einheitlich im christlichen Sinne geformt.

71 »Buyten Leven op Zorgvliet«, in: Alle de Wercken... van... Cats« (1658), Nr. 13; in der Übersetzung von 1710 als Titelkupfer zu Bd. V.
72 In der Übersetzungsausgabe von 1710 ist auf diese Senkrechte verzichtet. Dadurch verlieren die beiden im Original besonders überhöhten Skelette, die das Buch des Jüngsten Gerichts halten, viel von ihrer Bedeutung. Auch die Sinnbildfigur der janusköpfigen Zeit (alt und jung zugleich im Gesichtsausdruck), die das Gerichtsbuch aufschlägt (dazu geflügelt, mit Sense als Attribut) und die Spitze dieses Bildes innehat, wirkt eher lastend als schwebend. Auch die ländliche Genre-Szene verliert durch die Verbreiterung, weil die aufwärts gerichteten Handbewegungen nicht mehr auf das Ganze des Bildes, sondern nur auf die Szene aus dem Landleben bezogen werden. Sonst bietet die Nachgestaltung von 1710 keine wesentlichen Änderungen.
73 Vgl. Bol: a.a.O., S. 133 – In einem Vorwort von »Adriaen van de Venne, schilder en Teyckenaer aenden Kunst-lievenden Leser« in: Cats' »Houwelyck (Middelburgh 1625) steht, daß er »den Titel, mitsgaders oock de andere Printen door het werck verdeelt, uyt den mont des Auteurs selfs (te hebben) geteyckent«. Und in der »Voor-Beduydsel« von seiner eigenen »Belacchende Werelt«, die 1635 in 's-Gravenhage erschien, teilt van de Venne mit, daß die Malerei manchmal »wat heeft moeten verposen«, währenddessen er sich befaßt hatte mit den beeldinghen van de loffelijcke Rede-Wercken van den beroemden Ed: Ridderlycken Heer Iacob Cats, die ick al over de 18 jaren hebbe dienst gedaen met de Konste, nae mijn vermogen, ende noch doe«. Vgl. bei Dérudder, G.: a.a.O., S. 171 den Hinweis auf den großen Kupferstich des A. van de Venne mit den fünf Särgen.
74 »Alterthumb«, a.a.O., S. 184.
75 Ebda., S. 191.
76 Ebda., S. 196.
77 »Aus tieffer Noth« oder »Brunnquell aller Gnaden« (Alterthumb, S. 198 f.).
78 »Alterthumb«, a.a.O., S. 200.
79 Das Wort selbst war bereits im Mittelalter und besonders im niederdeutschen Raum gebräuchlich.
80 Jes. 59, 5. – Dazu die Auslegung bei Cats: Übersetzung von 1710, S. 200.
81 Die Bilder vom Spinngewebe und den Basiliskeneiern finden sich im Emblemata-Handbuch (a.a.O.): Sp. 852 (Basiliskeneier) und Sp. 2014 (Spinngewebe).
82 Vgl. Cats' ausführliche Erklärung dieser Stelle auf S. 203 der Übersetzungsausgabe von 1710.
83 Vgl. »Dood-Kist«-Übersetzung S. 200–202; vgl. dazu auch die Illustration eines ähnlichen Schiffes, an dessen Heck der Tod stehend ein Signal bläst, in: »Gespräch zwischen dem Tode und dem alten Mann«, Übersetzung von 1710, S. 292.
84 »Blume« – S. 204, »Garbe« – S. 209, »Kleid« – S. 215, »Tagelöhner« – S. 221, »Webstuhl« – S. 227, »Reisender« – S. 231, »Fall-Beil« – S. 236, »türckischer Kayser« – S. 241.
85 S. 250, 252, 253. Allein für den »wachenden Traum« benötigt Cats drei Bilder, weil zusätzlich die Geschichte vom träumenden Armen, der als Reicher aufwacht, verwertet ist.
86 B. Knipping, O. F. M.: De iconografie van de Contra-Reformatie in de Nederlanden, Hilversum 1939, Tl. I.
87 In der deutschen Übersetzung von 1710, S. 248 f. Vgl. dazu die beiden Abbildungen im Anhang zu dieser Arbeit Tafel 15; links aus d. Übers., rechts aus Cats.
88 Vgl. auch S. 45 f. dieser Arbeit.
89 Cats (ed. 1658), S. 50 möge hier als Textbeispiel dienen:
   De swart en witte ratt' die aen de tacken knagen,

Anmerkungen

    Neemt die hier voor den nacht, en voor de schoone dagen;
    Want dus gaet overhandt de loop van onse tidt,
    En't schijnt een fel gespuys dat ons geduerigh bijt.
    De slangen dieje siet ontrent den Joncker sweven,
    Die worden eerst getelt als gronden van het leven,
    En zijn by ons genoemt Lucht, Aerde, Water, Vier:
    Maer als die Qualijck gaen, dan scheyt de mensch van hier.
    De fruyten van den boom, die aen den Joncker smaken,
    Neemt de voor aertsche vreught, die ons kan vrolijck maken:
    Maer wat is van de mensch, die's werelts vruchten eet!
    En onder dit vermaeck het eeuwigh heyl vergeet?
    Hy siet dat hem de tijdt en haer trouwanten volgen,
    Hy weet dat op de ziel de Duyvel is verbolgen.
    Hy voelt dat hem de tijdt geduerihg henen treckt,
    En des al niet-te min hy wort niet opgeweckt.
    Hy kan noch soet vermaeck, en lust, en ruste vinden,
    In dingen sonder gront, en los'er als de winden.
    O Godt! bestiert het werck, dat ons geen aertsche vreught
    Mach leyden buyten spoor, of scheyden van de deught.
    Maer dit raeckt boven al een mensch van oude dagen,
    Die nu ten vollen weet, hoe dese ratten knagen.
    Want als hy met bescheyt sijn lange jaren telt,
    Soo vindt hy dat sijn boom tot vallen neder-helt.
Die entsprechende Stelle in der Übersetzung von 1710 (S. 249) lautet:
»Die schwartz- und weisse Ratt / die an dem Stamme nagen /
    Nehmt die an für die Nacht / und für die schöne Tagen /
        Gedenckt / daß dies der Lauff von unsren Zeiten heist /
        Es ist ein böser Wurm / der uns allstündlich beist.
    Die Schlangen / die du siehst um unsern Jüngling schweben /
    Die werden angesehn / als Gründe von dem Leben /
        Man nennet sie bey uns Lufft / Erden / Wasser / Feur /
        Wann selbe ledig gehn / wird uns der Tod zu steur.
    Die Früchte von dem Baum / die unserm Jüngling schmecken /
    Nehmt die für irrdsche Freud / die uns kan Lust erwecken:
        Was aber ist von dem / der irrdsche Früchte isst /
        Wann er bey solcher Lust / des Himmels Heil vergist!
    Er sieht / daß ihm der Tod nachfolg' und sein Gesinde /
    Und wie der Teuffel sich auff seine Seel verbinde /
        Er fühlt / daß ihn die Zeit allstets noch weiter zieht /
        Nichts destoweniger ist schläffrig sein Gemüht.
    Er kan auch weder Ruh noch süsse Freude finden /
    In Dingen ohne Grund / die leichter / als die Winden.
        Regier du / HErr / das Werck / daß von der Tugend-Spur
        Uns lenck kein eitler Trieb der lüsternden Natur!
    Dies rühret überall den Mann von alten Tagen /
    Der nunmehr völlig weiß / wie diese Ratten nagen /
        Dann wann er mit Vernunfft die langen Jahre zehlt /
        Weiß er / daß kurtze Zeit nur noch am Sterben fehlt.«
Übersetzung von 1710, a.a.O., S. 249. Dazu gehört das ganzseitige Bild, S. 248.
Vgl. dazu auch B. Knipping: a.a.O. bes. den Abschnitt »Allgorische dieren«,
S. 19 ff. (mit Abbildungen).

90 In der Übersetzung von 1710, S. 190: »Der / so recht leben will / muss erst recht sterben lernen.«
91 Vgl. Adriaen van de Venne: in: A. Wurzbach: Niederländisches Künstler-Lexikon,

Bd. 2., Wien / Leipzig 1909, S. 758-760; D. Franken: Adriaen van de Venne, Amsterdam 1878; P. J. Meertens: Adriaen van de Venne, in: Meertens: Letterkundig Leven in Zeeland..., a.a.O., S. 242 ff.; Bol, L. J.: Een Middelburgse Breughelgroep. VII. Adriaen Pieterszoon van de Venne, Schilder en Teyckenaer. A: Middelburgse periode ca. 1614-1625. B: Haagse periode 1625-1648, in: Oud-Holland, Jg. 73, 2. Amsterdam 1958, S. 59-79 und S. 128-147.

[92] Die Kupferplatten zu den Entwürfen van de Vennes wurden von mehreren Stechern ausgeführt. Die Embleme zu »Silenus« bzw. »Proteus« hat Jan Gerritszoon Swelinck gefertigt, während – wie bereits genannt – Frans Schillemans das Stechen der Titelkupfer besorgte. Für eine persönliche Verbindung Cats' mit den Stechern konnte ich keine Nachweise finden.

Vgl. Eleonore de la Fontaine Verwey: De Illustratie van letterkundige werken in de 18. eeuw. Paris 1934, Leiden, phil. Diss. 1934.

Jacob Cats: Houwelyck. Dat is de gansche gelegenheyt des echten staets, Middelburgh: Jan Pieterszoon van de Venne 1625, vgl. Mus. Cats. Nr. 112. Vgl. die Abb. Tafel 16 ds. Arbeit.

[93] »Die Heuraht«, S. 120
»ICh bin ein grosser Fürst; Die auf der Erden leben /
Sind insgesamt gewohnt / mir Zoll und Schoß zu geben / «

[94] Ebda., S. 120.

[95] Ebda., S. 120.

[96] Ebda., S. 120.

[97] Die 1710 nicht mehr genau verstandene Bildbeigabe läßt alle Feinheiten der Sinnbildgestaltung aus der Middelburgh-Schule vermissen.

[98] Vgl. die Abb. Tafel 17 in dieser Arbeit.

[99] Vgl. die Abb. Tafel 17 in dieser Arbeit.

[100] Vgl. auch Bol: a.a.O., S. 135.

[101] V. Manheimer: a.a.O., S. 157, Anm. 2.

[102] Manheimer gibt ebda. als Quelle ein Göttinger Exemplar von Cats' Werken 1727 an (II, 490).

[103] Vgl. dazu Bol: a.a.O., S. 135 – Der Kupferstich von den fünf Särgen scheint in den verschiedenen Cats-Ausgaben an verschiedenen Stellen eingebunden gewesen zu sein. Er gehört nach dem Textzusammenhang mit Sicherheit zur »Eitelkeit der Welt«. Als Ergänzung zur Abbildung selbst zitiere ich aus der Arbeit von Bol etwas ausführlicher, weil darin eine Art Übersicht über die Variationen der Todesthematik durch emblematische Bilderzählungen gegeben ist, wenn Bol sie auch lediglich als »Vanitas-Symbole« sieht:

»Als Illustration für dieses Werk zeichnete Van de Venne eine Serie, die man einen Totentanz des 17. Jh. nennen könnte: der *Tod* mit *Stundenglas* und *Pfeil* beim Trinkgelage von König *Belsazar,* wo das drohende ›Mene...‹ an der Wand erscheint; der Tod auf der *Hochzeit*; der Tod im Gespräch mit einem *alten Mann*; der Tod, dozierend vor einem *Beinhaus* voll Schädel und Knochen:

›Een doods-hooft, lieve vrient, als hier veel zijn te finden,
Dat leert een ieder mensch zijn tochten in te binden‹.

Vanitas-Motive finden sich auch in einem anderen Stich dieser Serie: ein schwimmendes *Marktboot* mit der ›Zeit‹ auf dem Vorsteven; ein Passagier hat ein *Buch* in der Hand, einer spielt auf einer *Geige*, ein anderer auf der *Flöte*, ein dritter raucht *Tabak*, ein vierter hebt das *Glas*; der *Tod* steht auf dem Steuerruder u. bläst die *Trompete*. Und im ›Spiegel van den ouden ende nieuwen tijdt‹ (Abt. 2) ist eine Abbildung von einer leichtsinnigen Frau, auf den Schultern eines Mannes sitzend, die mit der einen Hand *Geldstücke* verstreut, aus einem *Beutel*, während sie in der andern einen *Römer*, eine *Tabakspfeife* und *Blumen* oder *Blätter* hält. Gemäß seiner dynamischen Art und seines Interesses für den Menschen zeigt Van de Venne die Vanitas-Symbole nicht in Stilleben, sondern in sehr lebendigen Tableaus.« (Ebda.)

Anmerkungen

Vergleicht man Van de Vennes Kupferstich mit der Bildbeigabe in der Übersetzung von 1710, so verliert diese viel an Wert gegenüber dem Originalstich des niederländischen Meisters. Wie bei den anderen Abbildungen in dieser Ausgabe fehlen auch hier alle Besonderheiten der Sinnbilder. Zwar sind die Inschriften und die fünf Gräber geblieben, aber es fehlen am Himmel die sinnbildtragenden geflügelten Putten. Kaum erkennbar sind die drei Skelette über dem Sarg der Helena. Es fehlen links und rechts die beherrschenden hohen Gerippe über dem Grab Simsons und Salomos. Statt dessen sind Herrschergestalten über den Sarkophagen von Alexander und Krösus aufgerichtet. Nur ein Obelisk überragt die nur angedeuteten Bauten. Die Anordnung von Chronos und Ewigkeit läßt die enge Beziehung zur Gesamtkomposition vermissen. Nur eine schwache Erinnerung an das beherrschende Thema vom triumphierenden Tod ist geblieben. Künstlerisch wirkt dies Bild wie eine simplifizierende Illustration der unvollkommenen zur Übersetzung der Cats'schen Lebenslehre von der vanitas mundi.

104 »Eitelkeit der Welt« (ed. 1710), S. 271.
105 Vgl. die sprachliche Nähe zu Paul Flemings Sonett »An Sich«:
»Wer sein selbst Meister ist / und sich beherrschen kan /
dem ist die weite Welt und alles unterthan.«
106 »Eitelkeit der Welt« (ed. 1710), S. 259; (ed. 1658), S. 56).
107 Ebda, S. 260; (ed. 1658, S. 57).
108 Ebda, S. 272; (ed. 1710).
109 Ebda, S. 275 Mitte; (ed. 1658, S. 22).
110 Vgl. S. 70 ff. dieser Arbeit.
111 Vgl. Titelblatt zum »Gespräch des Alten mit dem Tod«.
112 Rein illustrative problemlose Abbildung dazu, S. 283.
113 Ebenso rein illustrative Abbildung ebda, S. 292.
114 Vgl. S. 25 ff. dieser Arbeit.
115 Ebda S. 295, (ed. 1710).
116 Gespräch zwischen dem Tode und einem alten Mann. Der Jugend auch diensamlich. (Übersetzung von 1710), S. 294; Der Alte:
»Ich dachte / daß du wärst ein bloßer Madensack /
Und daß kein Gran Vernunfft in dem Gerippe stack.
Nun aber merck' ich wol / daß in den dürren Beinen
Schon etwas anders steck' als wie die Leute meinen..«
»T'samen-spraeck tusschen de doot en een oudtman«, a.a.O., S. 78:
»Ick dacht ghy waert alleen een rif of made-sack,
En dat' er geen vernunft in dit geraemte stack.
Maer nu word' ick gewaer, dat in uw' dorre beenen
Al vry wat anders steeckt, als wel de luyden meenen.«
117 Ebda S. 294.
118 Ebda, S. 296: Der Tod:
»Ein Todten-Kopf / mein Freund / davon hier viel zu finden /
Belehret jederman / die Regung einzubinden /
Belehret jedermann / daß er von solcher Zahl
In kurtzen werden muß / und komm' im Todten-Thal.
Um hier dann rund zu gehn / dies sind die Professoren /
Die ich / zu dem Gebrauch / vorlängsten hab' erkohren; ...
T'samen-spreaeck, S. 79:
»Ee doots-hooft, lieve vrient, als veel hier zijn vinde,
Dat leert een ieder mensch sijn tochten in te binden;
Dat leert een ieder mensch, dat hy van dat getal
In 't korte wesen moet, en vaerdigh wesen sal.
Om hier dan ront te gaen, dit zijn de professoren,
Die ick tot dit gebruyck heb overlang gekoren.«

170 Anhang

119 Cats gibt dafür eine besondere Anmerkung (ed. 1658, S. 79; Ed. 1710, S. 296 unten).
120 Cats fügt hier (S. 306) einige erklärende Zeilen ein, die die innere Haltung des Alten kennzeichnen und in ein Gebet übergehen.
121 »Gespräch« (ed. 1710), S. 306/7; Der Tod:
»... Das hätt' ich nicht gedacht.
Wie kan doch meinen Pfeil ein Mensch so wenig achten /
Daß er ohn alle Furcht / nach solchem könne trachten?
Wie kan der wolgemuth / wie kan der frölich seyn /
Der / wann ich mich ihm nah / erwartt die letzte Pein?
Die Klügste / so man kennt im Welsch- und Griechen-Landen
Gezwangen nicht die Furcht / wann ich erst war vorhanden /
Wie ängstlich thaten sie / wann ich zu ihnen kam /
Und meinen Sitz und Platz bey ihrer Stelle nahm!«
»T'samen-spraeck« (ed. 1658), S. 82:
»... Dit had ick niet gedacht.
Hoe kan doch eenig mensch mijn schigt so weinig achte,
Dat hy ook sonder schrik mijn pijle sou verwagte?
Hoe soud' hy wel gemoet, of vrolijck konnen zijn,
Die als ick hem genaeck, verwacht de leste pijn?
De wijste die men kent, of in het machtigh Romen,
Of in het Grieckenlandt, en konden niet betoomen
De schrik van het gemoet, als ick maer neder quam,
Of dat ick mijn vertreck ontrent haer leger nam.«
122 »Gespräch«, S. 308; Der Alte:
»... Wir suchen mit Verlangen /
Des Höchsten Sohn zu sehn / mit hellem Glantz umfangen /
Gekleidt ins Himmels-Licht   wie er erscheinen wird /
Wann auch dereinsten uns kein Unglück weiter rührt.
Wann die Gedancken dann in unsre Seele steigen /
Wer solte sich dann wol erschröckt und bange zeigen
Für dich und dein Gefolg? Fürwahr / wann dies geschicht /
So lach' ich um dein Grab / dein Dräuen acht' ich nicht.
Ich steig' in solchem Fall / ich fliehe von der Erden /
Ich schwebe durch die Lufft / mit ungemeinen Pferden /
Ich rufe sonder Schröck / befreyt von aller Noht:
Grab / wo ist deine Krafft? Wo ist dein Stachel / Tod?«
T'samen-spraeck, S. 82:
»... want dit is ons verlangen,
Gods Soon te mogen sien met hellen glans omvangen,
Met Hemels licht bekleet, gelijck hy wesen sal,
Als wy oock sullen zijn verlost van ongeval.
Siet als dit soet gepeys in ons komt nedersijgen,
Wie sou dan bangen angst, of schrik, of vreese krijgen
Van u, of uw' bedrijf? Voorwaer, als dit geschiet,
Soo pas ick op het graf, en al u dreygen niet.
Ick stijgh in dit geval, ick rijse van der aerden,
Ick sweve door de lucht met ongemeene paerden;
Ick roepe sonder schrick, en buyten alle noot,
Ey graf waer is u kracht, en waer is u prickel, Doodt?«
123 Vgl. dazu den Abschnitt über I. Baldes »Enthusiasmen«, S. 96 ff. ds. Arbeit.
124 »Gespräch«, S. 313. Der Alte:
»Der Tod ist nur ein Pfad aus auffgeblasnen Wellen /
Mit Wetter und mit Wind / im Haven sich zu stellen;
Der Tod ist anders nichts / als wie ein stiller Strand /

Wo man die Segel streicht / wann uns kein Sturm verwand.
Was bist du / um den Tod / von Schröcken eingenommen?
Es ist ein nöhtigs Werck / das uns muß überkommen?«
»T'samen-spraeck«, S. 84:
»De doot is anders niet, als uyt de felle baren,
Een haven voor de windt te komen ingevaren;
De doot is anders niet, als na een holle zee,
Te strijcken met gemaek ontrent een stille ree.
Wat hebje, lieve ziel, voor doot en graf te schromen,
Het is en noodigh ding dat ons moet overkomen.«

[125] »T'samen-spraeck«, S. 79:
»Die was eerst als een vloek, maer nu een grooten segen,
En dit is Godes volck, door Godes Soon, verkregen:
Want als die groote Vorst hier in de weereldt quam,
Doe was't dat hy de doot haer kragt en prickel nam.
Het spoock, daer vanje spreckt, dat is al lang gestorven,
En voor des Heeren volck is beter doot verworven.«

[126] Hier bietet sich eine beachtenswerte Parallele zu der Eremitenauffassung bei Grimmelshausen im »Simplizissimus«, wo in der »Continuatio« auch das Erkennen von Blume, Gras, Dornen, überhaupt des sinnbildlichen Charakters von Naturdingen in der Einsamkeit die Gedanken auf die Passion Christi und auf den eigenen Tod lenkt.

[127] »Gespräch zwischen der Seele und dem Leibe«, S. 326 f.

[128] Ebda, S. 328:
»Schau an / hier ist ein Bild / das hab' ich zeichnen lassen /
So gut / als es der Geist des Mahlers können fassen /
Der Meister hat gemahlt / was ich ihm vorgelegt.«
»T'samen-spraeck«, S. 88:
»Wel siet, hier is een beeldt dat ick heb laten trecken,
So veel de schilderkunst haer uyt heeft konnen recken.
De Meester heeft gedaen, als ik hem heb geseyt.«
Hier ist ein Beleg dafür, daß – wie die Kunsthistoriker richtig vermuten – Cats selbst sich mit den Kupferstechern über die Anfertigung und die Thematik der Stiche besprochen hat. Vgl. auch Bol, a.a.O. S. 131 f. und S. 55 dieser Arbeit.

[129] Vgl. ebda, S. 327 unten.

[130] Ebda, S. 333: Belsazar: S. 336: Alexander. Diese »Denckbilder« sind wichtig, weil sie außer den im Text gegebenen kurzen Erklärungen dem Betrachter viele Möglichkeiten eigener Deutung bieten. Die Erklärungen im Text sind nicht streng auf die Bilder bezogen. Wie Bol betont, ist dies wohl auf die nachträgliche Einheftung der Illustrationen des A. van de Venne zurückzuführen. Vgl. in diesem Kapitel Anm. 101.

[131] Daß mit diesem Strahlenbündel die Richtung angezeigt wird, erweist sich aus der Bilderklärung, die S. 360 von einem solchen Strahl gegeben wird.

[132] Vgl. ebda, S. 324, Anm. a, wo auf Lactantius, Hilarius und Ambrosius verwiesen wird.

[133] Ebda, S. 359: »Betrachte den Entwurff / er ist von tiefen Gründen.«
»T'samen-spraeck«, S. 99:
»Ghy let op dit ontworp, het is van diepe gronden.«

[134] Ebda, S. 360:
»Suchst du nun unser Heil / so must du ferner gehn /
Sonst wird / wer es betracht / in lauter Zweiffel stehn.«
»T'samen-spraeck«, S. 99:
»Doch sooj'ons vordeel soekt, so moestje verder gaen,
Of anders wie het siet, die sal in twijffel staen.«

[135] Drei Bibelstellen werden für diese Sinndeutung in einer Anmerkung (S. 361) zitiert:

Rom. V. 1, Cor. XVII. 18, Gal. VI. 14.
136 Ebda, S. 364 Mitte.
137 Ebda, S. 371 wird in einer Anmerkung auf eine Abbildung des Jüngsten Gerichtes hingewiesen, die sich in der Gesamtausgabe von 1658 auf S. 258 findet und zwar im Kapitel: J. Cats Lof-sang, op het geestelik houwelik van Godes soon, Abschnitt: Bruytloft-Gedicht, op het geestelick houwelick, uyt het Hooge-Liedt Salomonis (S. 238–265). Der deutsche Übersetzer von Cats' Werken hat recht, wenn er davon spricht, daß der Stich »am Ende der geistlichen Heuraht« zu sehen ist. Es ist die letzte der Illustrationen dieses Gedichtes.

Kapitel 2: Das Sinnbild des Todes als Denkbild bei Andreas Gryphius
1 Herder übersetzt »Embleme« mit »Denkbilder« (s. J. G. Herder, Werke, ed. Suphan, Bd. XVI, S. 165). Der Ausdruck »Denck-Bild« ist von mir aber aus dem Wortgebrauch des Niederländers Jacob Cats entlehnt, der ihn an Stelle von »Sinnbild« in seiner Einleitung zu den »Sinnebeelden« gebraucht. Cats hat seine eigenen ersten Sammlungen von Sinnbildern nachweislich durch zusätzliche subscriptiones zu Denkbildern umgewandelt, weil ihm die einfache Deutung nicht genügte. Da Andreas Gryphius während seiner Leydener Zeit mit den Werken von Cats bekannt wurde, kann eine Einflußnahme in dieser Richtung der gedanklichen Vertiefung und Weiterführung mit Recht vermutet werden. Gryphius spricht selbst von »Denckzeichen« im Vorwort zu seinen »Kirchhoffs-Gedancken«. Die Übernahme eines Emblems aus der Sammlung des J. Cats (vgl. T. I, Kap. 1, A. 50) in A. Gryphius' Leichabdankungen zeigt diese Gedankensteigerung sehr deutlich, denn die dort verwendete pictura des Gewürz-»Mörsers« hätte auch eine emotionale anstelle einer rationalen Sinngebung zugelassen. Gryphius selbst unterstreicht diese gedankliche Vertiefung bei der Anwendung des Cats-Sinnbildes nachdrücklich und verwendet es als Beispiel für die Denkleistung eines gelehrten Mannes, selbst wenn er den Namen des Jacob Cats nicht nennt. Daß A. Gryphius sich in der Leydener Zeit mehr mit anderen Denkern als Jacob Cats beschäftigte, ist mit aller Wahrscheinlichkeit darauf zurückzuführen, daß Männer wie Vondel u. Lipsius ihn stärker beschäftigten. Auch kann das Studium Descartes' diese spürbare Rationalisierung des Emblems verstärkt haben. Es ist auch nicht zu vergessen, daß Gryphius in Leyden eine Vorlesung über moderne Philosophie hielt.
2 Vgl. die früheren Arbeiten des Verfassers: »Das Problem des Todes in der deutschen Lyrik des 17. Jahrhunderts« (Leipzig 1931) passim und »Wandlungen im religiösen Bewußtsein David von Czepkos« in: Zs. f. Kirchengeschichte 3. Folge Bd. 51 H. III/IV, S. 480–511.
3 Vgl. die Stellenangaben bei Jöns, a.a.O. S. 66 ff.
4 Edition: Symbola Divina et Humana. Prag 1601–03, II, S. 78.
5 Vgl. dazu bei Jacob Cats den Kupferstich der fünf Gräber und die Deutung in »Eitelkeit der Welt« (Cats, S. 266 ff. der Übersetzung von 1710 und in der vorliegenden Arbeit S. 58 ff.); vgl. zu Balde F.-W. Wentzlaff-Eggebert, Das Problem des Todes... a.a.O. S. 110 ff. und ders., Dichtung und Sprache des jungen Gryphius. Berlin 1966, S. 71 ff.
6 Horatius, Ep. I, 16, 79 und Ode I, 28, 15.
7 Vgl. die ausführlichen Hinweise bei Jöns, a.a.O. S. 68 ff., bes. S. 71.
8 Weitere Beispiele bei Jöns, a.a.O. S. 77 ff.; nachdrücklich ist hinzuweisen auf das »Sinnen-Bild« der Seerose als Abbild der Vergänglichkeit.
9 Jöns hat bei einer eindringlichen kritischen Auseinandersetzung mit Gerhard Frickes Auffassung der Bildlichkeit bei Gryphius (S. 85 ff.) darauf aufmerksam gemacht.
10 Gryphius (ed. Szyrocki I, S. 68) Sonett II,6.
11 Jöns, a.a.O. S. 58.
12 Vgl. A. Schöne, Emblematik und Drama, a.a.O. S. 24 (mit reichen Literaturangaben

zur Geschichte der Emblematik). An dieser Stelle ist auch nachdrücklich auf das Emblemata-Handbuch, hg. v. Schöne-Henkel zu verweisen (Stuttgart 1967) und auf die darin aufgeführten bibliographischen Übersichten. Ohne dieses Sammelwerk ist heute keine Barockforschung mehr zu treiben (vgl. meine Besprechung in ZfdA, Anzeiger LXXXI, 2, S. 82 ff.). Hinzuzuziehen sind die Arbeiten von Jöns, Windfuhr, Schings, Vosskamp u. G. Kirchner (s. Literaturverzeichnis zu dieser Arbeit). Auch ist die Erneuerung eines Sinnbildlexikons hier zu erwähnen, die wir Friedrich Ohlys Initiative verdanken, der die vielfach aufgelegten »Silvae Allegoriarum« des Hieronymus Lauretus 1970 mit einer wertvollen Einführung zum Nachdruck brachte (Fink-Verlag München); vgl. meine Rezension in ZfdA, Anzeiger LXXXIII, 3, S. 208 ff.

[13] Genaue Nachweise und Textstellen bietet dafür auch die Arbeit von Ellen Breede, Studien zu den lateinischen und deutschsprachlichen Totentänzen des 13.–17. Jahrhunderts. Halle 1931.
[14] G. Fricke, Die Bildlichkeit in der Dichtung des Andreas Gryphius. Berlin 1935.
[15] Vgl. dazu auch das Emblemata-Handbuch, Einleitung, passim.
[16] Schöne, Emblematik und Drama, a.a.O. S. 25.
[17] Schöne, ebd. S. 86.
[18] Vgl. das bei Jöns, a.a.O. S. 66 ff., gegebene Beispiel für »mors ultima«.
[19] Vgl. Schöne, Emblematik und Drama, a.a.O. S. 96.
[20] Schöne, ebd. S. 97.
[21] Schöne, ebd. S. 221.
[22] Vgl. auch die in Teil I dieser Arbeit gebotene Übersicht zur Bildkunst im 16. und 17. Jahrhundert.
[23] Schings, Patristische Tradition, a.a.O. S. 54. Vgl. auch E. Mannack, Andreas Gryphius' Lustspiele, a.a.O. S. 894 ff. Außerdem bleiben die Forschungen von Hassing, W. Flemming und M. Wehrli, a.a.O. wichtig.
[24] Dissertationes funebres. Leipzig 1667.
[25] Mumiae Wratislavienses. Wratislaviae 1662.
[26] Vgl. dazu auch A. Chastel, Le Baroque et la mort, a.a.O. S. 33–46; dazu Schings, a.a.O. S. 77.
[27] Schings, a.a.O. S. 89.
[28] Schings, ebd., S. 90.
[29] Die Problematik des Vanitas-Begriffs ist in der umfangreichen Arbeit von van Ingen, a.a.O., in ihrer Vielschichtigkeit dargelegt. Vgl. dazu die Rezension von Schings in ZfdA, Anzeiger X (1969), S. 173–179.
[30] An dieser Stelle kann ich auf meine eigene Veröffentlichung über »Dichtung und Sprache des jungen Gryphius« (a.a.O.) verweisen, in der ich gezeigt habe, wie dieser Bildgebrauch noch ganz nach lateinischem Vorbild ohne viel emblematische Zutat durchgeführt ist.
[31] Vgl. dazu E. Gnerich: A. Gryphius und seine Herodesepen, Leipzig 1906, passim.
[32] Vgl. dazu meine Darstellung in: Dichtung und Sprache des jungen Gryphius, 2. Aufl. Berlin 1966, S. 27 ff.
[33] Vgl. zu den Übersetzungen meine Darstellung in »Dichtung und Sprache des jungen Gryphius«, a.a.O., S. 71 ff. – Vgl. auch die Übersetzungen von Max Wehrli: Jacob Baldes Dichtungen, Köln/Olten 1963, S. 62–73; bes. das Gedicht vom Totentanz, Balde II, 33: »Saltemus, socias jungite dextras«, ebda., S. 70 ff.
[34] Vgl. dazu K. O. Conrady: Lateinische Dichtungstradition in der Lyrik des 17. Jahrhunderts, Bonn 1962, bes. S. 116 ff. Dazu auch P. Böckmann, in: Archiv für Religionsgeschichte, 1966, H. 1/2, S. 182 ff. und meine Stellungnahme zu Conrady in »Dichtung und Sprache des jungen Gryphius« (a.a.O.), passim.
[35] Gryphius, ed. Szyrocki III, S. 19.
[36] Vgl. in ds. Arbeit die Wiedergabe dieser Münze mit ihrer Vondel-Inschrift, Tafel 18.
[37] Vgl. Jöns, a.a.O., S. 71, Anm. 2.

38 Jöns, a.a.O., S. 79.
39 Ders., ebda., S. 82.
40 Ders., ebda., S. 60 f.
41 Vgl. meine Besprechung in ZfdA, Anzeiger LXXXIII, 3, S. 208 ff.
42 Vgl. H.-H. Krummacher, in: Festschrift für P. Böckmann, Hamburg 1964, S. 116–137.
43 Picinellus, Lib. 16, Cap. 21, Nr. 212.
44 Picinellus, Lib. 16, Cap. 17, Nr. 177.
45 Horozco III, Nr. 37, Emblemata-Handbuch 1249/50.
46 Taurellus B. 4; Emblemata-Handbuch 1096.
47 Camerarius I, Nr. 100.
48 Reusner, Embl. IV; Emblemata-Handbuch 1095.
49 Vgl. zu diesem Bild auch Joh. Arndt: Wahres Christentum, bes. Buch IV, S. 706.
50 Lauretus, S. 761.
51 Joh. Arndt, Wahres Christentum ... a.a.O. 2 Buch, Kap. 57, 10; S. 580.
52 Jöns, a.a.O., S. 215. – Weiterführend vgl. dazu Friedrich Ohlys Deutungen in: ZfdA, 89, 1958/59, S. 1–23.
53 Alciatus (1550), S. 199; Emblemata-Handbuch 1620/21.
54 Das gleiche Sinnbild erscheint in der »Genovefa«-Ode Jacob Baldes und bildet das Grundthema in der emblematischen Ausgestaltung der Leichabdankungen für Mariane von Popschitz.
55 Montanea, I Nr. 39.
56 Camerarius I Nr. 89.
57 Picinellus, Lib. 11, Cap. 14.
58 Jöns, a.a.O. S. 215.
59 Sambucus, S. 120.
60 Picinellus, Lib. 9, Cap. 12, Nr. 151.
61 Lauretus, S. 303.
62 Picinellus, Lib. 9, Cap. 8, Nr. 288.
63 Camerarius II, Nr. 71.
64 Picinellus, Lib. 5, Cap. 38, Nr. 577.
65 Lauretus, S. 81.
66 Lauretus, S. 81.
67 Mannich, S. 14.
68 Picinellus, Lib. 5, Cap. 1, Nr. 1.
69 Jöns, S. 226.
70 Lauretus, S. 209.
71 Emblemata-Handbuch, 2001.
72 Lauretus, S. 291.
73 Jöns, S. 132.
74 Lauretus, S. 724.
75 Lauretus, S. 723.
76 Lauretus, S. 723.
77 Lauretus, S. 638.
78 Picinellus, Lib. 2, Cap. 13, Nr. 205.
79 Lauretus, S. 936.
80 Lauretus, S. 937.
81 Lauretus, S. 164.
82 Picinellus, Lib. 6, Cap. 1, Nr. 1.
83 Picinellus, Lib. 6, Cap. 9, Nr. 95.
84 Lauretus, S. 126.
85 Lauretus, S. 802.
86 Lauretus, S. 962.
87 Lauretus, S. 477. Eine Emblemata-Analyse des zweiten von A. Gryphius übersetzten Enthusiasmus des Jacob Balde (Ode II, 39) würde zu den gleichen Ergebnissen füh-

ren. Es werden deswegen im Folgenden nur ausgewählte Beipiele herangezogen.
88 Lauretus, S. 993.
89 Lauretus, S. 523.
90 Picinellus, Lib. 11, Cap. 8, Nr. 107.
91 Picinellus, Lib, 9, Cap. 19, Nr. 240.
92 Picinellus, Lib. 11, Cap. 7, Nr. 47.
93 Picinellus, Lib. 9, Cap. 9, Nr. 145.
94 Picinellus, Lib. 9, Cap. 28, Nr. 374.
95 Picinellus, Lib. 9, Cap. 28, Nr. 413.
96 Picinellus, Lib. 16, Cap. 17, Nr. 176.
97 Vgl. Emblemata-Handbuch, Sp. 113 und 114.
98 Lauretus, S. 922.
99 Lauretus, S. 1045.
100 Wentzlaff-Eggebert: Dichtung und Sprache..., a.a.O., S. 92 ff.
101 Gryphius, ed. Szyrocki, Bd. 3, S. 25 u. 32.
102 Vgl. diese Arbeit bes. S. 125 ff.
103 Vgl. das Vorwort zum Emblemata-Handbuch, bes. S. IX.
104 Vgl. dazu A. Gryphius: Lyr. Ged., ed. Palm, S. 360 ff.
105 Vgl. dazu Baldes Text, a.a.O., Bd. 1, S. 127 ff.
106 Vgl. dazu Wentzlaff-Eggebert: Deutsche Mystik zwischen Mittelalter und Neuzeit, 3. Aufl., Berlin 1969, S. 196 ff.
107 Das von Balde gebrauchte Bild entspricht dem aus der Vulgata allbekannten Bild der Apokalypse, dem equus albus, das auch zu der Todesvorstellung des älteren Breughel in seinem Gemälde »Triunfo de la muerte« paßt. Vgl. S. 24 f. dieser Arbeit.
108 Vgl. die bildlichen Wiedergaben in dieser Arbeit, die Tafeln 11 u. 12.
109 Picinellus, Lib. 3, Cap. 61, Nr. 178.
110 Diabolus porrigit pomum et surripit paradysum.
111 Lauretus, S. 53.
112 Picinellus, Lib. 3, Cap. 60, Nr. 172.
113 Picinellus, a.a.O., Nr. 171.
114 J. Balde: Enthusiasmus in coemeterio: »Omnis homo cinis atque pulvis.«
115 Lauretus, S. 840 u. 901 (falsche Seitenzählung, eigentl. 903).
116 Lauretus, S. 679.
117 Picinellus, Lib. 24, Cap. 4, Nr. 28.
118 Picinellus, Lib. 24, Cap. 4, Nr. 37.
119 Vgl. diese Arbeit S. 128 ff.
120 Vgl. diese Arbeit S. 58 ff.
121 Picinellus, Lib. 16, Cap. 16, Nr. 168.
122 Vgl. diese Arbeit Tafel 17.
123 Lyricorum II, 39.
124 Lauretus, S. 359.
125 Lauretus, S. 922.
126 Lauretus, S. 1045.
127 Picinellus, Lib. 3, Cap. 41, Nr. 114.
128 E. Jacobsen: Die Metamorphosen der Liebe..., a.a.O., passim. Dazu auch: Wentzlaff-Eggebert, Das Problem des Todes, a.a.O., S. 25.
129 Lauretus, S. 693.
130 Lauretus, S. 200.
131 Picinellus, Lib. 25, Cap. 15, Nr. 60.
132 Picinellus, Lib. 2, Cap. 18, Nr. 164.
133 Picinellus, Lib. 2, Cap. 13, Nr. 287.
134 Picinellus, Lib. 12, Cap. 21, Nr. 155.
135 Lauretus, S. 1054.
136 Lauretus, S. 952.

Kapitel 3: Die Poetisierung des Todes im »Carolus Stuardus«
In diesem Abschnitt wird auf die komplizierten Quellenfragen nicht eingegangen. Die Ausführungen dazu von Hugh Powell und Albrecht Schöne sind inzwischen durch die Dissertation von Janifer G. Stackhouse und die Veröffentlichungen von Karl-Heinz Habersetzer ergänzt worden. Ich verweise dazu auf die Angaben in den Anmerkungen und der Bibliographie, besonders auf die Anm. 3 u. 15 in diesem Kapitel. Den Gryphius-Text zitiere ich nach der Ausgabe von Hugh Powell (Ed. Szyrocki, Bd. IV), in der beide Fassungen abgedruckt sind. Powell wählt für diese Fassungen die Abkürzungen A und B, die ich übernehme. Die Quellenzitate aus dem »English Memorial« stammen aus dem Wolfenbütteler Exemplar (vgl. Bibliographie). Hinzu kommt die Textanalyse des sehr seltenen Exemplars des »English Memorial« aus dem Besitz von Herrn Professor Dr. George Schulz-Behrend (Univ. Austin/Texas, USA), das er mir freundlichst zur Verfügung stellte (Titelangabe im Anhang). Es enthält außer einem bisher kaum bekannten Titelblatt (Der König im Kerker) die Todesgedanken des Königs und mehrere Emblemata-Erklärungen in Sonettform. Eine lateinische Fassung der Todesgedanken des Königs benutze ich nach dem Exemplar der Marburger Universitätsbibliothek, in dem aber die Bild- und Gedichtbeigaben fehlen. Besonders wichtige Texte und Abbildungen aus den oben genannten Ausgaben habe ich im Anhang zu diesem Kapitel wiedergegeben.

[1] Vgl. dazu Schöne, a.a.O. S. 214–216.
[2] Vollständiges Englisches Memorial, London 1648 (Druckfehler für 1649) Wolfenbütteler Exemplar.
[3] Vgl. Schöne, a.a.O. S. 215 und Karl Heinz Habersetzer, Tragicum Theatrum Londini, a.a.O. S. 303 f. – Vgl. dazu jetzt die Dissertation von J. G. Stackhouse, a.a.O. passim; dazu die Anm. 15 in diesem Kapitel.
[4] In der II. Abhandlung, Zeile 500, verabschiedet er sich von seinen Kindern »und hirmit gutte Nacht«. Die Abschiedsworte »Ich scheide! gutte Nacht« in Zeile 220 der IV. Abhandlung gelten den Personen aus der Umgebung seines Palastes.
[5] F. F. A. Madan, A New Bibliography of the Eikon Basilike of King Charles I., Oxford 1950 (Oxf. Bbl. Soc. Publ., vol. III) 4°. Vgl. auch die Tafeln 19–21.
[6] Schöne, Säkularisation, a.a.O. (2. Auflg.), S. 74–77, bes. S. 77.
[7] Vgl. dazu die Quellenangaben bei Habersetzer, a.a.O. bes. S. 301 f.
[8] Vgl. die Abbildung Tafel 19, die nur in dieser Ausgabe *unter* dem bekannten Kronen-Trias-Emblembild angebracht ist und die von mir ebd. reproduziert ist.
[9] Vgl. dazu Wentzlaff-Eggebert, Die deutsche Barocktragödie. In: Formkräfte der deutschen Dichtung..., a.a.O.
[10] Vgl. A. Schöne, Emblematik und Drama, a.a.O. S. 128.
[11] Vgl. A. Schöne, Ebda, S. 215. Schöne gibt hier nur Exzerpte wieder.
[12] Es spricht wenig dagegen, daß Gryphius auch diese Edition kannte, zumal sich die jetzt von Habersetzer, a.a.O. S. 304 ff. aufgefundene Quelle für die Anmerkungen, die Gryphius seinem Dramentext zufügte, lediglich auf den Wortlaut dieser Anmerkungen, nicht aber auf den Dramentext beziehen lassen. K. H. Habersetzer konnte noch nicht die Dissertation von J. G. Stackhouse kennen. Vgl. Anm. 15.
[13] Bei Madan, a.a.O. von S. 183 reproduziert.
[14] Vgl. für die im Anhang Tafel 20 wiedergegebene »Explanation of the Embleme« bei Madan a.a.O. S. 174.
[15] Es ergibt sich aus den sorgfältigen und umfassenden Quellenstudien von Janifer G. Stackhouse, Gryphius' Proclamation of »Recht« in »Ermordete Majestät«, A source and textanalysis, ungedruckte Dissertation der Harvard University, Cambridge, Mass., March 1973), daß Gryphius als Jurist und politischer Denker die historische Wahrheit über den Königsmord an Carl I. aufs sorgfältigste erforschte, um die allgemeine Wahrheit von »Vanitas mundi« und »gloria coeli« noch wirkungsvoller und dichterisch reicher verkünden zu können. So erklärt sich die Entstehung der zweiten Textfassung des Andreas Gryphius, die die juristische und politische Situation

durch Hinzufügung neuer Gestalten und Szenen genauer zu spiegeln sucht, aber an der allgemeinen Wahrheit, die der Dramatiker zu verkünden hat, nichts ändert. Die Todesauffassung und Todesbewertung bleibt die gleiche. Die emblematische Poetisierung und philosophisch-theologische Argumentation zielt in beiden Fassungen auf die Freilegung des hohen Mutes eines zu Unrecht verurteilten Königs.
Aus der leider ungedruckten Dissertation (über 400 Seiten) sind für den Gryphius-Forscher folgende Abschnitte von besonderem Interesse: Aus Teil II. Zu Version A (1657).
 Engeländisch Memorial, pp. 30 ff. S. 274 (20), 293 ff., 393 ff., 410 ff.
 Mit Appendices I und II
 Ausschreiben des Parlaments, p. 93 ff.
 Eikon Basilike, p. 101 ff., 298 ff.
Zu Version B (1663).
 A Short View (Peter Heylyn Biographie) p. 183 ff.
 Peinliche Anklage, p. 199 ff.
 Zesen, Verschmähete Majestäht, p. 229 ff.
Aus Teil III: Über den Einfluß der Embleme (in Quellentexten) p. 293 ff.
 Alle Appendices.
Eine ausführliche Stellungnahme zum gegenwärtigen Stand der Forschung findet sich an den folgenden Stellen der Dissertation Stackhouse;
 Albrecht Schöne: S. 299–306. Auch S. 176, 291 (213), 321, (15), 383 (1).
 (In Klammern sind die Fußnoten angegeben.)
 Hugh Powell: S. 138 (131), 283 (123), 326 (66).
 Elida M. Szarota: 128 (31), 138 (132), 144–45 (191), 150, 280–81 (99), 289 (193), 322–23 (24), 388 (65), 391 (5).
 Herman Isler: 286 (163), 290 (202).
 Heinrich Hildebrandt: 284 (145, 146).
 Gustav Schönle: 133 (81), 134 (94), 135 (95), 136 (100), 252, 288 (189).
Eine Photokopie dieser Dissertation ist in meinem Besitz. Vgl. dazu auch Vosskamp, Zeit und Geschichtsauffassung, a.a.O. S. 117 und Eggers, Wirklichkeit und Wahrheit im Trauerspiel von Andreas Gryphius, Heidelberg 1967, S. 16 f., sowie Wentzlaff-Eggebert, Barocktragödie, a.a.O. S. 15. Auch die Bibliothek in Wolfenbüttel besitzt jetzt eine Photokopie der Dissertation von J. G. Stackhouse.

Kapitel 4: Die von Andreas Gryphius in der Trauerfeier für Mariane von Popschitz verwendeten Emblemata.
1 Zu Jöns und Schings vgl. die Angaben in der Bibliographie.
2 Mit freundlicher Erlaubnis von Frau Professor Dr. Maria Fürstenwald, Vancouver (Canada) habe ich im Anhang dieser Arbeit alle Emblemata und Erklärungen nach einem Mikrofilm des Exemplars der Universitätsbibliothek Breslau (Biblioteka Uniwersytecka Wroclaw, Signatur 443062–63) wiedergegeben. Ich mußte diese Reproduktion als Faksimile bieten, weil es auf Feinheiten bei der Wiedergabe der Kupferstiche ankommt, die in einer Strichätzung nicht erscheinen. Meine beigegebenen Interpretationen beziehen sich mehrfach auf solche Feinheiten in der Strichführung. Inzwischen erschienen unkommentiert alle Beiträge des Andreas Gryphius zu der Trauerfeier für Mariane von Popschitz in: »Trauerreden des Barock«, herausgegeben von Maria Fürstenwald, Wiesbaden 1973, S. 131 ff. und S. 480 ff. Ich werde diese Edition zusammen mit der Untersuchung von Sibylle Rusterholz Rostra, Sarg und Predigtstuhl, Bonn 1974, in: »Anzeiger« der Zeitschrift für deutsches Altertum besprechen.
3 Vgl. den Abschnitt zu Cats; in dieser Arbeit S. 55 ff.
4 Vgl. Schings: a.a.O., S. 84 ff., der sehr sorgfältig bis zu den Meditationes des hl. Bernhard diesen Weg zur letzten Weisheit im dreistufigen Aufstieg belegt.
5 Schings verweist an dieser Stelle zwar auf die Allegorie des »Nachtvogels als Kon-

trastfigur zum Adler« (S. 86). Er kannte aber, wie Jöns, noch nicht die Emblemata, auf die Maria Fürstenwald aufmerksam gemacht hat.

[6] Vgl. auch Schings: a.aa.O., S. 103.
[7] Vgl. ausführlich dazu Schings: a.a.O., S. 103 u. S. 178 ff.
[8] Vgl. Schings: a.a.O., S. 104 f.
[9] Es wäre noch zu klären, wieweit auch diese Sinngebung mit der magnetischen Kraft Christi im Zusammenhang zu sehen ist, zumal es der Berg (Magnetberg) ist, auf den Christus seinen Jüngern die neue Kirche zu bauen befiehlt.
[10] Gryphius spielt auch in der Erklärung zum fünften Sarg-Emblem (vgl. Tafel 40 ff.) darauf an.
[11] Schings: a.a.O., S. 163 ff.
[12] Ein solcher Zusatz fehlt z. B. in »Mutua amantium fuga«, einer Leichabdankung, in der lediglich das Brautmotiv mehrfach erwähnt wird (bes. L 691). Auch in »Hingang durch die Welt« bietet die deutliche Parallele zu der Leichabdankung auf Mariane von Popschitz (L. 318 ff.) nur wenige Hinweise auf eine Vertiefung der Mystik in der Bezeichnung »Braut Jesu«.
In der von Gerhard Hay 1972 veröffentlichten Faksimile-Edition einer sehr frühen Leichabdankung, »Menschlichen Lebenß Traum«, die Andreas Gryphius auf seine Nichte Mariane Gryphius schrieb, begegnen wir bereits dem Thema von dem »seeligen Bräutlein des Herrn« (12 v), das mit einem deutlichen Hinweis auf das Hohe Lied vorbereitet wird (8 v). Allerdings ist diese Thematik in der nicht von Gryphius selbst stammenden Reinschrift nicht poetisch ausgeführt. Als Stilmittel fallen nur die Reihen von Emblemen auf (Schiff, Nebel, Tau, Rose), die aber ohne tiefere Verbindung zum Text bleiben. Auch bei der Erwähnung des »unangenehmen todts« wertet der junge Gryphius das aus der Bibel bekannte Gleichnis von der früh aufblühenden Blume, die am Abend bereits verdorrt ist, nicht weiter aus. Ihm liegt mehr an der gelehrten Ausschmückung seines Textes mit dem Zitat einer auf den Tod bezogenen Stelle aus Scribanus, um wie in den lateinischen Jugendepen seine humanistische Bildung ins rechte Licht zu setzen. (Vgl. dazu Anm. 30 zu Kapitel 2 des II. Teils dieser Arbeit.)
[13] Vgl. ed. Szyrocki Bd. 3, S. 25 ff.
[14] Vgl. dazu Schings: a.a.O., S. 103.
[15] Beispiele für solches Märtyrertum L 172–173.
[16] Vgl. dazu M. Windfuhr: Die barocke Bildlichkeit und ihre Kritiker. Stilhaltungen in der deutschen Literatur des 17. und 18. Jahrhunderts. (Germanistische Abhandlungen 15.) Stuttgart 1966, bes. S. 205 ff.
[17] Vgl. M. Fürstenwald: a.a.O., S. 77 ff.
[18] Jöns konnte in seiner Abhandlung über das »Sinne-Bild« bei Gryphius noch nicht auf den Zusammenhang zwischen den Bildern des Leichentuchs und dem Text eingehen, weil ihm die Veröffentlichung von Maria Fürstenwald noch nicht vorlag. Es finden sich aber in seiner Darstellung mehrfach wertvolle Textdeutungen zu dem Wortlaut der Leichabdankung auf Mariane Popschitz (S. 67 ff., S. 70 f., S. 198 f.).
[19] Jöns: a.a.O., S. 71.
[20] Nur noch bruchstückhaft in Jena; vollständig in Warschau und Breslau (?) vorhanden; vgl. M. Fürstenwald: a.a.O., S. 137.
[21] Vgl. zum Bahrtuch das aufschlußreiche Titelbild der Edition von 1698, auf dem im unteren Teil der Abbildung ein Sarg und eine Tragbahre sichtbar sind. Die Tragbahre ist mit einem Bahrtuch verkleidet, das leicht mit Emblemen verziert werden konnte.
[22] Vgl. Jöns: a.a.O., Abb. 8 zu S. 67.
[23] Vgl. dazu die wertvollen ausführlichen Deutungen bei Jöns: a.a.O., S. 148 und Schings: a.a.O., S. 22–54.
[24] Jöns: a.a.O., S. 27.
[25] Lauretus: a.a.O., Sp. 885 f.

²⁶ An dieser Stelle ist zu vermerken, daß von Schings (a.a.O., S. 274–276) das Emblem des Pfeils anders gesehen wird als in der Sinnbilderklärung des Gryphius. Zwar verweist Schings auch auf das Pfeilbild in dem Familienwappen derer von Popschitz (S. 274), aber er bezieht seine Deutung auf den Wortlaut des Textes der Leichabdankung von A. Gryphius, in der dieser – sich auf Augustinus berufend – den göttlichen Liebespfeil (iaculum amoris) meint, der nun den amor dei auslöst, der in der unio mit Gott nach dem irdischen Tod seinen Höhepunkt erreicht. Hierzu wäre auf die von Gryphius veröffentlichte Übersetzung von J. Baldes »Genovefa«-Ode (Balde, Lyr. III, 4) zu verweisen, in der der »Liebespfeil« im Sinne der unio mystica verwertet ist. (Ed. Szyrocki, S. 25 ff. und S. 102 f. dieser Arbeit.)

²⁷ Zu Plavius (= Plauen) vgl. V. Manheimer: a.a.O., S. 129 ff., der aber auf diese Stelle noch nicht verwiesen hat.

²⁸ Auf die stärker poetisierte Gestaltung des Schiffahrt-Emblems in dem lyrischen Gedicht, das die Leichabdankung schließt, ist an anderer Stelle einzugehen. In welchem größeren Rahmen die für Mariane von Popschitz in der pictura und ihrer Erklärung gegebenen Hauptgedanken zu sehen sind, kann bei Jöns (a.a.O., S. 194 bis 203) verfolgt werden, wo die wichtigsten Parallelstellen im Gesamtwerk des A. Gryphius textkritisch und interpretatorisch zusammengestellt sind.

²⁹ Vgl. wieder die Abschnitte bei Schings: a.a.O., S. 22–52, in denen die Vielfalt der Variationen des Adlerbildes für die Geist-Idee im Zusammenhang mit patristischen Vorbildern exakt dargestellt wird.

³⁰ Vgl. dazu weitere Belege bei Jöns: a.a.O., S. 154–156.

³¹ Vgl. dazu Schings: a.a.O., S. 49 ff., der die Tradition der Kontrastfiguren Adler und Nachtvogel genau belegt.

³² Eine der wenigen Stellen bei Gryphius, an denen er Opitz' Dichtungen wörtlich zitiert: M. Opitz: Der zwey und viertzigste Psalm.

³³ Diese Stelle kann die Deutung der Tulpe (bei Jöns: a.a.O., S. 217 f.) vertiefen.

³⁴ Vgl. dazu Jöns: a.a.O., S. 157.

Anhang-Texte

Beschreibung des Frescos vom triumphierenden Tod im Campo Santo von Pisa.

»Buntes irdisches Leben und schreckliche Gesichte, verwirrende Vielfalt des Geschehens, hart im Raum sich drängende Kontraste füllen die riesige Freskofläche des »Trionfo della Morte« (Abb. 8/9). Es herrscht keine räumliche Einheit. Im linken Bildteil türmt sich eine schroff zerklüftete, eng umschlossene Felsenszenerie, rechts schwebt alles im Leeren. Statt einer geschlossenen Bühne finden wir hier nur ein loses, bilderbogenhaftes Nebeneinander. Die fragmentarisch hineingestellte Kulisse des »Liebesgartens« macht das Unzusammenhängende der Komposition nur noch fühlbarer. Wo das Gebirge in jähem Absturz die leere Himmelsfläche freigibt, verdeckt eine breite, von zwei fliegenden Genien gehaltene Schriftrolle die Naht zwischen den beiden so ungleich ausgefüllten Bildhälften. Rechts kämpfen in den Lüften Engel und Teufel um die Seelen der Abgeschiedenen, links wohnt friedliches Getier einträchtig mit den frommen Eremiten auf den Hängen des Gebirges. Der höchste Gipfel freilich ist vulkanischer Natur: züngelnde Feuerschlünde zeigen an, daß hier der Weg hinab in die Unterwelt, in Luzifers Reich führt. Wüste Teufel fliegen herbei, um nackte Seelen in die Höllenglut hinabzustürzen. Aber Hirsch und Hindin, Hase und Waldkauz lassen sich von der Nähe der Höllenpforten nicht anfechten. Und das Kirchlein mit dem offenen Glockenstuhl ist Schutz genug für die Klausner, deren einer, die schwach gewordenen Augen tief auf ein Buch gebeugt, dem anderen vorliest. Ein dritter ist dabei, eine Hirschkuh zu melken, die geduldig stillhält. – Eine tiefe Schlucht durchschneidet die kantigen Felsschollen des Bergmassivs, dessen einzelne Formationen durch grünliche, ockerbraune und rötliche Färbung scharf voneinander geschieden sind. Wo die Schlucht sich zur Ebene öffnet, entfaltet sich ein unerwartetes Bild. Eine bunte Kavalkade, Männer und Frauen in vornehmer Tracht auf prächtigen Pferden, dazu Jäger zu Fuß und bellende Hunde, vom Gebirge herabkommend – ein königlicher Jagdzug (Abb. 2, 3). Die Krone auf dem bizarrgeformten Hut des vornehmsten Reiters läßt an seiner hohen Stellung keinen Zweifel. Auch seine junge Gemahlin trägt den Kronreif auf dem Hut, der, samt Schleier und Kragen, sichtlich neuester Mode entspricht. Alle Kopfbedeckungen, alle Kostüme sind von betonter, modischer Eleganz. Die junge Reiterin ganz links trägt ihr Hündchen im Arm, die ältere weiter rückwärts eine umfangreiche Kassette, die nichts anderes enthalten kann als den Schmuck der Königin. Den Beschluß bilden zwei Herren mit Jagdfalken auf der Faust. Einer der Falken ist unruhig; sein Herr – ein gepflegter Kavalier mit fuchsrotem Haar – hält ihm eine Vogelkeule vor, um ihn zu beruhigen. Auch die Pferde sind unruhig: unschlüssig haltend stampfen sie den felsigen Grund, mahlen auf den schweren, kunstvoll geschmiedeten Gebissen. Das des Königs streckt Hals und Kopf tief herab, mit geweiteten Nüstern und starrem Blick. Die Spürhunde, die Nase am Boden eilig herantrollend, werden gleich aufheulend zurückfahren: drei offene Särge versperren den Weg, drei Leichen, von Nattern umspielt, bieten sich grausenvoll den Blicken dar. Und aus dem Waldesschatten tritt ein greiser Eremit, ein breites Pergament entrollend. Mit warnendem Finger weist er auf die Schrift:

Schaut her und haltet eure Sinne offen,
Versuchet nicht, dem Anblick auszuweichen!
Was ihr hier seht, läßt euern Stolz erbleichen
Und euer Hochmut wird zu Tod getroffen!
Nichts anderes habt auch ihr zuletzt zu hoffen,
Euch ist bestimmt, einst diesen hier zu gleichen!

Nicht der Tod als Zustand wird uns gezeigt, sondern die Zerstörung der Leibeshülle als schrittweises Geschehen. Und nicht der schon zum Skelett gewordene Tote, der uns aus leeren Augenhöhlen angrinst, ist das Erschreckendste, noch der halb mumifizierte in der Mitte, der eine Krone trägt – sondern die frische Leiche mit aufgetriebenem Leib und heraustretender Zunge im letzten der Särge. Auch dieser Tote war einer der Mächtigen dieser Erde. Sein hermelinbesetzter Mantel, das Barett und die Handschuhe lassen ihn wie einen aus der vornehmen Reiterschar erscheinen, der er sein drastisches Memento mori entgegenruft. Die Reaktion der also Angesprochenen freilich bleibt in den Grenzen höfischer Sitte. Der König – als einziger – hält sich vor dem Leichengeruch die Nase zu. Der junge Reiter neben ihm beugt sich neugierig über den Hals seines Schimmels, die Damen blicken nachdenklich, aber nicht entsetzt. Nicht auf die Empfindungen der Weltleute kam es dem Maler an, sondern auf die volle Vergegenwärtigung ihres glanzvoll selbstbewußten, hoffärtigen Daseins. Grell sind die Kontraste herausgearbeitet, ohne Umschweif wird der Welt der Spiegel vorgehalten. Er zeigt sie, wie sie ist. Ist sie nicht auch schön? Man spürt, wieviel Freude am bunten Reichtum der Erscheinungen, an der stilvollen Form so prächtigen Auftretens sich unvermerkt mit eingeschlichen hat. Konnte es anders sein? Erst im Anblick des Todes erkennt sich das Lebendige. Leben und Tod konnten nur gemeinsam in das Blickfeld der Erdenkinder treten.« Robert Oertel, a.a.O. S. *12 ff.*

*Beschreibung des »Weltgerichtes«
von Hermann tom Ring (Utrecht, Zentralmuseum).*

»... der Tod, auf einer Tragbahre stehend, ist fast zur Hauptfigur geworden und steigert die Gerichtsidee zu ungewohnter Eindringlichkeit. Der himmlische Richter, der, zu seinen Füßen das Kreuz, mit dem Buche des Gerichts, von seinen Jüngern umgeben und mit den beiden Fürbittern zu seinen Seiten in den Lüften erscheint, tritt ihm gegenüber zurück. Wie üblich, ist die Menschheit in die »Seligen« und »Verdammten« geschieden, jedoch erkennt man hier deutlich die Verkörperungen der Laster und Tugenden: allegorische Gestalten aus biblischen Gleichnissen vertreten die Menschheit. Ungedeutet, wohl kaum, wie vorgeschlagen, ein Selbstporträt ist die Gestalt des Pilgers, der hinter der Gruppe der Tugenden erscheint; er trägt am Mantel das münsterische Wappen. Was man vorn, in seltsamen Stellungen und gewagten Überschneidungen – die ins Bild von unten her hineinragenden Füße! – erblickt, sind weniger, wie man es gewohnt ist, auferstehende Leiber, sondern eben hingestreckte Opfer des Todes. Auf den Flügeln erblickt man wiederum als Selige und Verdammte bestimmte Vertreter des Menschengeschlechts: die klugen und törichten Jungfrauen aus der Geschichte vom himmlischen Bräutigam, die der Maler also kühn, ihrem Gleichnissinne entsprechend, mit dem Jüngsten Gericht gleichsetzt. Die von der zweiten Dresdener Zeichnung bekannten Gerichtsengel mit Posaunen, dort mit der Lilie, hier mit dem Schwert, haben auch hier das Urteil verkündet, und die törichten Jungfrauen werden von einem Teufel in die Hölle gestoßen, während die klugen unter Führung von Engeln eine Wendeltreppe zum Himmel emporsteigen.

Der heutige Betrachter neigt dazu, bei diesem Werk auf die Diskrepanz zwischen der bedeutsamen Erfindung und der »schwachen« Ausführung hinzuweisen. Die Zeichnung erscheint ihm voller Nachlässigkeiten, die Gruppenbildung verworren, die Farbgebung unharmonisch: der Grund in einem unschönen Grün gehalten, die übrigen Farben trübe, nur gelbe und rote Töne treten grell hervor, der Fleischton ist eigentümlich matt. Doch ist der ästhetische Geschmack gewiß nicht die Instanz, ein solches ganz vom Inhalt her bestimmtes Werk zu beurteilen. Durch die klare Aufteilung der Bildfläche, die lehrhaft deutliche Absetzung der Gruppen, deren jede ihren eigenen inhaltlichen Wert repräsentiert, gegeneinander wird die »Predigt« des Bildes dem Gläubigen sinnfällig. Nicht Schönheit oder Harmonie der Formen, nur Eindringlichkeit kann das Ziel des Künstlers gewesen sein.« *Riewerts-Pieper, S. 32–33*

Text zur Richard-Baker-Übersetzung des Andreas Gryphius.

   Erklärung des Kupffertitels.
 Die Seele schmacht in mehr deñ rauem Kercker /
Der grausen Höll' und Felsen-hartem Ercker
Der wüsten Welt: Selbst schleust der Leib sie ein.
Sie muß im Fleisch gleich als verrigelt seyn.
 Oft eilt die Angst Ihr Fessel anzulegen;
Daß sie sich kaum vor Schmertzen kan bewegen.
Ihr setzt der Feind mit tausend Schrecken zu /
Der Höllen Klufft bricht ihre müde Ruh.
 Und schickt auff Sie viel Traur-Gespenst und Plagen /
Vnd grimme Pein und fast verzweifelnd Zagen /
Biß endlich der gar oft begehrte Todt
Das Thor entschleust und aus der strengen Noht
 Sie ledig macht. Indessen lehrt Betrachten
Sie munter seyn / was zeitlich ist verachten /
Vnd durch die Gnade, die der Himmel schickt
(Durch die Sie GOtt aus Finsternüß erblickt /
Vnd Abba grüsst /) mit heißenbreñtem Beten /
Sie flehen und vor Gottes Antlitz treten.
Doch JEsus muß auch hir Ihr Beystand sein.
Ohn Ihn geht nichts in Gottes Ohren ein.
Er einig / weil er uns wil Brüder nennen
Hilfft daß wir GOtt als unsern Vater kennen.
Ereinig gibt den Wortten Geist und Krafft
Vnd Nachdruck der uns unsern Wundsch verschafft.
   (Manheimer, a.o.O. S. 249)

   Texte zu »Carolus Stuardus«

   ΕΙΚΩΝ ΒΑΣΙΛΙΚΗ
    oder
  abbildung des Königes
    Karl
    in seinen
   Drangsahlen /
    und
  Gefänglicher Verwahrung /
Von Ihm selbst in Englischer Sprache beschrieben /
und nun wegen seiner hohen Würde ins Teutsche
   versetzet.
   Rom. VIII.
In dem allen überwinde Ich weit / etc.
 Es ist Königlich / Gutes thun / und
   Böses leyden.
 Gedruckt im Jahr CHristi 1649

 Die folgenden Text- und Bildwiedergaben sind einem seltenen Exemplar entnommen, das sich im Besitz von Herrn Professor Dr. George Schulz-Behrend, Universität Austin/ Texas, befindet.

Engeländisch
MEMORIAL,
zum ewigen Gedäch[t]niß /
worinen
Erzehlet werden die Proceß und Excution

Koniglichen Stadthalters in Jrrland /
Ertzbischoffen zu Canterberg /
Königs in Engel- Schott- und Jrrland /
Des Hertzogen von Hamilton /
Grafen zu Holland /
Lorden Capel / und endlich
Herrn Obersten Pöyers.

Mit allen / was vor / in / und nach dero Hinrichtung
Gedenckwürdiges ist vorgefallen.

Auß dem Englischen und Niederländischen in Hochdeutsche Sprach mit vielen schönen Kupferbildnüssen dero
Persohnen unnd Executions-Plätzen ge.
zieret.
Gedruckt Im Jahr / M.DC.XLVJJJJ.

Auff des Königes Gefängniß.

Hie sitz' Ich eingesperrt im Königlichen Aercker /
in meiner Einsamkeit / als im gefangen Kärcker /
  da man kein Liecht nicht sieht / und keine Sonne nicht /
  ohn deine Strahl / o GOtt / die aus den Wolcken bricht;
da man nichts höret / als die Seufftzer meines Hertzen;
Die Tränen sind indeß die Tröster meiner Schmertzen;
  Ich selbst bin mein Trabant / mein Schreiber / und mein Raht /
  mein Priester / und was sonst ein König nöhtig hat;
Nur bloß ein Stuhl und Tisch / sind meine reiche Güter:
Jedoch ist GOTT mein Schutz / die Engel meine Hüter /
  Der Himmel mein Gezelt. Wie kan Ich einsam seyn
  bey solcher lieben Schaar und Himlischer Gemein':
Es kan kein Eisen mich so hart und fest beschrancken /
Ich schicke stets doch mein heilige Gedancken
  Zu GOTT und Himmel-an: ist meine Feder schwach;
  sie schreibet doch von GOTT und meiner guten Sach';
Immittelst kan Ich so mit sinnen und mit schreiben
die müden Stunden sampt der Zeit Verdruß vertreiben.   H.L

Erklärung des Kupfferstichs /
Darin der König von Engelland redend eingeführet wird.
Auff die dunckeln Wolcken /
Sonnet.

MEin Freuden-Himmel ist mit Wolcken gar ümgeben /
  mit schwartzen Wolken / die durch meiner Feinde Neid
  und derer blauen Gifft und Dünste weit und breit
von dieser Erden Dampff sich über mich erheben.
O trübe Nacht! Mein ach! mein kümmerliches Leben

ist dunckel üm und üm; Die schwartze Traurigkeit
ist für der Perlen Schmuck mein Königliches Kleid;
Ich muß all' Augenblick' im Todes-Schatten schweben;
Mein Herligkeit wil man verdunckeln überall;
Man stellet meinem Gang im finstern Netz' und Fall'.
Ihr Räuber meiner Freud' / jhr listig' Ehren-steller /
jhr schaffet nichtes nicht / nichts nichtes schaffet jhr /
jhr nemt der finstern Nacht nicht jhrer Sternen Zier:
Es scheinet doch mein' *Ehr' im Dunckeln desto heller.*

Auff den Felsen:

Mein gantzer Sinn ist auff Beständigkeit geflissen /
und wie ein starcker Felß / ins tieffe Meer gegründt /
nicht bebet von dem Sturm / nicht wackelt von dem Wind'
und für der Wellen Macht / so stehet mein Gewissen;
es wird nicht von dem Sturm und Winden ümgerissen;
jhr ungestüme Krafft sich viel zu schwach befindt /
hie stosset sie sich ab / hie alle Macht verschwindt /
die stoltze Wellen sich hie niederlegen müssen.
Schlagt immer zu nur an / jhr stoltze Wellen jhr /
was jhr nicht zwingen könnt / das findet jhr bey Mir /
Tobt / Neider / wie jhr tobt / und alle Wind' erreget /
Mein felsich-fester Sinn weicht von dem Grunde nicht /
drauff jhn die Wahrheit und die Königliche Pflicht
starck angeanckert hat: *Er stehet unbeweget.*

Auff den Palm Baum
Dactilisch Sonnet.

Wie sich der Palmen-Baum nimmer lest beügen /
sondern nur kräfftiger Woldcen-auff strebt
immer sich höher und höher erhebt /
wann man vermeinet sein' herrliche Zweigen
unter der Bürde zur Erden zu neigen:
Also die Tugend / die Himmel-hoch schwebt /
nimmermehr darum ans Jrrdische klebt /
weil man jhr höher nicht gönnet zu steigen /
weil man sie unter zudrücken gedencket /
und mit beschwerlichen Lasten besencket;
Neidische Bürden beschweren sie fast.
Aber vergeblich ist alles beginnen /
Menschliche Kräffte hie nichtes gewinnen:
Tugend erhebet sich unter der Last.

Auff des Königes dreyfache Kronen.

Die prechtig' aber doch gar schwere Gülden-Kron /
die Eitelkeit der Welt / tret' Jch mit Füssen schon.
Hergegen aber die mir CHristi Gnade reicht /
des Leidens Dorne Kron / die stachlicht aber leicht' /
empfind' Jch allgemach; doch ist in dem dein Wort /
o treuer GOtt / mein Trost im Leiden fort und fort.
Darauff erwart' Jch nun des Himmels Herrligkeit /
die sehlig' ewge Kron / die GOtt mir hat bereit.

Und also bin Jch recht ein König dreyer Kronen:
die Erste wil Jch nicht in Eitelkeit bewohnen;
die Zweyte / hoff' ich doch / wird mein in Gnaden schonen;
die Dritte wird mich dort mit Herrligkeit belohnen.

Engeländisch Memorial, Seite 85.

Ich werde allhie wenig gehört können werden / von jemand unter den Umbherstehern / darum wil ich ein Wort allhie zu euch sprechen: Fürwar / ich würde sehr wol können schweigen / aber dann sollen ihrer viel seyn / die gedencken würden / ich were hieran schuldig. Aber ich halt es für meine schuldige Pflicht / erst gegen GOTT unnd mein Vaterland / daß ich mich selber der Welt offenbar bekenne / für einen ehrlichen Mann / für einen guten König und für einen guten Christen: Fürs erste muß ich an meiner Unschuld beginnen / wiewol solches nicht sehr hoch von nöthen ist / weiles der Welt genug bekant ist (worauff ich Gott zu Gezeugen ruffe / für dem ich Rechenschaft muß geben) dz ich diesen Krieg wieder mein Parlament nicht angefangen habe / daß ich alle meine Lebtage nicht getrachtet habe ihnen einige Privilegien abzunehmen / sie haben den Krieg am ersten wider mich angefangen / nichts desto weniger bekandten sie selber / daß nur das Kriegsvolck zugehörte: so haben sie es dennoch gesucht in ihre Hände zu bekommen: So jemand nur meine Befehl / und die ihrigen würde durchsehen / so würden sie es am dato sehen / wer den Krieg am ersten angefangen hat. Ich hoffe GOtt werde es offenbahren; Ich vergebe es ihnen: Es sol mir leyd sein ihnen solches auffzulegen: Ich hoffe / daß sie hieran nicht schuldig seyn / denn ich gläube fast / daß böse Räthe auf beyden Seyten die Ursacher sein dieses Blutvergiessens: Ich befinde mein Gewissen davon frey: Ich hoffe und wündsche / daß sie davon frey mögen seyn: Nicht desto weniger behüte mich GOtt dafür / daß ich ein solcher schwacher Christ solte seyn / und nicht sagen wolte / daß Gottes Gericht über mich gerecht sey.

Denn GOtt verbringet offtmals ein gerechtes Urtheil / durch einen ungerechten Außspruch; Ich wil darbey sagen: Daß einige ungerechte Urtheil / daß ich einmal habe ergehen lassen über den Königl. Stadthalter in Irrland! Diß ist nun mit ein ungerechtes Urtheil meiner eigene Straffe / so weit hab ich gehandelt von meiner Unschuld. Nun euch zu beweisen / daß ich ein guter Christ sey / ich hoffe da stehet ein guter Mann (meynende den Prediger) der davon mir Zeugniß wird geben / daß ich allen Menschen vergeben habe / und insonderheit den jenigen / welche die höchsten Verursacher meines Todes seyn / wer sie sein / daß weiß Gott / ich begehre es nicht zu wissen. Gott wolle es ihnen vergeben; Aber diß ist noch nicht all / meine Liebe gehet noch weiter / ich wündsche daß sie mögen zur Erkäntnüs kommen / denn gewiß sie haben eine grosse Sünde gethan wi sich / insonderheit ich bitte Gott / als S. Stephanus thät / daß es ihnen nicht zu gerechnet werde / und daß sie einen rechten Lauff mögen nehmen / der sie bringe zu Frieden für mein armes Reich und Gemeine.

S. 88 ebda.
Scharffrichter: Es kan dißmahl nicht höher seyn.
Der König: Wenn ich meine Hände außstrecke / so schlaget zu.
Darnach als er noch zwey oder drey Worte gesprochen / und denckende in sich selbst / die Hände und Augen gen Himmel haltende / bald kniete er nieder / und legte sein Häupt auff den Block / und als er sein Haar selber unter die Mütze stack / sprach er: Wartet biß ich das Zeichen gebe.
Scharffrichter: Daß wil ich thun.
Und über ein wenig streckte der König seine Hände auß: und damit scheydete der Scharffrichter mit einem Schlag das Häupt von dem Leichnamb. Welches man dem Volcke darnach für wieß.

Und ein wenig Zeit darnach legten obgedachte Herrn die zwey von einander geschiedene Theile des Königlichen Leichnambs in eine Kiste / so mit Sammet überzogen war / und brachten sie wieder von dannen nach seiner Schlaffkammer in Whitehal / von dannen es nach der Balsamierung geführt ward nach S. James.

Engeland ist enthäupt
Man sagt / der König ist von Kopff und Kron beraubt /
Doch nein: daß Königreich / daß ist in ihm enthaupt /
S. 92 ebda.

Der Hertzog von Hamelton war von Windsor entkommen / und ist diesen Morgen außerhalb dieser Stad angetroffen / und in den Tour gebracht / den 10 Februarij 1649 / am Mitwochen Morgens.

Ordnüng und Verzeichniß / auff was Weise König Carolus der Erste zu Windsor begraben sey.

Den 20. Februarij. ward die Leiche in seine Betkammer / unnd am Tag hernach in die Deans. Hall (mit Räw-Kleidern angethan) gebracht / der Ort war gantz dunckel gemacht / und mit Tartschen erleuchtet der Leichnamb blieb allda nach Mittag zu zwey Uhren / und da ward der Anfang der Begräbniß gemacht: Der Hertzog zu Richmond ließ diese Auffschrift mit Buchstaben auff sein Grab schneiden / nemblich:

KÖNIG CAROLUS. 1649.

Er ward gesetzet ins Grab bey König Hendrich den Achten / alle seiner Majestät Diener folgeten der Leiche / darnach der Grubernier und Doctor Juxen / die vier Herrn / Richmond / H[e]rford / Southampton / und Lindsey / führten an und trugen die vier Orter der Sammeten Decken / welche über den Sarck gebreitet lag / und die Soldaten trugen die Leiche. Der Hertzog von Richmond begehrte / daß der Bischoff die Ceremonien möchte gebrauchen / welche man gemeinlich über den Todten gebraucht / aber der Grubernier / unnd andere Edelleute (die vom Parlament darzu verordnet waren) wolten es nicht zugeben / daß man das gemeine Gebetbuch (ungeachtet / daß das Parlament solches dem Hertzogen darzu erlaubet hatte) solte gebrauchen.

Grab-Gedicht
D'enthäupte Carel / der drey Kronen trug / hie leyt /
Mit aller Königen enthäupter Majestät.

Dr. Juxon sprach: Hier ist nur ein Schawplatz / dieser Schawplatz ist voller Beschwerung und Mühe / und ist kurtz: aber gedencket / dasz es ewer Majestät ein grosses Stück Weges bringen werde / in kurtzer Zeit / denn von der Erden sollet ihr übersetzet werden in den Himmel / daselbst wird ewr Majestät grosse Frewde und Ruhe befinden.

Der König: Ich gehe von einer Verwelckten zu einer Unverwelcklichen Krone / bey welcher keine weltliche Bekümmernis wird seyn.

Dr. Juxon: Ihr sollet verwechseln eine Vergencklihe für eine ewige Krone / welches euch eine gute Verwechselunge sein wird. (S. 87.)

Disz ist nun / mein Herr / der Steinfels / darauff ihr bawen müsset / und verlassen euch auff die Gnade GOttes in Christo JEsu... Aber last uns schawen auff die BundesLaden (mein Herr) die Bundes Lade Christum JEsum: Der uns wird bringen / durch und über alle diese Wellen / zu den fästen Steinfelsen / da keine Fluht noch einige Wellen mehr Hindernisse thun können / und an ihn / welcher Gestern / Heut und ewig gewesen ist / den keine *Macht* noch Pforten der Hellen können überweltigen..

In jeglichem Stande und Beruff sind unterschiedliche Elenden und Mühseligkeiten: Darumb ist es ein selig Ding / wenn mann einen geschwinden angenehmen Weg kan bekommen / ausz diesem brausenden Meer in den Haven der ewigwehrenden Glückseligkeit zu gelangen.

Wir müssen durch eine See reisen / aber es ist die See des Bluts Christi / in welcher See noch nie keine Seele hat Schiffbruch gelitten / hier müssen wir umbgetrieben werden durch Wind und Wetter / das ist durch Antreibung des Geistes Gottes in uns / der alle widerwertige Winde gegen seine Gnade vertreibet (S. 121).

Todes-Gedancken des Königes /

Nachdem beyde Häuser ansagen lassen / daß man ferner mit dem Könige keine Handelung pflegen solte / und von seiner strengen Verwahrung im Schloß Carisbrok.

ICh habe nun Musse genug / und nicht weniger Ursache und Gelegenheit meinen Todes-Gedancken nach zu hengen und mich zu demselben zu schicken: sintemahl nur wenige Schritte sind zwischen dem Gefängniß und Grabe eines Printzen.

Die Güte GOttes gibt mir diese Musse / aber die Grausamkeit der Menschen die Ursache und Gelegenheit zu diesen traurigen Gedancken.

Denn nebenst der allgemeinen Bürde der Sterbligkeit / liegen mir noch darzu diese schwere Bürden auff dem Hertzen / daß mich anderer Leute Ehrgeitz / Furcht / Argwohn / und andere grausame Regungen der ungehalten Gemühter drücken / und pressen / welche dermassen in Neid und Haß gegen mir entbrant sind / daß sie auch ihr Leben für todt achten / so lange ich meines geniesse.

Ich habe GOTT zu dancken / daß mir diese Betrachtung eben so wol im glücklichen Stande ist für Augen gestanden / welche niemahls unzeitig ist / weilen die Stunde des Todes so ungewiß ist: Denn der Todt ist gleich einer Finsterniß / die so wol im klaren als im tunckeln Wetter geschiehet.

Meine langwirige und harte Widerwertigkeit aber hat diese von Natur widerwertige Feinde / Leben und Todt / bey mir versöhnet und vereinigt: Der alle gemeinen Frucht [Furcht?] des Todes bin ich nunmehr entfreyet / und jenes Schrecken / so mir absonderlich betrifft / wird schon viel gelindert: Denn ob mir gleich mein Todt in einer grausamen erschrecklichen Gestallt für Augen stehet / womit meine greuliche und unversöhnliche Feinde / die nun allen tödtlichen Gifft von dem Heven sauffen / und über mich außspeyen / mich zu schrecken / und den Muht zu benehmen gedencken; so sehe ich doch (GOTT sey Lob) dieses alles an als zwar scharffe / aber doch nicht als gifetige und tödtliche Pfeile / weil mir dieselbe mein Erlöser selbst schon ausgezogen / und dagegen durch seinen Todt eine heilsame Artzeney gegeben hat / welcher frühezeitiger / unbilliger / schmählicher / und schändlicher Todt bey weiten alles das übertroffen hat / was ich noch zu befürchten haben mag.

Ich habe noch nie so viel erfahren / und gelernet / was für ein köstlich Ding es umb ein gut Gewissen sey / und wie viel die eiserne Mauer eines guten und auffrichtigen Willens bey der Beständigkeit vermöge / als Ich gethan habe in diesem nähern Antritt / seithero Ich mit diesen Todes-Gedanken gekämpffet / und gerungen habe.

Ich habe nicht so lange gelebet / daß ich solte des Lebens müde seyn / auch habe ich nicht so übel gelebet / daß ich mich entweder solte schämen länger zu leben / oder fürchten zu sterben: Wahr ist es / daß ich in solchem Elende stecke / daß ich wol sattsame Ursache habe / den Todt zu wündschen / wenn ich nicht eingedenck wäre / daß der höchste Ruhm eines Christlichen Lebens dieser sey / daß man täglich sterbe / weil der lebendige Glaube und die Hoffnung eines bessern Leben diese tägliche Todte überwindet / dadurch wir also stücks-weise und allgemehlig uns selbsten absterben / und doch / je mehr und mehr uns selbsten überleben: Denn das ist ein warhafftiger eigentlicher Todt / wann man seiner Wolfahrt / Ehre und Freyheit / wann man des Trostes derer / die einem am liebsten sind / ja wann man des Lebens Leben beraubet wird.

Zwar / weil ich ein König bin / achte ich / daß mein zeitliches Leben in keinen menschlichen Dingen mehr bestehe / als in der Liebe und Wolgewogenheit meines Volckes / worümb ich wol tausenderley Todte ausgestanden habe / und trage daher gute Zuversicht / daß ich noch bey jhnen nicht gantz todt und gestorben bin: Dennoch haben meine Feinde sich unterstanden mit Lügen Gift und gewaffneter Hand mir zu erst diese Liebe und Gehorsam meiner Unterthanen hinzurichten / und dann hernach alle Freude und Wolbehagen dieses Lebens / so ich hieraus fürnemlich empfunden habe.

Sie haben mir gar wenig vom Leben gelassen / die leeren Hülsen sind nur noch übrig / so mir ihre Boßheit nehmen kan / weil mir aller Trost genommen ist / worümb ich des Lebens noch länger hätte begehren mügen.

Achte aber / O meine Seele / achte nicht das Leben weder aus Leyd zu langwierig / noch aus Überdruß zu beschwerlich / worin dir GOTT Gelegenheit giebet / wo nicht etwas besonders zu thun / dennoch mit solcher Christlicher Gedult in einer guten Sache und mit tapfferm Gemühte zu leyden / daß daraus der gröste Ruhm des Lebens und aus dem Tode der meiste Gewinn zu gewarten ist.

Denn so jemand die Christliche Tapfferkeit recht erweget / so ist es eine enthertzete Kleinmütigkeit / aus Verdruß des kummerhafften Lebens begehren zu sterben / und ein Zeichen / daß wir die rechte Heroische und einem Christen geziemende Großmütigkeit nicht an uns haben / welche sich am besten sehen läst / wann man dieses Elend gedultig erträget welches uns / so lange wir in diesem Leibe und sterblicher Hüllen wallen / immer wie ein Schatten nachfolget / zuweilen geringer / zuweilen grösser / so wie die Glücks Sonne entweder zu dem Mittag auffsteiget / oder sich zum Niedergang bereitet (?) und so dieselbe sich gantz verleuret / wird solches mit dem Thau des Himmels am besten (?) ersetzet [schwer lesbar].

Zwar die Trübsahlen sind / gleich wie des Simsons Löw / im ersten Anfall grausam und erschrecklich / aber es kan der eine Süssigkeit davon bekommen / der damit ringen und sie überwinden darff; soll auch nicht ungedultig seyn / länger zu leben / wann gleich dieses Kürbs-Gewächs von dem Wurm gestochen und verdorret ist / weil er mit GOtt umbgehen / und in der Gottseligkeit wandeln kan.

Daß ich einmahl sterben muß / als ein Mensch / ist gewiß; Daß ich auch sterben könne / als ein König / durch Hand-anlegen meiner Unterthanen (eines gewaltsamen / schleunigen / und grausamen Todes / bey gesunden und wolvermügenden Jahren / mitten in meiner Regierung / so daß meine Freunde und alle / die mir gutes gönnen / müssen zusehen / und mir keine Hülffe thun können / Meine Feinde aber über mich frolocken / und mein im Leben / im Todes-Kampff und im Sterben spotten werden) darzu eräugen sich so viel Anzeigungen / solches zu gläuben / daß kaum GOTT selbsten von Menschen bessere Hoffnung schöpffen läst / wiewol ich an seine unerschöpffte Gnade nicht verzweiffele / noch verzage.

Ich weiß / daß mein Leben der einige Zweck sey / worauff die boßhafftige und gifftige Pfeilen des Satans und der Gottlosen Menschen schon längst gezielet haben / dasselbe aber sey dennoch unter des Höchsten Schutz und Schirm / dem ich mich also bereit und willig zum sterben darstellen wil / nicht daß ich Ihm dadurch ein länger Leben abschmeicheln wolle; sondern ich wil mich in Demuht auff Ihn verlassen / und mich so wol im Leben als im Sterben / wie es jhm mit mir zu machen gefället / seinem Willen gantz ergeben.

Ich bekenne / es ist ein schwerer Kampff / mit so vielen und mannigfaltigen / jedoch zusampt gleicher massen grausamen Todes-Schrecken womit mich GOTT hat wollen anfechten lassen / zu ringen / wann ich entweder gedencke an die Grausamkeit des plötzlichen Hinwürgens; oder an die Gerichts-Arten / so meine Feinde ohne Zweiffel gleich wie die / so CHristum kreutzigten / für die Hand nehmen werden, damit sie mit einer herrlichen und ansehnlichen Grausamkeit in solchen schimpfflichen Gerichte jhre vergällete Boßheit vollenbringen mügen; Welchen listigen

Griff sie vielleicht darümb werden thun müssen / daß bey diesem prächtigen Auffzug die Leute desto weniger mit mir im vorübergehen erbarmen und Mitleyden tragen mügen / welche glauben werden / daß Ich als ein Verbrecher nach Gerechtigkeit zur Straffe gezogen werde / (Ich als ein König von den Unterthanen!) die doch unmittelst gar wol wissen / daß kein Göttlich noch Menschlich Recht ihnen zuläst / ohne Mir wider einigen Menschen / wil geschweigen wider Mich ein Urtheil zu sprechen / die auch für GOTT und Menschen beeydiget / und mit aller schuldigen Pflicht verbunden sind / Mich zu beschirmen / die suchen nun ihren Meineyd mit dem Schein der Gerechtigkeit zu bemänteln.

Es ist fürwar ein elender Zustand / wenn jemand seine Feinde zu Kläger / zum Widerpart / und zu Richter haben muß / aber das ist noch das allerelendeste / wann solches der Unterthanen Frevel-That wider ihren König thun darff / und zwar derer Unterthanen / die an diesem erbärmlichen Elend die gröste Schuld tragen / und in meinem vergossenen Blute ihre Hände von dem vielfaltigen unschuldigen Blute waschen und reinigen wollen / dessen die nun für GOTT und Menschen und auch vermuhtlich in jhrem Gewissen klar und offenbahr überzeuget werden / in dem sie jhr unbilliges Begehren zu erst durch Auffruhr / hernach durch Waffen angefordert haben. Und ist fast keine andere Ursache / warumb schlechte und geringe Leute so freventlich und mit so furchtsamer Grausamkeit die wider jhre rechtmäßige Ober-Herren gebrauchete Macht mehr fortsetzen / als das Gewissen / daß sie selbige unrechtmäßig gebrauchet haben. Sie mügen von der Gerechtigkeit wider die Verbrecher rühmen / und pralen / wie sie wollen / es sind alte Gedichte / und Larven / die scheußliche und wunderseltsame mißgeborene Anschläge zu verhelen / weiln sie den Besitz und Genieß des Weinberges anders nicht könten an sich bringen / und behalten / es müste dann der rechte Erbe ausgestossen / und getödtet seyn.

Bey jhnen muß diß meine gröste Schuld seyn / daß Ich mein Wort weder Mich noch die Kirche und den gantzen Staat ins gesampt habe wollen in Verderben stürtzen / oder jhnen vergönnen / solches ungestrafft mit dem Schwert zu verrichten / welche aus unermeßlicher Ehrfurcht und Geitz mit allem / was ich jhnen sonst vergönnet habe / weder ersättiget / noch besänfftiget werden können.

So ist es auch nicht zu glauben / daß sie es ihnen aus dem Sinn werden bringen lassen / daß dieses Diestel-Reich / welches etliche Leute jetzo anrichten / (als welches scharff und stachelicht / schwach und unfruchtbar ist beydes für GOTT und Menschen) irgens anders werde zunehmen / grünen und blühen können / wo nicht das Land mit derer Blut bedünget / und eingefeuchtet werde / denen solches Reich mit Recht zustehet.

Wolan / GOttes Wille geschehe! Ich zweiffele nicht / meine Unschuld wird denselben dermahlen einst zum Beschirmer und Vorsprach haben / der allein Richter ist / und den ich allein bekenne für einen König aller Könige / nicht allein weil Er an Majestät und herrlicher Macht über alle ist / sondern vielmehr weil er mit besonderer Vorsorge über diejenen treulich Schutz und Schirm hält / welche / indem sie sich als standhafftige Vertheidiger der Gerechtigkeit / der Gesetzen / und der Religion erweisen / so vielen Gefahren unterworffen sind / als Menschen oder Teuffel sind / die dieses alles ineinander verwirren wollen. Aber GOTT wird nicht lange zulassen / daß diese in jhren Babel erhöhet werden / die solches mit den Beinen jhrer Könige auffbauen und mit jhrem Blute übertünchen.

Ich bin gewiß / sie werden unter jhnen selbst Rächer meines Todes finden / welche alles Übel / so sie an mich verübet haben / jhnen auff jhren Kopff vergelten werden / die sonst in keinem andern Dinge ohne allein zu diesem meinem Unglück einig gewesen sind.

Das Schreyen meines Blutes / so sie nicht länger werden anhören können / wird sie endlich zu den Gedancken bringen / daß solches nicht besser könne ausgesöhnet werden /

als daß derer Blut wiederumb vergossen werde / die nach meinem nebenst jhrem einen unersättigen Durst gehabt haben.

Was für eine betrübte und elende Verwirrung in allen Sachen auff meinen Untergang erfolgen werde / das kan ich schon nach gar zu gewissen Merckzeichen zuvor abnehmen aus denen Begebenheiten / die ich schon mehrmahl in diesem elenden Wesen gesehen habe; Wenn GOTT der HERR (der es allein hat thun können) offtmahls (?) meiner Sache beygestanden / und die nicht ungestraffet gelassen hat / die an der Zusammenkopfflung zu sündigen jhren höchsten Schutz und Sicherheit vermeynten zu haben / die doch Ursache gnug haben sich zu fürchten / daß sie GOtt möchte ferner verwirren und sie mit eigener Rache unter einander verderben.

Ich hoffe den Todt durch CHristi Krafft und Liebe zu überwinden / der in seiner Sieg-reichen Aufferstehung und herrlichen Majestätischen Himmelfahrt alle Macht und Gewalt des Todes verschlungen hat.

Diesem nechst ist mir diß ein grosser Trost / daß ich nicht allein diese Ehre haben kan / nach seinem Exempel umb Gerechtigkeit willen zu leyden (wiewol mir die schändlichsten Laster / die Tyranney und Ungerechtigkeit nachgesaget werden) sondern auch seinen Fußstapffen der Liebe nachzufolgen / welche die herrlichste Art lehret / unser Feinde beydes zu rächen und zu überwinden. Weil ich nun diese Gnade von GOTT habe / kan ich jhnen nicht allein vergeben / sondern auch für sie bitten / daß jhnen GOTT mein Blut ferner nicht wolle zurechnen / dann nur so weit / biß sie in sich schlagen mügen / und bedencken / wie hoch sie CHristi Blut von nöthen haben / jhre Seelen von unserm vergossenen Blut zu reinigen.

Meine Feinde erkennen anjetzo keine andere Regel der Gerechtigkeit / dann jhren eigen Willen / denselben messen sie ab nach Gewalt / und setzen jhn fort / nachdem es glücken wil; Zumahlen sie sich bedüncken lassen / daß jhre Sicherheit in meiner Gefahr und jhr Leben in meinem Todt beruhe; Gedencken unterdessen nicht / daß gleich wie die gröste Versuchung zur Sünde offtmahls unter dem Schein der Glückseligkeit verdecket / und für Augen gestellet wird / also werde alsdann die ernste Straffe GOttes am meisten bereitet / wann die Boßhafftige Leute jhr Gottloses Vornehmen vollführet haben.

Ich dancke dir mein GOTT / daß ich nicht so sehr bitte / daß dieser bitter Kelch des Gewaltsamen Todes von mir gehe / als vielmehr daß der Zorn-Becher von denen müge genommen werden / die sich entweder mit meinem Blut besudelt / in dem sie mich haben verlassen / oder gar darin gebadet haben / in dem sie zu meinem Tode geholffen oder gewilliget haben.

GOttes Wille hat meinen umbschrencket und ümbschlossen: Und ist diß meine Lust im Tode / keine Lust an der Rache haben; wie es einem Christen gegen seinen Feinden / und einem König gegen seinen Unterthanen geziemet.

Sie können mir nichtes nehmen / das ich nicht willig / und gerne solte fahren lassen / wenn es GOTT dem Allmächtigen beliebet / daß es mir durch ihre Hände genommen werde. Er wird es mit seiner unendlichen Göttlichen Gnade ersetzen / was Er billig achtet / daß mir durch Menschliche Unbilligkeit geraubet werde.

Die Ehr und Herrligkeit / so auff meinen Todt erfolgen wird / sol alles das weit übertreffen / was ich hie entweder hätte begehren oder bekommen mügen.

Ich werde die Schwere und mit Mißgunst beladene Kronen dieser Welt nicht mehr begehren / wann mich GOTT mit Barmhertzigkeit krönen / seine vielfältige Gnade in Herligkeit endigen / und diesen Schatten der Irdischen Königreiche mit dem rechten Him̄lischen Reiche verwechseln wird.

Was der Welt Verleumbdung und Nachrede der Tyranney / damit Sie mich belästigen / angehet / solches wird alles nach diesem meiner Mörder bittere Grausamkeit / die sie mir nothwendig werden anlegen müssen / an ihm selbst gnugsam widerlegen.

Inmittelst trage ich keinen Zweiffel / daß die besten und tapffersten Gemüther mit ihrer Liebe und Treue mir beständig werden beygethan verbleiben / derer viel mir mit

Tränen und Flehen gefolget sind / und gern für mir oder auch zugleich mit mir ihr Leben zugesetzet hätten.

Diese werden mirs leichtlich zu gute halten / so ich als ein Mensch auß Schwachheit gestrauchelt habe / und nichtes desto weniger mir als einem Könige ihre schuldige Pflicht erwiesen / zumahlen keine Nothwendigkeit der Religion so groß seyn mag / welche die Unterthanen so hoch solte aufftreiben / daß sie mit Vorwendung der Straffe alle beygemessene Laster jhres Printzen übertreffen müssen / und wann ja solche Nothwendigkeit gewesen wäre / hätte sie hie doch nicht Raum und Staat haben mügen / da schon mehr als gnugsame Erstattung öffentlich geschehen ist / welche / daß sie nicht ins gemein ist genossen worden / solches hat die absonderliche Ehrsucht biß dahero verhindert.

Ich glaube / daß etliche noch sanfftmütiger gesinnet sind / die wenig Vorteil von meinem Untergang gehabt haben / welche allbereits schärffere Stiche und Bisse in jhrem Gewissen fühlen / weil sie schon das Bildniß und gleichsam den eigentlichen Abriß jhrer begangenen Übelthaten an gleichen St[r]affen erkennet haben; welche fürwahr kaum mehr können versichert seyn / daß sie jhre Daumen an Händen und Füssen lange behalten werden / welche / in dem sie mir nur gleichsam die Nägel haben beschneiden wollen / mir meine grösseste und vornembste Macht abgeschnitten haben.

Die Muthwillige und Halßstarrige Freveler kan GOTT mit einer ungewöhnlichen und harten Plage / gleich wie den Corah und seine Rotte so gleicher Gestalt wider jhren Fürsten und Priester murreten / straffen und dempffen / daß nemblich die Kinder der Erden (der schlechteste und verächtlichste Hauffe unter dem Volcke) jhren Mund gegen jhnen auffthun / und auß gerechtem Überdruß der übel gewonnen und noch ärger gebrauchten Herrschafft sie gäntzlich untersencken und verschlingen werden; Eben das Volck meyne ich / auff derer Arm sie sich am meisten gelehnet / und dieses alles wider mich / wider die Kirche / und wider den gantzen Staat angerichtet haben.

Auch mitten im Tode ist der Friede / denn ich mit GOTT habe / mein höchster Trost / für dessen gestrengen Richter-Stuhl ich mich nicht fürchte zu erscheinen / und meine so lange zwischen mir und Meinen sonder Ursache gewesenen Feinden mit dem Schwerd bestrittene Sache auß zu führen / nicht zweiffelnd / es werde durch sein gerechtes Urtheil alle spitzfündige Arglistigkeit widerleget werden / wonach sie (nicht als auffrichtige Christen / sondern als betriegliche Sophisten) auß Weltlichem Glücks-Lauff zu jhrer Sache dienliche Beweiß-Gründe erdichten / und einführen / als wann GOTT damit anzeige / daß er jhre Sache solcher massen billige / und gut heisse / dessen kluge Vorsichtigkeit offt viel Dinges geschehen lässet / das nicht eben in seinem geoffenbarten Worte (welche die einige klare / beständige und sichere Regel eines guten Gewissens und alles Thuns und Lassens ist) / für gut erkennet wird.

Und daher bin ich der festen Zuversicht / ich werde an gerechter Sache und gutem Gewissen für dem Gerichte GOttes jhnen so weit überlegen seyn / so hoch sie das Glück in dem Urtheil des gemeinen Mannes über mich erhaben hat / der nicht betrachtet / daß die meisten Übelthaten der Menschen offtmahls nach dem Ruhm für der Welt bißan den Himmel erhaben werden / die doch / so man derer Ungerechtigkeit und böses Absehen ansihet / auß der Hölle herfür steigen. Gestalltsam auch der glückliche Wind / so den Seeräubern in die Segel bläset / nicht also fort jhren Mord und jhre Rauberey entschuldiget und rechtfertiget.

Unter dessen ist mir viel lieber / und befinde ich mehr Befriedenheit dabey / daß ich in dieser Sache den Kürtzern gezogen / (welche ich doch auß nohtdringenden Ursachen habe müssen auff mich nehmen / ümb die Gesetze des Reiches / die Freyheit und Ehre der Parlamenten / die Rechte der Krone / die billig-mässige Entbürdung der Unterthanen / und die wahre Christliche Religion so wol in der Lehr alß in der Kirchen-Zucht und andern gebührlichen Beförderung und Belohnung zu beschirmen) als wann ich ihnen im Kriege wäre überlegen gewesen / und dieses alles hätte über einen Hauffen geworffen / wie dann ihrer etliche augenscheinlich thun / ob sie gleich vorhin anders sich gestellet haben.

Entzwischen dessen wird die Geduld und des Gebet meiner Freunde den bittern Becher viel können versüssen / welchen ich auß GOttes Hand (weil es ja so seyn muß) viel lieber annehme / und trincke / als wann er mir von ihrer grausamen und Gottlosen Hand gereicht würde / die sie so offt wider mich haben aufgehoben.

Mich daucht ich sey in meinen letzten Nöhten mehr meinen Feinden zu dancken schuldig / dann meinen Freunden. Jene werden mit meinen Sünden und Trübsahlen dieses elenden Lebens ein Ende machen / diese aber wündschen vieleicht / daß ich mich mit beenden noch länger plagen müchte.

Ich werde mehr dann ein Überwinder seyn / durch die Krafft Christi / der mich stärcket / umb des willen ich biß anhero leyde / als der da ist das Haupt der Warheit / der Ordnung und der Einigkeit; denn dieser halben habe ich am meisten wider die Irrthüme / Unordnung und Verwirrung gestritten.

Der gewaltsame Todt (wenn ich jhn ja angehen muß) ist nichts anders / als eine mit der Marter-Krone gekrönete Sterbligkeit; Da die Schuld der Natur / so von der Sünde herrührte / eine Gabe seyn wird / die ich GOTT in Geduld und Glauben opffern werde / demühtigst flehend daß Er selbige in Gnaden wolle annehmen / und ob wol der Todt / wie er von GOTT mir aufgeleget wird / meiner Sünden Sold / wie er aber mir von Menschen wird angethan / eine grosse Sünde gegen GOTT und Mir ist; Noch dennoch gleich wie ich hoffe / daß mir alle Sünden also werden vergeben werden / daß dahero der Kelch meines Todes mir nichtes bitter schmäcken wird; also bitte ich GOtt von Hertzen / daß Er denen jhre Sünde vergeben wolle / so die gröste Schuld an meinem Tode haben.

Meine Sieges-Zeichen der Liebe werden viel herrlicher seyn / als jhre Überwindung / die sie so übel wider mich gebrauchet haben.

Ob gleich jhnen jhre Sünde glücklich gelauffen ist / so thut jhnen doch nichts desto weniger die Busse von nöthen / auff daß sie Vergebung derselben erlangen mügen / welche ich jhnen von GOTT hertzlich wündsche; und daß mein zeitlicher Todt / den sie mir anlegen / nicht mit jhrem Ewigen müge gestraffet und gerochen werden: Denn Ich halte es dafür / daß man viel weniger umb Abwendung des zeitlichen Untergangs eines Königes / als ümb Abwendung der ewigen Verdamniß eines geringsten Menschen / bitten dürffe.

Ich werde meinen Wundsch gnugsam erreichet haben / wann nur das Schiff wird sicher in dem Hafen anlenden / nachdem man mich über Port geworffen hat / ob sich gleich jemand drüber verwundern mag / daß die Boots-leute kein ander Mittel haben / den Sturm / den sie selbst verursachet haben / zu stillen / es sey dann / daß sie jhren Schiffer ins Meer stürtzen.

Ich habe GOTT zu dancken / keine Grausamkeit der Feinde sol mir dran verhinderlich seyn daß ich mich nit bereitwillig darzu schicken solte / derer Boßheit sich doch zum meisten hierin sol betrogen befinden / daß sie nicht jhr Wolbehagen haben sollen / meine Seele zusampt dem Leibe zu tödten. Und weil sie selbst sich bedüncken lassen / auch anderen einbilden / an derselben Heil und Seligkeit zu verzagen / legen sie sich damit an die helle Sonne / daß sie sich wenig drümb bekümmern.

Derer grausames Gefängniß und feindselige Verweigerung meiner Hoffprediger mir vielmehr den Zugang zum Thron des Himmels eröffnet dann versperret hat.

Da Du wohnest / O du König aller Könige / der du Himmel und Erden erfüllest / der du bist die Quelle des ewigen Lebens / bey dem kein Schatten des Todes ist.

Du GOtt / legest uns den Todt mit Recht auff / und als ein barmhertziger Heyland erlösest du uns aus demselben / und erhältest uns in demselben.

Es ist besser / daß wir uns selbsten sterben / und in Dir leben / als daß wir Uns leben / und dein verlustig werden.

O laß die vermehrete Bitterkeit meines Todes / des ich als ein Mensch und König werde sterben müssen / mir als einem Christen gereichen zur Vermehrung deiner Gnade / und zum Trost meiner Seelen.

So du wirst bey mir seyn / O HErr / so fühle und fürchte ich kein Unglück / ob ich gleich wandele im finstern Thal des Todes.

Mit dem Tode kan auch wol ein jedweder schwacher und sterblicher Mensch ringen / in solchem Kampffe aber das Feld behalten / ist allein ein Werck deiner Gnade / der du bist ein Allmächtiger GOTT / der allein Unsterblichkeit hat.

Du mein Seligmacher / der du weist / und versuchet hast / was es sey / mit mir sterben als ein Mensch / hilff daß ich wiederumb erkennen müge / was es sey / mit dir / O mein GOTT / durch den Todt zum Leben dringen.

Ob ich gleich sterbe / so weiß ich doch / daß du / mein Erlöser / ewig lebest / und wenn du mich gleich tödtest / so nimmest du mir doch die Zuversicht nicht / das ewige Leben von dir zu erwarten.

Ach entwende mir nur nicht deine Gnade / die besser ist dann Leben.

Sey nicht ferne von mir / denn ich weiß nicht / wie nahe mir mein gewaltsamer und erschrecklicher Todt seyn mag.

Wie deine Allwissenheit / O GOTT / derer schändliche Anschläge offenbar machet / also kan sie deine Allmacht auch zerstören / und zu nichte machen / die über mein Verderben und Untergang sich zusammen verschworen haben / und noch ferner sich verschweren werden.

Laß durch jhren bösen Willen deinen guten Willen gnädiglich blicken.

Du hältest es mir / als einem Menschen / zu gute / daß ich bitte / daß dieser Kelch von mir gehe / aber du hast mich auch gelehret / daß ich nach Christus Exempel sol hinzu thun: Nicht mein / sondern dein Wille geschehe.

Ja / HERR / laß dein und unser Wille eins seyn / biß ich meinen Willen in deinen schliesse / Laß mein Begier nicht so groß seyn zu leben / als deinen Willen zu thun / und denselben so wol im Leben als im sterben mit Gedult anzunehmen.

Gleich wie Ich hoffe / du hast mir alle Fehle und Gebrechen meines Lebens vergeben; Also hoffe ich auch wirst du den Schrecken des Todes von mir treiben.

Hilff / daß ich willig und gerne dieses Nichts der Welt müge verlassen / auff daß ich in dir alles in allen geniessen müge / der du mir Christum im Leben zum Gewinn / und im Tode zum Vortheil gemachet hast.

Ob gleich meine Überwältiger ihrer Schuldigkeit gegen Mir und Dir vergessen / so wollest du doch nicht deiner Barmhertzigkeit gegen sie vergessen.

Denn was ist Nutze an meinem Blut / und was Vortheil an meinem Reiche / wann sie mit ihrer Seele bezahlen müssen.

Ja / HERR / nicht allein die / so meiner rechtmässigen Gewalt sich widersetzet sondern die sie auch gebrauchet / und gar wider mich gekehret haben / ob sie gleich die Verdamniß gar wol verdienet haben / so laß sie doch nicht über sie kommen.

Du hast deinen Sohn denen eben wol ein Seligmacher seyn lassen / die Ihn gekreutziget haben indem Er zugleich von jhnen gewaltsamer Weise und auch für jhnen williglich gelitten hat.

O laß die Stimme seines Blutes für meine Mörder erhöret / und daher gegen das Schreyen meines Blutes wider sie übertäubet werden.

Bereite sie durch deine Gnade / daß sie jhre Sünde erkennen und nicht jhre Seelen verführen / und umbbringen mügen / durch falsche Vorwendung der Gerechtigkeit über meinen Todt / welche das Gewissen ihrer unrechtmässigen wider mich gebrauchten Macht schon überlängst überzeuget / und zu diesem Wüten am allermeisten angetrieben hat.

Du HERR weist / wie falsch und wie barbarisch derer Mitleyden gegen mir gewesen ist / die sich stelleten / als ob sie umb meine Wolfahrt sich bemüheten / da sie doch nichtes anders dann mein Verderben gesuchet haben.

O handele nicht mit ihnen / wie mit den Blutgierigen und Falschen / sondern überwinde / und lindere jhre Grausamkeit durch deine Barmhertzigkeit und durch meine Liebe.

Und wenn du stehest und fragest nach meinem Blut / ach so besprenge jhre befleckte aber doch bußfertige Seelen mit dem Blut deines Sohnes / daß der Würge-Engel fürüber gehe!

Ob wol meine Königreiche jhnen viel zu enge schienen / Mich und Sie beysammen drin wohnen zu lassen / so laß doch das weite Reich deiner unermeßlichen Gnade Mich und Sie zugleich ümbfangen.

Wann wir dir / O GOtt / durch das Blut unsers Erlösers wieder versöhnet sind / so werden wir alle Ehrsüchtige Begierden unter unser Füsse treten / daher dieser tödlicher Haß entsponnen ist.

Und wann jhre Hand grausam und schwer über mir seyn wird / O so laß mich in die sanffte Arm deiner ewigen Gnade und Barmherzigkeit fallen.

Laß / HERR / deinen Diener im Friede fahren / denn meine Augen haben deinen Heyland gesehen.

Laß Mich / O GOTT / durch Bitt' empfangen /
Was Ich durch Krieg nicht möcht' erlangen!

Königlich Gebet / durch den König von Groß-Britanien gethan / vnd mit seiner eigenen Hand im Gefängnis geschrieben.

König aller Könige der du Himmel vnd Erden erfüllest / du bist der Bronnen des ewigen Lebens / in deme der Schatten des Todes nicht zu finden ist / du Herr bist derjene / der mir den vnrechtfertigen Todt zusendet / vnd mein barmhertziger Behalter vnd Seligmacher in demselben. Ja besser ists / daß wir vns in diesem Leben selber gestorben seyn / dann daß wir vns selber lebende / deiner solten beraubet seyn. Ach / Mach doch meines Todes mannigfaltige Beschwerungen / als eines Menschen / vnd als eines Königs / zu Bequamheit vnd Vortheil / deiner besonderen Gnad / vnd Vertröstung in meiner Seelen als eines Christen. HErre! So du mit mir bist / ich soll kein kein böses fühlen / ob ich schon im finstern Thal vnd Schatten des Todes wandle. Es ist ein Werck eines schwachen vnd sterblichen Menschen mit dem Tode kämpffen: Denselben zu überwinden / ist die Gnad von dir allein / dem Allmechtig- vnd vnsterblichen Gott. Ach Mein Seligmacher Der du weisst was es ist / für mich als ein Menschen zu sterbē / gib mir zu verstehen was es seye / mit dir mein Gott / durch den Tod in das Leben zu gehen. Vñ ob ich wol sterbe / so weiß ich doch daß du mein Erlöser ewig lebest. Ob du wol mich gemachet / dir zu vertrauen / daß ich das ewig Leben gemessen werde. O! / nim deine Gnad nicht von mir / so doch besser als das Leben ist. Sey nicht ferne von mir / daß ich weiß was Straff vnd schwerer Tod mich anstehend ist. Vnd gleich wie deine Allwissenheit / HErre / sich hier endecket / so kan doch deine Allmacht / derjenen begiñen vernichten / die nach meinem Vntergang dürsten / vnd demselben nachjagen / O! Zeig mir deines Willens Güte / durch jhres Willens Bößheit / du erlaubest mir nicht allein / daß ich als ein Mensch bitte? Auff daß dieser Kelch von mir mög genommen werden: Sonder du gibst mir auch als einem Christen / durch Christi Exempel zu wissen: Nicht mein / sonder dein Will geschehe / ja HErre / laß deinen vnd meinen Willen einerley seyn: Vnd in deinem / zu einem mahl verschmeltzen / laß die Begierd des Lebens in mir so groß nicht seyn / als wol die Begirde deines Willens zu thun: oder zu leiden / daß ich dir thu im Leben vnd im Sterben. Gleich ich glaube / daß du mir alle die Fehler meines Lebens hast vergeben / so hoff ich daß du mich vor Todes Schrecken bewahren solt. Gib mir in deinem Vergnügen / der Welt Nichtigkeit zu verlassen: Auff daß ich in der That / mit dir alles besitzen möge / der du mir Christum in dem Leben zum Gewinn / vnd zum

Vortheil gemacht hast in dem Tode. Ob wol meine Feinde jhrer Pflicht / gegen dir vnd mir vergessen / so vergiß du doch nicht jhnen barmhertzig zu seyn. Dann was Vortheil haben sie in meinem Blut / auff daß sie meine Königreiche eröberen / so sie jhr eigene Seelen dadurch verliren? Welche nicht allein meiner rechtfertigen Macht wiederstanden haben / sonder auch dieselbe gegen mich gebrauchet / vnd gekehret, Vnd obwol sie es verdient hetten / so laß sie doch von deinem Angesicht nicht verworffen werden / O HErr / Du hast deinen Sohn zum Seeligmacher jhrer vielen die jhn creutzigten / gemachet / als er zugleich gewaltig / vnd zugleich willig / für sie litte. Ach: / laß die Stimme seines Bluts viel kräfftiger für sie gehöret werden / die meine Mörder seyn / als das Geschrey deß meinen gegen sie. Bereite sie durch ware überzeugung jhrer Sünden zu deiner Gnade / vnd laß sie nicht zugleich jhr eigene Seelen verderben vnd verdammen / mit betrieglichen Worten von Justitz /vmb mich vnter zubringen / weil das Gebrauchen jhrer vnrechtfertigen Vsurpation oder Macht gegen mir / jhr vornehmlichst augenmerck ist / solches eussert an mir zu versuchen. O HErr! du weist es / ich habe jhr Mitleiden mit mir warlich falsch vnd grimmig befunden / Sie haben sich gestellet mich zu behalten /vnd nicht anders / denn mein Verderben gesucht! Handle nicht mit jhnen als blutdurstig vnd betrieglichen Leuten / sonder überwinde jhre Grausamkeit / mit deiner Gelindigkeit / in deiner Liebe. Vnd als du mein Blut vntersuchen solt / Ach! mit ihrer Beschmitzung besprenget: So laß sie doch gewaschen seyn mit deines Sohnes Blut: Vnd deinen Würg-Engel Sie vorbey gehen. Vnd ob sie wol dencken / daß meine Königreich auff Erden zu eng seyn / mich vñ sie zu gleich zu vertragen / so laß doch das geraume Königreich deiner vnendlichē Gnade / zum letzten / beydes mich vñ meine Feinde begriffen. Alldar wir mit dem Blut / von dem allgemeinen Heiland erlöset / sollen leben / ferne von alle diesen ehrgierigen Begierden / so diese tödtliche Verfolgunge geboren. Wann ihr Hand allerschwerst vnd greulichst über mich sein soll / O HErr / so laß mich dann in die Arme deiner thewren vnd ewigen Gnade fallen. Auff daß das jene / so in diesem elendigen Augenblicke von meinem Leben abgeschnitten ist / wieder in deiner allzeit werenden Ewigkeit / vergentzet werden möge / so laß nun Herr / deinen Diener im Frieden fahren / wie du gesagt hast in deinem Worte.

An den König.
Tritt König / tritt dann forth; weg Scepter / Reich vnd Cron:
Sich'n Himmel offen stehn / den immer feste Thron:
O süsse Wexelung! aus Engelland zu gehen
Nach Engelland / da Cron vnd Thronen ewig stehen!
Aus: Englisches Memorial. S. 91–92 (Wolfenbütteler Exemplar.)

Literaturverzeichnis

I. Texte

Arndt, Johann: Sechs Bücher vom wahren Christentum, (o.O.) 1736
Bellarmin, Robert SJ.: De arte bene moriendi. Libri duo, Antverpiae 1620
Berner Weltgerichtsspiel. Aus einer Handschrift des 15. Jahrhunderts, hrsg. v. W. Stammler, Berlin 1962 (Texte des späten Mittelalters, H. 15)
Bèza, Theodorus: Icones, Genuae 1580
Cats, Jacob: Alle de Wercken, So ouden als nieuwen, Van de Herr Jacob Cats, Ridder, oudt Raedtpensionaris van Hollandt & c. Doorgaens vermeerdert, en achter met des Autheurs Tachtighjarigh Leven, Huyshoudinge en Bedenckingen op Zorgh-vliet. t'Amsterdam, by Jan Jakobsz Schipper, 1658, Met Privilegie
Cats, Jacob: Sinnreiche Wercke und Gedichte, aus dem Niederländischen übersetzt von Ernst Christoph Homburg, E. A. v. Raeszfeldt und Barthold Feind. T. 1–8. Hamburg 1710–1717
Cats, Jacob: Alle de Werken. Uitg. van W. N. Wolterink. D. 1., Dordrecht 1880
Cats, Jacob: Silenus Alcibiadis, sive Proteus, Middelburg 1618
Cats, Jacob: Proteus ofte Minne-beelden verandert in Sinnebeelden, Rotterdam 1627
Cats, Jacob: Sinne- en Minnebeelden. Met inleiding en aantekeningen van J. Bosch, Kampen 1960
Cats, Jacob: Houwelyck. Dat is de gansche gelegenheyt des echten staets, Middelburgh 1625
Cats, Jacob: Keur uit de Gedichten. Uitg. van Amsterdamse Grafisch School 1961, Samengest. en ingeleid door G. Stuiveling, Amsterdam 1961
Caussinus, Nicolas: Syntagmata, Paris 1618
Cornheerst, Dierick Volckertszoon: Zedekunst dat is wellewenkunst, (o.O.) 1586
Cramer, Daniel: Quatuor Emblematum Sacrorum Decades, Frankfurt/M. 1617
Dedekind, C. Chr. (Hrsg. u. Übers.): J. Katzens Aelter Spiegel, aus Desselben Holländischem gehoochdeutschet durch C. Chr. Dedekinden, Dresden 1654
Dene, Edewaerd de: De warachtighe fabulen der dieren, Brugghe 1567
Erasmus, Desiderius: Adagia quaecumque ad hanc diem exierunt, Venetiis 1585
Gryphius, Andreas: Werke in drei Bänden mit einem Ergänzungsband, hrsg. v. Hermann Palm, Tübingen 1878, 1882 und 1884
    Ergänzungsband: Andreas Gryphius. Lateinische und deutsche Jugenddichtungen, hrsg. v. Friedrich-Wilhelm Wentzlaff-Eggebert. Mit einem textlichen Nachtrag und einer Bibliographie der Gryphius-Drucke, Darmstadt 1961
    Im folgenden zitiert als Palm
Gryphius, Andreas: Gesamtausgabe der deutschsprachigen Werke, hrsg. v. Marian Szyrocki und Hugh Powell (= Neudrucke deutscher Literaturwerke, Neue Folge 9–12, hrsg. v. Richard Alewyn und Rainer Gruenter), Tübingen 1963 ff.
    (zitiert als Szyrocki)
Harsdörffer, Georg Philipp: Frauenzimmer-Gesprechsspiele, Bd. 2, 2. Aufl. Nürnberg 1656; Bd. 3, Nürnberg 1643, Bd. 7, Nürnberg 1647
Hay, Gerhard (Hrsg.): Andreas Gryphius: Menschlichen Lebens Traum (Faksimeldruck), Hildesheim 1972
Heinsius, Daniel: De contemptu mortis, 1621; s. auch S. 201.
Holtzwart, Mathias: Emblematum Tyrocinia, Sive Picta Poesis Latino Germanica, Straßburg 1581

Hooft, Pieter Corneliszoon: Emblemata amatoria, Amsterdam 1611
Hugo, Hermann: Pia desideria, Danzig 1647
Kirchner, Athanasius: Oedipus Aegyptiacus, Rom 1653 (?)
Lauretus, Hieronymus: Silvae Allegoriarum, hrsg. v. Friedr. Ohly, München 1970 (zuerst: Venedig 1587 u. 1681)
Lessing, Gotthold Ephraim: Wie die Alten den Tod gebildet, in: G. E. Lessing: Gesammelte Werke, hrsg. v. Paul Rilla, Leipzig 1968, Bd. 5, S. 667–738
Luther, Martin: Die Bibel oder die ganze heilige Schrift des Alten und des Neuen Testaments nach der deutschen Übersetzung D. Martin Luthers. Neu durchgesehen nach dem vom Deutschen Evangelischen Kirchenausschuß genehmigten Text, 14. Abdruck, Halle 1928
Luyken, Jan: Des menschen begin, midden en einde, Amsterdam 1712
Neumark, Georg: Poetisch verhochteutschte Geschichte: Verhochdeutschte Fryne Bozene, Dantzig 1651
Paradinus, Claude: Symbola heroica, Antwerpen 1547
Pontanus, Jacobus: De Societate Iesu Poeticarum Institutionum Libri Tres. Eiusdem Tyrocinium Poeticum..., Ingolstadtii CI .I .XCIV.
Schottel, Justus Georg: Eigentliche und sonderbare Vorstellung Des Jüngsten Tages und darin Künftig verhandenen Großen und Letzten Wunder-Gerichts Gottes, Braunschweig 1668
Stosch, Baltzer Siegmund von: Last- und Ehren- auch daher immerbleibende Danck- und Denck-Seule... A. Gryphii, Leipzig 1665
Titz, Johann Peter: Deutsche Gedichte, hrsg. v. L. H. Fischer, Halle 1888
Todten-tanz / wie derselbe in der löblichen und weitberühmten Statt Basel / Als ein Spiegel Menschlicher Beschaffenheit / gantz künstlich gemahlet zu sehen ist: durch Matthaeum Merian den Eltern, Frankfurt. Im Jahr MDCXLIX
Typotius, Jacob: Symbola divina et humana, 3 Bde., Prag 1601–1603
Visscher, Roemer: Sinnepoppen, Amsterdam 1614
Vondel, Joost van den: Den gulden winckel der konstlievende Nederlandens. Amsterdam 1613 (auch unter dem Titel: Tooneel der menschelijken levens)
Zuerius, Marcus: Emblemata Poetica, Köln 1635

II. Literatur

Aandacht voor Cats bij zijn 300-ste sterfdag. Studies naar aanleiding van de herdenking op 12 Semptember 1960, hrsg. v. P. Minderas, Zwolle 1962
Adriaen van de Venne, in: A. Wurzbach: Niederländisches Künstler-Lexikon, Bd. 2, Wien/Leipzig 1909, S. 758–760
Appel, C. (Hrsg.): Die Triumphe Francesco Petrarcas, Halle 1901
Arnold, H. (Hrsg.): Text und Kritik, Zs. f. Literatur, H. 7/8; Sonderheft: Andreas Gryphius – mit einem Forschungsbericht von Henri Plard, Aachen 1965
Balen, C. L. van: Vinckbooms Werk und seine Kopien, in: Elzeviers Illustrierte Monatsschrift 46, 1936, S. 167–172
Berger, R.: Jacob Balde. Die deutschen Dichtungen, Bonn 1972
Bergström, I.: Dutch Still-Life-Painting in the 17th Century, London 1956
Bol, L. J.: Een Middelburgse Breughel-groep. VII. Adriaen Pieterszoon van de Venne. Schilder en Teyckenaer, in: Oud-Holland, Jg. 73, 2. Amsterdam 1958, S. 59–67 und 128–147
Bolte, Joh.: Verdeutschungen von Jacob Cats' Werken, in: Tijdschrift voor Nederlandsche Taal- en Letterkunde. D. 16. N. R. D. 8, Leiden 1897, S. 241–251
Bornemann, U.: Anlehnung und Abgrenzung. Untersuchungen zur Rezeption der niederländischen Literatur in der deutschen Dichtungsreform des 17. Jahrhunderts. Diss. Bonn 1972. (Erscheint später)

Breede, E.: Studien zu den lateinischen und deutschsprachlichen Totentänzen des 13. bis 17. Jahrhunderts, Halle 1931
Buchheit, G.: Der Totentanz, Leipzig 1926
Choron, Jaques: Der Tod im abendländischen Denken, Stuttgart 1967, bes. S. 97–137
Clements, R. J.: Picta Poesis. Literary and humanistic theory in Renaissance emblem books. (= Temi e Testi, 6), Rom 1960
Coleman, D.: Les emblemes dans la »Délie« de Maurice Scève, in: Studi Francese 22, 1964, S. 1–15
Conrady, K. O.: Lateinische Dichtungstradition und deutsche Lyrik des 17. Jahrhunderts, Bonn 1962
Cosacchi, S.: Makabertanz. Der Totentanz in Kunst, Poesie und Brauchtum des Mittelalters, Meisenheim am Glan 1965
Derudder, G.: Etude sur la vie les œuvres de Cats, Calais 1898
Derudder, G.: Cats, Calais 1898
Dobbert, E.: Der Triumph des Todes im Campo Santo zu Pisa, in: Repetitorium für Kunstwissenschaft IV, 1881, S. 1–22
Emblemata. Handbuch zur Sinnbildkunst des 16. und 17. Jahrhunderts, hrsg. v. Arthur Henkel und Albrecht Schöne, Stuttgart 1967
Es, G. A. van: Cats als moralist en Dichter, in: Aandacht voor Cats bij zijn 300-ste sterfdag, Zwolle 1960
Es, G. A. van: Jacob Cats – van Zeeland over Dordrecht naar Den Haag, in: Geschiedenis van de Letterkunde der Nederlanden, Onder Red. van F. Baur u. a., D. IV. Amsterdam/Brüssel 1949, S. 65–114
Faber du Faur, C. v.: German Baroque Literature. A Catalogue of the Collection in the Yale University Library, New Haven, Yale University Press 1958, S. 183, Kap. 11 (Verzeichnis der in Yale befindlichen Emblembücher)
Flemming, W.: Andreas Gryphius. Eine Monographie, Stuttgart 1965 (mit reichen bibliogr. Hinweisen)
Fontaine, V. E. de la: De Illustratie van letterkundige werken in de 18. eeuw, Paris 1934 (Leiden, Phil. Diss. 1934)
Fraenger, Wilh.: H. Bosch. Das tausendjährige Reich. Grundzüge einer Auslegung, Coburg/Regensburg 1947
Franken, D.: Adriaen van de Venne, Amsterdam 1878
Fricke, G.: Die Bildlichkeit in der Dichtung des Andreas Gryphius, Berlin 1933
Friedländer, M.: Altniederländische Malerei, Leiden 1937
Fürstenwald, M.: Andreas Gryphius. Studien zur Didaktik der Trauerreden, Bonn 1967
Fürstenwald, M. (Hrsg.): Trauerreden des Barock, Wiesbaden 1973
Galle, J.: Die lateinische Lyrik Jacob Baldes und die Geschichte ihrer Übertragungen, Münster 1973
Geisenhof, E.: Die Darstellung der Leidenschaften in den Trauerspielen des Andreas Gryphius, Diss., Heidelberg 1958
Giehlow, K.: Die Hieroglyphenkunde des Humanismus in der Allegorie der Renaissance, bes. der Ehrenpforte Kaiser Maximilians I. Ein Versuch, Wien/Leipzig 1915
Gilbert, M. E.: Carolus Stuardus by Andreas Gryphius. A Contemporary Tragedy on the Execution of Charles I., in: GLL (German Letters and Life) N. S. 3, 1949/50, S. 81–91
Gnerich, E.: Andreas Gryphius und seine Herodes-Epen, Leipzig 1906
Groen, J. A.: Jacob Cats 1577–1660, Amsterdam 1960
Gronau, H. D.: Andrea Orcagna und Nardo di Cione, Berlin 1937
Grossmann, F.: Breughel. Die Gemälde, 2. Aufl., Köln 1966
Habersetzer, K.-H.: Tragicum Theatrum Londini. Zum Quellenproblem in A. Gryphius' Carolus Stuardus, in: Euphorion 66, 1972, S. 299–307

Hamkens, F. H.: Sinnbilder auf Grabsteinen von Schleswig bis Flandern. Versuch einer Deutung, Brüssel 1942
Harring, W.: Andreas Gryphius und das Drama der Jesuiten, Halle 1907
Hausenstein, W.: Der Bauern-Breughel, München (o. J.)
Helm, R.: Skelett- und Todesdarstellungen bis zum Auftreten der Totentänze, in: Studien zur deutschen Kunstgeschichte, H. 255, Straßburg 1928
Hornung, J. B.: Ein Beitrag zur Ikonographie des Todes, Bühl 1902
Ingen, F. van: Vanitas und Memento Mori in der deutschen Barocklyrik, Groningen 1966
Jacob Cats, in: Nieuw Nederlandsch biografisch Woordenboek, Bd. 6, Leiden 1924, Sp. 279–285
Jedlicka, G.: Pieter Breughel, Erlenbach/Zürich 1947
Jöns, D. W.: Das Sinnen-Bild. Studien zur allgemeinen Bildlichkeit bei Andreas Gryphius, Stuttgart 1966
Jöns, D. W.: Andreas Gryphius, Gesamtausgabe der deutschsprachigen Werke. Hrsg. von Marian Szyrocki u. Hugh Powell. Tübingen 1964 ff., Bd. 1–3, in: Euphorion, 1965, Bd. 59, S. 332 ff.
Jonckbloet, W. J. A.: Geschiedenis der Nederlandsche Letterkunde, 2. Aufl., Bd. 2, (o. O.) 1874
Jonge, E. van und Willem, C. M. de: Museum Catsianum, 2. uitg. 's-Gravenhagen 1887
Joos, H.: Die Metaphorik im Werk des Andreas Gryphius, Diss., Bonn 1956
Keyszelitz, R.: Der »clavis interpretandi« in der holländischen Malerei des 17. Jahrhunderts, Diss., München 1956 (maschinenschriftlich)
Klaff, G.: Geschiedenis der Nederlandsche Letterkunde, Bd. 1–7, Groningen 1906–1912
Klaff, G.: Jacob Cats, Haarlem 1901
Knipping, J. B.: De iconografie van de Contra-Reformatie in de Nederlanden, Bd. 1, Hilversum 1939
Knipping, J. B. und Meertens, P. J.: Van de Dene tot Luiken, Zwolle 1956
Kok, A. S.: Cats' Sinne- en Minnebeelden, in: De XXste eeuw, 1902, S. 66–86
Krause, G.: Der Fruchtbringenden Gesellschaft ältester Ertzschrein, 1855
Krummacher, H. H.: Zur Kritik der neuen Gryphius-Ausgabe, Zeitschrift für deutsche Philologie, 84. Band, 1965, 2. Heft, S. 183–246 (s. auch S. 201)
Künstle, K.: Die Legende der drei Lebenden und der drei Toten und der Totentanz, Freiburg i. Brg. 1908
Kupka, P.: Über mittelalterliche Totentänze, in: Wiss. Beilage zum Programm des Gymnasiums zu Stendal, Stendal 1905
Landwehr, J.: Dutch Emblem-books. A bibliography, Utrecht 1962
Madan, F. F. A.: A New Bibliography of the Eikon Basilike of King Charles I., Oxford 1950 (Oxf. Bibl. Soc. Publ., vol. III)
Manheimer, V.: Die Lyrik des Andreas Gryphius, Berlin 1904
Manheimer, V.: Deutsche Barock-Literatur von Opitz bis Brockes, München 1927
Mannack, E.: Andreas Gryphius, Stuttgart 1963
Mannack, E.: Andreas Gryphius' Lustspiele – ihre Herkunft, ihre Motive und ihre Entwicklung, in: Euphorion 58, 1964, S. 1–40
Marle, R.: Iconographie de l'art profane au Moyen-Age et à la Renaissance et la décoration des demeures, Bd. 2: Allégories et Symboles, La Haye 1932
Meertens, P. J.: Letterkundig leven in Zeeland in de zestiende en de eerste helft der zeventiende eeuw, Amsterdam 1943
Meiss, M.: The Problems of Francesco Traini, in: The Art Bulletin 25, 1933, S. 97 bis 112
Menhennet, A.: Die Wichtigkeit der intimen Anredeformen bei Gryphius. Zur dramatischen Rede und dramatischen Funktion in Carolus Stuardus und Leo Armenius, in: Studia Neophilologica 44, 1972, S. 231–237

Monroy, E. F. v.: Embleme und Emblembücher in den Niederlanden 1560–1630. Eine Geschichte der Wandlungen ihres Illustrationsstils, hrsg. v. M. v. Erffa, Utrecht 1964
Morpurgo, S.: Le epigrafi volgari in rima del »Trionfo della Morte«, in: L'Arte 2, 1899, S. 51–80
Oertel, R. (Hrsg.): Francesco Traini – Der Triumph des Todes im Campo Santo zu Pisa, (o.O.) 1948
Pfister, K.: Breughel, Leipzig 1921
Powell, H.: The two Versions of Andreas Gryphius' »Carolus Stuardus«, in: GLL (German Letters and Life), 5, 1951/52, S. 110–120
Praz, M.: Studies in Seventeenth-Century-Imagery, 2 Bde., London 1939 und 1947 (Studies of the Warburg Institute, vol. 3)
Pyritz, H.: Paul Flemings deutsche Liebeslyrik, Leipzig 1932 und Göttingen 1963
Rehm, W.: Der Todesgedanke in der deutschen Dichtung, 2. Aufl. Tübingen 1967
Roose, M.: Geschichte der Malerschule Antwerpens, München 1889
Rühle, G.: Die Träume und Geistererscheinungen in den Trauerspielen des Andreas Gryphius und ihre Bedeutung für das Problem der Freiheit, Diss., Frankfurt/M. 1952
Rüsterholz, S.: Rostra, Sarg und Predigt-Stuhl, Bonn 1974
Scharnhorst, G.: Studien zur Entwicklung des Heldenideals bei Andreas Gryphius, Diss., Wien 1956
Schings, H.-J.: Catharina von Georgien. Oder Bewehrete Beständigkeit, in: Die Dramen des Andreas Gryphius. Eine Sammlung von Einzelinterpretationen, hrsg. v. G. Kaiser, Stuttgart 1968, S. 35–72
Schings, H.-J.: Großmüttiger Rechts-Gelehrter. Oder Sterbender Aemilius Paulus Papinianus, in: Die Dramen des Andreas Gryphius, a.a.O., S. 170–206
Schings, H.-J.: Consolatio Tragoediae. Zur Theorie des barocken Trauerspiels, in: Deutsche Dramentheorien, hrsg. v. R. Grimm, Frankfurt/M. 1971, S. 1–44
Schings, H.-J.: Die patristische und stoische Tradition bei Andreas Gryphius. Untersuchungen zu den Dissertationes funebres und Trauerspielen, Köln/Graz 1966
Schnitzer, K.: Die Darstellung der Hölle in der erzählenden Dichtung der Barockzeit, Diss., Wien 1961
Schöne, A.: Figurale Gestaltung – Andreas Gryphius, in: A. Schöne: Säkularisation als sprachbildende Kraft. Studien zur Dichtung deutscher Pfarrersöhne, Göttingen 1958, S. 29–75
Schöne, A.: Emblematik und Drama im Zeitalter des Barock, München 1964
Schroeter, S.: Jacob Cats' Beziehungen zur deutschen Literatur, Teil 1: Die deutschen Übertragungen seiner Werke, Diss., Heidelberg 1905
Smilde, J.: Jacob Cats in Dodrecht. Leven und Werken gedurende de Jaren 1623–1636, Diss., Groningen 1938
Stackhouse, J. G.: In defense of Gryphius' historical accuracy: The missing source for C. Stuardus, in: Journal of English and Germanic Philology (JEGP) 71, 1972, S. 466–472
Stoppelaar, J. H. de: Jacob Cats te Middelburg, Middelburg 1860
Stridbeck, C. G.: Breughelstudien, in: Acta Universitatis Stockholmensis (Stockholm Studies of Art), Stockholm 1956, S. 56–178
Szyrocki, M.: Die deutsche Literatur des Barock, Reinbek bei Hamburg 1968
Tenenti, A.: La Vie et la Mort à travers l'Art du XVe siècle, Paris 1952
Te Winkel, J.: De ontwikkelingsgang der Nederlandsche letterkunde, 2. Aufl., Bd. 1 bis 7, Haarlem 1922–1928
Tolnay, K. v.: Die Zeichnungen Pieter Breughels, München 1925 und Zürich 1952
Trunz, E.: Heinrich Hudemann und Martin Ruarus, zwei holsteinische Dichter der Opitz-Zeit, in: Zeitschrift der Gesellschaft für Schleswig-Holsteinische Geschichte 1935

Trunz, E.: Dichtung und Volkstum in den Niederlanden im 17. Jahrhundert, München 1937 (Schriften der Deutschen Akademie in München, H. 27)
Trunz, E.: Erforschung der deutschen Barockdichtung. Sonderdruck aus Deutsche Vierteljahrsschrift. Jg. XIX, S. 1–100
Venturi, M.: Les Triomphes de Pétraque dans l'art représentif, in: Revue de l'art moderne et acien 20, 1906, S. 81–93 und 209–221
Vermeeren, P. J. H.: De Emblemata van Cats, in: Aandacht voor Cats bij zijn 300-ste sterfdag, hrsg. v. P. Minderas, Zwolle 1962, S. 155–176
Vitztbum, G. Graf: Von den Quellen des Stils im »Triumph des Todes«, in: Repetitorium für Kunstwissenschaft 28, 1905, S. 199–234
Vodosek, P.: Das Emblem in der deutschen Literatur der Renaissance und des Barock, in: Jhb. d. Wiener Goethe-Vereins, N. F., Bd. 68, Wien 1964, S. 5–35
Vosskamp, Wilh.: Zeit- und Geschichtsauffassung im 17. Jh. bei Gryphius und Lohenstein, Bonn 1967
Vries, A. G. Chr. de: De Nederlandsche Emblemata. Geschiedenis en bibliographie tot de 18de eeuw, Amsterdam 1899
Wehrli, M.: Jacob Baldes Dichtungen, Köln/Olten 1963 (2 Bde. ?)
Weisbach, W.: Trionfi, Berlin 1919
Wentzlaff-Eggebert, F.-W.: Wandlungen im religiösen Bewußtsein Daniel von Czepkos, in: Zeitschrift für Kirchengeschichte, 3. Folge, Bd. 51, H. 3/4, S. 480–511
Wentzlaff-Eggebert, F.-W.: Die deutsche Barocktragödie, in: Formkräfte der deutschen Dichtung vom Barock bis zur Gegenwart, hrsg. v. H. Steffen, Göttingen 1967, S. 5 bis 20
Wentzlaff-Eggebert, F.-W.: Das Problem des Todes in der deutschen Lyrik des 17. Jahrhunderts, Leipzig 1931
Wentzlaff-Eggebert, F.-W.: Dichtung und Sprache des jungen Gryphius, 2. Aufl., Berlin 1966
Wentzlaff-Eggebert, F.-W.: Deutsche Mystik zwischen Mittelalter und Neuzeit, 3. Aufl., Berlin 1969
Wertheim-Aymés, C. A.: Hieronymus Bosch. Eine Einführung in seine geheime Symbolik, Berlin 1957
Wessely, J. E.: Die Gestalten des Todes und des Teufels in der darstellenden Kunst, Leipzig 1876
Weydt, G.: Sonettkunst des Barock. Jahrbuch der deutschen Schillergesellschaft IX, 1965, S. 1–32
Windfuhr, M.: Die barocke Bildlichkeit und ihre Kritiker. Stilhaltungen in der deutschen Literatur des 17. und 18. Jahrhunderts, Stuttgart 1966
Wurzbach, A.: Niederländisches Künstler-Lexikon, 2 Bde., Wien/Leipzig 1909

Nachtrag zum Literaturverzeichnis: Wähend der Drucklegung erhielt ich die Photokopie des Wolfenbütteler Exemplars von: Danielis Heinsii De Contemptu Mortis Libri IV. Ad Nobilissimum Amplissimumque Virum Janum Rutgersium. Lugduni Batavorum, Ex Officina Elzeviriana 1621.
Die vier Bücher dieses lateinischen Hexametergedichtes enthalten philosophische und christliche Argumente für die Verachtung des Todes. Diese sind sehr allgemein gehalten und münden alle in der Lehre von dem durch Christus besiegten Tod und von der Unsterblichkeit der Seele. Die vier Teile der Dichtung zeigen deutlich, daß Heinsius sich genau in den Bahnen philosophischer und theologischer Tradition hält, individuelle Reflexionen wie bei Cats, Balde und Gryphius fehlen.
Leider konnte ich auch Hans-Henrik Krummachers Aufsatz »Das barocke Epicedium« nicht mehr auswerten. Er bietet eine vorzüglich gesicherte, mit reicher Bibliographie ausgestattete Charakteristik dieser Sondergattung an drei Beispielen aus der Feder von Simon Dach, Paul Fleming und Andreas Gryphius. (Jahrbuch der deutschen Schillergesellschaft XVIII, 1974, S. 89–147)

Namenregister für die Darstellungsteile

Abraham a Santa Clara 10
Aischylos 11
Alciatus 32 f., 83, 150
Alexander d. Gr. 17, 59, 67, 69
Ambrosius 137
Apelles 61
Aristoteles 17
Arndt, Johann 80, 83
Augustinus 142
Ausonius 41

Bacchiacca 16
Bacon, Francis 73
Balde, Jacob SJ. 7 f., 49 f., 50, 69, 71, 74, 77 ff., 84, 90 f., 94, 96 ff., 100–104, 106, 126, 136, 150
Beha(i)m, Hans Sebastian 19
Bellarmin, Robert SJ. 74
Bellini, Jacopo 14, 103
Belsazar 67, 69
Bernhard von Clairvaux 99
Bernini, Gian Lorenzo 14 f.
Bèze, Théodore de 39
Boetius a Bolswert 52
Bosch, Hieronymus 20 f., 24, 26, 54, 57
Breughel, d. Ä., Pieter 20–27, 54, 57 f., 100
Breughel, d. J., Pieter 26

Camerarius 83 f., 86
Cats, Jacob 10, 18, 31–71, 95, 101, 123, 149, 151
Caussinus, Nicolaus 126
Costa, Lorenzo 16
Covarrubias, Horozco y 81
Czepko, Daniel von 96 f., 125, 127

Dante, Alighieri 10, 12
Dedekind, C. Christian 34
Dene, Edewaerd de 33
Descartes 73
Diogenes 61
Dürer, Albrecht 17, 19

Erasmus, Desiderius 39, 125

Fleming, Paul 5
Francesca, Piero della 13 f., 17

Goethe, Johann Wolfgang von 151
Gracian, Balthasar 79
Grien, Hans Baldung 19
Grimmelshausen, Hans Christoffel von 10
Gryphius, Andreas 5, 7 f., 18, 31, 38 f., 42, 45, 49 f., 59, 61 f., 69–106, 107 bis 121, 122–145, 150 ff.
Gryphius, Christian 42

Harsdörffer, Georg Philipp 34
Heinsius, Daniel 31
Herder, Johann Gottfried 97
Hieronymus von Alexandria 142
Holbein, d. J., Hans 17 ff., 22
Holtzwart, Mathias 132
Homburg, Ernst Christoph 34, 42
Homer 125
Hooft, Pieter Corneliszoon 33 f.
Horaz 71, 100

Kirchner, Athanasius 124 ff.
Kuhlmann, Quirinus 125, 127

Lauretus, Hieronymus 80 f., 83, 85–88, 90, 95, 99–103, 105
Leusipp 61
Lohenstein, Daniel Casper von 145
Ludwig, Fürst von Anhalt-Cöthen 5 f., 8
Lukas von Leyden 22
Luyken, Jan 33

Mantegna 20
Masenius 126

Meissner, Daniel 125
Montanea 84

Neumark, Georg 34
Nyssenus 142

Opitz, Martin 111, 139
Orcagna, Andrea 10
Ovid 41

Paradinus, Claude 83
Petrarca, Francesco 5–8, 10, 12, 15 f., 34
Picinellus 80–86, 89, 94, 99 ff., 104 f.
Platon 17

Plavius 133
Plinius 41, 142
Plutarch 139

Riccio, Andrea 14
Ring, Herman tom 21 f.
Rollenhagen, Gabriel 125
Rubens 20, 32

Sachs, Hans 4
Sambucus 85
Saubert 85
Schedel, Hartmann 18
Scheffler, Johannes 125, 127
Schillemans, Frans 38
Schiller, Friedrich von 151
Schönborn, Christoph von 96–104, 106, 126, 150
Scribarius, Carolus SJ. 74, 149

Seneca 11, 41, 61
Silesius, Angelus 125, 127
Solon 61
Sophokles 11
Spee, Friedrich von 125, 127

Thukydides 44
Tietz, Johann Peter 34
Traini, Francesco 10
Typotius, Jacob 59, 70, 72, 81, 125, 127 f.

Valckenisse, Philip van 26
Veen, Otto van 32
Venne, Adrian van de 33, 38 f., 53, 55, 95, 101
Venne, Pieterszoon van de 55
Vergil 10
Visscher, Roemer 33
Vondel, Joost van den 31, 33 ff.

ABBILDUNGEN

Tafel 1

Piero della Francesca: Il trionfo della morte (15. Jh., Siena, Academia Nr. 21202)
Abbildung zum Text auf Seite 13, Anmerkung 10.

Tafel 2

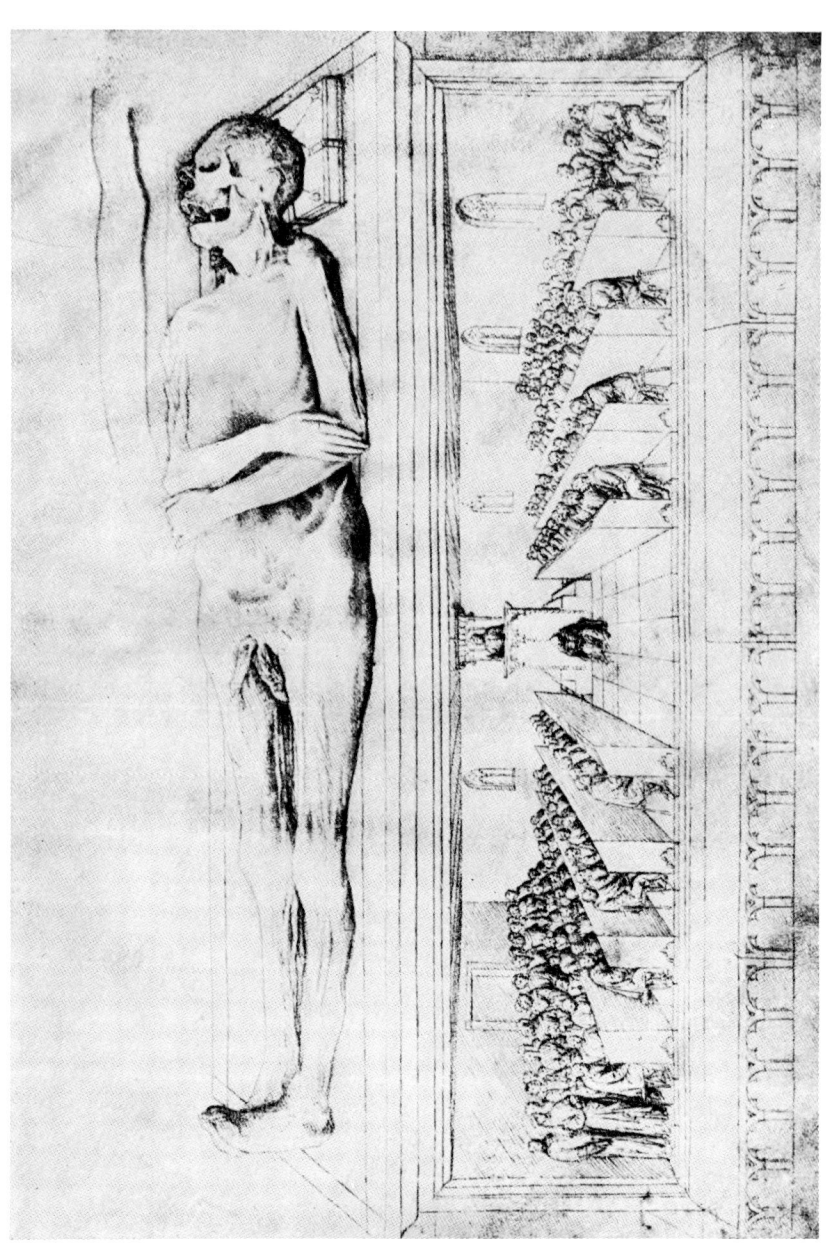

Aus Bellinis Skizzenbuch
Abbildung zum Text auf Seite 14, Anmerkung 11.

Tafel 3

Triumph des menschlichen Geistes über den Tod
Abbildung zum Text auf Seite 14, Anmerkung 12.

Tafel 4

Berninis Medaillon
Abbildung zum Text auf Seite 14, Anmerkung 13.

Der Sieg der Weisheit über den Tod
Abbildung zum Text auf Seite 15, Anmerkung 14.

Tafel 6

Triumph der Zeit (The Metropolitan Museum of Art)
Abbildung zum Text auf Seite 17, Anmerkung 21.

Triumph des Ruhmes (The Metropolitan Museum of Art)
Abbildung zum Text auf S. 17, Anmerkung 21.

Tafel 8

Totentanz, Schedel'sche Weltchronik, Nürnberg 1493
Abbildung zum Text auf S. 18, Anmerkung 24.

Tafel 9

Das Schachspiel des Todes
Abbildung zum Text auf Seite 18, Anmerkung 25.

Tafel 10

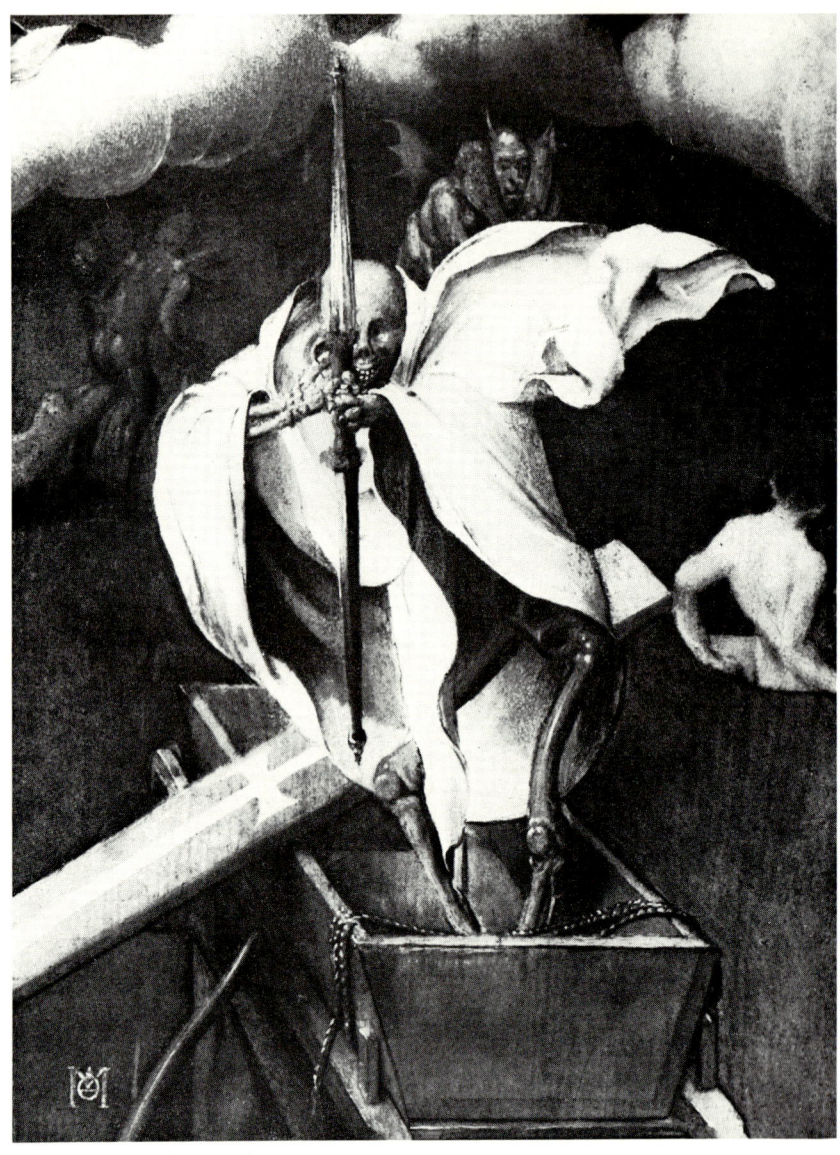

Hermann tom Ring, Utrecht
Abbildung zum Text auf Seite 21, Anmerkung 11.

Tafel 11

Pieter Breughel der Ältere: Der Triumph des Todes (Madrid, Prado)
Abbildung zum Text auf Seite 26, Anmerkung 12.

Tafel 12

P. Breughel der Jüngere: Triumph des Todes (Liechtenstein, Vaduz) Abbildung zum Text auf Seite 26, Anmerkung 14.

Tafel 13

Jacob Cats: Emblemata, Amores Moresque spectantia
Abbildung zum Text auf Seite 38, Anmerkung 47.

Tafel 14

NESCIT HABERE MODVM.
XLVI.

OVID. 10. *Nec modus aut requies nisi mors, reperitur amoris.*
METAM.
SEN. Oct. *Amor perennis conjugis castæ manet.*
ACT. I.
AVSON. Vxor vivamus, quod viximus, & teneamus
        Nomina quæ primo sumpsimus in thalamo;
Næve sit ulla dies ut commutemur in ævo.
        Quin tibi sim juvenis, tuque puella mihi, &c.

Beispiel für Jacob Cats, Emblem Nr. XLVI
Abbildung zum Text auf Seite 41, Anmerkung 61.

Tafel 15

Abbildung zum Text auf Seite 52, Anmerkung 87.

Tafel 16

Aus J. Cats: Houwelyk (Die Heirat)
Abbildung zum Text auf Seite 55, Anmerkung 92.

Tafel 17

Aus J. Cats: Von der Eitelkeit der Welt
Abbildung zum Text auf Seite 60, Anmerkung 103.

Tafel 18

Memento-Mori-Münze, Kon. Penning Kabinett, Den Haag
Abbildung zum Text auf Seite 79, Anmerkung 36 (Vergrößerung).

Carl I., die »Todes-Gedancken« im Kerker schreibend.
Abbildung zum Text auf Seite 110, Anmerkung 5.

Tafel 20

Abbildung bei Madan
zum Text auf Seite 110, Anmerkung 5.

Tafel 21

Abbildung bei Madan
zum Text auf Seite 110, Anmerkung 5.

Letztes Ehren-Gedächtnüß
Der Hoch-Edelgebohrnen Hoch-Tugend-Zucht
und Ehrenreichen Jungfrawen

Jungf. Marianen
von Popschitz
aus dem Hause Crantz;
auff Gröditz v. d. g.

Welche den Tag vor der Himmelfahrt/
des Erlösers der Welt

In dem XV. Tag des Mey Monats/
des cIɔ Iɔ CLX. Jahres

Seeligst die Welt gesegnet
auffgesetzet von

ANDREA GRYPHIO.

Gedruckt zur Steinaw an der Oder/
bey Johann Kuntzen.

Andreas Gryphius: Trauerfeier für Mariane von Popschütz
Abbildungen zum Text ab Seite 122

Tafel 23

Der Hoch-Edelgebohrnen/ HochTugend und Ehrenreichen Frawen
Frauen Elisabeth gebohrnen Poserin/
Des weyland
Hoch-Edelgebohrnen/ Gestrengen/ Vesten und Hochbenambten Herren
Herren Leonhard von Popschitz
auff Crantz/ Groditz/ und Schmarse v. d. g. Königl. Ampts-Verwesern/ Manngerichts Beysitzern/ und Landes-Eltisten Glogawischen Fürstenthumbs/ hinterlassenen Frawen Witwen

Meiner Höchstgeehrtisten Frawen und Gevatterin.

Verwündschet in dero Höchstbetrübtesten Einsamkeit

Gnädigsten Beystand des Allerhöchsten/ Hertzerquickenden Trost/ und feste vergewisserung des Ewig-freudenreichen Anblicks Ihrer schmertzlich vorangeschickten Höchst-seeligsten Jungfrauen Tochter.

A. G.

Vorrede.

Hoch-Edelgebohrne/ Hoch-Tugend-
und Ehrenreiche Fraw: Höchstgeehrte Fraw
und Gevatterin.

Er höchstberühmteste Virgilius stellet in seiner Jammerreichen Abbildung der Einnahme und des Untergangs/ der vor weilen herrlichen Stadt Troja unter andern erschrecklichen Fällen/ auch vor/ waßermassen die Tochter des Priamus aus der Kirchen gerissen

Es zog des Königs Kind Cassandra bey dem Haar
Aus der Minerven Kirch ein ungehewre Schar
Sie hub die Augen auff erbärmlich nach dem Himmel
Umbsonst und sonder Schutz in diesem Mordgetümmel
Die Augen/leyder! Ach weil Jhre zarte Hand
Und Leib und Armen fest in einem rawen Band.

Ich unterstehe mich Jhr gleichfals in Jhrer betrübten Einsamkeit Jhre Hertzgeliebte nunmehr Höchstbeklagte Jungfraw Tochter abzubilden: nicht in den Banden gewaltthetiger Feinde: welche doch vieler gekröneten Töchter/ schmertzlichst gefühlet: nicht in den Banden

4.   **Vorrede.**

des irdischen Leibes/ aus welchen Sie glücklichst entronnen: nicht in den Ketten der Wehmuth/ die Jhr Erlöser zerrissen: nicht in den Seilen des Todes: weil Sie durch Tod und Gerichte/ frölichst gegangen: weniger in den stricken der Finsternuß: Dann keine Qual rühret die Seelen der Gerechten an: Sondern in dem Ehrenbande der Liebe/ Krafft dessen Sie mit Jhrem Seelen Bräutigam dem HErren JEsu/ ewig und unzertrentlich verbunden. Frewete sich Babilas so hoch seiner Fessel und sprengen die er in dem Kercker umb der bekäntnüs JEsu wegen getragen/ daß er auch mit denselbigen begraben zu sein verwündschete. Mit wie viel höherer Wonne wird diese Braut Gottes in und wegen dieser Magnet Ketten sich ergezen. Die Heyden rühmen von dem Gürtel ihrer Abgöttin der Venus, samit in selbigen alle Libligkeiten verborgen gewesen. Unsere holdseelige Jungfraw Mariane hat durch dieses Band solche Herrligkeit und Wonne erlanget/ die keines Menschen Herz begreiffen kan. Die Ehren-Ketten dieser Welt sind gleich wie das Halß-Band der Harmonie, welches zwar überauß köstlich gewesen: allen aber die es getragen/ das höchste Unglück und Herzeleid verursachet: Oder wie der bezauberte Schmuck welchen Medea der Tochter des Creontis auff ihrem Hochzeit Tag verehret/ durch welchen Sie in den Brand gerahten und Jhr Königlicher Hof in die Aschen geleget. Dieses Kleinod und Ketten aber/ mit welcher der König aller Könige seine geliebten beschencket/ vergwissert Sie der Freude/ befestet Jhre Glückseligkeit: Bezeuget die erhöhung ihrer Seelen: Und ist ein gewisses und festes Pfand der Unsterbligkeit. Es ist das reineste Gold der vollkommenheit/

Vorrede.

menheit / in welchem die Braue glänket / stehende zu der rechten des Höchsten.

Demnach aber gegenwertigen Abriß der Seligst mit Christo verbundenen Jungfrauen außzufertigen mich unterschiedene und hohe Freunde ersuchet: Habe ich endlich Jhnen nicht verwidern können was Sie so embsig begehret; Solchen aber jemand anders als Jhr Hoch-Edele/Hoch-Tugend uñ Ehrenreiche Fraw/hochgeehrteste Fr: und Gevatterin auffzutragen/ were schier eben so viel gewesen/ als wann Jhr von Mir die Ehre eines so trefflichen Kindes Mutter zusein mißgegönnet würde; Ich weiß wol daß dieses Papir nichts als neue Thränen bey Jhr erwecken: und diese Abbildung nicht nur Jhrer so wehrten Jungfrauen Mariane/ Sie höchst schmertzlich erinnern: sondern auch die Hertzens Wunden/ die Sie vor diesem ob und bey dem Grabe aller Jhrer vorangeschickten Kinder/ als Jungfrawen Barbaræ/ Herren Ernesti, Jungfrauen Magdalenæ und Siegfrids/ empfunden/ gleichsam wider auffritzen werde: Nichts weniger lebe ich der festesten Hoffnung/ Sie werde zugleich sich vergewissert halten/ daß Sie bey diesen gefehrligkeiten/ Jhre beste und liebste Schätze versichert in der Schoß des Höchsten/ Dessen treuer Obacht Sie von grund der Seelen befihlet

Hoch-Edle/Hoch-Tugend und Viel-Ehrenreiche Fraw

E. G.

bereitschuldigster Diener

A. Gryphius.

Tafel 28

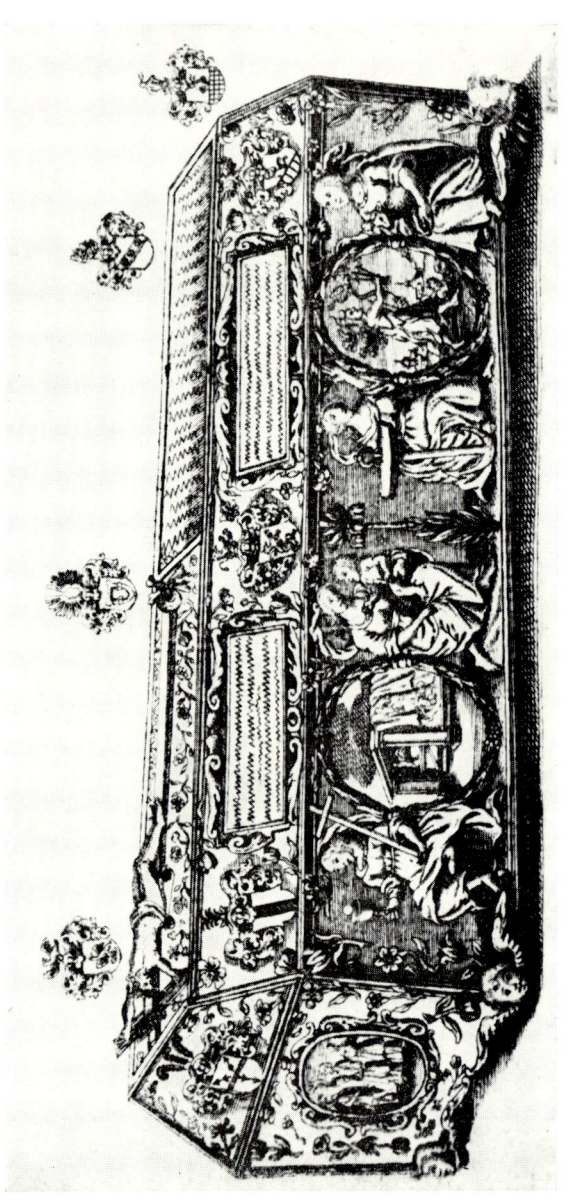

6. **Letztes Ehren-Gedächtnüß.**

I.

Diß ist das Ehrenbett in dem die keusche Braut
Des Höchsten Harrt dem Sie die Seele längst
vertrawt
Wie schön es immer sey; Vor Sie ists schlecht und
klein
Die Perle solt in Gold/nicht Zihn verschlossen seyn.

Uber-

Uberschrifft des Sarges
Ich
MARIANA geborne Popschitzin
aus dem Hause Popschitz/
Uberlasse in diesem Sarge
Der Erden zu trewer Verwahrung
Biß auff den Tag der grossen Vereinigung
Die sterbliche Beylage meiner unsterblichen Seelen/
Die abgelegten Glieder dieses irdischen Leibes
In welchem ich in diese Zeit gebohren
Von
Herrn Leonhard von Popschitz/ und
Frauen Elisabeth gebornen Poserin
den XXIX. Christ-Monats des cIɔ Iɔ CXLIV. Jahres;
damit Ich zu der Ewigkeit widergebohren würde/
wie dann mein flüchtiges Leben/ welches in mühseligem
Elend sich nur erstrecket auff XV. Jahre/
XVIII. Wochen. III. Tage/
Nichts als eine Vorbereitung gewesen zu dem
unvergänglich-Seeligen
Das Ich glücklich erreichet den V. Mey
des cIɔ Iɔ CLX Jahres
Nach dem die durch meinen Abschied höchst betrüb-
teste Fraw Mutter meinen Gehorsam und Liebe/
Die Welt/ meine auffrichtigkeit
Der Himmel/ meine Gottesfurcht und Tugenden/
bewehret und geehret.
Da meine Jungfrauschafft gekrönet mit dem un-
verwelcklichen Ehren-Krantz/ den mir Dieser
auffgesetzet
Welcher vor mich gestorben; damit Ich durch
meinen Tod mit Ihm vermählet würde.

Tafel 31

8 **Letztes Ehren-Gedächtnüß.**

II.
**Auff der rechten Seiten des Sarges/
bey den Haupten**
IGNOTA PROFANIS
Unheiligen nicht bekannt.

Des allerhöchsten Sitz an den sich Gott verbun-
den
War fast vor jederman und dreyfach zwar verdeckt:
Was meine Seele zihrt blieb vor der Welt versteckt
Doch in dem Hertzen hat GOtt ruh und lust gefun-
den.

Erklärung des Sinnenbildes.

Ir wissen daß die Lade des Bundes und den Genaden Thron niemand anzuschawen erlaubet/als
dem Hohen Priester/der in d; Allerheiligste/son-
der öffnungen und fenster/ohne Licht/und zwar mit vielem
Rauchwerck das in dem Gestifft angezündet/trat/welches
den gantzen Ort erfüllete/und also alle Gelegenheit eines oder andere anzusehen benam. Da auch noch vor
erbawung des Tempels die Hütten des Stiffts abzunehmen oder fortzutragen/muste die Lade des Bundes von
dem Hohen Priester in den Vorhang gewickelt/nachmals
mit Dachsfeelen und einer gelben Decke verwahret wer-
den/

Letztes Ehren-Gedächtnüß. 9.

den/ ehe iemand anders darzu nahen dorffte. Was der Allerhöchste von diesem seinem Heiligthumb erinnert: ist nicht weniger zu beobachten von der Andacht und Gottseeligkeit: derer sich die Seelig-entseelete Jungfrau beflissen/ welche dem Höchsten umb so viel mehr angenehm als geheimer Sie verrichtet wird. Dannenher auch unser Erlöser saget/ wann du beten wilst/ so gehe in dein Kämmerlein und schleuß die Thüre zu/ und bete zu deinem Vater in dem verborgenen/ und dein Vater/ der in das verborgene siehet/ wird dirs vergelten offentlich. *Matth. 6. v. 6.* So ziehlet gleichsfals dieses Sinnenbild auff die Reinigkeit der Jungfrauen. Welche/ iemehr Sie vor unkeuschen Augen/ Umbgang und Gesprechen/ welche nach Pauli Aussage gutte Sitten werden/ entfernet: so viel sauberer vor den Engeln und dem Höchsten scheinet/ das Sinnenbild schlissen/ die Abbildungen des Glaubens und der Liebe/ als der Haupt-Tugenden/ auff welchen die wahre Gottesfurcht beruhet.

B III. Auff

Tafel 34

III.
Auff der rechten Seiten/ bey den Füssen.
VALIDIS QVIA TUTA SAGITTIS.
Vergebens angerannt.

Weg! schwarm der Hellen/ weg! Die wird umb-
sonst bestritten
Die GOtt der starcke GOTT mit Waffen
selbst versiht
Die Er zum Streit außrüst. Flieht Laster!
Sorgen flieht!
Die wahre Tugend siegt und schreckt der Laster
wütten.

Erklärung des Sinnenbildes.

Lucianus hat in seinen Gesprächen der Heydnischen Götter/ auch unter andern eine Unterredung der Veneris und Ihres Sohnes/ in welchem sich die Göttin der Liebe von dem Cupidine erkündiget. Warumb Er doch die Minerve die Göttin der Wissenschafften und die Diane welche über die Jagten gesetzet/ nicht verletze. Darauff Er sich entschuldiget/ es geschehe darumb/ weil beyde gewaffnet: Sie die Diane noch über dieses nicht zuereilen wäre/ und noch darüber von einer Begierde einer andern Begierde angestecket. Die Seele des Menschen ist auff dieser Welt stets mit Sorgen und Lastern

Letztes Ehren-Gedächtnüß.

stern umbringet/ welche Sie nicht überwinden kan/ wann Sie nicht von dem Höchsten selbst zu diesem Kampf außgerüstet/ auch so viel an Ihr ist/ selbte zu meiden und dem Gutten nachzujagen sich bemühet. Mit den Pfeilen des Gebets Seufftzens und Verlangens treibet man die Pfeile der Hellen zurück/ und durch Verachtung der Eitelkeiten trit man die Welt mit Füssen. Wir stellen dan die Seelige Jungfrau in solcher Abbildung als überwindend vor: in dem Sie den Bergen zueilet/ nach welchen Sie stets Ihre Augen auffgehoben. Der zunehmende Mond auff Ihrem Haupt erinnert uns Ihrer stets wachsenden Andacht. Anleitung zu diesem Sinnenbilde haben uns die Pfeile gegeben/ welche das Hoch-Adeliche und Uhralte Geschlecht Derer von Popschütz/ nebenst der unterhellffte einer zubrochenen Lantzen in dem Wapfen führet. Umb das Sinnenbild ruhen die Hoffnung und die Geduld. Dan wie Esaias weissaget so ist in silentio & spe fortitudo nostra. Wir werden durch stille seyn/ das ist durch Geduld unnd Hoffen starck seyn. C, XXX. 15.

B ij   IV. Auff

Tafel 37

12 Letztes Ehren-Gedächtnüß.

IV.
Auff der lincken Seiten bey den Haupten.
VARIO NON MERSA TUMULTU.
Geschmissen nicht verletzt.

Bestürmt doch nicht versenckt. Der Wellen ra-
send dringen
Der Himmel schneller Plitz/ der rauen Don-
nerschlag
Die Klippe dreut umbsonst / nichts ist das
schaden mag
Ich eile nach dem Port so gut als Schiff zu bring't.

Erklärung.

Sehr wol hat geredet/ welcher dieses Leben einer Schifffahrt: die Seele und Gewissen der Fracht/ und den Leib als in welchem dieser herliche Schatz verborgen dem Schiffe verglichen. Wir fahren auff den bittern Wellen unerhöreter Widerwertigkeiten/ verfallen offt von dem rechten Striche den wir besegeln sollen. Gott selbst der wahre Nordstern verbirget sich zu weilen vor uns/ und verdecket die hellscheinende Sonne seines erfreuenden Antlitzes/ mit lauter Donner-Wolcken. Es blitzen auff uns die Straalen seines Zorns/ und die rasenden Wellen irdischer Verfolgungen dreuen uns stünd-
lich

Letztes Ehren-Gedächtnüß.

lich den Untergang und den Tod. Mit kurtzem Plavius hat von diesem in einem Gedichte mit wenig veränderten folgenden Worten die lautere Warheit geschrieben

> Wie ein Schiff auff Meeres wogen
>   Wann die Wind auß Norden stehn
>   Und die Wellen höher gehn
> Als zuvor die Seegel flogen
>   Wann das Wasser schaumt und brauß
>   Wenn der Mastbaum knackt und sauß/
> Wann man Glaß und Ruder misset
>   Wann man den Compaß vergisset
>   Wenn der Schiffer beten heist
> Wann man betend Zeter schreyet
> Wann das Schiff mit sincken dreuet
>   Wann die Flutt den Mast befleust.
> Also ist diß schwache Leben
>   Da sich mancher allzu fest
>   In der Schwachheit auff verläst
> Die auff wildem Meere schweben
>   Trauen durch die tolle Flutt
>   Fort zubringen Gutt und Blutt.

Derowegen dieser billich Glück zu wünschen/ die die Schiffart dieses Lebens seelig geendet: denn innern Schatz nicht verlohren. Mit Jhrer Seele in dem Port der Herrligkeit/ mit dem Leibe in das Ufer des Grabes glücklich eingelauffen. Das Sinnenbild/ welches auß dem Nahmen Mariane erwachsen/ zieren die Gerechtigkeit als welche/ die Richtschnur des Lebens/ und die Beständigkeit/ ohne welche niemand gekrönet wird.

B iij   V. Auff

Tafel 40

14 **Letztes Ehren-Gedächtnüß.**

V.
Auff der Lincken Seiten bey den Füssen.
SPLENDIDIORA SEQUOR.
Ein grösser Licht ergetzt.

Bleibt/ Geister dieser Nacht/ bey euren Fackeln
stehen!
Ergetzt euch über dem/ was eitel/ was ver-
brennt!
Was sich in nichts verkehrt/ was auff sein
Ende rennt!
Ich seh ein grösser Licht das ewig stralt auffgehen!

Erklärung.

Ulen/ Nachtraben/ Fleder-Mäuse und dergleichen unartige Vögel verbergen sich vor der Sonnen/ weil sie den frölichen Glantz des Tages/ und derselben hellleuchtende Straalen gar nicht vertragen können: Hergegen kommen sie des Nachts hervor und schwermen durch die Lufft Ihrer Nahrung nach. Die Adler fliegen gegentheils nicht nur wie andere muttige uñ hurtige Vögel des Tages herumb; sondern ergetzen sich auch an der unvergleichlichen Schönheit der Sonnen/ massen denn nicht nur ingemein darvorgehalten wird/ daß sie ihre Jungen gegen die Sonne anführen/ und diejenige/ so solche nicht mit unverwendeten Augen anschauen können/ als unartige verwerffen; sondern Augustinus glaubet auch *lib. 2. de. morib. Manich: C. 250.* daß die Augen der Adler durch das stete Ansehen der Sonnen
mehr

Letztes Ehren-Gedächtnuß.

mehr und mehr gestercket werden. Sol iste, quo vere nihil inter visibilia pulcrius invenitur, nostros sauciat & obtenebrat, oculos aquilinos vero vegetat inspectus. Eben so erfreuen sich irdischgesinnete Seelen und die Kinder der Finsternuß über den Wollüsten und flüchtigen Eitelkeiten dieser Erden/ welche nichts als ein trüber und dunckeler Thal des Todes. Die Kinder des Lichts eilen von hier/ als hochfliegende Adler nach der Sonnen der Gerechtigkeit/ welche der HErr JESUS/ durch welche Sie mehr und mehr zu wahrer Vollkommenheit gelangen/ uñ das vergängliche und wandelbare Licht weltlicher Ehren/ Freuden und Güter/ so durch den stetswachsenden und abnehmenden Monden und sich selbstverzehrende Kertzen vorgestellet/ nach dem Beyspiel der Seeligverstorbenen freudig verlassen. Zu dem Sinnenbild hat anlaß gegeben der Adler/ welcher in dem Mütterlichen Wappen des Hoch-Adelichen und Weltbekanten Geschlechts Derer von Poser zu finden. Umb das Sinnenbild siehet man die Keuschheit und Vorsichtigkeit. Jene freuet sich des Lichtes/ straalet wie die Sonne. Ihre Lilien blühen mit dem Tage auff/ schlißen sich zu nachte/ in welcher sie gleichsam mit dem Tau als mit Thränen übergossen stehen. Die Vorsichtigkeit betrachtet das nit das vergängliche gegenwertige/ sondern das stetswehrende künfftige zu suchen.

Hinter dem Haupt war auff dem Sarge abgebildet die Gleichnuß der fünff Jungfauen so dem Bräutigam mit Ihren Lampen entgegen gehen. Bey den Füßen die Aufferweckung der Tochter Jairus.

Folgen

Tafel 43

16. **Letztes Ehren-Gedächtnüß.**

Folgen die Sinnenbilder
so auff dem Leichen-Tuch zu schauen gewesen.

I.

Hinter dem Haupt.
DEVICTA EX MORTE.
Nach überwundnem Tod.

Setzt Sieges-Zeichen her! der Feind liegt über-
wunden!
Sein Speer ist nun entzwey der Köcher gantz
entleert
Dir Herr / durch welchen Ich den grausen
Tod entwehrt
Hab Ich die Pfeil allhier zu Ehren angebunden.

Erklärung.

ES erhellet auß der alten Griechen und Römer
Geschichten / daß die Uberwinder / wann Sie die
Feinde geschlagen / die denen abgenommene und
geraubete Waffen / den Göttern zu Ehren nicht nur in
den Kirchen auffgehencket / sondern auch an der Ort / auff
welchem die Schlacht geschehen auff abgehauene Bäume artig

Letztes Ehren-Gedächtnüß. 17.

me artig über einander gesetzet/ und auß selbten Sieges-Zeichen oder trophæa gemachet. Welche bey den Griechen wie uns Diodorus Sieulus in seinem XIII. Buche in der Rede des Nicolai lehret/ von Holtz gewesen/ dessen Er auch genungsame Ursachen an selbtem Orte giebet. Wiewol zu Rom noch heute auff dem Capitolio die trophæa Mariana von marmal zu sehen. Wir stellen hie dem Zufolge die Seele der Seeligst abgeschiedenen Jungfrauen vor/ welche als eine Uberwinderin des Todes/ dessen zubrochenen Speer und geraubete Pfeile Christo dem Erlöser zu Ehren auff das Grab setzet/ nach Anlaß der in Ihrem angebohrnen Waffen enthaltenem Pfeile und zubrochenen Lantzen.

E II. Vor

Tafel 46

18 Letztes Ehren-Gedächtnüß.

II.
Vor den Füssen.
QVO DEUS IPSE PRAEIT.
Wohin voran ging GOTT.

Mein Jesus geht voran/ der Himmel steht mir offen
Was mach ich auff der Welt/ wann Sie mein
Heyland läst!
Fleuch Seele/ fleuch und fleug in die besternte
Fest
Heut ist was sonst sehr schwer/ der Eingang leicht
zu hoffen.

Erklärung.

IN dem Adler wird unter andern Eigenschafften auch hochgerühmet der flug/ zumal er so geschwind und hoch mit den Flügeln sich erhebet/ daß keinem andern Vogel Ihn zuereilen/ oder so hoch zu kommen möglich/ dannenher auch der allerweiseste König unter die drey wunderlichsten Dinge/ des Adlers flug in dem Himmel rechnet. In den Sprichwörtern c. 30. 19. Wer ist höher von der Erden auffgefahren als unser Seeligmacher/ welcher sich erhoben über alle Himmel/ und sich gesetzet zu der Rechten des Allmächtigen Vaters. Wie dann Ambrosius gleichsfals diese Wort auff Christum ziehet/ wenn Er Enarrat. de Salomone cap. 2. schreibet. Ob zwar der HErr nach seinem Leyden und nach seiner Aufferstehung in gegenwart seiner Jünger in den Himmel auffgestiegen/ ist doch keines Menschen Verstand so hoch und groß

Letztes Ehren-Gedächtnüß.

groß/daß Er erklären könte wie diese so herrliche Majestet sich gewärdiget von dem Himmel zu kommen/oder wider hinauff zu fahren/weil uns nur allein vergönnet zu wissen/daß Er kommen und wider zurückgefahren: u. d. g. Wann Er saget/des Adlers Flug in dem Himmel: verstehet Er dadurch Christi Domini advenientis ad terram, ac redeuntis ad cœlos vestigia comprehendi enarrariq; non posse; Man könne die Fußstapfen oder den Gang des auff die Erden herniederkommenden/oder zu dem Himmel auffahrenden Christi weder begreiffen noch erzehlen. Wie nun daß Ich Mich der Wort Mosis gebrauche: (In dem *V*. Buch. cap. 32. v. 21.) ein Adler außführet seine Jungen/ und über Ihn schwebet: Also bereitet und zeiget der HErr JEsus durch seine Himmelfahrt seinen Außerwehleten Seelen als jungen Adlern die rechte Bahn in die freudenreiche Ewigkeit. Wann Großmächtige Fürsten Ihre Reichs-Städte beziehen: stehet Denen frey zu folgen die vorhin deroselben verwiesen. Wir sind auß dem Himmel verstossen/welche Zeit solte denn bequemer seyn wider hienein zu dringen als diese in welcher JEsus selbst wider hinein eilet. Das Sinnenbild zielet auff den Adler des Poserischen Wapens und auff den Sterbens-Tag der hochseeligen Jungfrauen.

C ij   III. Auff

III.
Auff der rechten Hand zu oberst.
TRACTU DECOR INCLITUS UNO.
Verwischt durch einen Striech.

Was hatte nicht Natur vor Schönheit Mir
verliehn?
Mit was vor Anmuth war die Schönheit nicht
gesellet?
Der Tod mit einem Strich hat alles dis verstellet,
Was man so liebreich sah auff meinem Antlitz blühn.

Erklärung.

Die Worte Davids so in dem XXXIX. Psalm. v. 7. vorkommen/ Sie gehen daher wie ein Scha-men/ lauten eigentlich in der Grundsprache Ach bezelem jithhallech isch gleichwohl wandelt der Mensch in einem Bilde. zelem heist eigentlich ein Bild/ das einem in dem Traum vorkommet. Wodurch nicht nur angedeutet wird daß der Mensch nichts anders als ein Bild sey; welches etwas zu seyn scheinet/ aber in Warheit nichts ist/ sondern auch ein solches Bild/ das
sich

Letztes Ehren-Gedächtnüß.

sich in einem Augenblick/in dem wir erwachen/verleuret. Dieses streicht der Tod offt mit einem Strich hinweg/ in dem er entweder dem Menschen an stat der anmuttigen Röte seine blasse Aschenfarbe giebet/oder Jhn auch durch befleckende Kranckheiten gantz verstellet. Massen beydes in dieser tödtlichen Niederlage der Seeligst Verstorbenen erhellet; Wie denn unsere Reyen der Hofeleutte in dem Leone Armenio singen:

 Schöne die schneeweissen Wangen
 Die die Seelen nach sich ziehn
 Des Gesichtes edles Prangen
 Heist ein schlechter Frost verblühn.

Und Olympie saget in dem letzten Auffzuge des Cardenio.

- - - HErr dieser Liljen Pracht
Des Halses Elffenbein sind nur geborgte Sachen.
Wann das gesteckte Ziel mit Mir wird ende machen
Und mein beklagter Leib den Er so wehrt geschätzt
Nun zu der langen Ruh in seine Grufft versetzt
Und Cynthie dreymal mit vollem Angesichte
Und wider noch dreymal mit hell-entstecktem Lichte
(Nicht länger bitt ich frist) der Hörner flam erhöht:
(Wie nichts ist das an uns so kurtze Zeit besteht/)
Dann such er meinen rest was ihm der Sarg wird zeigen
In den man Mich verschloß/das schätz er vor mein eigen

Das ander war entlehnt - - -

Tafel 52

28. **Letztes Ehren-Gedächtnuß.**

IV.
TOT QVOT SUNT CORPORE MORTES.
Durch alle tödtlich siech.

Mag mich die grimme Gifft durch eine Wunde
tödten:
Warumb denn greifft sie mich an allen Gliedern an?
Ich kom/ o Lebens-Brunn/ weil nichts mich
retten kan
Erquicke du die Seel in diesen Leibes Nöthen.

Erklärung.

PLutarchus in seinem M. Antonio erzehlet daß in dem Arm der Cleopatra, welche durch Gifft einer Schlangen/ wie Sie selbst begehret/ umbkommen/ zwey kleine Masen oder Stiche weren gesehen worden. Der gantze Leib der Seelig-Verstorbenen Jungfrauen/ war durch die auffschiessenden Flecke der ansteckenden Blattern verstellet: welche so viel Schlangenbisse vorstelleten/ sintemahl freylich durch die Verführung der Schlangen in dem Lustgarten Eden/ unsere Vor-Eltern sich und uns dem Tode unterworffen. Zu dem kommen wir umb unser

Letztes Ehren-Gedächtnüß. 23.

ser Leben und offter durch geringe Verletzungen / als durch grosse Wunden. Qvod mors à nobis petit minimum est, Nec Senectus à nobis ablatura est, hoc auriculæ dolor, hoc in nobis humoris corrupti abundantia, hoc cibus parum obsequens stomacho, hoc pes leviter offensus, saget Seneca c. VI. Natural: quæst: c. XXXII. Unter diesen Schlangen-Stichen schmachtet die abgejagte Hinde / die geplagte Seele/ nach art der von den Schlangen vergiffteten Hirschen zu dem Brun des Lebens/ und seufftzet mit David

Gleich wie ein Hirsch mit schneller Flucht   *Opitz in*
Ein frisches Quell im Walde sucht   *übersetzung*
Und embsig laufft nach kühlen Bächen;   *des 42.*
So ist auch meine Seel O GOtt.   *Psalms.*
Sie dürstet nach dir in der Noth/
Und sehnet sich dich anzusprechen.
       Sie stirbt für Durst / und wünscht zu seyn
Umb Ihren GOtt. Er ists allein
Durch den Ihr Trauren wird benommen.
Ach sol ich dann nicht bald hingehn
Und Ihm vor Seinen Augen stehn?
Wil nicht der schöne Tag schier kommen?

V. Auff

Tafel 55

24. **Letztes Ehren-Gedächtnuß.**

V.

Auff dem Mittel der rechten Seiten.

NEC OPINO TURBINE.

Eh als man sichs versehn.

Wie wenig Tage glänzt der Tulipanen
Pracht!
Wie bald muß doch der Zeit/ der Schmuck der
Blätter weichen?
Und mag sie dennoch nicht das kurtze Ziel erreichen?
Ach nein! sie bricht und fält durch grauser
Schlossen Macht.

Erklärung.

Der Prophet Esaias und der Apostel Petrus vergleichen Beyde mit einem Munde die Herrligkeit des Menschen einer Blumen/ welche/ wann der Wind drüber gehet verfält und verwelcket. Freylich wol wird der Mensch eine Blume genennet/ nicht nur wegen der Anmuth/ wegen der kürtze seines Lebens/ wegen der Schwachheit/ wegen der innern Gaben/ sondern auch wegen der Unfälle/ welchen Er unterworffen/ sintemal
Er offt

Letztes Ehren-Gedächtnüß.

er offt vor dem Alter/durch viel und mancherley Anstösse dahingehet / nicht anders als eine Blume die abgerissen/ oder wann sie auffs lieblichste auffblühet / von den Schlossen zuschlagen wird. Massen auch das klägliche Beyspiel der Seeligsterblichenen Jungfrauen weiset/ welche/in dem Sie vor GOTT und Menschen in erster Jugend hervor wuchs: so unversehens von den tödtlichen Schlossen/der Blattern zunichtet/und in die Erden geleget. Wir haben die Schlossen in gestalt der TodtenKöpfe vorgestellet umb den Verstand des Sinnenbildes/ welches wie das vorhergehende auff die Art der tödtlichen Niederlage zielet/ besser außzudrucken: Sintemal nicht unbewust wie wunderlich offt die Natur so in den Schlossen als in dem Schnee spille/ und eines und ander Wesen dadurch außdrucke / daß vielen wol unglaublich vorkommen dörffte/wann es der Augenschein nicht darthäte und bekräfftigte.

D   VI. Auff

Tafel 58

VI.

Auff dem Mittel der lincken Seiten.
ORTU SUBDUCOR IN IPSO.
Kommt Tag / so ist geschehn!

Der Edle Morgenstern / straalt wann die Nacht
 wil schwinden
So bald die Sonn· erwacht erblast er und
 erstirbt.
Kaum konte meinen Glantz der Auffgang recht
 entzünden;
Und sihe: was in mir geschienen / das vertirbt.

Erklärung.

Der anmuttigste unter allen Sternen des Himmels / welchen wegen seines herrlichen Glantzes und schönen Ansehens / die alten Venerem, wir den Morgenstern oder auch zu weilen den Abendstern nennen / hier aber in der Morgenröthe verschwindend abbilden / weichet niemals über vierzig Grad oder Staffeln von der Sonnen ab: dannenher kommts daß er entweder bald nach dem Untergang der Sonnen Ihr folget / oder vor derselbten Auffgang sich sehen lässet. So bald aber die Fackel der Welt sich über die Erden erhoben und mit Ihrem Stralen das Land erlauchtet / wird in so grossem Licht
das

Letztes Ehren-Gedächtnüß.

das liebreiche Licht dieses Sterns unsern Augen benommen. Die hohen Gaben/ welche in der Seeligerblasten Jungfrauen bey diesen trübseeligen Zeiten so herrlich geschienen; Zogen freylich aller Augen und Sinnen an sich/ und ieder dem Sie bekant verwünschete Sie dermaleins in einem höhern Ort des Himmels zu sehen. Aber ach! weil Sie sich stets umb die Sonne der Gerechtigkeit enthalten; must es mit Ihr heissen/ Ich habe dich ie und ie geliebet darumb hab ich dich zu mir gezogen. Daher koñts daß Sie vor unsern Augen anitzt nicht mehr scheinet. Unangesehen Ihrer Seele nichts an dem herrlichen Glantz mit welcher Sie JEsus gezieret/ entgangen/ so zweiffeln wir auch nicht Sie dermaleins zu sehen/ in ewigblühender Jugend leuchtend wie die Sterne des Himmels.

Denn Seelig ist die bald von hinnen eilet:
Die Sich nicht in dem Stanck und Koth der Welt verweilet/
Die zeitlich Menschen läst und eilends fährt zu GOtt/
Todt war Sie als Sie lebt: Itzt lebt Sie nun Sie todt.

D ij   VI. Auff

Tafel 61

28. **Letztes Ehren-Gedächtnüß.**

VII.
Auff der rechten Seiten zu unterste.
MOESTAE LUX UNICA NOCTIS.
Das letzte Licht der Nacht.

So ist nun alles hin/ was bißher Euch geschient/
Fraw Mutter! wisset Ihr auch mich Eur
letztes Licht?
Wer wird Euch nun mit Trost/ mit Rath/ mit Beystand dienen
In dem die Parce Mir die sterbend Augen
bricht.

Erklärung.

Die Wittwe von Thecoa als Sie David den König um das Leben Ihres Sohnes anflehet/ *II. Sam. XIV. v. 7.* brauchet unter andern auch diese Hertzbrechende Worte/ Sie wollen meinen Funcken außleschen/ der noch übrig ist. Kinder sind freylich nicht nur Funcken sondern herrliche Lichter des Hauses und der Geschlechter/ und ist nichts traurigers/ als wann Sie vor der Zeit/ in dem Anblick der Eltern wider die Ordnung der Natur zu Grabe getragen werden. Jenes Weib die dem Esdra/ *IV. c. x.* erscheinet/ erzehlet daß bey dem unverhofften Tode Ihres Sohnes alle Lichter umbgekehret worden. Wir haben die betrübte Fraw Mutter vor diesem glückseelig gesehen/ als Sie in gesegneter Ehe gesessen; Aber ach solte Ihr itziges Unglück/ wann es gegen
vorigen

Letztes Ehren-Gedächtnüß.

voriger Lust auff die Wage geleget würde/ solche nichts weit überwügen/ zumal Sie nicht nur in den traurigsten Witwenstand gesetzet/ und dadurch die Straalen/ durch welche Sie vorhin geschienen verlohren/ sondern auch nunmehr aller Ihrer Kinder beraubet/ in höchster Einsamkeit ziehen muß. Welcher Schmertzen umb so viel höher/ als trefflich die Hoffnung gewesen; So an Denen die bereits vorangegangen: Als dieser Seeligsten Jungfrauen Mariane, höchste Wonne/ und Freude zu erleben. Man weiß wie David auch seinen ungerathenen Sohn beweinet: Solte dann die schmertzempfindlichst Betrübte Fraw Mutter nicht mit Hanna klagen! Ach meine Tochter. Tob. X. Ach meine Tochter/ warum muß ich dich lassen? Meine einige Freude/ meinen einigen Trost in meinem Alter/ mein Hertz und mein Erbe/ Ich hätte Schatzes genung gehabt/ wenn ich dich erhalten hätte. Solte Sie nicht mit Baruch winseln. IV. v. 19. Ziehet hin Ihr lieben Kinder ziehet hin/ ich aber bin verlassen einsam. Ich habe mein Freuden-Kleid außgezogen und das Trauer-Kleid angezogen. Ich wil schreyen zu dem Ewigen für und für. Ihr einiger Trost ist die Hoffnung Sie dermaleins wider zu sehen/ welche noch wie ein dunckeles Monden-Licht/ Sie in etwas ergetzet.

D iij   VIII. Auff

Tafel 64

30 **Letztes Ehren-Gedächtnüß.**

VIII.
Auff der Lincken Seiten zu unterst.
SPARGITE SED TUMULIS.
Wohin wir nie gedacht.

Im Blume deiner Zeit / die Blumen die Wir
streuen:
Nicht leyder auff dein Bett und frölich Hoch-
zeits-Fest/
Nur auff dein traurigs Grab. Was wird uns
nun erfreuen/
Nun uns dein Abschied auch die Gärte wüste
läßt?

Erklärung.

ES ist niemand der nicht wisse daß man vor Alters die Gräber der Verstorbenen mit Blumen und Kräntzen gezieret; welches auch die Christen bey den Leichen der Heiligen und Blutt-Zeugen JESU nicht unterlassen. Nyssenus erzehlet/ wasermassen Vestiana das Haupt der Seeligen Macrinæ mit Blumen umbwunden. Hieronymus ad Pammachium lehret/ daß zu seiner Zeit bräuchlich gewesen Violen/ Rosen/ Lilien/ und Purpur-Blumen auff die Gräber zuwerffen. Massen auch noch heute wir die Gräber der Kinder und Jungfrauen auff solche weise außzuzieren nicht unterlassen/ anzudeuten die Kürtze des Lebens/ die Reinigkeit der Seelen/ zufördersht aber den Sieg welchen Sie über die Sünde/ die Welt/ die Hölle und den Tod erhalten. Von der Vergängligkeit unserer Zeit/ so durch die Blumen ab-
gebildet/

Letztes Ehren-Gedächtnüß.

gebildet/ handelt Plinius wenn Er schreibet/ Flos odoresq; in diem gigni magna ut palam est admiratione hominū, quæ spectatissimè floreant, celerrimè marcescere. Lib. XXI. c. j. von dem Sieg/ Augustinus in Psal: 65. Coronam ubi audis gloria, Victoris significatur. Vince Diabolum & habebis Coronam. Plinius weiset noch eine geheimere Deutung/ und lehret/ daß Kräntze bey den Traum-Außlegern den Siechen den Tod bedeuten. Quid quod Artemidorus visas per quietem & coronas & Rosas ab ægrotis, & in faustas prodit, & morituros prædicere, qvod facile marcescant. Wiewol dieses in dem Artemidoro, welchen wir anitzt haben nicht zubefinden/ als welcher nur in dem 2. Buch VI. erinnert/ daß von den Todten Rosen oder Salben empfangen das Ende des Menschen voranzeige. Wir streuen denn gleichsfals auff die erkaltete Leichen der numehr Seeligen Mariane auch diese wenige Blumen unseres Gemüttes / welche wir / nach Menschen Art zureden / billicher Ihrem Heyraths-Tage hätten zueignen sollen. Seuffzend

Verblüht bist du der Welt! vor Menschen gar zufrüh!
Doch GOTT wil nicht daß hier dein schöner Geist verblüh!
Auch wird die blasse Leich auß Ihrer Grufft herblühen;
Wenn JEsus in die Welt wird zum Gericht einziehen.

Walter de Gruyter
Berlin · New York

Friedrich-Wilhelm Wentzlaff-Eggebert

Kreuzzugsdichtung des Mittelalters
Studien zu ihrer geschichtlichen und dichterischen Wirklichkeit

Groß-Oktav. XIX, 404 Seiten. 1960. Ganzleinen DM 56,—. ISBN 3 11 000335 X

Friedrich-Wilhelm Wentzlaff-Eggebert

Deutsche Mystik zwischen Mittelalter und Neuzeit
Einheit und Wandlung ihrer Erscheinungsformen

3., erweiterte Auflage
Groß-Oktav. XX, 397 Seiten. 1969. Ganzleinen DM 58,—
ISBN 3 11 005338 1

Friedrich-Wilhelm Wentzlaff-Eggebert

Dichtung und Sprache des jungen Gryphius
Die Überwindung der lateinischen Tradition und die Entwicklung zum deutschen Stil

2., stark erweiterte Auflage
Groß-Oktav. IV, 146 Seiten. 1966. Ganzleinen DM 22,—. ISBN 3 11 000341 4

(Aus den Abhandlungen der Preußischen Akademie der Wissenschaften, Jahrgang 1936, Phil.-Hist. Klasse Nr. 7)

Friedrich-Wilhelm Wentzlaff-Eggebert

Belehrung und Verkündigung
Schriften zur deutschen Literatur vom Mittelalter bis zur Neuzeit

Zum 70. Geburtstag von Friedrich-Wilhelm Wentzlaff-Eggebert am 16. Juni 1975 herausgegeben von Manfred Dick und Gerhard Kaiser

Groß-Oktav. XII, 344 Seiten. 1975. Mit Frontispiz. Ganzleinen etwa DM 120,–. ISBN 3 11 005714 X

Preisänderungen vorbehalten